湖北省社会科学基金项目资助

湖北省省级重点学科（中国史）建设经费资助

晚清两湖地区州县行政研究

刘彦波 著

中国社会科学出版社

图书在版编目（CIP）数据

晚清两湖地区州县行政研究／刘彦波著 . —北京：中国社会科学出版社，
2018.1

ISBN 978 - 7 - 5203 - 1939 - 3

Ⅰ.①晚…　Ⅱ.①刘…　Ⅲ.①行政管理体制—研究—两湖（历史地名）—
清后期　Ⅳ.①D691.2

中国版本图书馆 CIP 数据核字（2017）第 329695 号

出 版 人	赵剑英
责任编辑	孔继萍
责任校对	刘　娟
责任印制	李寡寡

出　　版	中国社会科学出版社
社　　址	北京鼓楼西大街甲 158 号
邮　　编	100720
网　　址	http://www.csspw.cn
发 行 部	010 - 84083685
门 市 部	010 - 84029450
经　　销	新华书店及其他书店

印　　刷	北京明恒达印务有限公司
装　　订	廊坊市广阳区广增装订厂
版　　次	2018 年 1 月第 1 版
印　　次	2018 年 1 月第 1 次印刷

开　　本	710×1000　1/16
印　　张	20
插　　页	2
字　　数	308 千字
定　　价	85.00 元

凡购买中国社会科学出版社图书，如有质量问题请与本社营销中心联系调换
电话：010 - 84083683

目　　录

绪　　论

一　概念界定

本书所谓的"两湖地区"，在行政区划上与今天的湖北省、湖南省大体相同。该区域在明代属于湖广行省，清代康熙三年（1664年）析置湖北、湖南两省。虽说分置湖北、湖南两省，但在武昌仍设有湖广总督之职并总辖两省之事，因此两湖在行政区划上具有同属性。此外，从地理角度而言，两湖地区以江汉—洞庭湖平原为中心，然后逐次向外扩展为丘陵和山地，亦构成一个极其完整的地貌单元；就社会经济发展而言，明清时期两湖地区成为新兴的经济区，并成为全国重要的粮食生产基地，享有"湖广熟、天下足"的美誉；从文化上而言，湖北、湖南都属于楚文化圈。两省在政治、经济、社会、文化等诸多方面的统一性和相似性，使得我们将两省作为一个单位进行研究是必要和可行的[①]。本书没选择全国州县作为研究对象，主要是考虑到资料多、时间不够和个人驾驭分析能力欠缺等方面的原因，同时，也想通过对两湖地区的研究来推动其他地区的州县行政研究。

本书所使用的"州县"概念，指清代的基层政区。清代的地方初级政区有府、厅、州、县四种形式；而州又分为直隶州与属州，厅又分为直隶厅与属厅。因此，清代的初级政区存在府、直隶厅、属厅、直隶州、属州和县六种形式。由于属厅和直隶厅均为数不多，府有直辖区境者更

---

① 周锡瑞对于将湖南、湖北作为一个单位来进行研究已经作出了较详细和合理的阐释。参见周锡瑞《改良与革命——辛亥革命在两湖》，杨慎之译，中华书局 1982 年版，第 3—7 页；杨国安《明清两湖地区基层组织与乡村社会研究》，武汉大学出版社 2004 年版，第 17 页。

少，因此"州县"一语就被用来指称上述六种初级政区①，其中县的数目最多。据光绪《大清会典》卷4记载，两湖地区第二级行政区共有19个府、5个直隶州和6个厅，第三级行政区共有州县136个，其中散州湖北7个，湖南3个，散厅湖南2个，湖北有60个县，湖南有64个县。晚清两湖地区州县数目变化不大，1899年清政府设立夏口散厅，1904年鹤峰州改厅直隶于省，散州变为6个，州县数目没变。

我国古代将"行政"定义为国家所有的施政活动，认为行政就是执掌政务、推行政令、处理政事的意思。目前我国学者对行政概念的界定有狭义和广义之分：狭义上的行政是指政府及其组成部门对国家政务和事务进行的管理活动。广义上的行政是指国家机关的管理活动，包括立法机关、司法机关、行政机关、事业单位、党的机关、群众团体、国有企事业单位等的管理活动。本书从狭义的层面来解释行政，认为行政是指政府及其行政人员对国家政务和公共事务所进行的组织与管理活动②。

二　学术史回顾

1. 清代州县制度研究

在地方行政系统中，州县属于最基层的政权单位，由于"天下之治始乎县"，历代王朝都十分重视州县统治机构的建设，清代更甚。可以说，清代对州县的重视超过了以往任何一个朝代，清人黄六鸿、陆陇其、田文镜、陈宏谋、袁守定、汪辉祖、王凤生、刘衡、何耿绳、徐栋、刚毅等都曾撰写和编纂过州县治理指南或工作手册，这些书籍如今被我们用来作为学术研究的史料，而在当时，它们除史实记述外，也都包含对清代州县制度的利弊进行探讨并提出改革对策的内容。晚清改革、维新思潮兴起，冯桂芬、郑观应、康有为、梁启超、张謇等人在他们的著作中也曾经提示清代州县制度的弊病，并提出自己的改革主张。至清末推

---

① 参见魏光奇《有法与无法：清代的州县制度及其运作》，商务印书馆2010年版，第1页。

② 张帆的《"行政"史话》（商务印书馆2007年版）对"行政"一词含义及用法的变迁作了整理归纳。

行州县行政改革和地方自治，袁世凯、张之洞等不少官员也在有关奏章中对州县制度的改革提出建言。当然，这些当事人的记述、批评和建言还不属于现代性质的学术研究。

清代州县制度开始作为学术问题而进入研究者的视野是在民国时期，程方《中国县政概论》、胡次威《民国县制史》，虽以论述民国县政为主，但对包括清代县政在内的中国古代县政均有所追述。1949 年至 20 世纪 80 年代，国内学术界有关清代州县制度的研究基本上处于空白状态，而海外学者则有重要论著问世，如瞿同祖《清代地方政府》（哈佛大学出版社 1962 年英文版，中译本 2003 年由法律出版社出版）、廖从云《中国历代县制考》（台湾中华书局 1969 年版）、陶希圣《清代州县衙门审判制度及程序》（台湾食货出版社 1972 年版）、徐炳宪《清代知县职掌之研究》（私立东吴大学中国学术作奖助委员会丛书之七十，1974）[1]、那思陆《清代州县衙门审判制度》（台北文史哲出版社 1982 年版）、美国曾小萍《州县官的银两——18 世纪中国的合理化财政改革》（美国加州大学出版社 1984 年版）和白德瑞《清代州县的书吏与差役》（斯坦福大学出版社 2000 年版）。

20 世纪 80 年代以后，国内学者开始关注清代州县制度相关问题的研究，相继发表和出版许多学术论著，如吴仁安《清代的州县官》（《历史教学》1986 年第 5 期）、李林《清代的县官职掌与作用》（《辽宁大学学报》1986 年第 5 期）、李荣忠《清代巴县衙门的书吏与差役》（《历史档案》1989 年第 1 期）、刘秀生《清代县级机关中的人事管理》（《理论探讨》1990 年第 2 期）、毕建宏《清代州县行政研究》（《中国史研究》1991 年第 3 期）、郭润涛《汪辉祖与清代州县幕府》（《中国史研究》1993 年第 1 期）、秦富平《清朝的县级政权》（《晋阳学刊》1994 年第 5 期）、刘鹏九等《清代县官制度述论》（《清史研究》1995 年第 3 期）、郭润涛《官府、幕友与书生——"绍兴师爷"研究》（中国社会科学出版社 1996 年版）、郑秦《清代县制研究》（《清史研究》1996 年第 4 期）、

---

[1]　徐炳宪先生有《清代知县之出身及其在地方行政上之地位》（《大陆杂志》1974 年第 49 卷第 6 期）、《清代县官的社教工作》（《中国地方自治》1976 年）、《清代州县的社会救济》（《中华文化复兴月刊》1976 年第 9 卷第 10 期）等论文。

吴吉远《清代地方政府的司法职能研究》（中国社会科学出版社 1998 年版）、赵秀玲《中国乡里制度》（社会科学文献出版社 2002 年版）、魏光奇《清代州县财政探析》（《首都师范大学学报》2000 年第 6 期、2001 年第 1 期）、里赞《晚清州县诉讼中的审断问题：侧重四川南部县的实践》（法律出版社 2001 年版）、张研、牛冠杰《19 世纪中期中国双重统治格局的演变》（中国人民大学出版社 2002 年版）、魏光奇《晚清州县行政改革思潮与实践》（《清史研究》2003 年第 3 期）、魏光奇《官治与自治——20 世纪上半期的中国县制》（商务印书馆 2004 年版）、关晓红《清末州县考绩制度的演变》（《清史研究》2005 年第 3 期）、陆平舟《官僚、幕友、胥吏：清代地方政府的三维体系》（《南开学报》2005 年第 5 期）、邱捷《知县与地方士绅的合作与冲突——以同治年间的广东省广宁县为例》（《近代史研究》2006 年第 1 期）、李凤鸣《清代州县官吏的司法责任》（复旦大学出版社 2007 年版）、魏光奇《清代州县官任职制度探析》（《江海学刊》2008 年第 1 期）、魏光奇《晚清州县官任职制度的紊乱》（《河北学刊》2008 年第 2 期）、邱捷《同治、光绪年间广东首县的日常公务——从南海知县日记所见》（《近代史研究》2008 年第 4 期）、史玉华《清代州县财政与基层社会：以巴县为个案的考察》（经济日报出版社 2008 年版）、刘伟《清末州县官选任制度的变革》（《社会科学》2009 年第 5 期）、周保明《清代地方吏役制度研究》（上海书店出版社 2009 年版）、刘伟《同光年间州县官选任制度的嬗变》（《安徽史学》2010 年第 1 期）、魏光奇《有法与无法——清代的州县制度及其运作》（商务印书馆 2010 年版）等。这些论著对于清代州县的行政运作、州县官的职能与活动、任职和考绩、吏役管理、财政运作、与士绅的关系等问题进行研究，均有重要建树。此外柏桦《明清州县官群体》（天津人民出版社 2003 年版）、《明代州县政治体制研究》（中国社会科学出版社 2003 年版）和何朝晖《明代州县政研究》（北京大学出版社 2006 年版）三部著作，虽然都是对于明代州县制度的研究，但由于清代与明代（尤其是明后期）的州县制度之间存在继承关系，它们对于清代州县制度的研究也有十分重要的借鉴意义。

　　上述论著中最有代表性的成果是瞿同祖的《清代地方政府》、那思陆的《清代州县衙门审判制度》、徐炳宪的《清代知县职掌之研究》、白德瑞的《清代州县的书吏与差役》和魏光奇的《官治与自治——20世纪上半期的中国县制》《有法与无法——清代的州县制度及其运作》。这里对它们作一简单评价。

《清代地方政府》是一部关于清代州县行政制度研究的力作。该书运用社会学和政治学的方法，从构成州县政府的"人"及参政人员应该及如何做的"事"这两条线索入手，系统分析了清代州县政府、县官、州县衙署的各类人员（书吏、衙役、长随、幕友）、州县行政的职能（司法、征税及其他）以及士绅与州县行政的关系。该书引用资料丰富，作者对清代州县行政问题进行融会贯通的系统阐述。瞿同祖先生的这部著作，基本上搞清了清代州县行政的基本体制、人员和职能，为后人在这一领域的进一步研究奠定了基础。本书也存在着缺憾之处，例如，由于条件限制，未能引用第一手档案资料；对州县官的任用等，阐述较为单薄。

《清代知县职掌之研究》论述了清代知县的法律地位和出生情况，重点则集中在清代知县的吏、户、礼、兵、刑、工等政治权力方面，并且对清代知县在地方行政上所发挥的正负功能进行了一些分析。本书主要依据各种文献资料进行一般性论述，缺乏对州县行政具体运作情况的探讨。

《清代州县衙门审判制度》是关于清代州县司法职能研究的一部力作。作者运用现代法律学的概念体系对清代州县的审判制度进行透视，对清代州县衙门的人员构成、刑事审判程序、民事审判程序等进行了系统的阐述，为后人继续研究这一问题提供了基本框架。由于著作宗旨和篇幅所限，该书重在阐述清代州县衙门审判制度的设计，而对其实际运作情况的探讨较为薄弱。

《清代州县的书吏与差役》是一部关于清代州县书吏与差役研究的重要著作。作者以清代四川巴县档案为资料，对清代巴县衙门书吏和差役的地位、职责、社会关系、收入以及房科、役班内部的分工、争斗等问题进行了深入细致的研究。但该书所使用的资料仅限于清代巴县档案，这对于透视清代州县书吏和差役制度来说，存在一定的局限。

魏光奇分别于2004年和2010年出版了两部研究州县制度的姊妹篇

《官治与自治——20 世纪上半期的中国县制》和《有法与无法——清代的州县制度及其运作》。在《官治与自治》一书中，作者认为"官治"与"自治"两种基本模式是清末至 20 世纪 40 年代中国县制改革和演变的主轴，并按时间顺序，对中国 20 世纪上半期的县制演变情况进行梳理，探讨各种有关制度的沿革和实际实行情况。其主体内容又可以分为四个横剖面：其一，县行政组织和职能的沿革；其二，区、乡（镇）制度的沿革；其三，县财政制度的沿革；其四，县制沿革背后的社会变动。《有法与无法》一书运用各种资料，在清代州县与上司的关系、清代州县官任职制度的设计、运作和缺陷、清代州县佐贰杂职的设置、任用、监督和职责、清代州县政府的职能以及州县财政制度和实际运作等方面拓展和深化了对清代州县制度的研究，并深入地分析了清代州县制度的深层矛盾。

当然，还有其他许多论著也涉及清代州县行政方面的问题，恕不一一列举。就目前而言，学术界研究清代州县行政主要侧重于三个方面：第一，从政治制度的角度研究。许多论著介绍了清代州县行政组织、行政职能、行政地位、内部关系和存在的弊端。第二，对州县内部群体的研究。包括州县官、幕友、胥吏、衙役、长随等的研究。第三，与州县行政相关的问题研究。包括绅士、宗族、乡里制度研究以及州县财政、司法、社会救济等方面的研究。

总体来说，迄今为止国内外学术界对于清代州县制度的研究取得了如下成绩：其一，基本搞清了州县治理结构和州县政府的赋役、司法等职能。其二，对州县幕僚问题、吏役问题、财政问题等进行了程度不同的探讨。其三，搞清了有关研究的基本资料情况。所有这些，都为后人的进一步研究提供了良好的基础和便利。迄今为止的清代州县制度研究也还存在缺憾。这包括：其一，有的论著较偏重于清代官方的有关制度设计而忽略了其实际情况。其二，缺乏对近代社会转型时期州县行政的动态的纵向考察。其三，对社会变迁背景下的晚清州县行政的区域性研究尚有待深入。其四，相关的理论探讨还比较薄弱①。

---

① 部分内容参考魏光奇《有法与无法——清代的州县制度及其运作》，商务印书馆 2010 年版，第 4—7 页。

2. 晚清两湖地区州县行政研究

就本书所要讨论的两湖地区而言，相对于华北和华南乡村社会史研究的荦荦大端，基本还处于初始阶段，有关晚清两湖地区州县行政研究的文章不太多。涉及晚清时期两湖地区的断代史著作主要有台湾苏云峰著《中国现代化的区域研究——湖北省》[台北《中央研究院近代史研究所专刊》(41) 1987年版]和张朋园著《湖南现代化的早期进展（1860—1916）》（岳麓书社2002年版），林增平、范忠程主编《湖南近现代史》（湖南师范大学出版社1991年版）、罗福惠著《湖北通史·晚清卷》（华中师范大学出版社1999年版）、刘泱泱著《湖南通史（近代卷）》（湖南出版社1994年版）和《近代湖南社会变迁》（湖南人民出版社1998年版）、王继平著《晚清湖南史》（湖南人民出版社2004年版）等，这些著作对晚清两湖地区政治、经济、军事、文化、社会变迁等诸多方面进行了整体性研究，为我们对两湖地域史研究提供了坚实的基础和平台。

州县行政相关研究也取得了相当的成果，诸如农田水利、经济开发、基层组织、绅士、宗族、会党[①]等。这些研究成果对本书的写作多有启迪和帮助。

三　研究思路和分析框架

1. 研究思路

本书基本是一个区域性的实证研究，通过查找搜集地方志、档案、

[①]　相关论著有彭雨新、张建民：《明清长江流域农业水利研究》，武汉大学出版社1993年版；张建民：《清代两湖堤垸水利经营研究》，《中国经济史研究》1990年第4期；肖启荣：《明清时期汉水下游地区的地理环境与堤防管理制度》，《中国历史地理论丛》2008年第1期；陈钧等编：《湖北农业开发史》，中国文史出版社1992年版；张伟然：《湖南历史文化地理研究》，复旦大学出版社1995年版；张伟然：《湖北历史文化地理研究》，湖北教育出版社2000年版；鲁西奇、潘晟：《汉水中下游河道变迁与堤防》，武汉大学出版社2004年版；杨国安：《明清两湖基层组织与乡村社会研究》，武汉大学出版社2004年版；周荣：《明清社会保障制度与两湖基层社会控制》，武汉大学出版社2006年版；唐燕：《太平天国时期的湖北团练》，载《太平天国研究论文集》，武汉大学出版社1994年版；[美]爱德华·麦科德：《清末湖南的团练和地方军事化》，《湖南师大学报》1989年第3期；许顺富：《湖南绅士与晚清政治变迁》，湖南人民出版社2004年版；阳信生：《湖南近代绅士阶层研究》，岳麓书社2009年版；林济：《长江中游宗族社会及其变迁——黄州个案研究（明清—1949年）》，中国社会科学出版社1999年版；彭先国：《湖南近代秘密社会研究》，岳麓书社2001年版，等等。

文史资料、文集、报刊、笔记等相关资料，以两湖地区州县政府的行政职能为线索和切入点，试图通过对晚清两湖地区州县行政的相关研究来理解和把握清代州县行政的发展演变。既探讨州县行政的内部运作及其演变，又探究州县行政施政的主要方面及其与基层社会的关系，较为完整地呈现出晚清两湖地区州县行政的主要方面。在研究过程中，力图将静态与动态、法定制度和事实制度、空间上的点与面结合起来。同时，为考察社会变迁下的晚清州县行政，需有清史的整体视野，因此有些章节对清前期相关规章制度作了必要的回顾和介绍，以便前后比较和关照，避免前后割裂。

2. 分析框架

本书的分析框架和结构安排如下：

第一章：从典章制度、文本规定的角度出发，勾勒了清代的地方行政体制和州县行政治理结构一般模式、特征，及清代州县行政内容和州县行政在国家社会治理中的重要地位，并介绍了两湖地区州县设置情况。

第二章：结合两湖地区的情形，阐述了晚清州县征收的赋税类别、地丁征解程序和州县地丁征收的弊病，以及太平天国时期针对地丁漕粮征收的弊端所进行的改革及影响。

第三章：主要分析州县司法。首先从制度文本的规定性说明了州县的司法权责和州县审判在清代司法体系中的地位，然后论述了在社会动荡的背景下，两湖地区督抚所采取的主要政策和措施，分析了州县实施就地正法政策的操作程序。晚清时期教案剧增，民教冲突的查明和处理是州县行政的重要任务。教案既是内政又牵涉外交，所以为避免遭受惩处，州县官采取多种措施保护教堂和教士。州县官处理教案纠纷有三种类型，他们有着两难处境和矛盾心理。最后阐述了清末未竟的两湖司法改革。

第四章：论述了晚清基层社会治安管理模式从保甲、团练到警察制度的演变。在大规模农民起义的冲击、两湖基层政权失控的情况下，两湖团练大规模兴办，分析了团练兴办后的绅权扩张及原因。同光时期，清政府不断发布整顿保甲和团练的上谕，但州县往往视为具文，到清朝末年，面对地方治安机构已基本趋于瘫痪的情形，清政府试图通过警察制度的创办，建立起一套新的地方治安体系，本章阐释了州县警政在两湖兴办的概况、职能及其影响。

第五章：两湖地区由于特殊的地理环境，晚清时期水灾频发，危害极大，因此，修堤防险、疏浚河道、兴修水利就成为州县政府与乡村社会共同关心的问题。本章以《襄堤成案》所载天门知县邵世恩修堤资料为例，来分析堤工的修筑、管理和维护以及经费筹集等问题；又以李辀《牧沔纪略》所载疏浚柴林河为例，分析了州县政府在治河中所采取的措施和办法，并阐述了为防止绅士在筑堤、护堤中牟利所采取的改革措施。

第六章：20世纪初，清政府颁行了若干州县的行政改革措施，既包括裁汰胥吏和差役、设置佐治各官、改革对州县官的考核制度和任用制度、设立初级审判厅等属于传统性整治吏治的分散措施，也包括"预备立宪"开始后对州县行政进行整体性改革，这种整体性改革既包括健全州县行政组织和机制，建立乡镇一级国家行政，也包括建立地方自治机构。本章勾勒了清末新政时期的这些改革措施及其在两湖地区实施概况，分析了其给州县行政和治理模式带来的巨大影响。

第一章

清代州县行政体制概述

第一节　清代的地方行政体制

清代地方行政实行分级而治的制度，分为省、府、县三级，地方官制则省有总督、巡抚，省级分管官有布政司、按察司，府有知府，县有知县。与县平级的州、厅，分设知州、同知（或通判），州、厅又有直隶与散设的区别。

《清会典》记载："总督、巡抚分其治于布政司，于按察司，于分守、分巡道；司、道分其治于府，于直隶厅，于直隶州；府分其治于厅、州、县；直隶厅、直隶州复分其治于县，而治其吏户礼兵刑工之事。"[1] 这就是说，地方的最高行政当局是总督和巡抚，其次是布政司和按察司以及分守、分巡道，再下面是府、直隶厅和直隶州，基层政权是散厅、散州和县。

清代地方行政以督抚为最高层级，清代总督职权为"掌厘治军民，综制文武，察举官吏，修饬封疆"[2]，巡抚"掌宣布德意，抚安齐民，修明政刑，兴革利弊，考核群吏，会总督以诏废置"[3]，有学者总结督抚之职权范围为：监督任用官吏、节制绿营军队、财政监督、司法审判、对外交涉及后来的密折奏事等。[4] 省一级的行政官员除总督、巡抚外，还有布政使和按察使，二者各有专司，分掌民政财政和刑名按劾。此外每省还有学政一人，为管理一省教育之最高长官。学政纯粹为中央的差遣官

---

① 《清会典》（光绪朝）卷 4，吏部，中华书局 1990 年影印本，第 29 页。
② 赵尔巽：《清史稿》卷 116，职官三，中华书局 1977 年版，第 3336 页。
③ 同上。
④ 刘伟：《晚清督抚政治——中央与地方关系研究》，湖北教育出版社 2003 年版，第 28—34 页。

员，三年一任，不隶属于督抚。

清代承袭明制，在各省设布政司左右参政、左右参议，曰守道；设按察司副使、佥事，曰巡道。由于布、按二司的职责一为钱粮、一为刑名，作为藩、臬佐属的分守、分巡，其职责也相应分为一掌钱粮、一掌刑名。《清朝通典》卷34列叙道员的职掌是："分守、分巡及粮储、盐法各道，或兼兵备，或兼河务，或兼水利，或兼学政，或兼茶马、屯田，或以粮、盐兼分巡之事，皆掌佐藩臬、核官吏、课农桑、兴贤能、厉风俗、简军实、固封守，以倡所属而廉察其政治。"这是对清代道制的概括。特别是有关监察、司法类事，道为省、府之间的重要桥梁。清制规定：道员职司巡察，许上封奏、言事；府一级的刑名事件除流罪以上直达省按察司以外，其余必须向道申报；而直隶州、厅之案件均须通过道台转呈。分守、分巡二道为治民之官，属地方行政系统；而其他诸道系治事之官，属理事衙门系统。所以道"似成为事实上的一级行政长官①，清代地方行政体制又有省、道、府、县四级之说。但有学者认为"清代地方政权分为省、府、县三级（厅、州或同于府，或同于县），设置于省、府之间的道并不是一级政权组织，而是省级政权的派出或办事机构"。认为清代地方行政机构为省、道、府、县四级制，"这就把地方政权组织与某级地方政权的派出和办事机构混为一谈，虽有一些道理却不尽妥当"②。本书采取三级说。

清代以府、直隶州和直隶厅作为行省之下二级行政区。

清代的府，一般辖数州县，《清朝通典》卷34云：知府"掌一府之政，统辖属县，宣理风化，平其赋役，听其狱讼，以教养百姓。凡阖府属吏皆总领而稽核之。"其佐贰官有同知、通判。其中同知分掌督粮、捕盗、海防、江防、清军、理事、抚苗、水利诸务；通判分掌粮运、督捕、水利、理事诸务，以佐知府之治。

清代的州有两类：一类是与府平行的直隶州。直隶州的设置始于清代，凡不改府，而仍辖有属县的州，直属于布政使司，称为直隶州，规制与府同，正所谓"属州（散州）视县，直隶州视府"，惟无附郭县。③

---

① 郑秦：《清代县制研究》，《清史研究》1996年第4期，第11页。
② 朱东安：《关于清代的道和道员》，《近代史研究》1982年第4期，第178页。
③ 赵尔巽：《清史稿》卷116，职官三，中华书局1977年版，第3357页。

州有特设，也有县升，还有府改设析置，或以属州升为直隶州等类型。直隶州下辖若干县，并治理一定地区。直隶州虽然与府同制，但没有附郭县，这是它与府的主要区别。故所置州城即以知州行知县之事，"掌一州之政，与知县同为亲民之官，凡刑名钱谷之事无不亲理焉"①。这在官品上也有体现，直隶州知州要比知府低一级，知府为从四品（初制正四品，乾隆十八年改），直隶州知州为正五品。直隶州置知州一人，佐贰官有州同、州判，其职同府之同、通，额因事繁简而设，无定员。其属有吏目、巡检、驿丞和税课使等。吏目掌禁戢奸宄，防护狱囚，典司簿籍，巡检、驿丞等各因所属分地而掌其职。直隶州的数目时有增减。《光绪会典》卷4载，全国设直隶州73个（台湾一未列入），属州共145个。

另一类是与县平行的散州，它隶属于府，同一般县的地位相等。对于属州而言，《清朝通典》卷34云："其所治州，即以知州行知县之事。"

厅原为知府的佐贰官同知、通判的办事处所，因清朝的同知、通判多分派于各地方专管某一地区，"或理事，或理饷、督粮、监兑，或总捕，或驿，或茶，或马，或营田，或水利，或抚边、抚彝、抚番、抚瑶、抚黎"②，所掌是事权，并无治权。康熙后，某些分驻另地不在府城的同知、通判逐渐成为主持当地政务的实际上的长官，于是厅也就成为府以下单独的有地方之责的行政区划了（无地方之责的同、通仍是知府佐贰）。有时在新建治的地区，不便设县或府，乃设厅。厅作为地方行政单位，多设在边远的或一些特殊的地区。厅的行政长官是同知或通判。凡厅直属于布政使司管辖的为直隶厅，其制与府、直隶州同级，属于府管辖的为一般散厅，其制与州县相同。也有的厅属于道或驻防将军管辖。厅的地位相当于县，但由于同知正五品、通判正六品，所以按清行政序列，厅排在州、县之前。清代直隶厅与散厅的设置常有变化，按清《光绪会典》卷4载，全国设直隶厅34处，其中领以同知者32，通判1，州判1；全国设散厅78处，其中领以同知48人，通判30人。③

清代以隶属于各府和各直隶州、直隶厅的县以及隶属于府的散州、

① 嵇璜：《清朝文献通考》卷85，职官九，商务印书馆1936年版，第5619页。
② 《清会典》（光绪朝）卷4，吏部，中华书局1990年影印本，第29页。
③ 刘子扬：《清代地方官制考》，紫禁城出版社1988年版，第102—104页。

散厅（也称属州、属厅）为地方第三级行政区。清代州县三处受管，即府、直隶州和直隶厅均可辖县（直隶厅辖县者甚少），此府州厅是为"统县政区"①。此外各直隶州、厅一般无附郭县，因此也属于基层行政区，因厅的设置特别而又较少，故清人多以"州县"连称县级单位，这些构成了清代政治术语中的"州县"。不管地方行政体制是划分三级还是四级，州县总是地方基层一级政权，"积州县而成天下"。

对于地方各级政府的统属关系，清人描述为："以外官论，督抚宏揽大纲，藩司任钱谷，臬司任刑名，观察统司一道，知府表率各属，类皆已成之章，总持揆度。至若蓬野疏贱，例由州县操纵，各大吏堂帘高远以优尊体，是区区者何敢干及巍巍哉！"② 程含章亦从不同的角度表示："州县者亲民之官也，……然而道府者，州县之领也；督抚藩臬者，又道府州县之纲也。领不振则衣不申，纲不举则目不张。但令道府不旷其官，则州县之贤否了然也；督抚藩臬不尸其位，则道府州县之贤否亦了然也。"③

图1—1为清代地方官职层级关系图：

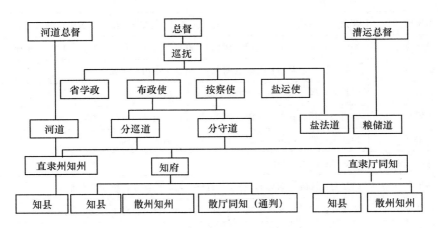

图1—1　清代地方官职层级关系

资料来源：瞿同祖《清代地方政府》，法律出版社2003年版，第16页。

---

① 周振鹤：《中国地方行政制度史》，上海人民出版社2005年版，第194页。

② 佚名：《论州县为亲民之官宜久任供职》，参见何良栋辑《皇朝经世文四编》卷16，吏政·守令，沈云龙主编《近代中国史料丛刊》第77辑，台湾文海出版社1972年版，第268页。

③ 程含章：《论理财书》，参见贺长龄辑《清经世文编》卷26，户政一·理财上，中华书局1992年版，第65页。

下面介绍晚清时期湖北湖南第二、三级行政区组成。

湖北省领府 10：武昌、汉阳、黄州、德安、安陆、襄阳、郧阳、荆州、宜昌、施南。直隶州 1：荆门。直隶厅 1：鹤峰。散州 6：兴国州、沔阳州、蕲州、随州、均州、归州。散厅 1：夏口。全省设县 60 个，此数迄于清亡未变。

湖南省领府 9：长沙、岳州、宝庆、衡州、常德、辰州、永州、永顺、沅州。直隶州 4：靖、郴、澧、桂阳。直隶厅 5：乾州、凤凰、永绥、晃州、南洲。散州 3：茶陵州、武冈州、道州。散厅 1：古丈坪。县 64。具体情况如表 1—1 所示：

表 1—1　　　　　　　晚清时期湖北湖南第二、三级行政区

府、直隶州和直隶厅	领州县厅数目及名称
武昌府	领州一：兴国。县九：江夏（附郭）、武昌、嘉鱼、蒲圻、咸宁、崇阳、通城、大冶、通山。
汉阳府	领州一：沔阳。厅一：夏口。县四：汉阳（附郭）、汉川、黄陂、孝感。①
黄州府	领州一：蕲。县七：黄冈（附郭）、麻城、黄安、蕲水、罗田、广济、黄梅。
德安府	领州一：随。县四：安陆（附郭）、云梦、应山、应城。
安陆府	领县四：钟祥（附郭）、京山、潜江、天门。
襄阳府	领州一：均。县六：襄阳（附郭）、宜城、南漳、枣阳、谷城、光化。
郧阳府	领县六：郧（附郭）、房、竹山、竹溪、郧西、保康。
荆门直隶州	领县二：远安、当阳。
荆州府	领县七：江陵（附郭）、公安、石首、监利、松滋、枝江、宜都。
宜昌府	领州一：归。县五：东湖（附郭）、兴山、长阳、巴东、长乐。
施南府	领县六：恩施（附郭）、宣恩、咸丰、来凤、利川、建始。
鹤峰直隶厅	无属领。②
长沙府	领州一：茶陵。县十一：长沙（附郭，城西北）、善化（附郭，城东南）、湘阴、湘潭、浏阳、醴陵、宁乡、益阳、湘乡、攸、安化。
宝庆府	领州一：武冈。县四：邵阳（附郭）、新化、新宁、城步。
岳州府	领县四：巴陵（附郭）、华容、临湘、平江。

续表

府、直隶州 和直隶厅	领州县厅数目及名称
常德府	领县四：武陵（附郭）、桃源、龙阳、沅江。
澧州直隶州	领县五：安乡、百门、慈利、安福、永定。
南洲直隶厅	无属领。③
衡州府	领县七：衡阳（附郭、城西）、清泉（附郭、城东）、衡山、耒阳、常宁、安仁、酃。
永州府	领州一：道。县七：零陵（附郭）、祁阳、东安、宁远、江华、永明、新田。
郴州直隶州	领县五：永兴、宜章、兴宁、桂阳、桂东。
桂阳直隶州	领县三：临武、蓝山、嘉禾。
辰州府	领县四：沅陵（附郭）、泸溪、辰溪、溆浦。
永顺府	领厅一：古丈坪。县四：永顺（附郭）、龙山、保靖、桑植。
靖州直隶州	领县三：会同、通道、绥宁。
沅州府	领县三：芷江（附郭）、黔阳、麻阳。
乾州直隶厅	无属领。
凤凰直隶厅	无属领。
永绥直隶厅	无属领。
晃州直隶厅	无属领。

说明：①光绪二十五年三月甲子（1899.4.26）于汉口镇置夏口厅来属。（《德宗实录》卷441）

②光绪三十年十月乙巳（1904.11.9）升宜昌府属鹤峰州为直隶厅。（《光绪朝东华录》卷189）

③光绪二十年二月壬申（1894.3.31）于岳州府华容县属乌咀地置南洲直隶厅，以洞庭湖涨沙地并析华容、安乡等县地隶之。（《德宗实录》卷335）

资料来源：根据《光绪会典》及牛平汉主编《清代政区沿革综表》第228—264页统计。

第二节　州县行政治理结构及行政地位

一　治理结构

清代州县的职官包括正印官、佐贰官和杂职官，州的正印官称知州，佐贰官有州同、州判，杂职官有学正、训导、吏目、巡检、驿丞、库大使等；县的正印官称知县，佐贰官有县丞、主簿，杂职官有教谕、典史、巡检、驿丞、税课大使、仓官等。州县职官的品级和职掌，清代有法律规定，据《清史稿》卷116《职官三》载：

> 州，知州一人。初制，从五品，乾隆五十五年改直隶州正五品。州同从六品，州判从七品，无额。其属吏目一人，从九品。知州掌一州治理，属州视县，直隶州视府，惟无附廓县。州同、州判分掌粮务、水利、防海、管河诸职；吏目掌司奸盗、察狱囚、典簿录。

> 县，知县一人，正七品；县丞一人，正八品；主簿无定员，正九品；典史一人，未入流。知县掌一县治理，决讼断辟、劝农赈贫、讨猾除奸、兴养立教，凡贡士、读法、养老、祀神，靡所不综；县丞、主簿分掌粮马、征税、户籍、缉捕诸职；典史掌稽检狱囚，无丞、簿兼领其事。

> 儒学，州学正正八品；训导、教谕从八品，训导各县一名。学正、教谕掌训迪学校生徒，课徒业勤惰，评品行优劣，以听于学政；训导佐之，例用本省人……

清代在各州县所设治的正式职官有三类：

一是正印官，即各直隶州、属州的知州，各直隶厅、属厅的同知、通判和各县的知县。

清代州县官员的来源，按清代选官制度，以进士、举人、贡生出身者为正途，捐纳、保举、吏员出身者为杂途，而知州、知县正杂途均有。清代州县官的出身，主要分为两大类：科举入仕：最优者是庶吉士散馆后外放的知县、最普遍者是考取进士后由吏部分发到各省选用的知县、等而下之者是举人经过一定的时间和条件出任为知县、最次者为贡生经过考试，验看等步骤出任为知县的[①]；第二类就是捐纳、保举入仕。部分捐纳、保举人员以知县任用，分发各省候补。直隶州和属州知州，由相应资历的官员升调、补用、铨选。

清代州县官的任用有法定的制度和程序。凡候选县官于吏部经过七

---

① 吴仁安：《清代的州县官》，《历史教学》1986年第5期，第6—7页。

项考核程序：一是别其流品，即要身家清白；二是观其身言，即要品貌端正、言谈流利，身体健康；三是核其事故，即看有无过错和未结的案子、父母丧在身等；四是论其资考，即查考俸期；五是定其期限；即要赶上铨选时间；六是密其回避；七是验其文凭。① 最后等到单月选或双月选，在吏部抽签，抽到哪儿就在吏部领取委任告敕，奉敕上任。

清代的县等制度是同州县官任用制度结合在一起的。清代的州县缺，以"冲、繁、疲、难"四字为标准而分为简、中、要、最要四等。冲者地方冲要，繁者事务繁重，疲者民性疲玩，难者民风强悍难治。其冲、繁、疲、难四字俱占者为最要缺；其占据三字者为要缺；其占据二字者为中缺；其仅占一字或四字俱不占者为简缺。一般说来，最要缺、要缺和中缺为题缺、调缺，简缺为留缺、选缺。县等的划分会随各州县政治、经济、社会情况的变迁而改变。与县同属于第三级地方政区的属州和直隶州知州的直辖州域，一般说来均属要缺，其中不少系由县和属州升置。

州县等级不同，其正印官的养廉银数额也因之而有差别，且各省互不相同，少者每年数百两，多者两千余两。

关于清代知州知县的职掌，《清朝文献通考》云，知县掌一县之政，亲理民务，其责任与知州同，凡刑名钱谷之事，无不亲理。② 台湾徐炳宪先生认为清代知县的职权范围即是六房日常办理之事务：吏政权包括稽察佐杂、聘用幕宾、统驭胥吏和约束差役四个方面，户政权包括征收田赋杂赋、办理漕务、筹办救济、劝农与劝垦，礼政权包括振兴学校、举办社教、端正礼俗和举行祭祀，兵政权包括管理驿传、编查保甲二项，刑政权包括民事刑事案件、盗贼案件、诉讼程序等，工政权包括河工与水利、桥道与垣舍修筑等。黄六鸿认为州县行政"大而钱谷、刑名、教养、风俗，小而建制、修举、科条、庶务"③。所以，知县的职责可以说一县之内无所不包，乾隆时期名臣陈宏谋把"地方必要之事"概括为：田赋、地丁、粮米、田功、粮价、垦殖、物产、仓储、社谷、生计、钱法、杂税、食盐、街市、桥路、河海、城垣、官署、防

---

① 《清会典》（光绪朝）卷10，吏部，中华书局1990年影印本，第85—90页。
② 嵇璜：《清朝文献通考》卷85，职官九，商务印书馆1936年版，第5620页。
③ 黄六鸿：《福惠全书·自序》，北京出版社2000年版，第1页。

兵、坛庙、文风、民俗、乡约、氏族、命盗、词讼、军流、匪类、邪教29 项。① 著名县令王植《尝试语》有云："夫县令何事，民事即其事。民之黠者为胥役，或蔑法以蠹民，或舞文以欺官，所以约束之者有事；民之秀者在学校，何以正品术，何以倡风化，所以鼓励之者有事；民之愚者为乡役里氓，凡勤俭之道，礼俗之节，作奸犯科之诫，所以晓示之者有事。由是相其地之所宜而为之，兴利除弊，于案牍则速理之，于刑狱则慎恤之，于赌娼则严禁之，于仓庾则时省之，于祷祀则敬将之，于虔修芳洁之士则优礼之，于急公乐善之家则奖劝之，于城垣祠宇桥梁津渡之关则修葺之。"② 虽然事无巨细都要州县官亲理，但最主要是刑名、钱谷两大项而已。

二是佐杂人员，可分为三类：

一为佐贰，即各直隶州、属州的州同、州判，各县的县丞、主簿；州同、州判分掌粮务、水利、防海、管河等，县丞、主簿分掌粮马、征税、户籍、缉捕等；当时州县佐贰并不普设，而只是根据实际需要在少数州县设置，"因事增减无定员"，"事简之县无丞簿，事繁之县多至数员，分管粮马巡捕河防之事"③。

二为属员，即州吏目、县典史和巡检。吏目、典史为各州县所普遍设立，每县一人，负责稽检狱囚，如无佐贰，则兼领其事，并有缉捕盗贼之责。巡检掌缉捕盗贼、盘诘奸宄之职，凡州县有关津险要则置之。

三为杂职，包括驿丞、闸官、税课司大使、县仓大使、河泊所所官等，设置极少。④

三是儒学学官，各州置学正、训导，各县置教谕、训导各一人。

此外，有些县还设有医学训科、阴阳学训术、僧会司（僧纲司）、道会司（道纪司）等。

表 1—2 为清代两湖州县职官数目表：

---

① 陈宏谋：《咨询民情土俗谕》，参见贺长龄辑《清经世文编》卷 20，吏政六·大吏，第506 页。

② 徐栋辑：《牧令书》卷 2，政略，道光二十八年刻本。

③ 《清朝文献通考》卷 85，职官九，第 5620 页。

④ 刘子扬：《清代地方官制考》，紫禁城出版社 1988 年版，第 113—114 页。

表1—2 清代两湖州县职官数目表

省别	散州				县				
	知州	州同	州判	吏目	知县	县丞	主簿	典史	巡检
湖北	8	3	5	8	60	21	1	60	74
湖南	3	1	2	3	64	13		64	57

资料来源:《清朝文献通考》卷85,职官九,第5619—5620页。

清代州县的佐贰杂职(简称佐杂),包括各直隶州、属州的州同、州判和各县的县丞、主簿、巡检,其性质均不是正印官的副职和下属职能性官员。全都不隶属于以正印官为首的州县主干行政系统。这从以下两个事实可以得到充分反映:第一,清代州县的佐贰杂职并不普设,而只是根据实际需要设置于少数州县。第二,州县佐贰和学官均各有自己的衙署和独立职能,与正印官不相统属。当时州县佐贰杂职除典史"尚有专司"外,其他人对州县行政"皆不得与闻";"既不准擅受民事,又初无一定责成,虽号分防,几同虚设"。吏目、典史为各州县所普遍设立,负责监狱和治安事务,品秩低微,实际上成为正印官的属员。但他们也有自己的衙署,就体制而言也属于对朝廷负责的职官。①"清代政府的佐贰官是空有衙门,他们对正印官乃至整个地方行政,都是不重要的。"佐贰官"实际上已成为闲职冗员"②。州县官依靠胥吏而不依靠其佐贰官有较深的体制上的原因。清代,审问各级大小官员须在革职后进行,拟出处分意见,由皇帝复审后才能判决。因此,州县官没有对佐贰官的处分权,即使佐贰官犯了重罪,仍要依照上述原则,报告中央。但胥吏则不同,州县官对胥吏既有任免权,又有处分权。因此,"为州县者宁以其权与吏不与丞、簿、尉,其意以为丞、簿、尉易掣吾肘,而胥吏惟吾欲为"③。而在清代,确实也有佐贰官公然与主官闹矛盾的例子。

由于属于国家正式行政人员的佐贰杂职不参与主体性行政,各种佐

① 魏光奇:《官治与自治:20世纪上半期的中国县制》,商务印书馆2004年版,第23页。
② 郑起东:《转型期的华北农村社会》,上海书店出版社2004年版,第7页。
③ 鲁一同:《胥吏论三》,参见盛康辑《皇朝经世文编续编》卷28,吏政十一·吏胥,沈云龙主编《近代中国史料丛刊》第84辑,台湾文海出版社1972年版,第2867页。

贰杂职官均"系补佐印官，并非与印官分权"①，而且佐贰杂职人员的严重缺额或者不普遍设置，因而州县的全部责任都要由正印官一人承担。而各种繁要杂事，不可能由长官一个人来完成，因而必须有"代官出治""佐官出治"之类的人来处理这些事务，这些人员可以分为三个部分：第一是由州县官私人雇用并随其进退的幕友、家丁；第二是盘踞州县的各房书吏，即所谓州县衙署的"六房"；第三是以"三班"为主的各种差役。清人邵晋涵说："今之吏治，三种人为之，幕宾、书吏、长随。"② 在佐贰淡出州县主干行政系统的情况下，正印官只能依靠上述三类人员承担内外事务，兹对州县主干行政系统中各类人员的设置、职能、待遇和地位等分述如下：

1. 幕友

幕友，又称幕宾、幕客、师爷等，是受正印官聘请，帮助处理各种事务的无官职的佐理人员。幕友行幕前，主要学习审理裁决民刑案件，征收钱粮赋税，开支各种费用，往来文件，缮写公私函件，考核征收田赋六方面的知识，成为日后从幕的专业资本。因此，幕友通晓刑名律例、钱粮会计、文书案牍等州县政府管理的技术知识和专门技巧知识，是州县官的行政管理专家。清代各州县衙门都聘请幕友来帮助自己处理日常政务，以至有"无幕不成衙"的说法。

幕友由州县官自行礼聘延请，根据专业分工为不同的"幕席"。汪辉祖认为"州县幕友，其名有五，曰刑名、曰钱谷、曰书记、曰挂号、曰征比"③。陈天锡的分类为"普通官属之幕宾，刑钱以外，原有账房、书启、教读、阅卷、征比、朱墨笔等类别，惟刑钱幕席最为尊崇"④。因此幕友除刑名、钱谷、书启为各家所同之外，另有征比、账房、教读、阅卷、朱墨、挂号诸席。刑名幕友办理刑事案件、词讼案件，主要包括盗案、命案、奸情、逃人、斗殴、受赃、诈伪等案件的准讼、立案、踏勘、

---

① 戴炎辉：《清代台湾的乡治》，参见吴吉远《清代地方政府的司法职能研究》，中国社会科学出版社 1988 年版，第 76 页。

② 汪辉祖：《学治续说·用人不易》，辽宁教育出版社 1998 年版，第 93—94 页。

③ 汪辉祖：《佐治药言·办事勿分畛域》，辽宁教育出版社 1998 年版，第 14 页。

④ 陈天锡：《清代幕宾中刑名钱谷与本人业此经过》，参见蔡申之《清代州县四种》，台北文史哲出版社 1975 年版，第 86 页。

相验、差提、查拿、集审、听讼、研谳、拟刑等一系列事务的组织实施以及有关判牍和察呈文件的拟写处理等；钱谷处理户籍、婚姻、田赋、土地等事务，负责征输钱粮；书启又叫书记、书桌，其主要职能是书写信函和起草公文；征比是州县幕府中专门负责钱粮征收的幕友，只管征收、催交钱粮，不管其他财税事务；账房专门经营各种各样的出入收支；教读负责主官子弟读书；阅卷专门负责校阅童生试卷；朱墨又叫朱墨笔或红墨笔，这是幕府中专门负责用朱笔和墨笔抄点勾圈公文的幕友；挂号又叫"号件"或"号柬"，是管理公文的幕友，负责所有文牍、告示和捕票的收发登记。由于清代州县大小不同，事务繁简不同，因而各州县衙门所聘幕友亦不尽相同，其中前三者历史最长，最不可或缺。按清代名幕汪辉祖的说法，人数"剧者需才至十余人，简者或以二三人兼之，其事各有所司，而刑名、钱谷实总其要"①。通常称刑名、钱谷为"大席"、"正席"，书启虽系"小席""杂席"，在县官的交际应酬、禀启往来中亦发挥着重要作用。

幕友的任期国家也曾有过规定，但无法形成一种约束。"幕宾之延聘，基于关书，并无任期之规定，其与知县合则留，不合则去。故任期之长短，依其与主官私人关系为断。"②

幕友不在官列也无定额，更无俸禄，他们接受主人的束脩（即薪金），帮助主官处理各种政务，其行为对幕主负责，与主人同船共命，和衷共济。主管官与幕友的关系是一种平等而紧密的宾主或朋友关系，主人甚至尊幕为师，对幕友礼遇隆重。"待之以宾，则有币聘之隆；尊之以师，则有束脩之奉。"③在衙门的所有助手中，只有幕友能被州县官平等地对待，由此可见幕友的地位之高。

清人韩振说："掌守令司道督抚之事，以代十七省出治者，幕友也。"④幕友起着"代官出治"的作用，"钱谷刑名一切资之幕友，主人

①　汪辉祖：《佐治药言·办事勿分畛域》，辽宁教育出版社1998年版，第14页。

②　徐炳宪：《清代知县职掌之研究》，私立东吴大学中国学术著作奖助委员会1974年版，第58—59页。

③　陈文述：《答问幕友》，参见盛康辑《皇朝经世文编续编》卷27，吏政·幕友，台湾文海出版社1972年版，第2843页。

④　韩振：《幕友论》，参见贺长龄辑《清经世文编》卷25，吏政十一·幕友，第622页。

惟坐啸画诺而已"①。他们帮助州县官出谋划策，运筹帷幄，佐理地方政治，匡正失误，约束书吏，谋求仕途的飞黄腾达。由于幕友在清代地方政府中扮演着重要的角色，"州县之考成系之，地方之利弊因之"②。"官之考成倚之，民之身家属之"③。因此清代当过刑钱师爷的陈天锡说，师爷对于主官，犹如"饥渴之于食饮，寒暑之于裘葛，而不可离矣！"④

　　幕友除"佐官"之外，"检吏"亦为要务，汪辉祖曰："衙门必有六房书吏，刑名掌在刑书，钱谷掌在户书。非无谙习之人，而惟幕友是倚者，幕友之为道，所以佐官而检吏也。谚云：清官难逃滑吏手。盖官统群吏，而群吏各以其精力，相与乘官之隙。官之为事甚繁，势不能一一而察之。唯幕友则各有专司，可以察吏之弊。吏无禄入，其有因循陋习，资以为生者，原不必过于搜剔，若舞弊累人之事，断不可不杜其源。总之，幕之与吏，择术悬殊：吏乐百姓之扰，而后得藉以为利；幕乐百姓之和，而后安于无事。无端而吏献一策，事若有益于民，其说往往甚正，不为彻底熟筹，轻听率行，百姓必受累无已。故约束书吏，是幕友第一要事。"⑤

　　2. 长随

　　长随，俗称家人或家丁，是官员私人的仆从，协助官员行政和侍候官老爷。长随的种类颇多，有司阍（门上）、签押（稿案）、用印、跟班、管厨、司仓、办差等。清代州县衙门的家丁人数往往有数十人，甚至上百人之多。

　　长随并不是干衙门杂活的奴仆，而是参与地方行政事务的"宦仆"。长随在长官与胥吏之间就充当了一种中介角色，王植说："长随非在官之人，所司皆在官之事，乃胥役所待以承令而集事者也。"⑥ 长随是印官、幕友与胥吏、差役之间的沟通渠道。县衙门通常的办公程序是：吏叙稿，

---

　　① 陈必宁：《幕友说》，参见葛士浚辑《皇朝经世文续编》卷23，吏政八·幕友，沈云龙主编《近代中国史料丛刊》第75辑，台湾文海出版社，第623页。

　　② 陈文述：《答问幕友》，参见盛康辑《皇朝经世文编续编》卷27，吏政·幕友，台湾文海出版社1972年版，第2843页。

　　③ 汪辉祖：《佐治药言·办事勿分畛域》，辽宁教育出版社1998年版，第14页。

　　④ 陈天锡：《清代幕宾中刑名钱谷与本人业此经过》，参见《清代州县四种》，第98页。

　　⑤ 汪辉祖：《佐治药言·检点书吏》，辽宁教育出版社1998年版，第4—5页。

　　⑥ 徐栋：《牧令书》卷4，用人。

幕核办，官画行，役承差。四种人身份悬殊，办公地点不同，交往受到限制，把他们连接在一起，使行政过程正常运转的便是长随。他们在公文运行的整个过程中，也对胥吏有所监督和制约，察其是否拖延时间、篡改公文，书吏并不能越过长随向官、幕直接传递公文。章太炎认为官员倚重长随的原因是"今时州县，不任佐贰吏员，而独任己之阍人，以佐贰有官位，吏员有世及，皆不能屈从己意，故惟阍人为可恃"①。但"长随则罔知义理，惟利是图，倚为腹心，鲜不偾事，而官声之玷，尤在司阍"②。而且"忽去忽来，事无长主。里居姓氏，俱不可凭，忠诚足信，百无一二"③。因此，使用好长随也是州县官用人的一个重要方面。

3. 胥吏

清代的胥吏主要指在各房从事案牍工作的书吏。清代从中央各部院到地方州县的各级衙门中，充斥着大量的书吏。书吏的职役为"抱案牍、考章程、备缮写"④。其职能和作用，概括起来，主要有四项：一是草拟案牍文稿，二是磨勘公文和查证例案，三是填报各种表册，四是整理和保管档案。书吏不是在官之人，却办在官之事，是政府职能的实际执行者，"为政所必不可少"，是国家机器运转的重要环节。"官衙所理者，非关国事，即涉民瘼，何事不经吏胥之手。"⑤

与中央主要由六部所构成的行政主体相适应，州县设有六房——吏房、户房、礼房、兵房、刑房、工房。吏房书吏，办理各县正佐官员到任或调迁文书，官员俸廉和差役工食银两奏销文书，捐案与考绩月报，年终简明表，承办有关诰封、官衔、印信、科目、捐照等词讼案件。户房书吏，经理地丁、津贴、捐输、田房税契、孤寡口粮、调查户口、编联保甲、更换监、保、里正，起草缮校上述各项文书，承办田房买卖、租佃与粮税案件。礼房书吏，经理春秋祭典、祠祀、庙宇、学务、育婴、

---

① 洪治纲主编：《章太炎经典文存》，上海大学出版社2003年版，第263页。

② 汪辉祖：《学治续说·用人不易》，辽宁教育出版社1998年版，第94页。

③ 汪辉祖：《学治臆说·勿滥收长随》，辽宁教育出版社1998年版，第42页。

④ 陈宏谋：《分发在官法戒录檄》，参见贺长龄辑《清经世文编》卷24，中华书局1992年版，第619页。

⑤ 同上。

善堂、牙行、当课、迎官、接诏、起草缮校上述各项文书，承办祠祀、庙宇、家产、债账、婚姻等案件。兵房书吏，经理驿站、夫马、铺司等项事宜以及有关上述各项文件，并承办上述各项案件。刑房书吏，办理人犯、烟赌、商号、过道银两等项事宜以及上述各项文书，承办命、盗、抢、奸、娼、匪、凶伤各案。工房书吏，办理度量衡、劝工、农政、矿务、铜币、制钱等事宜及其上述有关文书，承办工造、铸贩私钱等案件，以及庙房、栈房等逐搬、佃迁、押租等案件。此外，在比较大及事务繁忙的州县，除六房胥吏外，还设总房、承发房、招房、柜书、漕书、仓房、库房等其他一些房书，所设胥吏机构远远超出六房。

各个州县因事务繁简有别，设置书吏的数额从几人到十几人不等，甚至多达几十人，这些定额的书吏要求上报吏部，被称为经制吏。根据光绪《大清会典事例》的统计，全国有经制吏 14369 人，平均每个县 11.39 人。① 除了经制吏以外，各个州县都有数目远远超出经制吏的非经制吏，主要有"贴写""帮差"两种。此外，还有"挂名书吏"。如果将这三种书吏加在一起，每个州县的书吏是个庞大的数目。据乾隆时期的洪亮吉估计，大县有一千人，中等的县有七八百人，小县也有一二百人。清后期的游百川估计的数目更高，他说："大邑每至二三千人，次者六七百人，至少亦不下三四百人。"②

胥吏虽供役于衙门，然并未由衙门支领薪俸。清初，胥吏如同差役，均按季给以工食。其后屡经裁减，至康熙元年，完全取消。③ 虽然如此，仍有人愿充胥吏，盖因胥吏得征收陋规（或曰规费）也。田文镜称："盖司道府衙门书吏，本无额设工食，又有纸笔等费，既将各项陋规裁革，不许受贿作弊，若并此持名津贴，亦为革除，则纸笔之费，亦无从出矣。"④ 书吏不但没有薪水，多数时候还要自备办公用品，如笔墨纸张之类。但书吏不能枵腹办公，所以书吏利用其经管的事项索要陋规冗费的

---

① 昆冈编：《大清会典事例》卷 148—151，吏部，中华书局 1991 年版，第 879—923 页。

② 游百川：《请惩治贪残吏胥疏》，参见盛康辑《皇朝经世文编续编》卷 28，吏政十一·吏胥，台湾文海出版社 1972 年版，第 2944 页。

③ 瞿同祖：《清代地方政府》，范忠信等译，法律出版社 2003 年版，第 79 页。

④ 田文镜：《覆陈书役不必定额疏》，贺长龄辑《清经世文编》卷 24，吏政十·吏胥，第 612 页。

现象是非常普遍的。而且，他们舞文弄墨、收受陋规冗费被认为是正当的。"王凤生坦承，书吏们不得不依靠陋规生活"，刘衡也认为，"禁止以文具费及伙食费名义收取陋规冗费是很困难的"①。汪辉祖对书吏染指陋规冗费深表理解，"吏无禄入，其有相循陋习资以为生者，原不必过为搜剔"②。他们以谋取私利为目的，舞文弄档，挟例弄权，操纵政务，地方上一切钱粮出纳、文移迟速、刑狱大小、赋役高下等"通省之事，在其掌握"③。郑观应曾说："今日书吏之权，已属积重难返"，"每缺或万余金或数千金不等。营私卖缺，与本官无须相见，署中惟觅一办事者，潜通生气，朋比为奸。同一律也，有律中之例；同一例也，有例外之案；其间影射百端，瞬息千变。有贿者从，无贿者驳，混淆黑白，颠倒是非，为所欲为，莫之能制。即使上司觉察，按法严惩，亦只能革署中办事之奸胥，不能斥外间把持之缺主。而官之接任视事，多则四年，少则一二年。其于治内之利弊，俗尚之美恶或未及周知，即已更调而去。若书吏则世代相传，专门学习，兵农礼乐，各有专司，官有升迁，吏无更换"④。故有清朝"与胥吏共天下"的说法。清人陆陇其说："本朝大弊只三字，曰例、吏、利。"其三分之二涉及书吏挟例弄权。故有谚云："清官难逃猾吏手"，州官县令便在一定程度上受其挟制。《钦颁州县事宜》在"防胥吏"一条里，列举了胥吏蒙骗主官的几十种伎俩。因此清人云："一县之众从何处治起？先治书役而已。"⑤

虽然书吏的服务期限规定为五年，但实际上许多人在任期届满之后，仍然以改名换姓的手段保留其职位。即使他们自己不能保留职位，他们也会竭力使自己的家人或亲戚获得此类职位。因此，一个知县可能被免职、调迁或晋升，此即所谓"官有迁调而吏无变更"。于是，州县地方政府便形成了一种特殊格局：不断更替且缺乏经验的知县们"领导"着一

---

① 瞿同祖：《清代地方政府》，法律出版社 2003 年版，第 80 页。

② 汪辉祖：《佐治药言·检点书吏》，辽宁教育出版社 1998 年版，第 5 页。

③ 柯耸：《清厘吏治三事疏》，参见贺长龄辑《清经世文编》卷 20，吏政六，第 493 页。

④ 郑观应：《书吏》，参见陈忠倚辑《皇朝经世文三编》卷 23，吏政二·吏治，沈云龙主编《近代中国史料丛刊》第 76 辑，台湾文海出版社 1972 年版，第 370 页。

⑤ 徐栋：《牧令书》卷 4，用人。

帮久据其职久操其事且老于世故的当地书吏。①

4. 差役

差役，又称衙役。他们在官府充当信差、门卫、警员或其他卑贱职役。差役分为皂隶、快班和民壮三类：

皂隶，由穿黑衣服的皂隶组成，供知县使役。衙内值堂，衙外跟随主官出巡，廓清道路，仪卫看守，出庭行杖，都是皂班的事情。

快班，分为马快和步快两种，骑马者称为马快，步行者称为步快。主要供州县官奔走驱使，侦缉密探，平时巡夜，有事执行传唤、拘捕，他们也经常被派往乡下催征赋税。后来又从中分出"捕班"，役差被称为"捕役"，俗称"捕快"。快班多选精神机警、手足便捷的人充任。

民壮，是从民间挑选的壮丁，故曰民壮。用来守护仓库、监狱，护送、押解过境银饷、人犯，保护地方及杂项差使等。

除以上三类差役外，还有看管门户、仪门的门子，管米谷出入的斗级，管监狱的禁卒，协助验尸的仵作，传信的铺兵，看管银钱的库子，以及茶夫、灯夫、火夫、轿夫、膳夫、更夫、吹手，等等，可谓五花八门，应有尽有。一般将州县衙门的衙役笼统概括为三班，因此有三班衙役的通俗说法。其实，多数州县衙门的衙役都超出"三班"。州县差役与书吏统称"三班六房（八房）"，构成州县衙门外署的行政主体。但是，朝廷却在立法中把自己的统治工具贬入"贱籍"："凡衙门应役之人，除库丁、斗级、民壮仍列于齐民，其皂隶、马快、步快、小马、禁卒、门子、弓兵、仵作、粮差及巡捕营诸番役，皆为贱役。"②

与书吏一样，衙役也有定额，他们被称为额役，清代书吏、衙役均有额定，所谓"诚以在官人役，俱有一定经制人数"③，"向来直省大小衙门书吏、差役及门斗、弓兵，均有定数，不容增添"④。但是，额设外的衙役数目也异常之多，每个在册的正役，都会雇用或跟随几个或十几

<hr>

① 瞿同祖：《清代地方政府》，法律出版社 2003 年版，第 65 页。
② 《清会典》卷 17，户部，中华书局 1991 年影印本，第 142 页。
③ 费庚吉：《请严定惩创书役扰害章程疏》，参见盛康辑《皇朝经世文编续编》卷 28，吏政十一·吏胥，第 2939 页。
④ 刘锦藻：《清朝续文献通考》卷 27，职役一，商务印书馆 1936 年版，第 7791 页。

个甚至多达几十个数额不等的白役。还有数额不等的挂名衙役，即"足迹不致衙门，经年不见本官，不知差遣为何事，按册有名，服役无人，……此则谓之挂名衙役"①。因此，州县衙门中的实际衙役人数，包括常年的、额外的、挂名的，远远超过政府规定的数额。

差役的报酬称为"工食"，年收入有六七两银子，清人傅维麟说："役之工食，每年多不过十二两，或七两二钱，每日不过三二分，仅供夫妇一餐之用。"② 如此微薄的收入，为什么仍有许多人愿意投充呢？因为差役可以免除徭役，挂名衙役可以保护自己的家产，还能够需索陋规。所以，"尽管（差役）具有贱民地位且薪金极低，但衙役们还是喜欢当衙役，主要就是因为有利可图"③。

差役收受陋规与舞弊贪墨，大多利用州县词讼之案，尤其命、盗两种案件，其方法可谓五花八门："相验时，有命案检验费。勘丈时，有踏勘费。传唤时，有鞋钱、鞋袜钱，车马费、舟车费、酒食费。拘提时，有解绳费、解锁费。审讯时，有到案费、带案费、铺堂费、铺班费。管押时，有班房费。监禁时，有进监礼。保释时，有保释礼。"④

"堂上一点朱，民间千滴血。"清人的许多著述都告诫州县官派衙役差拘时要十分慎重。黄六鸿说，凡是民风刁滑的地方，只要有词状，就有人包揽，一旦官府派衙役出去拘拿，得到签票的肯定是知县的心腹。这些衙役就会和当地的保正、里长、地棍等相互串通，将原被告隔离开来，两处做鬼，让原被告都不放松，最后倾家荡产。他形容百姓是徒手空拳与结队的猛虎相搏斗，结果只能在穷檐破屋里忍气吞血而已。所以他叮嘱州县官出票要慎重，比差要明确时间，按期回销，违限要追究。而且必须一案一票，一次一销，不要中途改票。如果不是重案，原告逃逸，应立即注销牌票，切不可让牌票久留原差之手。他还提出平常户婚田土类民事案件，发房签差，要轮流派出，办法是三班每班各置一个签筒，把每个衙役的名字写在签上，放在筒里，应过差的就将

---

① 田文镜：《覆陈书役不必定额疏》，参见贺长龄辑《清经世文编》卷24，吏政十·吏胥，第612页。

② 傅维麟：《巫更役法疏》，参见贺长龄辑《清经世文编》卷24，吏政十·吏胥，第620页。

③ 瞿同祖：《清代地方政府》，法律出版社2003年版，第113页。

④ 那思陆：《清代州县衙门审判制度》，中国政法大学出版社2006年版，第35页。

他的名签倒过来，写有衙役名字的签牌发完后再从头开始，如果有长差、告假的要把他们的名签拿出去，以免其他人代他应差；点卯不到的人就轮入下次。对那些命盗重案，派差尤其要慎之又慎，要在三班中平时观察，将老成小心之人的名字记在衙门墙上，遇有此种差事就派他们去①。汪辉祖说得更具体，"公役中岂有端人，此辈下乡，势如狼虎，余曾目击而心伤之"。为此，他做幕友时经常嘱咐主官不要轻易签派衙役出官差。后来他做了县令，"于此尤慎"。据他描述，差役有原役、号役、改役、加役、拿役等种种名目，而最为民害的是频繁更换差役，他们如虎狼一样，饱者既去，饿者又来。他主张案件既已立案，就应该审理，一票已定，期限不到，就应该责问原差，没有必要再添派差役。②

方大湜在《平平言》中列举了捕役有"八害"，包括豢贼分肥、纵贼殃民、需索事主、妄拿平民、私刑吊拷、嘱贼诬指、私起赃物、侵剥盗赃。③

清代州县胥吏差役的设置和勒索情况，可以以湖北黄安县（今红安县）为例④：

> 衙门吏役之害人，早有民谚"八字衙门朝南开，有理无钱莫进来"。公人见钱，如苍蝇见血。

> 按国家制度，州县设吏、户、礼、兵、刑、工六房。据记载，当时全国共有一千三百多州县。每房置为首的"经承"一人和房书三至十余人，统名为书吏、书办，管理地方以上各房之事及类似之事。户房以后又分为户粮房、税契房，分别管理民间田土买卖、承粮过户、设立粮柜、征收回赋、印发契约等事。下设册书、粮书、柜书等，每年春季，造册稽征。各房经承、房书，可以直接为知州知县起草文稿，经管档案。他们在家中住宿，听候有事召唤。年久

---

① 黄六鸿：《福惠全书》卷11，词讼，北京出版社2000年版，第134页。
② 汪辉祖：《学治臆说·票差宜省》，辽宁教育出版社1998年版，第56页。
③ 方大湜：《平平言》卷4，光绪十六年鄂省藩署刻本。
④ 吴端伟：《清末三班六房与幕友家丁》，参见《湖北文史资料》第2辑，1981年版，第151—154页。

资深的，还可以缴纳一定捐银，报经藩司核准，赏给顶带，称为"吏员"，谓之"出吏"，列入士人一流。但是由于一县之大，事务甚繁，除这些书吏外，州县官还必须有另一部分人为之奔走服役，因此各州县又设置皂、壮、快三班，后又添一捕班。班设头目，谓之卯首，卯首下设总役、头役、散役，还有无名白役。各班百数十人不等，统谓之差役。皂班管刑杀等事，如执行笞杖枷号，杀人时充刽子手等。其人头戴长方形尖顶黑色帽，服半截皂色衣，随带各种刑具。壮班侍州县官出巡，披"民壮"号衣，手持棍棒旗伞，在轿前喝道拥护。快班管递送公文，有马快捕快之分，亦称快手。捕班掌缉拿盗贼、拘捕普通刑事犯人。各班身份比书吏要低一等。而皂班俗称"皂隶"，地位又低于其他各班。无论是吏是役，一律不给工资薪水，惟靠民间发生田土婚姻等讼案，从中舞法舞弊，索取钱财规费以身养家。一般吏役在每一县之四乡，各有汛地，有如封建诸侯"食采"之邑。如某某管某乡买卖田宅、立契过户、催收田赋；某某管某乡讼案，充当歇家，供诉讼人住宿，指挥讼事如何进行，或为诉讼人勾结州县官的幕友家丁，买通关节，便利胜诉。其目的都在于图利。有的吏役日积月累，其资财竟与当地地主资本家相等甚至过之。较著名的吏役，因事下乡，擅用舆轿，仆从追随，俨若绅富。他们既仗州县官之势，又交结地方权势，横行霸道，无恶不作。他们以广大良善人民为鱼肉，除了征收田赋契税的吏役向花户浮收勒索视为固然外，至于讼案，略举某兵房书吏兼充歇家盘剥某农民之事例说之。有一金姓农民，黄安县西乡华家河附近人，其妻和一三岁男孩被人拐卖某地，金踪迹得之，向县告状，半年后结案。因为其妻改嫁多日，死不愿随金回家，县官劝金放弃其妻，惟令领回儿子，金忍泪从之。事后结算账款，这个歇家竟大敲其竹杠，计酒饭铜圆百余串，心劳费、小礼费、谢礼费百余串，传案费、过堂费、点单费五十串，请绅士出庭作证、撰写词状费五十串，还有其他小费等，合之共三百余串，约会当时银圆二百数十元。这一农民讼费无出，只得忍痛将祖遗田石余出卖抵偿，落得人财两空。而所开费用，不实者多，其中有三分之一装进了歇家私囊。此不过是一件寻常之事，其余吏役所做忍心害理之事，指不胜屈。

州县官所管讼案，除一般田土婚姻债务外，其最突出者则是命、盗案。命案发生，当事人来城控诉谓之"苦主"，其对方谓之"凶手"。州县官受理后，于一、二日内临场验尸，必带大批吏役。这批吏役，首先是到被告凶手家捉人，勒取钱财酒食，翻箱倒箧，见物攫取，甚至骚扰邻舍，闹得鸡犬不安，令人望而生畏。验尸时还有一、二名"仵作吏"随往。"仵作吏"属于刑房，据说他们熟读宋朝人宋惠父所著的《洗冤录》，明白尸身部位，视察伤痕，得有秘传。他们可于检验时颠倒黑白，填写编印的"验尸格"，或以重报轻，或以轻报重，从中渔利。每一宗命案未终结时，被告凶手多已倾家荡产。至于盗案，其中很多系诬陷良善、讹诈钱财，使真盗免脱、无辜受累。当时黄安县城不过五百余户，房班吏役即占二百户之多，此辈完全靠压诈乡下人生活。有句谚语说："乡里不发颠，城里不冒烟。"言乡下人不生事，城里人即无饭吃，真是形容尽致。吏役还有世袭制，大都是父死子继，兄终弟及，世代盘踞城中，等于城狐社鼠，薰灌不易。因为此种黑暗制度，相沿日久，改革綦难。直至清室末年，各处革命勃起，始拟预备立宪，改革官制，更换六部之名为民政部、陆军部、度支部、法部等，未及实行，而清室已亡。但各州县三班六房始终迁延未改，直至民国元年才废除。

衙役是社会的毒瘤，因此官方文献多称之为"衙蠹"。清代差役对人民的危害过于书吏。"差役不若胥吏之有文，事权不重于吏而威福过于吏。一纸入官，九牛难拔，此为结讼者言之；一符下乡，十家闭户，此为奉差者言之；富者得钱而买放，贫者无钱而受拘；或招摇以索贿，或恐吓以取财。"①

图1—2为清代县衙组织结构图：

---

① 陈文述：《答问差役》，参见盛康辑《皇朝经世文编续编》卷28，吏政十一·吏胥，第2953页。

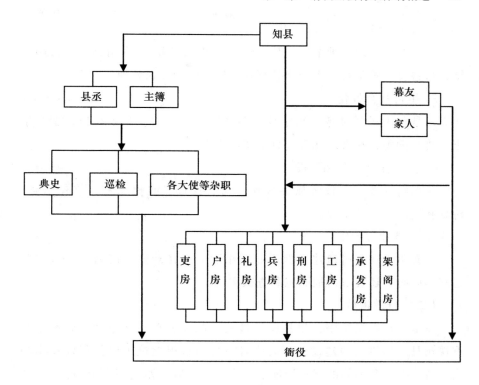

图1—2　清代县衙组织结构

资料来源：周保明《清代地方吏役制度研究》，上海书店出版社2009年版，第108页。

二　州县行政内容和行政地位

（一）行政内容

州县官要处理的政务包括征派、刑名、治安、教化、建设、救济等各个方面，对其辖区内的一切事情负有责任。

从纵向看，州县具有"承百司，治百民"的特点。一方面，州县衙门执行朝廷旨意和各上司命令，直接治理民众。另一方面，把基层各方面情况及行政效果，不断反馈给上司。

从横向看，州县衙门直接处理所辖范围内各方面政务，凡所辖行政、司法、赋税、教化，以及防灾、救荒、劝课农桑、兴修水利等有关发展生产事宜，都是州县所管范围。具体政务主要有以下几类：

1. 征收赋税

负责州县内田赋和杂赋的征收与管理及办理漕务。

2. 审理狱案

州县有权受理各种案件，凡户婚田土等"细事"，多由州县官自断完结，命盗反叛等重案，则经州县官初审后，转给上司处理。

3. 主持社会教化

州县负责科举试务，兴学校，办乡饮，讲乡约，端正礼俗，举行祭祀，奖励勤善合礼者，惩责贪怠不孝不义者。

4. 主持社会福利和建设

包括防灾救荒，救济孤寡残疾，劝农课商，兴修水利，修建道路、桥梁和仓库等公共工程。

5. 维持地方治安

州县负责在各村镇建立保甲联防组织，并在冲要地区派兵丁或差役巡察。同时，还负责缉捕罪犯和查探案情。

（二）行政地位

在地方行政系统中，州县属于最基层的政权单位，历代王朝都十分重视州县统治机构的建设，而清代对州县的重视超过了以往任何一个朝代，清人撰写和编纂的州县治理指南或工作手册，如《福惠全书》《钦颁州县事宜》《学治臆说》《佐治药言》《牧令书》《牧令须知》《宦海指南》等，非常之多。

州县行政在清朝行政体系中起着重要作用，"天下之治始乎县"，"天下之治乱视郡县"。所以清人论道："天下真实紧要之官，只有两员，在内则宰相，在外则县令……其实政实治，则在县令。"① "朝廷敷布政教，全赖州县奉行。"② "兴利除弊，不特藩臬道府能说不能行，即督抚亦仅托空言，惟州县则实见诸行事，故造福莫如州县。"③ 他们的统治情况，直接关系到百姓的生存养息和天下的治乱安危。州县"位虽卑而所系甚重，百姓之休戚，天下之治乱，恒必由之"④。"州县一官，则寄以地方百姓，

---

① 谢金銮：《居官致用》，参见徐栋《牧令书》卷1。
② 凌如焕：《敬陈风化之要疏》，参见贺长龄辑《清经世文编》卷23，吏政九·守令下，第581页。
③ 方大湜：《平平言》卷1，光绪十六年鄂省藩署刻本。
④ 周镐：《上制军条陈利弊书》，参见贺长龄辑《清经世文编》卷16，吏政二·吏论下，第394页。

寄以城池府库，寄以钱粮征收，责任尤重，自古未有不慎选牧令而能治天下者也。"① "牧令（州县官）民称父母，何也？盖因其有教养之责，与民休戚相关，故称父母。使其顾名思义，常存惠爱之心。为牧令者，当以目前之赤子，如膝下之儿孙，民之所好者好之，民之所恶者恶之。恶丁役之虐我民，则管束不得不严；恶盗之劫我民，则缉捕不得不力；恶差徭之累我民，则支应不得不减；恶稼穑之苦我民，则催科不得不慎；恶荒歉之乏民食，则仓储不得不备；恶旱潦之害民田，则水利不得不行；恶词讼之妨民事，则审理不得不速。"② 郑观应说："夫国家设官，本以为民，其与民最亲，而贤否得失之间，动关国家之治乱者，尤在州县。何则？天下者，州县之所积也。内而六部，外而两司、道府诸官皆为考察此州县者耳。伊古以来，未有民不聊生，而国家可以称治者，亦未有牧令非人，而疆臣政府可以坐致太平者。"③

正是由于州县官在清王朝庞大的国家机构中占有重要位置，是中央各项政策方针最直接的执行者，"自州县而上，至督抚大吏，为国家布治者，职孔庶矣。然亲民之治，实惟州县，州县而上，皆以整饬州县之治为治而已"④。因此，清统治者一向重视州县行政，将其看作加强、巩固其统治的基础环节。雍正继位后曾降谕各州县官："朕惟国家首重吏治，尔州牧、县令，乃亲民之官，吏治之始基也。贡赋狱讼，尔实司之，品秩虽卑，职任綦重。" "全省吏治，如作室然，督抚，其栋梁也，司道，其垣墉也，州县，其基址也。" "惟尔州县诸臣，具有父母斯民之责，其为朕立之基址，以固邦本焉。"⑤ 道光帝也曾说："州县为亲民之官，果能各尽其职，则天下自无不治。"并于1836年下令刊行"钦定训饬州县规条"颁示各省，以俾州县各官"细心究习，实力奉行"⑥。

州县为治民之基，因而也只有州县和其最直接的上司府设有吏户礼

① 阎敬铭：《请道府州县四项无庸减成疏》，参见葛士浚辑《皇朝经世文续编》卷17，吏政二·铨选，台湾文海出版社1972年版，第495页。

② 刚毅辑：《牧令须知》卷1，居官，沈云龙主编《近代中国史料丛刊》第65辑，台湾文海出版社1968年版，第11页。

③ 郑观应：《盛世危言》，王贻梁评注，中州古籍出版社1998年版，第119页。

④ 汪辉祖：《学治臆说·自序》，辽宁教育出版社1998年版，第37页。

⑤ 《清世宗实录》卷3，雍正元年正月辛巳，中华书局1987年版，第78页。

⑥ 《清宣宗实录》卷291，道光十六年十一月，中华书局1985年版，第500页。

兵刑工六房，承接的渊源直达中央六部。州县官在整个官僚系统中的位置最为卑微，但其同样有被看重的一面，因为州县政府是唯一"干实事"的政府，"不特钱谷刑名所由此立根，由此起例，举凡关风化之事，利弊之端，实赖州县得以审度谋虑而兴废之，苟善其人则万众共仰乎光采，苟不善其人则百族实罹隐痛"①，刚毅总结说："政事之端，纠纷万绪，不离乎吏户礼兵刑工六曹之所掌，其所以布教施令达上行下之文，一代自有程度。垂诸令甲，颁之薄，海内外较若画一，无或差忒，受其成而考核事实、定其可否者，宰相尚书之职。而考其事之所由起，则莫不肇端于州县。故庶司百职，惟州县为可为，以其近民而得行其志也。亦惟州县为难为，以其事杂而弊窦易滋也。"② 正如方大湜所云造福莫如州县，造孽亦莫如州县。

---

　① 佚名：《论州县为亲民之官宜久任供职》，参见何良栋辑《皇朝经世文四编》卷16，吏政·守令，台湾文海出版社1972年版，第268页。

　② 刚毅辑：《牧令须知》"序"，参见沈云龙主编《近代中国史料丛刊》第65辑，台湾文海出版社1968年版，第1页。

第二章

晚清两湖地区州县赋税征收

第一节　赋税征收

一　晚清州县赋税征收类别

晚清由州县征收的赋税主要是地丁、漕粮、南粮、耗羡和杂赋等内容。兹分述如下：

（一）地丁

地丁是田赋与人头的综合税，晚清时期，湖北省合计应为 1227900 余两[1]，湖南省则为 1406800 余两。[2]

（二）漕粮和南粮

两湖地区是漕粮和南粮的征收地区，漕粮征收项目以额征为主，同时也包括各种附加项目：

1. 额征漕粮。包括正兑漕粮（运京仓）和改兑漕粮（运通州仓）。

2. 随漕正耗，随正起运，以为京通各仓耗米并沿途折耗之用。

3. 随漕轻赍易米折银。

4. 随漕席木板竹。

5. 余米。每正兑米、麦、豆，交仓耗 2 斗 5 升。

6. 羡银（夫银）。

7. 厅仓茶果。两湖地区每船额征银征 10 两。

---

① 张仲炘、杨承禧：《湖北通志》卷 44，经政志二，上海古籍出版社 1990 年版，第 1232 页。

② 卞宝第等：《湖南通志》卷 50，赋役三，上海古籍出版社 1990 年版，第 1329 页。

8. 官军行月钱粮。征给官军。①

康熙二十三年，清政府在荆州设立满营，所需兵饷从湖北、湖南征集。其中，湖北33县、湖南21厅县交纳南米。南米数额与北漕类似，处于波动状态，总的趋势是增加。最初，南粮约25万石，至清后期超过30万石。南粮由粮户自己运交州县，再由州县负责运赴荆州仓库。南粮耗米征收本色，约1斗5升—2斗5升，此外，还有水脚米、船驴脚米等，各县均不相同。②

湖北征漕米19万石，南粮（运往荆州供驻防八旗及绿营之用）12万余石，两项共计31万石，折银43万两。③ 湖南漕米近16万石，南粮12万余石。④

以随州为例，咸丰七年前，随州的漕粮和南粮包括：

正米田塘秋粮（除阮粤外）共米七千九百一石三斗五升二合四勺，照易知由单，每秋粮一石徵正米四斗九升一合六勺七杪五撮，共徵正米三千八百八十四石八斗九升九合三勺。

一兑漕粮正米一千一百一十九石五斗五升一合六勺。

四耗米四百四十七石八斗二升七勺。

二耗米二百二十三石九斗一升三勺。

共兑漕粮正耗米一千七百九十一石二斗八升二合六勺（每年限定于冬月运至省城水次，听候粮道盘量，交运丁收领转运）。

一兑南粮正米一千六百七十四石八斗九升三合三勺。

二五耗米四百一十八石七斗二升三合二勺。

共兑南粮正耗米二千九十三石六斗一升六合一勺（系荆州驻防兵粮，每年限定于冬月运至荆州水次，解交荆州府仓收兑。）

耗米照易知由单，正米一石随徵耗米一斗，共应徵耗米三百八十八石四斗八升九合九勺。

---

① 嘉庆《大清会典事例》卷163，户部，参见《近代中国史料丛刊三编》第66辑，台湾文海出版社1991年版，第7295—7334页。

② 吴琦：《漕运与中国社会》，华中师范大学出版社1999年版，第301页。

③ 罗福惠：《湖北通史·晚清卷》，华中师范大学出版社1999年版，第29页。

④ 卞宝第等：《湖南通志》卷50，赋役三，上海古籍出版社1990年版，第1331页。

漕粮每正米一石，给旗丁截贴米七十八石三斗六升四合。

南粮每正耗米一石狼撒米三升，交荆仓鼠耗三升，共该米一百二十五石六斗一升七合。

水脚每正米一石徵水脚银一钱五分，共徵银五百八十二两七钱三分四厘。

一支解漕粮通判养廉给旗结贴并运费芦席等款银三百四十五两八钱一分五厘。

一支解南粮荆仓修理费银斗给饭食银并运荆水脚等款银三百九十四两一钱一分九厘。

共支给银七百三十九两九钱三分四厘，不敷水脚银一百五十七两二钱（奉文先行垫给后赴道库请领归款）。

按额征漕南二米三千八百八十四石八斗九升九合一勺。

咸丰七年巡抚胡林翼奏定新章后，随州的情形有所变化：

应分解漕米一千七百九十一石二斗八升二合六勺，每漕米一石折征十足制钱六串五百文。

每漕米一石折解库银一两三钱共应解银二千三百二十八两六钱六分七厘。

随解耗米一百七十九石一斗二升八合三勺，折解银二百三十二两八钱六分七厘。

又每石解水脚银一钱五分共应解银二百六十八两六钱九分二厘。

又漕粮项下提充军饷兑费银三千两。

以上四款共解银五千八百三十两二钱二分六厘，应分解南粮正米二千九十三石六斗一升六合一勺，照漕米一律征收。

每南米一石折解银一两五钱共应解银三千一百四十两四钱二分五厘。

随解耗米二百九石三斗六升一合六勺，折解银三百一十四两四分二厘。

又每石解水脚银一钱五分共应解银三百一十四两四分二厘。

以上南米三项共解银三千七百六十八两五钱九厘。①

（三）耗羡

所课耗羡，即赋税之所盈余。官吏征收银粮，于正赋之外加征之附加税，手续费、杂费等总称为耗羡。耗羡最主要有两种，一为火耗，二为平余。因地丁征银，银的成色不同，征收后熔解改铸时，有损耗，故于正款之外，征银时每两加征一钱至数钱，以备熔铸时之损失，称为火耗。各省动支各项，皆于正纳数内按每千两扣平余银十二两五钱，以留存备用，谓之平色，意谓平色之余。湖北的地丁和漕折共为171万余两，故耗羡为17.1万两，平余为3万余两。②

（四）杂赋

其分类一曰课，包括渔课（渔课是对渔业的课税）、芦课（湖北、湖南等省滨江沿湖之地有大片官有芦洲，招佃纳课，是为芦课）、矿课（矿税）、茶课（茶税）。二曰租，包括州县学田租银，公地公田官田官园官房租银。三曰税（杂税），其中当税（又称"典税"，为当铺的营业税）、牙税（征于牙行的税收。清制，经营牙行者，由政府颁给"牙帖"作为营业凭照，是为"官牙"）、契税（又称"田房契税"，为对民间典押、买卖田产房屋课征之税）"各省皆征之"，其余的如牛税、马税、驴骡税、炉税、酒税、坑税、铁税、木筏税、烟税、靛税、曲税、石膏税、集市之地落地税等，各省或有或无。杂税皆随征随解，附于地丁奏销。道光年间湖北的杂税主要有"干鱼、麻、铁、湖课、线胶、门摊、酒醋、商租，地租、府钞，房租、街基、茶税、各府商税、长河、城汝、渔利等项"③，城乡群众每产都要摊上几项。如沔阳对农户的自有房屋，包括湖区草房均征所谓"间架税"，"孤贫及屋舍倾圮者"亦不能免。杂项税费虽然数字不大，但对升斗小民和结庐而居的穷人而言，也是很重的负担。

---

① 同治《随州志》卷10，田赋，第156—159页。
② 罗福惠：《湖北通史·晚清卷》，华中师范大学出版社1999年版，第29页。
③ 张仲炘、杨承禧：《湖北通志》卷44，经政志二，上海古籍出版社1990年版，第1231页。

晚清时期，两湖地区税捐名目繁多。光绪年间，"湖南就曾先后征收随漕捐输、耗羡、浅船、芦席、津贴、驴脚、补水、补底等苛杂捐派，这还只是纳入省财政收入有案可查的，至于各道、府、州、厅、县因循相加的名目，更不胜枚举。特别是一般田赋附加额都在一倍以上，有的地方甚至更高达两倍、三倍的。此外，还有洋药落地捐、土药税、土膏牌照捐、谷米捐，茶引税、茶箱用捐、船捐、车捐、戏园捐、门市招、屠捐、土硝税、杂捐等，各地名目不一，征额不少，约合正课的十之二、三，乃至十之三、四的。至于经征官吏勒索徇弊之数，则更难数计了"[①]。湖北则有"茶捐、竹木捐、土布捐、丝绢捐、石膏捐、船厘捐、烟酒糖捐、洋油捐、牙帖税捐、江工捐、米谷储备捐和赈粜捐、土膏捐、质当捐、砖瓦捐、柴捐、炭捐、煤捐、肉捐、铺捐、门捐、车捐、教育捐、学堂捐等等，名目繁多。据1911年编印的《湖北财政说明书》统计，从1890年到1909年间，湖北在本已众多的捐税之上，又增加了新捐税23种。可说是无物不捐，利悉纤毫"[②]。

据《阳新县志》记载，该县主要有厘金、茶厘、竹木捐、丝绢土布捐、土膏捐、文赈捐、洋油捐、米谷捐、筹防捐、杂粮捐、牛皮捐、石捐、牙帖捐、当捐、契税、酒税等捐税。兹分列如下：

厘金 分落地厘（专征外地入境货物）、门市厘（专征用户所买货物）、出产厘（专征本地出产货物）3种。百货厘金，按量或按价抽收，过境值百抽二，销场值百抽五。1875年后，不分过境、销场，一律值百抽三，征收范围不断扩大。

茶厘 头茶每百斤征736文。子茶、夏茶、秋茶每百斤征515文。

竹木捐 按价征0.36%—0.82%。

丝绢土布捐 丝捐按价征6%，土布征0.12%。

土膏（鸦片）捐 1884年规定，每百斤征银34两。

文赈捐 1892年，随百货厘附征，后改名湖北赈捐。

① 欧阳志高等：《湖南财政史》，中南工业大学出版社1988年版，第52页。

② 罗福惠：《湖北通史·晚清卷》，华中师范大学出版社1999年版，第329页。

洋油捐　1898 年开征。起坡每箱征制钱 300 文，过载征 15 文，落地征 30—60 文。

米谷捐　米 1 石征落地、过境各 30 文，谷 1 石共征 15 文。

筹防捐　1900 年，按百货厘金附征 5%。

杂粮牛皮捐　1901 年开征。杂粮，每石正捐外加征 10%；牛皮，每张按正捐加征 1 倍。

石捐　1902 年，红石、麻石每块加收 2 文。

牙帖捐　咸丰年间，按偏市开征牙帖捐，分 700 串、300 串、100 串（制钱）3 等。1894—1908 年，所捐牙帖征岁捐 2 两。1909 年，凡新捐新换牙帖，每 100 串捐额每年征银 4 两，分夏秋两季征收。

油饼捐　1902 年开征。油，每桶加抽 5 文，每篓 3 文；油饼，每石加收 20 文。

煤捐　1905 年开征，煤每石加抽 1 文。

契税　卖契，按价值每两纳税 3 分；典当契，限期 10 年内免征。1911 年，按卖九典六征收。

当税　1887 年，每铺年征 5 两，并预缴 20 年税款，以后逐年扣还。1897 年，户部以当铺税独轻，每铺年征 50 两。

烟酒税　1855 年，烟酒与百货厘一并征收，税率值百抽二。1894 年，征正厘外加收三成。1899 年，改设专局，开征烟、酒、粮捐。烟叶，每百斤征制钱 500 文；锭子烟每块征 1 文；福建皮丝，每包 40 文，赣丝减半；兰州青条，每斤 20 文。过境兰烟，大箱每箱 2 串，小箱 200 文。土酒，原花每百斤征 800 文。黄酒、甜酒减半。1901 年，免征正厘，税率加倍，加厘三成照收。同时开征烟丝税，按刨每月向食户征收。①

此外，晚清时期，还征收附加税。漕项与耗羡皆为征解正税时所加征之手续费，并非另立新税。而附加税则不同，其课征之目

① 湖北省阳新县地方志编纂委员会：《阳新县志》，新华出版社 1993 年版，第 392—393 页。

的，或为增加军饷，或为举办其他事业，其名目有按粮津贴和按粮捐输等。

据《东方杂志》登载的《湖北岁入报部表》数据①：

地丁　额征银一百三十六万九千八十三两零　实征　一百二万四千一百一十九两零　租课　实征　一万三千三百五十两零　粮折额征银二十万八千九十六两零　实征　一十七万二千二百一十六两零　漕折　额征银二十一万两　约实征　一十七万余零　漕项额征银八万九千余两　约实征　四万一千余两　杂税　实征　一万四千三百三十三两零

湖南仅地丁和漕粮两项，就从雍正时的定额 1147246 两和 296562 石，分别增加到清末时的地丁 1817809 两，漕粮 685501 石，增加率为 63%。②

二　地丁的征解

清代由州县经手征收者，主要是地丁、漕粮、南粮和杂赋，其科则、数额载于《赋役全书》，只有少数地方的州县官负有盐税、茶税征收的职能。③

（一）地丁征解程序

清代地丁经由州县征收，并上解各省布政使司库。地丁征收是州县的专责，各级上宪不得派差插手，也"不得滥委府佐协征"④。田赋分夏秋两季征收，夏征在 2 月—5 月，称为上忙；秋征在 8 月—11 月，称为下忙。针对地产与粮籍分离的情况，典制规定"粮随田办"，"田在此县而粮寄彼县者，将应征钱粮改隶有地州县征收"。"凡寄庄田地，于开征时，经征州县造册移交住居州县代行催征，如有未完，责成代征之员。"⑤ 清

---

①　《东方杂志》第 5 年第 10 期，第 122 页。

②　张朋园：《湖南现代化的早期进展》，岳麓书社 2002 年版，第 240 页。

③　瞿同祖：《清代地方政府》，第 243—247 页。

④　嘉庆《大清会典事例》卷 144，户部。

⑤　嘉庆《大清会典》卷 11，户部。

代州县征收地丁的依据是各种赋役册籍，其中最主要的是《赋役全书》，每州县发两本，一存县署，二存学宫。《赋役全书》列地丁原额、荒亡变动增减数额、实征数额和起运存留数额。除《赋役全书》外，赋税册籍还包括一般称为鱼鳞册的土地丈量册，载上、中、下田则；一般被称为黄册的户口登耗册。为了加强对田赋征收的行政管理和及时了解各地不同时期征收状况，清代还有红册簿，这类籍册有四种：一是红册，即征收簿，记载征收每日丁银米数，以日为征，以乡为纬；二是截串销簿，即登记已截串票；三是日报簿，评列每月日收税银；四是流月簿，逐日登记完户钱粮数额。户部则例载"州县征收钱粮簿须于十日内送布政司钤印，开征前领回，于花户完纳时，长官眼同登记。填发串票，一切征收簿，由县令亲自查核欠完"①。

清代州县征收地丁，分以下几道程序进行。

第一，造具征收册籍，颁发征收票据。

地丁开征前，由州县有关房科依据《赋役全书》、鱼鳞册（地籍册）、黄册（征收册）、红册簿（实征册）等册籍编制当年的实征册，分征收区造纳户花名和征收数额，作为本年征收的依据。黄六鸿记州县实征册的"攒造之法"：

> 本县一年银米某项若干，共该若干；都图里甲共若干，该银米若干；各里花户银米若干，共该若干。要必各甲花户之银米，与甲总合；各甲之银米，与图总合；各图之银米，与县总合。所谓一县之总撒相符，然后照此册征收，庶无增多减少之弊。②

实征册由有关房科编造，造具后送内衙审查。州县官（或幕友）"将上年实征与本年有无加减之数逐图查清"，然后将实征册印发，填写各甲长单和户单。各甲长单和户单填好后，再送内衙，与实征册"逐图里甲对清"，然后散发。关于这种实征册和长单、户单的印发，黄六鸿说：

---

① 梁祖灵等：《中国土地管理史》，天津人民出版社 1996 年版，第 344 页。
② 黄六鸿：《福惠全书》，北京出版社 2000 年版，第 77 页。

凡征钱粮，必须各里预造实征册，使排年、里长知一里应征银米总数，并花户一岁应完银米撒数，而督催之。……而各甲又照式造手折，谓之长单，排里执此，以考经催之完欠。各户照式造方票，谓之户单，花户执此，以考本身之应纳。①

清代各地的赋役册籍普遍十分混乱，县署所造的实征册，只是根据房科所保存的有关册籍。但实征册所列各里各甲各花户的赋额，同赋税的实际负担情况根本不能相符。由于没有健全的土地和赋税管理制度，各地民人买卖土地、分家析产，多不到官府办理正式登记、过割手续，而仅仅由掌管各里粮册的里书、册书勾注。这样，州县衙署所保存的赋税册籍就与各里里书、册书所保管的册籍出入甚大，实征册只能做到使各里甲赋额总数与《赋役全书》所规定本州县征收总数相一致，至于各里甲的纳税人及其赋额，则根本不能反映。这是全国普遍存在的情况。

粮籍混乱至极，官府根本没有可能进行整理。士绅熟悉地方情况，有此能力，但由于牵涉自身利益，也不会尽办。② 这样，终清之世，甚至直至民国时期，田赋征收册籍始终无比混乱。这种混乱，为胥吏在编造地丁实征册时作弊提供了便利。

第二，征收方法。

清代田赋的征收，曾颁行过下列几种方法：

（1）易知由单法：由单之式，每州县开列上中下田亩，人丁、正杂本折钱粮，起运存留各项总数，还开列各户人丁田亩数和应纳税额，在开征前一月发给各纳税户，令其按期缴纳。

荆门州征收丁漕及赔款捐之"便民易知由单"样本如图2—1所示。

---

① 黄六鸿：《福惠全书》，北京出版社2000年版，第80、81页。

② 徐赓陞：《覆本府条陈积弊禀》，参见盛康辑《皇朝经世文编续编》卷26，吏政九·守令下，第2820页。

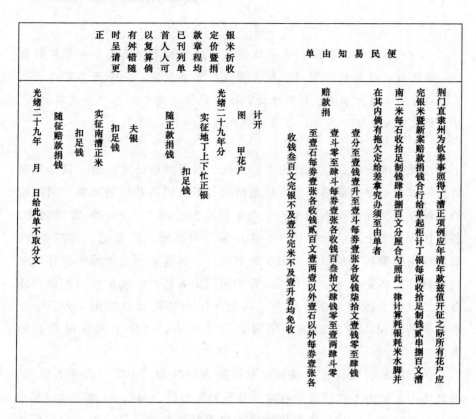

图 2—1　便民易知由单

资料来源：梁方仲《跋清光绪二十九年湖北荆门州便民易知由单》，《岭南学报》第Ⅱ卷第 2 期，第 188 页。参见武汉大学历史系中国近代史教研室编《辛亥革命在湖北史料选辑》，湖北人民出版社 1981 年版，第 227 页。

（2）截票法：截票也称"串票"。票上开列地丁钱粮实数，分为十限，月完一分，纳完则截止。票中盖印，从印字中分为两半，一半存官府一半给纳税户。后改为三联串票。一联存官府，一联给差役，一联交纳税户。"每联内填写款项数目，于骑缝处大书完数，分中截开。一存案备查，一付差应比，一给花户收执。如官吏蒙混填写，及无票付执与勒索票钱者，参处治罪。"黄六鸿记三联串票说："其法三式相同，而票额有纳户执照、临限查截、票根存算之名各异。执照、查截二票，完粮时柜吏填付纳户，一自执，一付排里查截票完数。票根每晚柜吏同流水日报缴入内衙，以凭存算。"①

（3）滚单法：每里之中或五户或十户共用一单，于纳户名下注明田地若干、银米若干、春秋各应完若干，分为十限，发给甲首，依次滚催，自封投柜。不交或迟交者，予以严惩。在湖南长沙县，其滚单催征的方式如下：

> 如一邑每里之中，或五户或十户立一滚单。于某户名下注明田粮若干，该银若干，春应完若干，秋应完若干。或分作十限，一限该完银若干，发给甲内首户，各换次滚催。令民遵照部法自封投柜，不许包户、银匠柜役执秤称收。一限若完，二限又挨次滚去。如有一户沉单不完不缴，查明即严挈究处，是既省差役之滋，又省里排之科敛。②

（4）顺庄编里法：是防止漏税而设立的一种方法。其法是据田地定户，从户而征税。

（5）张贴榜示法：州县官每年将各乡里完欠之数，呈送总督，张贴本里，让民周知。如有中饱，许人民执串票具控。其分年带征之项，也将每年应完之数详列榜示，使官吏不得额外溢征。

光绪年间，屠仁守针对湖北钱粮积弊，提出了如下办法：一是"预给易知由单，按照粮户册名，依定章核算，载明纳钱若干"，通知到农户；二是征收时用"联三印票，以给纳户征信"；三是"各督抚于开征之先，按时价核定换银上库之数，每两征收大钱若干，出示晓谕"；四是农户如受到盘剥和刁难，"准纳户即时禀诉"③。说明这些方法在晚清时期还在继续使用。

州县钱粮的催征，一是要将串票分发到花户手中，二是要使花户在纳税期限内缴纳。由于每州县花户数目不下数千，甚至上万，因此催征必须依靠一个人员系统和机制。田文镜曾归纳当时的三种催征方式说：

---

① 黄六鸿：《福惠全书》，北京出版社 2000 年版，第 79 页。

② 同治《长沙县志》卷 19，政绩。

③ 屠仁守：《请查湖北积弊片》《陈湖北钱粮积弊片》，参见《屠光禄疏稿》卷 2。

"州县征粮之法，各处不同。有用差役分里坐催者；有用里书、甲总历年不换者；有用花户为催头，责令听比者。"① 在潜江县则用"引催"来催征钱粮。据光绪《潜江县志》记载："盖潜邑收粮向用圩正（即旧志里排是也），自民人马万有控革后，更其名曰引催。引催者，引粮差催收之说也。"由于引催"积久弊生，浮收勒派，民力苦之"，最后在咸丰年间被革除。

两湖地区的钱粮催征，主要依靠册书。他们已经走向职业化和世袭化，"晚清至民国初年，册书已经不同于明代及清前期的乡里基层组织中的职役角色，而是演变为以征税为职业的赋税中介人"②。

第三，收缴。

"各县征收田赋，……有在城及各镇设柜征收，由人民上柜完纳的，有由册书垫款将所管里团各户丁漕券票裁出，持赴乡间分给各户的。"③ 在里甲、豪劣、宗族等包揽钱粮的情况下，由他们汇总解交官府。而除此之外，均由花户自封投柜。在这种制度下，由州县衙署设立钱粮征收柜（绝大多数设于州县治所）收缴税银（钱）。钱粮柜一般按里甲分设，柜书则由州县官于开征时在房吏中临时金点。花户缴纳钱粮，需亲身到柜，按照滚单所列数额，将应缴粮银（钱）封入统一刊制的纸袋中，在柜书监督下投入钱粮柜。然后，由柜书进行流水登记，填写三联（或二联）串票，将纳户收执联交纳户保存。银柜定期开封，由柜书和内衙人员（州县官、钱粮幕友和长随）共同清点入库。黄六鸿记钱粮设柜征收、花户自封投柜的运作程序：

> 计区里之多寡以设柜，每柜（柜吏）一人掌之，宜于各房科择老成谙练者若干名，四季轮充。以掣名签而定人，以掣柜签而定所守，俾皆不能以意得。其收银之法，柜吏每日早堂时，舁柜至收所，

———————————

① 席裕福、沈师徐辑：《皇朝政典类纂》，沈云龙主编：《近代中国史料丛刊续编》第90辑，台湾文海出版社1982年版，第5046—5047页。

② 杨国安：《明清两湖地区基层组织与乡村社会研究》，武汉大学出版社2004年版，第191页。杨国安对两湖地区册书的出现、包役与作弊等，作了较为深入的研究。参见该书第186—199页。

③ 《湖北文史资料》第7辑，湖北人民出版社1982年版。

时刻不得擅离。将司颁校准等子公置案上，听纳户不时完纳。其盛银封袋用绵纸双层糊裱，制成三寸濶、四寸长封袋，上刊一定字样。纳户完银时，买此袋持至柜所，自将官等称准银数，柜吏止看明银色纹足（或令官银匠在柜所佑看银色，如拆出低潮，银匠赔补……），不许执等代称。纳户自封袋口，柜吏于银袋上填明某图里某人，完纳某项某限银若干，某年月日、某字、第几号，收役某人，随照式登记流水收簿，眼同纳户穿连入柜；随填串票付纳户收执。但花户不得朋名封纳，即现年里长代纳，亦必写本户花名，以便临比查对各户完欠。如银钱兼收，票簿俱登填明白，钱须官铸厘文，不许挽收低小，另匣收贮，拆封时并验。如有低小短少，柜吏赔补。……其柜每晚昇至川堂或大堂右侧，柜吏及宿堂人役看守。……驻防营官例应每夜拨老成畏法兵丁在堂守护……①

这种征收方法，柜书可以多方舞弊贪污，除"索取串书票钱、私收纸笔费"外，"或派收里地帮役，或索取粮民册费，或串通里长银匠，侵用钱粮，或执戥重称粮银，私增火耗"。由于"出息"丰厚，因此每逢金点之时房吏们总是竭力钻营抢充，"不肖有司竟受点柜之规者有之，无品幕友先取谋充之礼者有之，署内亲戚、宅门家人俱欲染手，无所不至"②。

在自封投柜制度下，柜书填写流水收簿和流水日报簿，是州县掌握征收进度、防止柜书作弊的一项重要程序。黄六鸿记载说：流水收簿系"各柜吏收银之簿"，每里一簿，记其实收银钱数，每日一结。流水日报簿照流水收簿填写，"每日昇同流水、日收与用过票根、并未用串票，一齐送宅，以凭查对，次日再发。内衙仍置日报底簿，照柜送日报式登记，以便与日报不时查对"③。

为防止蠹书索需，湖南州县"征收钱漕，一律通用板串，设柜大堂，认真催征。地方辽阔者酌量适中处立一乡柜，完粮之户立即截串给予，回家安业，不准片刻拖延；未完之户，该地方官记明名姓、乡居，随时

---

① 黄六鸿：《福惠全书》，北京出版社 2000 年版，第 78 页。
② 田文镜：《严禁点充柜书里长以杜私派以肃吏治事》，参见徐栋辑《牧令书》卷 8，屏恶。
③ 黄六鸿：《福惠全书》，北京出版社 2000 年版，第 80 页。

催传，或下乡之便开导劝纳，将征收章程勒碑大堂之旁"①。

《麻城县志》记载了麻城田赋征解沿革：

> 每正银一两照例只解银一两一钱一分，县柜收银一两四钱二分六厘，外加印红钱三百文。光绪二十二年，知县黄承清奉层宪谕，改设粮柜。每两银统收二串六百文，内提钱一百为由单局经费。先是，麻城征赋分太平、仙居、亭川三乡，共七十四里，征册亦如里数承完田赋，全由里胥包征、包解，久之弊窦丛生。邑绅袁洁三、董秀亭、胡大林、汪玉山等控准改设粮柜，有粮之户，听其亲身赴柜完纳。时征册花名住址，东西撩乱，催收颇感困难，遂设由单局，县谕吴兆铭、胡树森、孙会云、李白华、陈先迪、张灼南、王调羹等经理局务。於花户上柜时，令报明姓名、住址、银数，填注由单，改里册为一百二十三本区册，以由单所列各项，移填册首，为征赋永久根据。其经费即取给于正赋内提出一百文，余二串五百概届经征官厅易银包解，额定正耗。王知县廷桢任内撤销由单局，经费由县署统收支配别用。②

第四，起解与存留。

清代州县征收的赋税分为起运与存留两类。据《大清会典则例》载："州县经征钱粮运解布政司，候部拨，曰起运"；"州县经征钱粮扣留本地，支给经费，曰存留"③。

地丁入库后，除按照《赋役全书》规定将部分存留州县外，其他尽数上解布政使司库。"钱粮以解司为完，如止报征存未解司者，不得列作实完。"至年终，由道府检查各州县征收红簿及花户串根，核明留支、起解及完欠各数，申报督抚，于次年春开印前报部。州县起解钱粮，将应解款项数止及起程日期、离省路程，于三日前具报，督抚行布政使司查察。钱粮起解须派营兵、差役防护，银数一万两以下者，派兵一名，民

---

① 《禁革钱粮积弊札》，恽世临《恽中丞官书摘抄》，同治四年刻本，第12页。
② 民国《麻城县志前编》卷3，食货，第12页。
③ 乾隆《钦定大清会典则例》卷36，户部。

壮二名；一万两以上者，派兵一名，民壮四名；数额再多者酌量添拨；起程时先期移会前途州县，照拨兵役接护。地丁奏销，于征收次年进行，根据完欠情况对州县官进行考成，分别议叙议处。①

各州县因支官俸、役食、驿站夫马、祭祀杂用（包括地方教育、祭祀、赈济、典礼、地方备用等银）等项，所需银两，皆由地丁动支，实征银粮除起解藩司外，其余均存留备用。两湖地区的存留量大概占全省财政收入的20%。②

下面以兴国州为例，看其财政收支。

1875年（光绪元年）兴国州额征地丁银34785.499两；税课银444.335两；漕粮征米8974.2石，加征耗米897.4石（每石折银1.3两），共折银12833.107两；水脚银1346.13两；南粮正米7499.6石，加征耗米749.96石（每石折银1.5两），共折银12374.407两；水脚银1124.946两；外征浅船、席板和驴脚正、耗银4927.425两。加上兑费、盈余，合计征银73235.849两。主要支出分上解70641.024两，地方坐支2620.456两。年收支数额至1911年（宣统三年）未变（如表2—1所示）。③

表2—1　　　　　　　　1875年兴国州财政收支表　　　　　单位：两

收入		支出	
项　目	金　额	项　目	金　额
合　计	73235.849	合　计	73261.480
一、地丁银	34785.499	上解部分小计	70641.024
其中：起运	26126.614	起运	26126.614
存留	2865.754	存留	575.266
驿站	2344.819	驿站	2302.389
耗羡	3446.405	耗羡	3186.405
芦课	1.907	税课	444.335

---

① 嘉庆《大清会典》卷11，户部。
② 罗福惠：《湖北通史·晚清卷》，华中师范大学出版社1999年版，第331页；张朋园：《湖南现代化的早期进展》，岳麓书社2002年版，第72页。
③ 湖北省阳新县地方志编纂委员会：《阳新县志》，新华出版社1993年版，第391—392页。

收入		支出	
项　目	金　额	项　目	金　额
二、税课银	444.335	漕米	33078.590
其中：牙税	107.250	浅船席板正耗银	3930.589
茶税	20.000	驴脚正耗银	996.836
田房税	12.570	坐支部分小计	2620.456
水课	3.000	驿站	42.430
徐州卫津贴	301.515	耗羡	260.000
三、漕米	33078.590	存留	2318.026
其中：漕粮正米折银	11666.461	其中①官俸银	360.875
加征耗米折银	1166.646	②文关庙祀银	128.081
水脚银	1346.130	③府学斋夫银	60.000
南粮正米折银	11249.461	④马快门斗膳隶等银	637.173
加征耗米折银	1124.946	⑤门子禁卒银	63.050
水脚银	1124.946	⑥库子银	24.00
兑费	5000.000	⑦渡夫斗级民壮仵作银	310.065
盈余	400.000	⑧捕司轿伞扇夫银	618.938
四、浅船席板正银	3541.071	⑨孤贫粮布花银	69.300
五、浅船席板耗羡银	389.518	⑩沧州支剩米折银	8.775
六、驴脚正银	898.051	⑪富池、黄颡口皂隶银	24.00
七、驴脚耗羡银	98.785	⑫祭祀剩余豁免银	13.769
八、牛马税银	尽收尽解		

注：1. 耗羡坐支含州判廉银80两，吏目养廉银60两，富池巡检司60两，黄颡口巡检司60两。2. 存留坐支含马捕快222两，门斗43.2两，膳夫105.333两，皂隶170.64两，马夫96两；门子155.05两，禁卒48两；渡夫10.065两，斗级24两，民壮180两，仵作96两；捕司576.938两，轿伞、扇夫银42两。

（二）州县地丁征收的弊病

在征收田赋的过程中，存在诸多弊病，表现在：第一是多征。大多数在折收时，即税银税粮折算为钱或银而收受时，不依时价，任意另设换算率而征收；或滥设种种名目而收，或不给印票，双重征收等。第二是预征。州县官以经费不足为理由，提前征收第二年度的租税。到次年时，民户仍得照例交纳。第三是以完作缺。民户虽已完纳租税，州县官虚报未纳以肥私。第四是滥委协征。征收田赋本系州县印官之职责，不准所属官吏滥行参与征税，然仍多委托所属官吏行之。第五是垫完民缺。差垫民缺大多由胥吏之横暴，他们对于有完纳能力之户亦完租税，以经常强迫要求加倍偿还。第六是包揽代纳。地方上绅缙、里正、大户、生员、监生等有势力者，常包揽代纳其地方各户之租税。原来因纳户为免税吏的苛求，委托彼等代为完纳，然受托者获得口钱及其他利益，有时迟延交纳或完全不交纳。政府屡有禁止，但地方官畏惮其威势，或与其相勾结共分其利，故此等弊端无能禁结。光绪年间，屠仁守曾对湖北征收钱粮的情况作过调查，发现浮收敲诈、刁难农户的行为触目皆是。他认为"其为害民间最甚者有二：一曰催役，一曰柜书。催役者，皆以钱买成窝缺，开征之时，揭票下乡，向粮户催收。酒食供给外，每票勒索钱数百文，甚至数千文，稍不遂意，辄以抗粮报官，乡民畏惧，不得不饱其欲壑，求免拖累"[1]。催役获利既丰，其势愈横。"柜书经收钱粮，乡民数十里或数百里赴柜投纳，悉听柜书核算，溢额取盈。米则零升直以斗计，银则数钱竟作两论，有所谓搬脚之费，有所谓票号之费，任意浮收，无敢致诘，复不当时给票，乡民羁候，恒误农业，或且终不得票，被催重纳。"[2] 归纳起来有两个方面，第一在于州县官的浮收，第二在于催差和柜书的舞弊与勒索。

关于浮收，清政府曾屡颁禁令，对于有可能被州县利用来浮收的银钱比价等问题，清政府也都有旨在防弊的规定。雍正间实行"耗羡归公"，即旨在解决浮收问题。然而，此后各地地丁征收仍有新的火耗、平余等附加，没有正式的制度依据，属于介乎合法与非法之间的陋规。惟其如此，各地普遍存在严重的浮收。这种半合法的火耗、平余等浮收所得，在官、吏、差以及长随等人之间瓜分。据胡林翼的了解和统计，在1858 年以前的数十年间，北漕、南粮及水脚、运费、征收费等，每年的实际征收折银都在916900 两以上，比官府实际收入的43 万两高出48 万

---

①　屠仁守：《屠光禄奏疏》卷 2，参见李文治《中国近代农业史资料》第 1 辑，生活·读书·新知三联书店 1957 年版，第 336 页。

②　同上。

余两（此中 31 万两作了官府行政管理费用，其余 18 万余两或者更多为各级官吏、册书、粮差、士绅、地主、保甲和户族首领层层瓜分中饱）。群众的漕粮、地丁负担至少是定额的 2.3 倍。[①] 湖南的衡阳、清泉两县，钱粮由保甲征收，保甲便"勾蠹役揹票浮勒，甚至于痞棍买充领票，讹索小民，浮收数倍，名曰包保包甲"[②]。

有关催差和柜书的舞弊与勒索。同治年间，湖南巡抚恽世临曾说："湖南钱粮积弊，大半由于蠹书之包征包解，甚至擅出墨券，私相授受。该书截串在家，小民偶尔迟延，欲求给串，有费十数倍而尚不可得者。稍不遂欲，禀官拖押，门丁差役，从而需索。良懦者冤愤填胸，刁盗者借端滋事，此民生之大病也。征解出自蠹书，挪前掩后，官亦无从过问。串经先截，何户已完，何户未完，问诸官而官不知。一有交卸，已截之串，蠹书视为奇货，任催不缴。"[③] 在湖北，吏书差吏的骚扰欺压，甚至超过了灾荒、赋税给农民带来的痛苦。各州县书差皆由官点革，如沔阳书差，"如省中各大宪书吏，皆有底缺。岁获数十金必得百金买之。故父可传之子，祖可传之孙。作弊之技，愈传愈精。如子孙年幼不能办公，请一人代办，其出息主八客二。官若革其卯名，新点者即为缺主之客司。相沿日久，牢不可破。至于差亦然，惟利是图，不知轻重，予之以利，惟命是听。官知其恶，或严惩，则逃避不见；或革除，仅除其虚卯。下乡收钱粮曰'里书'、'块差'，均系缙绅子弟买缺承充。署内并无卯名卯册，钱粮底册皆在里书、块差之手。州城内外，除各房书吏一百四五十家，书差二百四五十家，里书、块差八九百家之外，不靠衙门食饭者不满百家。城内所谓绅士者，即书差、里书、块差之父兄也。联为一气，只图利己，不问小民之生死利害。若辈有利要兴，有害要除，小事使小绅言之，大事使大绅言之，挟制官长，事在必行。官若稍指其意，使官在在掣肘，历任未有不受其欺蒙。其城内书差、里书、块差、绅士之所以难治者也"[④]。

---

①　罗福惠：《湖北通史·晚清卷》，华中师范大学出版社 1999 年版，第 31 页。

②　曾国藩：《厘正衡清二县保甲片》，参见李瀚章《足本曾文正公全集》奏稿卷 2，吉林人民出版社 1995 年版，第 398 页。

③　《禁革钱粮积弊札》，参见恽世临《恽中丞官书摘抄》，同治四年刻本，第 10 页。

④　《钱漕善后事宜》，参见李辀《牧沔纪略》卷下，第 45 页。

三　杂税的征收

杂税中最为主要和恒定的项目是契税。契税亦称田房契税，为对民间典押、买卖田产、房屋课征之税。清代规定，民间典买田房，须执契赴官完税，谓之"税契"。经投税之契钤有官印，为"红契"（未投税者为"白契"），具有效力。定制，各州县契税无定额，尽征尽解。州县官征收契税，如征不足额，应赔缴，如征有余额，则归其所有，因而弊端丛生。首先，民间房地产交易，往往私下进行而不经官府。对此黄六鸿说："田房税契，隐漏尤多，若遇编审之年，推收过户，间有以田契税印者。"其次，州县官离任时或将契税送人情，对此黄六鸿说："州县离任之时，绅衿讨情，衙役乞恩，以田房二契用白印者。此陋弊处处皆然，不可破也。"[①] 再次，书吏作弊，私收小费而为房地产免税办理过户手续。对此张集馨记述说："书吏有架阁房者，散处四乡，民间买卖田产，告知架阁房，给予小费，不给税价，架阁房即通知户房书办，暗暗过户，而官不知也。"[②] 最后，州县官将契税吞入私囊。例如湖南巡抚岑春冥于光绪三十二年到任后，发现州县将契税"视为杂款，往往任意挪移，延不解报"，因此，采取措施，"各牧令始不敢仍前延欠"[③]。

光绪二十五年（1899 年），张之洞在湖北整顿田房契税。他认为，湖北 68 州县，每年所解田房税项正税盈余不足万两，"如此之微者"，是因为"三弊迭乘，而契税尽矣"。这"三弊"是"一由于民间多以白契成交，不肯投税；一由于民间虽经投税，多乘地方官交卸之时，减收契税，仅盖县印，并未照例请粘司印契尾；一由于书吏包缴，干没亦多，官吏相沿，视为陋规，辄视此项印税为固有之利，层层中饱。以民间隐匿串减，而税去其一，书吏揽契包缴，而税又去其一，州县不尽报解，而税又去其一，致税收甚属寥寥"。为清除积弊，他提出的整顿办法主要包括两个方面：其一，停止州县官刊发契纸，改由藩司善后局"刊刷三联契

---

① 黄六鸿：《福惠全书》，北京出版社 2000 年版，第 99 页。

② 张集馨：《道咸宦海见闻录》，中华书局 1981 年版，第 306 页。

③ 《湖南巡抚岑奏历年整顿厘金催提田房契税等折》，参见宣统二年《南洋商报》第 3 期，第 22 页。

纸，盖用藩司印信，编立号数，令善后司会同经理"。嗣后民间买卖田房，"一经成交，业户即自行赴局投税，请领司印三联契纸，照式填写，于契内骑缝价值数目上加盖县印，将中一联截发业户收执，上一联赍司稽核，下一联留县存查，各处皆可参观覆对"，"以杜司吏需索之弊"。其二，"由各州县选派公正绅士，设局经理，不假吏胥之手，以免扰民"。并制定了简明章程十条。要求征收契税银两，仍由"各州县照章征收，不得因设局清查，藉此加征分厘"①。

为了防止州县官贪污契税，清末将契税由州县征收改为设立省辖专门机构征收，宣统元年（1909 年）颁布《酌加契税试办章程二十条》，规定契税改归各省经征局征收。②

除契税外，茶税征收也是两湖地区重要的杂税来源。

两湖地区是历史上的主要产茶区，到 19 世纪时，湖南的茶树栽培面积已达上百万亩。在咸丰年间，中国茶以湖北茶最多、最好。19 世纪 50 年代，羊楼洞茶区上缴茶税为银 183800 两，钱 114900 串。③ 作为华中各省茶叶市场之枢纽，"汉口商务之盈绌，尤专视茶叶为盛衰"④。1890 年以前，汉口每年输出茶叶均在 80 万担左右，最高年份曾达到 120 万担之多，盛极一时。因此茶叶的交易管理和茶税征收也是州县行政的一项重要任务。

据同治《安化县志》记载，咸丰七年，知县陶燮咸厘定红茶章程，规定：

> 一、行秤，照刘公秤每斤以十六两四钱为度，由县较准，印烙颁发，不准私设大秤，更换印码。茶叶过秤，由产户看明斤两，毋许高悬短报，压秤折扣，秤完退皮，仍用原秤，不得另换小秤。

① 张之洞：《整顿田房契税折》，参见苑书义等《张之洞全集》，河北人民出版社 1997 年版，第 1357—1359 页。

② 政学社印行《大清法规大全》，台湾考正出版社 1972 年影印本，第 2568 页。

③ 王艺：《羊楼洞青砖茶》，参见《湖北省志资料选编》第 1 辑，1983 年版。

④ 张之洞：《札江汉关道劝谕华商购机制茶》，参见苑书义等《张之洞全集》卷 137，第 3815 页。

一、茶户卖茶，任客先抓茶叶泡水，合庄无论买卖成否，均将所剩茶叶给还原篓，三面落盘，成后过秤，不准额外多索。

一、行客头茶，必须现钱交易，不得赊欠。或银或钱，先须凭行说明，钱买兑钱，银买兑银。若系兑跟，即照银色时价核算，比足交清。

一、茶叶须照咸丰四年旧章无论有无灰末，每百斤除净以七十六斤归数，不准再加折扣。

一、产户挑茶到行，如价值不合，听其另行投行售卖，行户不得阻卡留难。惟茶叶务须拣净，不准磨尖打末，头细底粗，以及挽草潮湿情弊，致病行商。

一、茶行开拣，须将男女分别，不许混杂嬉戏。男工不准倚强诓拣，女工拣茶多少，照数给钱，不准以少报多，致滋弊窦。如有奸商痞棍，倚势恃财，乘机调谑欺压平民，立即加等重究。

一、各埠脚夫起运钱货，不准争挑霸运，损失客货。

一、黑茶历有四章，务须遵办，不得以庄变黑少（此句疑有脱误），致坏成规。

该县县北大桥，仙溪，龙溪，九渡水四保额派贡茶斤两，茶税银一两二钱七分八厘，因各行借采肆害，知县邱育泉饬贺奇枝等集费置产，派立户首，承办纳县，嗣后境内永禁请帖充行。并于同治九年厘定章程规定：四保贡茶，"立户首，……轮流扦拨，三年一换，"户首的职责包括三个方面，茶叶"由县发价，户首承领，每年户首按照钱粮扣明早完"；"值年户首，秋后收租，仲春採谷，将货向产户买收生叶，每斤定价铜钱一百六十文，秉公办理，遇有余剩，公同掌管，放外生息，永保贡税"；"户首办理公务耗费，登簿逐注，年清年款，以杜侵渔"。还规定："户首纳茶，由工科经手，过秤缴署，每斤以十六两为定，毋得用重多索。"①

两个章程的颁布，对安化县茶叶的交易、征税、管理等方面，进行了有效的规范。

① 同治《安化县志》卷33，时事纪。

晚清各州县还经征当税、牙税、牛驴税等其他杂税。如随州杂税征收包括："牙帖税银二十九两二钱五分（尽征尽解原无定额），当铺二十七座（每座每年纳银五两），共征银一百三十五两（每年开歇不一税无定额，自咸丰五年歇贸并未征解），牛驴骡马税银二十四两八钱八分五厘（历未增减）。"①

第二节 两湖州县地丁漕粮改革

太平天国时期，清政府对湖南、湖北、安徽、江西、江苏、浙江等诸多省份实行以核定地丁和漕粮折价、裁革部分浮收为主要内容的"减赋"政策。湖北、湖南两省进行最早。两湖州县地丁漕粮改革，以漕赋为主，以减折价革浮收为主要内容。

夏鼐认为，促成当时减赋运动的原因主要有下列各项：一、兵燹后农田生产力破坏，政府不能竭泽而渔。二、减轻人民负担，以图收拾人心。三、军需紧急，减赋令人民踊跃乐输。四、厘金制度已经成立，政府减赋，不虞收入骤减。② 而导致两湖州县地丁漕粮改革的直接原因正是漕粮征收中的种种弊端。

一 漕粮征收弊端

咸丰七年，胡林翼在奏折中陈述了湖北州县征收漕粮中严重的弊端：

> 查湖北各州县额征米数，多者二万余石，少者二千余石，或数百石，北漕南米，合征分解，其征收米石者，谓之本色，以钱折米者，谓之折色。其征收折色，多寡不同，有本色多于折色者，有折色多于本色者，有本色折色各半者，有全收折色者；其征收折色，每石折收钱或五六千，或七八千，或十二三千，或十五六千，竟有多至十八九千者。其征收本色，每石浮收米，或五六斗，或七八斗，

---

① 同治《随州志》卷10，田赋，第150页。
② 夏鼐：《太平天国前后长江各省之田赋问题》，参见《清华学报》第10卷第2期，1935年5月，第429—434页。

或加倍收，竟有多至三石零者。此外，又有耗米水脚等项，分款另收，又有由单、券票、样米、号钱等名，多端需索，民力几何，其能堪此。而州县则有所借口也，向来漕运到通时，不无津贴，方能挽运入都，而丁船藉此需索兑费，为数甚巨者，固无论已，即现在停运免兑，帮费可省，而粮道有漕规，本管道府有漕规，丞倅尹尉各官俱有漕规，院署有房费，司署有房费，粮道署及本管道府署书吏各有房费，此冗费之在上者也。又有刁绅劣监，包揽完纳，其零取于小户者重，整交于官仓者微，民谓之曰蝗虫。更有挟州县浮勒之短，分州县浮勒之肥，一有不遂，相率告漕，甚或聚众哄仓，名虽为民请命，实则为己求财也，官谓之蝗虫费，种种蠹弊，盈千累百，无不于州县取之。其派拨南米者，拨定后，由州县自运交荆州府衙门，或交本色，或交折色，其交本色者，正米耗米之外，尚需杂费银两甚多，其交折色者，每米一石，或二两或三两不等，要之费未交足，米故迟收，此冗费之在南米者也。夫州县既多冗费，势不能不向粮户浮收，州县既有浮收，势不能不受刁民挟制，于是大户折色之价日减，小民折色之价日增，土棍豪衿多方抗欠，猾胥蠹役从中欺侵，各州县虽勒折浮收，间有所得。半皆耗于上下冗费之中，而国家维正之供，往往征不足数，则相率捏报灾歉，藉缓征为腾挪，而漕政因之益坏，百余年来，日甚一日。东南数省，积弊相同，而湖北则几有不可挽回之势矣。①

胡林翼的奏折指出当时漕务主要存在三个方面的严重问题，即浮收与勒折、"奸胥猾役刁绅劣监"的侵蚀和各种陋规冗费之重。结合两湖地区当时的情形，具体论述如下：

1. 浮收与勒折

清代田赋包括田粮和地丁两项。田粮之漕运京师者，谓之"漕粮"。漕粮转运数千里，运费皆出自纳粮户，于是"浮收"成为惯例。又每年

---

① 胡林翼：《革除漕务积弊并减定漕章密疏》，参见郑敦谨、曾国荃辑《胡文忠公遗集》卷23，沈云龙主编《近代中国史料丛刊续编》第34辑，台湾文海出版社1983年版，第1024—1027页。

征收漕粮，往往折钱交纳，谓之"折色"。但无论漕粮折色或地丁银折钱交纳，折合之时，莫不高出当地银价倍蓰，谓之"勒折"。"历年办漕，浮收本色，勒收折色；本色除水脚外，每石加米七八斗，至石余不等；折色每石连耗米水脚，收银四五两或钱九千十千不等；而本部院防闻尚不止此。维正之供，徒填胥役、家丁、刁生、劣监之欲壑，积弊相沿，实堪发指！"① 太平天国革命前夕，浮收勒折达到了民不堪命的程度。"州县之浮勒，里书包户之侵蚀，亦已肆无忌惮。"② "湖北漕务积弊，民苦浮勒。官无经制，取民厚而交公微，皆中饱于丁船杂费及上下衙门陋规。"③甚至"浮勒至于十倍"④，大为民病。"江陵监利等县，自道光二十年后，额征不及二分，而浮收竟高达每石二十余千文钱。州县书差恣意中饱，日甚一日，几于不可收拾。"⑤

在征收过程中，作弊浮收手法很多："斗级仓夫多方播弄，或多取样米，或淋尖踢斛，或抛洒溷淆。"⑥ "七折又八扣（斛自五斗四升起，约至六斗止，两次七折八折，即一石变为三四五斗）。而淋尖，踢斛，捉猪（仓役格外任取米数囊入仓，乡民拒之，声如猪，故曰捉猪），样盘米，贴米（挑除米色，不出私费，即讲贴米）等。犹在其外又有水脚费（定例每石五十二文，今或三四倍），花户费，验米费，灰印费，筛扇费，廒门费，廒差费，合计约米直一二斗，总须二石五六斗当一石。道光初年，御史王家相疏云："官以其私征米一石，当正供七斗，民不堪命，不知三十年间，何以遽增至此，然比之勒折，犹为悬绝矣。"⑦ 还有以零作整的，

————————

① 胡林翼：《汉阳府详请漕折章程批》，参见《足本胡林翼全集》第 8 册，《胡林翼批札》卷 2，大东书局 1936 年版，第 17 页。

② 皮明庥等编：《出自敌对营垒的太平天国资料——曾国藩幕僚鄂城王家壁文稿辑录》，湖北人民出版社 1986 年版，第 311 页。

③ 汪士铎：《胡文忠公抚鄂记》，岳麓书社 1988 年版，第 110 页。

④ 胡林翼：《奏陈鄂省尚有应办事件疏》，参见郑敦谨、曾国荃辑《胡文忠公遗集》卷 23，第 1019 页。

⑤ 胡林翼：《请旨革提违章征收之知州疏》，参见郑敦谨、曾国荃辑《胡文忠公遗集》卷 25，第 1098 页。

⑥ 胡林翼：《奏陈漕务章程办有成效疏》，参见郑敦谨、曾国荃辑《胡文忠公遗集》卷 30，第 1325 页。

⑦ 冯桂芬：《与许信臣抚部论苏松漕弊疏》，参见盛康辑《皇朝经世文编续编》卷 36，户政八·赋役三，第 3822 页。

"每遇完纳银米整数之外尚有奇零，则一并收作整数。如一分一厘，则收作二分，一升一合，则收作二升之类，名曰收尾。小户穷民，尤受其累"①。

在湖南，巡抚骆秉章访查各属，认为"政弊之由，不外官吏之浮收与银价之翔贵而已"。"地丁正银一两，民间有费至数两者，漕米一石，民间有费至数石者。……未完纳之先有由单，由单有费。"② 道光末年，宁乡县"浮勒益甚至逾正供且二倍"③，湘潭县"浮收勒折自倍莅百十倍不止"④。粮户如不"完纳稍迟者，粮书先时借垫，计息取偿，多至数倍"⑤。"尽物产犹不免，破产相踵矣！"⑥ 不少"贫民有久羁拖毙者，有威逼自尽者，有卖妻鬻子者"⑦。

另外，受银贵钱贱的影响，农民卖谷以钱易银完纳钱漕，负担更重，输纳愈苦。"文宗咸丰元年，石谷值银四钱或三钱，银一两易制钱二千，漕折则石米当输银七两三、四钱不等，民大困。"⑧ 1855 年，湖南谷价跌至每石四百余文，农民以谷换钱，以钱折银，须粜谷五石方能得银一两，完纳钱漕"暗增一倍有余之费"。"从前银价，乾隆嘉庆年间，每银一两，易钱一千文；道光初年，每银一两，尚止易钱一千三四百文。自后渐次增长至二千文，近更增至二千三四百文。农民以钱易银，完纳钱漕，暗增一倍有余之费。咸丰元二三四等年，钱粮之多民欠，实由于此。迨五年秋后，收成稍稔，每谷一石仅值钱四百余文，尚苦无从销售。农民以谷变钱，以钱变银，须粜五石，始得银一两。计有田百亩，

---

① 骆秉章：《沥陈湖南筹饷情形折》，参见《骆文忠公奏议》（湘中稿）卷 12 戊戌上，沈云龙主编《近代中国史料丛刊》第 7 辑，台湾文海出版社 1966 年版，第 1450 页。

② 同上书，第 1450 页。

③ 民国《宁乡县志》，财用篇·赋税三。

④ 光绪《湘潭县志》卷 6，赋役。

⑤ 骆秉章：《汇陈湖南筹饷情形折》，参见《骆文忠公奏议》（湘中稿）卷 12 戊戌上，第 1451 页。

⑥ 光绪《湘潭县志》卷 6，赋役。

⑦ 民国《宁乡县志》，《财用篇·赋税三》。

⑧ 佚名：《宁乡县志事纪编》，民国初年稿本，参见《湖南地方志中的太平天国史料》，第 203 页。

可收租谷百石，非粜谷二十石，不能完纳钱漕。农末俱困，群情汹汹。"①

曾国藩也认为："银价太昂，钱粮难纳也……收本色者少，收折色者多，即使漕粮或收本色，而帮费必须折银，地丁必须纳银，小民力田之所得者，米也，持米以售钱，则米价苦贱而民怨，持钱以易银，则银价苦昂而民怨。……昔日两银换钱一千，则石米得银三两，今日两银换钱二千，则石米仅得银一两五钱。昔日卖米三斗，输一亩之课而有余，今日卖米六斗，输一亩之课而不足。昔日卖米三斗，输一亩之课而有余。今日卖米六斗，输一亩之课而不足。朝廷自守岁取之常，而小民暗加一倍之赋。此外如房基，如坟地，均须另纳税课，准以银价，皆倍昔年，无力监追者，不可胜计。州县竭全力以催科，犹恐不给，往往委员佐之，吏役四出，昼夜追比，鞭朴满堂，血肉狼藉，岂皆酷吏之为哉。"②

2. "奸胥猾役刁绅劣监"的侵蚀

奸胥猾役刁绅劣监不仅自己应完漕粮拖欠短交，对应缴钱漕常常"多方抗欠"，还包揽农民应完漕粮，如上述胡林翼所奏，大户地主包揽小户完纳，使得"大户折色之价日减，小户折色之价日增"。冯桂芬也说："向来刁生劣监，包完仓粮，此古之道也。今则不但包完，而且包欠，不但生监包欠，而且丁胥差役无不包欠。向来州县办漕，为一劳心劳力之事，今则大概由丁胥包办，即不包办，亦止政由宁氏，祭则寡人。今日发串若干，惟其所取，明日收银若干，惟其所与，今日比某差，明日拘某户，今日具某禀，明日出某示，惟其所使，州县俯首听命，虽上司有所不畏矣。向来办灾若干分，即征银米若干分，今则年年办灾，年年倒箱（将串全数发出催征，谓之倒箱），能征若干，惟力是视，但以疲户不完者入灾分，不复论分数矣。向来已完数若干，已掣串若干，有堂簿可考，今则不设堂簿，实征数目，惟一二丁胥知之，虽本官不与闻

① 骆秉章：《汇陈湖南筹饷情形折》，参见《骆文忠公奏议》（湘中稿）卷12戊戌上，第1452页。

② 曾国藩：《备陈民间疾苦疏》，参见盛康辑《皇朝经世文编续编》卷32，户政四·养民，第3327—3329页。

矣。向来开仓之前，散给易知单，凭单完粮，原所以稽查舛误，今则易知单特为粮书需索舞弊之符，或索钱每亩百文数百文，或竟不给，盖不给则不能自完，必由粮书代完，或代完米，而令偿五两之长价，或代完银，而令偿漫无限制之长价，闻有米三合而取钱百文者，甚或包令不完矣。向来银米既交，不过数日后给串，今则有先借银而数月后得串者，亦有缴银而终不得串者；更有已借已缴之后，官忽易一丁书，前银概不承认，逼令重缴者；更有惯欠之户，本不欲得串，但于追呼之顷，付银十之一二，以幸无事，丁书等亦利其为额外之获，而岁以为常者，此中句稽之数，虽神仙不可测识，前书所谓利归州县十二三，利归丁胥差役十七八。"①

　　更为严重的是，绅劣监还向州县勒索"漕规"。骆秉章描述："官吏既视钱漕为利薮，刁衿劣监即从而挟持之，每人索费数十百两，人数多者一县或至数十人，名曰漕口，少不遂意，且阻挠乡户完纳，或赴上司衙门切词控告，甚至纠聚多人闯署殴吏，酿成事端。州县于开征之时，必先将此辈笼络安置，而后可期无事。……其害仍及于民者也。"② 在湖北，他们"挟州县浮勒之短，分州县浮勒之肥；一有不遂，相索告漕，甚或聚众哄抢"，"官谓之蝗虫费"③。

　　由于农民起义的打击，田亩册籍散失殆尽，官府无籍征粮，只好依靠粮书差役和乡绅棍徒征收田赋，一任吏役营私舞弊。"各州县因循怠玩，任听奸书蠹役等把持舞弊，私收入己，……甚有昏庸州县形同木偶，征收大权一寄诸总书、册书、里书之手，书办曰散失无存，官亦曰散失无存，于是听其颠倒户名，而不知完欠之为谁矣。书办曰板券烦重难稽，官亦曰烦重难稽，于是听其改用活券，而不知催比之何据矣。"④ 他们捏灾枉缓，飞洒诡奇，私收欺侵，以丰为欠，以熟为荒，捏完作欠，任意

---

① 冯桂芬：《与许信臣抚部论苏松漕弊疏》，参见盛康辑《皇朝经世文编续编》卷36，户政八·赋役三，第3822—3824页。

② 骆秉章：《汇陈湖南筹饷情形折》，参见《骆文忠公奏议》（湘中稿）卷12戊戌上，第1451页。

③ 胡林翼：《革除漕务积弊并减定漕章密疏》，参见郑敦谨、曾国荃辑《胡文忠公遗集》卷23，第1026页。

④ 胡林翼：《札各州县革除钱漕弊政》，《足本胡林翼全集》第8册，参见《胡林翼批札》卷2，上海大东书局1936年版，第24—25页。

加捐派款，短解拖延，使得田赋征收混乱不堪。

3. 各种陋规冗费

胡林翼在陈述湖北漕弊时说"漕弊浮收之重，是由于冗费之多"，"自粮道以至丞倅尹尉等官，俱有漕规，大或千数百两，少亦百数十两，司道府厅各书吏，均有房费年规等项名目，或数百两或数十两，州县书差，亦需辛工饭食纸张等项，州县浮收之羡，大半耗于此中"①。"一县之中，册书、里差多至千余人，……计每县陋规多至数十款、百余款，浮费多至数千两、数万两不等。"② 各种冗费，"盈千累万，无不于州县取之"。

在湘潭"本府及粮道岁规各六百金；道府同官漕馆以百数，各视势分为轻重，多者百金，少必数两；至于丁役胥隶咸有分润，一漕至三四千金；解费房费不在此数，漕口所分亦数千金，办漕书吏费以万计"③。

道光二十四年（1844 年）时，陈岱霖就指出，欲除漕者有三：

> 臣查近年漕务之弊，论者无不以旗丁苦累，需索州县帮费为词。在该丁等托于苦累，横向州县需索，固应严加饬禁。而各州县在省需次，积累者多，即调任升任之员，亦有此任亏挪，恃彼任以为弥补者。又或办理差务，供应上司，一切支销，半由垫办，至计无所出，辄向管漕书吏称贷银钱，盈千累百。迨征漕之日，一任书吏包揽，高下其手，州县利于借贷之便私，书吏乐于取偿之加倍，官吏朋比，竟成锢习，此弊之宜革者一也。外省州县，各按某村某里，设有催漕胥役，开征之始，分投四出，每至一家，多方讹索，固已不胜骚扰，其尤甚者，该役等于乡居窎远之户，先期垫完，截其串票，迫该花户踵至，则无可交纳，而该役遂得执串刁难，加倍勒掯，往往有应输升斗之粮，完至数石，

---

①　胡林翼：《奏陈漕务章程办有成效疏》，参见郑敦谨、曾国荃辑《胡文忠公遗集》卷30，第 1334—1335 页。

②　胡林翼：《奏陈鄂省尚有应办事件疏》，参见郑敦谨、曾国荃辑《胡文忠公遗集》卷23，第 1019—1020 页。

③　光绪《湘潭县志》卷6，赋役。

而不能了结者。竭小民之脂膏，供蠹役之婪饱，此弊之宜革者二也。至若地方之刁生劣监，平时出入衙门，包揽词讼，一遇收漕届期，州县官广张筵席，邀请至署，面议粮价，分送漕规，多者数百两，少者数十两，谓之漕口。又有不受漕规，但代各花户包揽完纳，一切帮费，任其入己，阳避食漕之名，阴收渔利之实，谓之情米。傥所欲未盈，则把持阻挠，无所不至，此弊之宜革者三也。三弊不革，漕务不清。①

从这段奏疏可看出，丁漕征收弊端的根源"不外粮吏的舞弊自肥，上下各衙门的陋规，及大户地绅的分肥"。粮吏通过浮收勒折从中取利，但是他们所刮削来的民脂民膏，并非全部归入自己的腰包：他们要拿出一部分来，作为"陋规""漕规"等孝敬上司官吏，长官得了陋规，便假装痴聋不去干涉粮吏的舞弊，粮吏为酬谢长官的盛意，也很甘愿缴纳规礼；地方上的绅士，看见了未免眼红，也要来分肥，他们又要另拿出一部分去敷衍地绅。这些绅士，自己有田地的，称为"大户"或"绅户"，便要短交田赋；自己没有田地的，便要包揽小户的田赋，从轻完纳，于中取利。有些直接向粮吏硬讨规费。官吏怕他们闹事，不得不唯命是从。然而羊毛出在羊身上，于是剥削小百姓的浮收勒折便要更利害了。这样，粮吏、长官、地绅，三位一体，结合成一个利害相同的大同盟，来压榨农民的血汗。②

二　漕政之弊产生的严重社会后果

首先漕弊造成清政府漕粮正额征收不足。各州县虽多浮勒，但多被耗于庞大的冗费之中，加以官吏贪污中饱，"从中欺侵"，结果"国家维正之供，往往征不足数"③。表2—2为太平天国起义前夕两湖地丁短缺情况。

---

① 陈岱霖：《请严革漕积弊疏》，盛康辑《皇朝经世文编续编》卷36，户政八·赋役三，第3701—3703页。

② 夏鼐：《太平天国前后长江各省之田赋问题》，《清华学报》第10卷第2期，1935年5月，第411—414页。

③ 胡林翼：《革除漕务积弊并减定漕章密疏》，《胡文忠公遗集》卷23，第1027页。

表2—2　　　　　　　太平天国起义前夕两湖地丁短缺情况　　　　单位：两

地区	额征	实　征			
		1841	1842	1845	1849
湖南	1204002	912643	871377	885631	825748
湖北	1144208	528486	440765	743203	334179

　　资料来源：王庆云《熙朝纪政》《石渠余纪》卷3，根据中国社会科学院经济研究所集刊第7集第306页摘录。

　　从表2—2可知，1849年，湖南、湖北两省的实征额分别相当于原额的68.6%和29.2%。太平天国农民起义爆发后，由于战争频繁，两湖地区大部分承担漕粮的州县无不衰败，产粮锐减，田赋短缺愈加严重。1855年，胡林翼令各州县"应遵旧章"，"严催兑运"，但所收"不及十分之一二"①。在湖南，佃农"除纳租外，收得谷石，不敷工本，以致纷退佃"②。田赋短缺情况同样十分严重，如湘潭每年应征钱粮四五万两，1854年只收千余两，不到10%。③

　　其次增加了广大纳漕粮的小户和大户的佃农的负担，使他们的生活每况愈下，抗粮斗争不断发生。由于浮收之重，一般自耕农和稍有一点田产的农民被盘剥得倾家荡产，卖妻鬻子，"农业人等，荡析离居，不遑耕作。……民间倾覆流离，家业罄尽，强悍流为盗寇，善良觅食四方"④。就是那些中小地主也难免遭到破产。这必然造成社会矛盾的日益激化，"阎闾以输纳为苦，赋税以延抗成风"⑤，闹漕事件不断发生，"群情汹汹"。"故到道光末年，抗粮不纳者，渐成为一种的风气"⑥，"民怨沸腾，聚众戕官之事屡起"⑦。

　　道光二十一年（1841年），湖北崇阳生员钟人杰领导抗粮运动。其起

----

①　汪士铎：《胡文忠公抚鄂记》，岳麓书社1988年版，第42页。

②　骆秉章自注：《骆公年谱》，沈云龙主编：《近代中国史料丛刊》第15辑，台湾文海出版社1967年版，第77页。

③　同上。

④　胡林翼：《胡文忠公政书》卷4，光绪己亥湖南粮储道署刊本，第16页。

⑤　胡林翼：《奏陈漕务章程办有成效疏》，《胡文忠公遗集》卷30，第1323页。

⑥　傅衣凌：《明清社会经济史论文集》，人民出版社1982年版，第405页。

⑦　赵尔巽：《清史稿》卷121，食货二，中华书局1977年版，第3539页。

因在于"皖人周某官于楚，以楚无是利，谋加漕价，石至十千外。崇阳诸生钟人杰富而好善，百姓感之，遂奉人杰为首，抗粮不完，聚众至二万人，兵械火器甚盛。"①

　　人杰连陷崇阳通城诸县，设立钟勤王名号，并竖都督大元帅红旗，分设知县千总等职，遣令党众攻扑附近城池，迟延数月乃平。乃事甫定，而二十四年湖南耒阳西乡，复有段杨二姓抗不完粮，并设局敛钱但裁粮户，纠合至千余人之多。

　　先是耒阳县民段拔萃以县胥浮收钱粮，赴京呈控，审诬待遣，其党杨大鹏等纠众赴县，劫而纵之。段拔萃寻赴湖广总督衙门投首，杨大鹏等仍恃众作乱，侵犯耒阳县城，均被官军击退。二十四年六月，璟督兵赴衡分据要害，社贼旁窜，提督石生玉等进克鱼陂州贼巢，俘其孥，杨大鹏等走杉木岭，官军击败之。八月杨大鹏被擒伏法。贼党在东乡者，犹拥众未散。璟虑扰及善良，乃示令绅耆缚送滋事首匪，胁从免究，遂获贼酋十余人，余并解散，地方悉平。②

其原因，盖以耒阳的钱粮，"皆柜书里差收解，所入倍于官，刁健之户，酌量轻收，僻远良善之家，则多方扣折，至鬻田宅完粮不足"③。

1843年，武冈贫民曾如炷领导群众阻米出境，杀死知州徐光弼，包围州署。

1847年，乾州厅苗民石观保发动群众数千人进行抗租斗争，并发展到武装对抗，凤凰厅、永绥厅苗民也群起响应。

陈岱霖在湖北崇阳和湖南耒阳闹漕抗粮事件时说："揆其致衅之由，多缘征漕而起。"州县官任意浮收，无所顾忌，遂致舆情不服，屡酿事端。小则聚众拒捕，大则戕官扑城，比年以来，层见叠出。欲靖地方，宜除漕弊。④

---

　　①　黄钧宰：《金壶七墨》卷4，参见"中国近代史资料丛刊"《捻军》，上海人民出版社1959年版，第378页。

　　②　王锺翰点校：《清史列传》卷43，参见《陆费璟传》，中华书局1987年版，第3411—3412页。

　　③　王锺翰点校：《清史列传》卷76，参见《徐台英传》，中华书局1987年版，第6290页。

　　④　陈岱霖：《请严革征漕积弊疏》，参见盛康辑《皇朝经世文编续编》卷36，户政八·赋役三，第3701页。

1851 年，曾国藩在疏陈民间疾苦时，也提到崇阳和耒阳等四件抗粮案，谓"此四案者，虽闾阎不无刁悍之风，亦由银价之倍增，官吏之浮收，差役之滥刑，真有日不聊生之势"①。

在宁乡"文宗咸丰元年，知县齐德五入乡催征，抗不应。寻有上乡民数千人，计户名应输升合，争织竹筐，负米聚县堂，击鼓谨噪，请验收清漕，炊烟四起，声势汹汹。或谓宜牒院司发兵捕治，德五欷歔流涕，但令塞门坚拒，数日始散"②。

太平天国运动爆发后，受其鼓舞和影响，各种形式的抗粮斗争迅速发展，各地殴毙官吏、捣毁衙署的事件层出不穷。"小民穷困流亡逋逃，或敢于抗粮，或甘于从贼（指太平军）"③，"湖北之民，揭竿而起者，不必粤匪之再至，而将盗弄潢池矣"。

例如咸丰三年，通城县由于"官吏苛勒激成事端"，导致"匪徒抗粮滋事"，嘉鱼县地方复有劫狱焚署戕杀书役事件，崇阳蒲圻亦有滋事。

咸丰四年，"安化县民黄国旭等因甲书藉粮苛索，激为变，屡抄甲书家"④。

美国的白凯教授对清代后期长江下游区域的抗粮运动进行了深入的研究，她指出："在 19 世纪 40—50 年代之间，集体抗粮行动和抗租行动一样，次数增加了，性质也发生了变化。前十年中，记录在册的六起事件中，有五起要么是因为县官不准土地所有者报荒，要么就是县官接受报荒申请，却又在免税执行过程中拖拖拉拉或者做法不公所激起的……19 世纪 50 年代，通过报荒进行的抵制纳税，让位于彻底的拒绝纳税，针对国家苛敛的集体抗议的次数戏剧性地增多了，各类事件累加在一起，19 世纪 50 年代报告的集体抗粮行动有 23 起（与 19 世纪 40 年代的 6 起形成对比），其中 10 起发生在 1853 年一年之中。"⑤ 这一研究也说明清代

---

① 曾国藩：《备陈民间疾苦疏》，参见盛康辑《皇朝经世文编续编》卷 32，户政四·养民，第 3330 页。

② 佚名：《宁乡县志事纪编》，民国初年稿本，参见《湖南地方志中的太平天国史料》，第 203 页。

③ 胡林翼：《奏陈鄂省尚有应办事件疏》，参见《胡文忠公遗集》卷 23，第 1019 页。

④ 卞宝第等：《湖南通志》卷 89，武备十二·兵事四。

⑤ 白凯：《长江下游地区的地租、赋税与农民的反抗斗争：1840—1950》，上海书店出版社 2005 年版，第 16 页。

后期的民间抗粮斗争在政府统治内外交困的非常时期里大幅度增加了。

所以，太平天国时期，在州县凋敝和抗粮抗租不断发生的现实情况下，统治者感到，天下大患，不在水旱盗贼，而在人心。苟纪纲不立，是非不明，则祸乱终难衰止。骆秉章、胡林翼正是抱着这种笼络人心的目的，在两湖地区减赋，以遏制农民的抗粮斗争，并巩固后方的统治秩序。同时，通过减赋，诱使粮户踊跃纳粮，增加财富收入，解决军需严重短缺的状况，为镇压太平天国提供物质基础，使得清王朝在同太平天国决战时既有足够的饷需，又无后顾之忧。

三　湖南的地丁漕粮改革

湖南素非财赋之区，在咸丰朝以前，财政主要依靠地丁和漕粮税收支持，通省钱漕岁入总数只有100多万两，但自咸丰朝军兴以来，湘军裹粮从征，数道并发，军行千里之外，遍及十数个省份，延续时间达十几年之久，湖南不仅要支付湘军的巨额军费，还要负担外省的协款，统计每年需银200万两，本省额兵的粮饷、官员薪水以及上级的京饷等还不计算在内。财政支出如此庞大，而常规收入又如此之少，如何解决财政困难，无疑是湖南当局所面临的艰巨任务。

咸丰四年秋，湖南省战事逐渐结束。这时地方政权注意以下两个问题，一是如何安定民心，以防动乱；二是如何筹措军饷，以协济邻省战事。为此，咸丰五年（1855年），湖南当局决心对地丁、漕粮实行改制，采行了减赋的政策措施。

咸丰五年的减赋措施首先从全省田赋弊端最重的湘潭县开始。规定："以助军饷为名，定丁粮银两加四钱，减于前三钱；漕折石银三两，减于前四两；南折石一两，减于前二两。凡减浮收银四万余两，实增于正纳三万余两。"[①] 但知县明目张胆横加阻挠，书吏抗不收税。巡抚骆秉章断然决定，允许士民设局，自征自解。结果不仅本年钱粮扫数全完，还带征历年旧欠钱粮过半。长沙、善化绅民见湘潭大减浮收，亦纷纷要求照湘潭章程完粮，同样受到知县的拦阻。骆秉章将阻挠田赋改革的善化知县和粮道撤职，另外委员署理粮道，以整肃官场。同时明确宣示：凡地

---

① 光绪《湘潭县志》卷6，赋役。

方官阻挠漕粮改革者，立刻弹章奏劾；凡胥吏借端滋事舞弊者，立毙杖下，不稍姑息。

湖南减赋办法包括两个方面，一方面由各州县依照湘潭章程，根据本州县实际情况，"许地方公正晓事士绅条陈积弊，具呈自拟款目，以为征收之准，察其官民相安者准之，未协者驳之，俟其适中而复准之"；另一方面更"严饬各州县，将钱漕宿弊，大加厘剔，谕以事理，晓以利害，严禁吏胥衿棍，扰索把持"①。

各州县田赋改革后，征收总款项大体画一略有区别。长沙县改章后，"地丁每两正耗共征元丝银一两四钱，漕米每石折征银一两三钱，又办公费一两，助饷银五钱，补平银一钱五分零六毫一丝，南米每石征银七钱，又办公费银七钱"②。其中漕米缴库平银，南米缴市平银，如以典钱交纳，照时价扣算。总计要比湘潭低6钱多。"善化县民屯正饷每两外加平水耗银四钱，津费每两加平水杂费二钱；漕米每石征收纹银一两三钱，又办公赞银一两三钱，助饷银八钱；南米每石征折色银七钱，又办公费银七钱。"③总额低于湘潭而略高于长沙县。宁乡县改章，漕米、地丁、南米悉照湘潭数额，另每张券票增收1文，更户过割费600文。不过纳银不用库平，统按湘平银比兑。④益阳县则参照湘潭、宁乡章程，"漕米每石道缴折银一两三钱外，助军饷银八钱，又帮办公各费八钱，仍照库平足银完缴，如以钱完，照时价扣算；耗米每漕米一石，完耗米六升，亦照漕折银数完纳；水脚每石米缴银一钱，益邑并未遵免，仍照旧缴，亦归入军饷。地丁正饷每两外加平水耗费银四钱。南折每两外加平水耗费银四钱"⑤，也略低于湘潭。由此看来，继湘潭之后改章的州县，都略低于湘潭，最高也不超过湘潭定章。

据说湖南自减赋后，"自五年以来，湖南钱漕始稍有起色，而元二三四等年（1851—1854年）民间积欠，率皆踊跃输将。……农安畎亩，无

---

① 骆秉章：《汇陈湖南筹饷情形折》，参见《骆文忠公奏议》（湘中稿）卷12戊戌上，第1453—1454页。

② 湖南省社科院藏《长善二县钱粮案牍》，清刻本，第3页。

③ 同上书，第7页。

④ 参见《乐输局章程》卷2，第21页，同治乙丑岁益邑公刊。

⑤ 《乐输局章程》卷2，第13页，同治乙丑岁益邑公刊。

复盻盻之意。向之借钱粮聚众，动辄闯署殴吏者，自厘定新章以来，绝无其事"①。宁乡县"县学生刘典、李镜春等遂设钱漕局，昼夜钩稽，令藏籍钱店听民完纳，官董其成，胥吏敛手，宿弊厘剔，正供益饶。自是宁乡出赋年清年款，遂为湖南列县之冠"②。

　　湖南减赋措施，各州县系依照地方情形而定，因此不完全一致，裁减细额无法计算。关于湘潭县减赋记载比较具体，兹依照湘潭情形作一大致估计。湖南钱漕旧章，地丁银每两加征 0.5 两，漕粮每石折收银 6 两。按湖南全省地丁银额为 91 万两有奇，每两以加征 0.5 两计为银 45 万两有奇，两者合计为银 136 万两有奇。漕粮正耗合计为 13 万余石。每石折银 6 两，共该折银 78 万余两。地丁与漕折合计共为银 216 万余两。湘潭县减赋，地丁银两减收 0.1 两，共该减银 91000 余两；漕粮折价每石减银 3 两，共该减银 39 万余两，地丁漕粮两项所减合计为银 48 万余两，比原额减少 22% 以上。其他各州县所减百分比如何，相差当不会过远。③

　　同治三年，巡抚恽世临针对湖南各州县钱粮征收中"胥吏因缘为奸"、"致银价渐落而折价尚仍其旧（从前银价昂贵折钱稍多）"，以及"书吏包征包解，垫款掣串，花户稍逾限期，辄便扣索重息等弊端"进行整顿清厘。规定各州县："将向征钱粮究竟收银收钱，每银壹两实收若干，务各据实禀明。一面严禁包征包解，令花户亲自投柜完纳，不准稍有苛索。并饬刊勒碑石，俾众目共观，永远奉行。……将向来折征实数据实开呈，已酌量批饬核减，将减定数目刊碑竖立署前，并于正耗钱粮之外每两酌留平余，以为各州县办公之用，一律设柜大堂，尽归官征官解所有，一切浮费概行禁革。"这些措施的推行，"通计合省钱粮实共为民间每年核减钱叁拾叁千贰佰伍拾柒串"，"现在征解较前踊跃，民情极为乐从"④。

　　湖南丁漕减赋的效果，据陈宝箴光绪二十三年称：

---

　　① 骆秉章：《汇陈湖南筹饷情形折》，参见《骆文忠公奏议》（湘中稿）卷 12 戊戌上，第 1455 页。

　　② 佚名：《宁乡县志事纪编》，民国初年稿本，参见《湖南地方志中的太平天国史料》，第 205—206 页。

　　③ 参见李文治、江太新《清代漕运》（修订版），社会科学文献出版社 2008 年版，第 322 页。

　　④ 《清厘钱粮疏》，参见恽世临《恽中丞官书摘抄》，同治四年刻本，第 12—15 页。

据各厅州县详细禀复前来，除丁漕减征提解另奉部文，业经议拟另详外，综核湖南共七十六厅州县，征收丁漕尚少包征及格外苛索等弊；仅有十一县因花户完纳极疲，酌议逾限加收，而所收钱文或充保甲、善举各项经费，或为教官、门斗修脯辛工。内惟零陵一县章程烦琐，加数较重，已经该县集绅议定：每届年底封柜时，如完不足数，由绅士暂行筹款代完，即将民欠串票发交绅士，陆续收回归款，以除书役需索之弊。其余衡阳，清泉、常宁、祁阳、湘乡、邵阳、龙阳、酃县、巴陵、平江十县，议有逾限加收章程，为数数百文者不过二三处，馀则一二百文不等。湘潭、东安、蓝山三县，或有花户在城认息称贷完纳正供者，所定限期参差不齐，大致地丁上忙以五六月为限，下忙及漕折以十月、十一月为限。此查明通省七十六厅州县中，仅有十余县丁漕逾限酌加钱文，多充地方公用，及间有花户在城认息称贷完纳正供之实在情形也。近来库款支绌异常，司中每年于上、下两忙开征时，向皆酌派银数，明定限期，札饬解库，不准逾违，即此司库尚有不敷供支之虑，各该县不能不设法催科，以应提解。体察该十余县情形，实因完纳极疲，差催恐滋扰累，不得已商由绅士酌量定议，以杜玩延，所收钱文多作地方公用，其为催科起见，并非巧取营私，似尚信而有征。惟究属迹近科罚，亟应钦遵禁止。

……地丁上忙限至六月底，下忙及漕折限至年底，务须完清。倘遇有心延欠、逾限抗完之户，责令酌量输捐，每地丁一两、漕折一石，均以一二百文为度，必待实在逾限，只准收捐一次，不得加多。其有认息称贷，系民间自行通融，例所不禁，但不准违例多取及息上加息。所收之捐，慎选正绅经理，专备地方公用，不准官吏沾染分文。①

四　湖北的地丁漕粮改革

湖北减赋稍迟于湖南。咸丰六年十一月，清军攻下武昌，湖北长江两岸农村秩序逐渐恢复。咸丰七年三月，湖北巡抚胡林翼效法湖南减赋

① 汪叔子、张求会编：《陈宝箴集》（上册），中华书局2003年版，第582—583页。

法，开始对湖北漕政进行大规模整顿。九月下旬正式拟定了《漕务章程》，颁行全省，户部批准后随即在全省推行。湖北整顿漕政的措施主要有如下几项：

其一，漕粮定价改折。胡林翼依据户部咸丰三年所颁行每石米折银一两三钱的标准，确定湖北漕折标准为：北漕每石征解正银一两三钱，耗银一钱三分；南米每石解正银一两五钱，耗银一钱五分。南粮正米较北漕多解银二钱，耗米多解二分，缘由南粮系供满、绿各营兵食之用，同时，当时正值战争频仍，军用开支很大。在此基础上，根据各州县"向日浮收之数及地方之肥瘠，产米之多寡，米价钱价之低昂高下，以此明定折价之等差"，各州县改折后的漕额限量自四千文至六千五百文，比原来降低15%—75%。新的折价标准制定后，胡氏下令无论大户、小户，皆一律按此征收；将章程饬谕各有漕州县，刊布各乡，务使家喻户晓。①

湖北各县所减钱额如表2—3所示：

表2—3　　　　　　　　　　　　湖北各县所减钱额

县别	漕额（石）	漕粮每石原折钱数（文）	减赋后每石折钱数（文）	全县裁减总额（文）
江夏	7550	8000—13000	6500	30200000
武昌	14933	5400	4400	14993000
咸宁	6330	7600	5500	13293000
嘉鱼	2849	15000	5500	27065500
蒲圻	9750	5860	5000	8385000
崇阳	5164	6000	4000	10328000
通城	6720	6000	4000	13440000
兴国	18119	6400	4100	41673700
大治	6562	14000	5000	59058000
通山	959	5000	4800	191800
汉阳	9568	8000	5000	28704000
汉川	2333	9000	4200	11198400

---

① 胡林翼：《奏陈漕务章程办有成效疏》，参见《胡文忠公遗集》卷30，第1324—1326页。

续表

县别	漕额（石）	漕粮每石原折钱数（文）	减赋后每石折钱数（文）	全县裁减总额（文）
黄陂	11113	10000	5800	46674600
孝感	7565	12000	5800	46903000
沔阳	12778	12000	4000	102304000
黄冈	25656	9600	4500	130845600
黄梅	2893	6800	4500	6653900
蕲州	18900	7960	4500	65394000
罗田	6943	9600	4500	35409300
蕲水	30832	9600	4500	57243200
广济	13969	7000	4500	34922600
潜江	4854	7500	5000	12135000
天门	11233	9600	5000	51671800
安陆	2086	9000	5600	7092400
云梦	1713	9700	5800	6680700
应城	3151	9000	5800	10083200
随州	2272	12000	6500	23496000
应山	3089	9000	6500	7722000
江陵	14353	16000	5000	157883000
公安	4300	7500	5000	10750000
石首	2791	10000	5000	13955000
监利	7137	20000	5000	107055000
松滋	2019	7500	4500	6057000
荆门	16858	7500	4800	455186000
合计	297342	—	—	134498300

说明：①漕粮每石原折钱数及减后折钱数均据《胡文忠公遗集》卷30，第11—12页。

②各县"漕额"一项，据张仲炘、杨承禧纂修《湖北通志》卷46，上海古籍出版社1990年版，第1289—1296页。内缺夏口、当阳二州县漕额。

③各县裁减总数为134498万文，较胡林翼所奏报的140000万文为少。这大概由于缺夏口、当阳两县数额之故。

资料来源：李文海、江太新《清代漕运》（修订版），社会科学文献出版社2008年版，第323—324页。

其二，北漕、南米的兑费、水脚提充国库。北漕兑费，指各州县支拨兵丁运送漕粮到京仓所需的津贴，胡林翼依据当时漕运线路被太平军截断的现实，决定将北漕兑费全部提交粮道仓库，计提银六万八千余两。南米水脚费指各州县支发修仓，铺垫、驮背水脚价以及各漕书饭食费用。胡氏下令将此费提交粮道仓库，计银四万两。此外又将"随漕浅船军士安家帮津等款"，下令提交湖北粮台，计银十二万两。

其三，革除所有漕粮征收的冗费。胡林翼认为，"严禁浮收，必先尽除冗费"，他下令征收漕粮时，除收取漕粮正米、耗米和运输漕粮所需用的正耗、兑费、水脚费以及收粮书差的饭食费外，其余"向来粮道及各道府丞倅尹尉，司道府上下衙门一切陋规杂费"，其"由单、串票、样米、号线及杂项各目"，"概行裁革尽净，不留分毫"，"不准妄费一文"，并谕令"如有不遵新章，仍前浮勒者，即随时严参，以肃漕政"①。

为了确保漕粮征收的顺利，杜绝书差、胥吏居间勒索及其他漕弊的滋生，湖北当局又采取以下重要的辅助性措施。

第一，"清丈"，即重新对土地进行清查和丈量。由于太平军的"扫荡"，湖北征收漕米机构几乎陷于瘫痪，征粮册也散失殆尽，这就给漕米征收造成了很大的困难。为此，胡林翼要求所有有漕州县官吏对各自辖区内的田地重新进行清丈。具体做法是以"各乡各垸中，选派公正绅士，亲身督率，不经保正书差之手"。清查和丈量后再用"名册"详细登记，依此确定各户的纳赋之数。显然，清丈主要目的在于"按田科粮"，保证漕粮征收，同时清丈也消除了以往有田无粮或田多粮少的弊病。同时，也使业户不再"受其书吏差役的挟制"，漕粮也"不致再为衙蠹所侵蚀"。

第二，"自封投柜"，即由花户自行到漕粮机构完纳，不准胥差包征。具体内容是，"小邑设柜城中，州县大者，则于四乡添设分柜，只准保正、粮书、粮差等，挨家挨户，催令花户自行赴柜，不准代花户完纳，以杜包征之弊；其零星小户，准其彼此附带粮钱上柜，随征随即掣与卷票"。这项措施简化了完纳漕粮的手续，对于杜绝胥吏中饱和书差、大户

---

① 胡林翼：《奏陈漕务章程办有成效疏》，参见《胡文忠公遗集》卷30，第1334—1336页。

包揽之弊有积极作用。

第三，"严推收"，即加强土地买卖的管理。湖北土地买卖，往往买田数年或数十年，竟不赴房推收过割，只潜赴里书处开一户名，私相授受；更有田已更易数主，变产已经数世，而粮名未换，仍在旧户下完纳者。造成隐匿税契、飞洒诡寄、私收欺侵之弊。胡氏下令，今后如有买卖土地者，买田之户在交付价钱以后，当在十日以内到州县的推收房（管理土地的衙门）登记并投税，官吏不得为难。买田不报者，经查出或被告发，将其田产一半没收入官，并处以隐匿之罪；知情不报，同罪；肆意包庇者，加等治罪。这样既避免了以前老粮户（卖田者）无田交粮和新粮户（买田者）不按章纳粮的弊病，也杜绝欺侵之源。

第四，"清户柱"，即清查纳粮户及其田产。具体内容是：将"某大户共若干花名，条分缕析，归并于某大户总名项下，粮名可按籍而稽"；同时，各地方州县须将"某里某图某区某垸某会某乡，共若干田、若干钱粮、若干住房；土著之主田若干，外来买之客田若干；某田系自种，某田系佃种，责成于各该地方绅耆保甲细查一遍，填注明晰"。"执田以求人，执人以查粮行"，既可使"一切鬼域之徒、无从施其伎俩，而黑粮之弊可渐祛"，又保证了漕粮的如数交纳。①

胡林翼还把漕粮征收与官吏考核紧密结合，严厉惩治一些贪污严重或是违抗新章的官吏、书差。一方面，他要求州县地方官征收漕粮必须"亲诣各乡，实心实力，认真筹办"。特别是要他们认真约束书差，敢有阴奉阳违者，立即揭参。在征粮过程中，则要求官吏们严格遵照新漕章，"不必为贫民加，亦断不许富民取巧"；尤须做到"不侮鳏寡，不畏强御，作州县者不为劣绅富户之所嗾使"。另一方面，胡氏则鼓励属僚们"若能振刷精神，办有成效，定即逾格保奏，以昭激励"②。为了加强对漕粮的管理和清查，胡林翼还健全了湖北总粮台机构，并奏调户部主事、后来晚清著名理财家阎敬铭负责其工作；同时，设立清查局，查被贼后州县仓库钱粮交代。胡林翼本人则"悉心钩稽，日手一册，逐县比较，官吏

---

① 胡林翼：《札各州县革除钱漕弊政》，参见《足本胡林翼全集》第 8 册，《胡林翼批札》卷 2，第 25—26 页。

② 同上书，第 27 页。

有怠玩者，辄劾罢之"①。如荆门直隶州知州方卓然在新章颁布后，任听粮差勒收由单、串票等钱，造成"花户观望不前"，胡林翼侦知此事后，即奏请将方卓然革职提审，并将书吏差役等严厉惩处。② 胡林翼将漕粮征收与吏治整顿紧密配合，加强监督和考核，从而有效地保障了漕米完纳，这是他整顿漕政的一大特色。

湖北漕政整顿，扭转了过去州县漕粮征收混乱的局面，收到了一定的成效。

首先，保证了清政府的漕粮收入。胡林翼莅临湖北之初，由于战乱和腐败，湖北财政已是"罗掘渐空，仰协济于邻省，亦少不足用，缓不济急"③。"一钱一粟皆亲作书函向人求贷，情词深痛，残破之余，十不一应，至发其益阳私家之谷以济军食。"④ 但到胡抚鄂数年之后的 1859 年，湖北竟能"每月协济曾营饷 3 万两，今又协调安徽巡抚翁营 2 万两，帐房 200 架，抬枪、鸟枪、马枪百 80 杆，配带齐全，战弓 200 张，梅针箭 3000 支，喷筒 100 杆，协济湖南饷银 6 万两，新造上等加工枪药 1000 两（前已解去银 3 万两，火药 4 万斤，不在此数），而北省派拨马步、水师月饷 5 万两不在此数"⑤。经过整顿，"所益于民者，每年可百三、四十万计；所益于国者，每年可五十万两；所删革于上下衙门官吏陋规者，每年可百余万串，此皆实数也"⑥。仅漕粮地丁两项，湖北财政每年就有较为稳定的一百七八十万两的收入。湖北每年钱粮收入，成为军费一个比较稳定的来源。

其次，为纳粮户减去了庞大的浮费、冗费。通过改革，每年为纳粮户减去了一百四十余万串制钱浮收之费，同时，他又下令删除一切粮道及府州县冗费，计达银二十余万多两，他又采取严厉的奖惩措施，下令要求地方官吏不得肆意浮勒纳粮户。不仅地方官吏更加尽职尽责，奸胥、

① 《足本胡林翼全集总目》，参见梅英杰《胡林翼年谱》，上海大东书局 1936 年版，第 60 页。

② 汪士铎：《胡文忠公抚鄂记》，岳麓书社 1988 年版，第 132 页。

③ 同上书，第 16 页。

④ 梅英杰等：《湘军人物年谱》（一），岳麓书社 1987 年版，第 304 页。

⑤ 汪士铎：《胡文忠公抚鄂记》，岳麓书社 1988 年版，第 173 页。

⑥ 皮明庥等编：《出自敌对营垒的太平天国资料——曾国藩幕僚鄂城王家壁文稿辑录》，湖北人民出版社 1986 年版，第 311 页。

猾役、包户、刁生"尚能敛迹";而且,受到了纳粮户的普遍欢迎,"民情极为欢悦,完纳俱形踊跃,漕粮除缓征外,均已全完。南粮向须延至一二年始能征完,今(咸丰八年六月)已完成九分,为数十年所未有"①。

　　虽然湖北的丁漕改革取得了一定成效,但难以革去钱粮积弊。例如湖北孝感 1908 年时"浮收之数有数百钱一户者,有串余钱一户者,有一人数户多纳数串者,有因争执钱数为柜书以闹粮诬堕致被笞责或架号者,有稍不遂意,延至半夜始给粮券者,有钱已勒尽券不早给以至冻饿坐于檐下而太息者,有哀告而受辱骂者,有被殴打且受拘留者,有浮收已重复不全给粮券,催差旋即将券裁出,送官责押致荡家产者,有故意多索,逼令花户将钱私交,许以永不裁卷,名曰打商量者,有以酒食愚弄花产将钱收清,许交粮卷,终不交出者,有催差站柜择肥而噬,将花户至锁拿,诡云卷已裁出,恣意讹索与柜书分饱私囊者。投诉无门,禀官需费。兼之官恒庇护,冤不能伸,极其流弊。户视粮柜为陷阱,畏书吏如虎狼"②。

---

①　胡林翼:《奏陈漕务章程办有成效疏》,参见《胡文忠公遗集》卷30,第1338页。
②　武汉大学历史系中国近代史教研室编:《辛亥革命在湖北史料选辑》,湖北人民出版社1981年版,第224—225页。

第三章

晚清州县司法职能变动

《福惠全书》共计 32 卷，而事关刑名钱谷的有 18 卷之多。黄六鸿认为："有司以钱谷刑名为重，而刑名较钱谷为尤重。夫钱谷不清，弊止在于累民输纳；刑名失理，害即至于陷人性命，故是集于刑名一条，更为加意。"（《凡例》）1905 年 10 月，历任湖北利川、东湖（今宜昌市）、天门县令的熊宾在他的《三邑治略》一书中，就记载了他审理的 208 件民事堂判案，包括土地 50 件、房屋 11 件、宅基 3 件、坟地 16 件、赔偿 13 件、债务 16 件、财产 20 件、水利 16 件、买卖 5 件、婚姻 24 件、继承 16 件，其他 18 件。说明刑名在州县行政中的重要地位。

第一节 清代州县司法概述

一 州县官的司法权

州县所辖案件，其司法方面的职责可分为两类：一类是他们有权作出终审判决的，被称为"自理案件"。"州县'自理案件'就是州县全权管辖可以作出发生法律效力判决的那部分案件；从《清律》五刑讲，就是笞、杖刑案件，从诉讼程序上讲，就是不必逐级审转，州县有权终审的案件；从案件性质上讲，就是民事案件及一些轻微刑事案件和治安管理案件，主要是民事案件。"① 清律对州县官的这类审判权有明确的规定："州县自行审理一切户婚、田土等项。"② 《清史稿·刑法志》也云："户

---

① 郑秦：《清代司法审判制度研究》，湖南教育出版社 1988 年版，第 206 页。
② 田涛、郑秦点校：《大清律例》，法律出版社 1999 年版，第 480 页。

婚、田土及笞杖轻罪由州县官完结，例称自理。"① 州县自理词讼在每年四月初一至七月三十日农忙时节停讼，但"遇有坟山地土等项及自理案件事关紧要，或证佐人等现非务农，俱仍勘断"；或"若查勘水利界址等事，现涉争讼，清理稍迟，必致有妨农务者，即令各州县亲赴该处审断速结"②。这类案件州县官审理后所做出的判决即为生效的判决，只要求州县每月设立循环簿，申送督、抚、司、道查考。如发现州县有未审理完结的此类案件，只是给州县设定期限催促其迅速审结，并不审核判决的内容。

　　另一类是州县有权初审但无判决权，应向上级转审的案件，郑秦称之为"转审案件"③。这类案件是徒刑以上的一般和重大刑事案件，包括人命、强盗、窃盗、拐骗、邪教、私盐、光棍、窝赌、衙蠹等"犯罪"案件，州县官审理此类案件，必须进行侦查、缉捕、查赃、勘验现场、检验尸伤，之后就进行初审。因此瞿同祖先生说州县官："他不只是一个审判者。他不仅主持庭审和作出判决，还主持勘查和讯问及缉捕罪犯。用现代眼光来看，实际包括了法官、检察官、警长、验尸官的职责。这包括了最广义上的与司法相关的一切事务，未能依法执行这些职务将引起（正如许多法律法规所规定的）惩戒和处罚。"④ 州县官对这类刑事案件的初审，要依据《大清律例》的条款定罪量刑，称为"拟罪"或"拟律"。初审完毕，将案犯、卷宗一并解送上级衙门复审，直至督抚汇总，是为"解审"，而上报的卷宗文件叫作"申详"。"需要判处徒刑的重案必须呈报州县的上级长官，……在案件完成重审并得到府级长官认可之后，又依次呈报更高一级长官。最后，所有涉及徒刑判决的案件，每季度都由巡抚和总督汇总上报给刑部。"⑤ 州县官的判决建议服从于其上司的意见。

　　处理狱讼是州县职掌中最为庞杂的事务。州县官的审判职掌可概略

---

① 赵尔巽等撰：《清史稿》卷144，刑法志三，中华书局2003年版，第4206页。
② 光绪《大清会典事例》卷817，刑部·刑律诉讼，第912页。
③ 郑秦：《清代法律制度研究》，中国政法大学出版社2000年版，第131页。
④ 瞿同祖：《清代地方政府》，法律出版社2003年版，第193页。
⑤ 同上书，第194页。

分述如下①：

1. 查勘检验：民事案件如争田土坟山之案，常需勘丈；刑事案件如命盗重案，亦需履勘。斗殴案之验伤，命案之验尸检骨，州县官更需亲身为之，后项职掌与今日验尸官相同。

2. 缉捕人犯：命案、盗案、匪案等重案发生后，州县官均须于缉捕期限内缉获人犯，如逾期限，例有处分。命案缉凶，盗案缉盗，固有捕官（典史或巡检）为之，但州县官仍负重责。此项职掌与今日警察相同。

3. 管押或监禁人犯：通常州县官把微罪人犯交班房管押，重罪人犯交监狱监禁。管押与监禁类似今日之羁押，班房与监狱犹如今日之看守所（盖班房与监狱所囚人犯，多数均系未结案者；已结案之笞杖罪人犯，行刑后即予释放；军流徒罪人犯结案后，亦分别发配各地充当苦役；至于斩绞重犯结案之后，立决者应即执行，唯监候者仍系监狱，以待秋审）。此项职掌与今日检察官相类。

4. 审理词讼：民事案件（如户婚田土案件）及轻微刑案，州县官常予调处和息，重大刑案则必须受理审讯，审讯后，笞杖罪案件应予堂断，徒罪以上案件只能定拟后审转。由放告收呈、调处和息到审讯问案、堂断定拟，此项职掌与今日法官相同。

5. 执行判决：笞杖罪案件，州县自理，堂断后州县官即可执行；军流徒罪案件待审转结案后，州县官须依法发配或接收人犯。至于斩绞重案，无论立决或监候，亦常须州县官执行。此项职掌殆与今日典狱长相似。

二　州县审判在清代司法体系中的地位

清代的司法体系由下至上可以划分为七个审级，即州县、府（直隶州、直隶厅）、省按察使司、督抚、刑部、三法司、皇帝。州县（散州、散厅和县）是清代最低一级的地方政府，同时也是第一级审判机关，州县受理和审判其辖区内的所有民事和刑事案件，《清史稿·刑法志》说："凡审级，以州县为初审。"所有案件必须先在州县衙门审理，只有州县衙门不予受理或百姓认为审判不公时，才允许申诉于上级衙门。按清代

---

① 那思陆：《清代州县衙门审判制度》，中国政法大学出版社 2006 年版，第 14 页。

法律，"军民人等遇有冤抑之事，应先赴州县衙门具控。如审断不公，再赴该上司呈明；若再屈抑，方准来京呈诉"①。否则就是违法行为，称之为"越诉"。法律对越诉的处罚是："若越本管官司，辄赴上司称诉者，笞五十。"②

因此，州县司法是整个清代司法系统的基础，州县的审判是案件审理的最关键环节，"清代州县审判是全部审判活动的基础，是一个案件诉讼程序的开始，所以在司法审判中起着极其重要的作用"③。清代州县作为第一审级，管理本地刑民案件，承担着民事案件（包括轻微刑事和治安案件）如户籍、差役、赋税、田租、土地、婚姻、继承、债务、水利等纠纷以及斗殴、轻伤、偷盗（40两以下）等的终审判决和应判处徒刑以上的重大刑事案件和一般刑事案件的初审，以清朝大量司法审判的文书看，大多数情况下由于当事人对县级审判不服上告的案件，最后还都由府、道、省批转县查实重审。清廷对州县官寄予厚望，"州县为民父母，上之宣朝廷之德化，以易俗移风；次之奉朝廷之法令，以劝善惩恶。听讼者所以行法令而施劝惩者也。明是非，剖曲直，锄豪强，安良儒，使善者从风而向化，恶者革面而洗心，则由听讼驯至无讼，法令行而德化亦与之俱行矣"④。

司法在州县行政中也具有重要地位。牧令为政，最主要的一项职责首推刑名，它关系到老百姓的身家性命。当时自喻为勤谨的知县，十天之中，大约七天是要用于问案的。黄六鸿说："有司以刑名、钱谷为重，而刑名较钱谷为尤重。夫钱谷不清，弊止在于累民输纳；刑名失理，害即至于陷人性命。"⑤ 刚毅说："州县自理词讼，不过户婚、田土，视为无关紧要，而小民身家即关于此。"⑥ 从普通百姓的角度来看，所以兴讼，都是与切身利益相关的。方大湜说："户婚、田土、钱债、偷窃等案，自

---

① 田涛、郑秦点校：《大清律例》，法律出版社1999年版，第473页。
② 同上。
③ 郑秦：《清代法律制度研究》，中国政法大学出版社2000年版，第131页。
④ 田文镜、李卫奉敕撰：《钦颁州县事宜》，参见《政书集成》第十辑，中州古籍出版社1996年版，第52—53页。
⑤ 黄六鸿：《福惠全书》卷1，凡例，第8页。
⑥ 刚毅：《牧令须知》卷1，听讼，参见《近代中国史料丛刊》第65辑，台湾文海出版社1968年版，第32页。

衙门内视之，皆细故也。自百姓视之，则利害切己，故并不细。即是细故，而一州一县之中，重案少，细故多，必待命盗重案，而始经心，一年能有几起命盗耶?"① 汪辉祖在《佐治药言·省事》中认为："其累人造孽，多在词讼，如乡民有田十亩，夫耕妇织，可给数口，一讼之累，费钱三千文，便须假子钱以济。不二年，必至鬻田，鬻一亩则少一亩之入。辗转借售，不七八年，而无以为生。其贫在七八年之后，而致贫之故，实在准词之初"，所以他主张"词讼速结"，"勤理词讼"，"息讼"，以免"荡财旷事，民怨必腾。"

第二节　晚清就地正法之制与两湖州县司法

一　就地正法政策实施

所谓"就地正法"，即是指对抓获的罪犯，一旦审明，即行斩首，无须等审转核准回覆再明正典刑。就地正法有事先经上级批准而后执行的，也有先执行而后上报的。无论何时何地，一经抓获犯人，可迳行处死，不受通常司法程序的限制。

1. 太平天国运动与咸丰时期就地正法之制的实行

就地正法始于咸丰三年（1853 年）。太平天国起义运动兴起后，清统治者准许各地督抚先斩后奏，以镇压农民革命。《清史稿·刑法志》："时各省军兴，地方大吏，遇土匪窃发，往往先行正法，然后奏闻。嗣军务枚平，疆吏乐其便己，相沿不改。光绪七八年间，……刑部不得已，乃酌量加以限制，如实系土匪、马贼、游勇、会匪，方准先行正法，寻常强盗，不得滥引。自此章程行，沿及国变（指辛亥革命），而就地正法之制，讫未之能革。"

按照清朝法律的规定，京师以外的全国各地的死刑案件，都由案发地的州县进行初审，然后层层转解，申详到府（相当于府的直隶州为初审者，申详到道）、臬司、巡抚总督。经各级审转复核，拟出定罪量刑意见，再由巡抚总督以结案报告形式向皇帝专案具题，同时将具题副本"揭帖"咨送总揽天下刑名的刑部。皇帝将巡抚总督的具题批交刑部，由

---

① 方大湜：《平平言》卷 3，勿忽细故。

三法司核拟。三法司（主要是刑部）对案件进行复核，检查有无冤滥，定罪量刑是否准确适当，会谳后，提出共同意见，向皇帝回奏。最后，由皇帝作出终审裁决：或立决、或监候、或重审。立决者，由刑部咨文所在省，立即处死；监候者转入第二年秋审；重审则大部分发回所在省重新审理。个别案情复杂重大的案件，也有派钦差大臣前往审理的，也有令所在省将人犯案卷解送京师，由刑部等三法司会同重新审理。这种死刑复核制度，保证了皇帝手中握有对全国臣民的生杀大权，维护了皇帝的绝对权威。

太平天国起义爆发以后，清朝陷入了全国性的大动乱，需要及时判决的大案要案剧增。承平时期的这种死刑复核审判制度，已很难适用于这样的动乱年代，其弊端很快暴露出来，表现在：（1）层层审解人犯，结案时间拉长，多者可达几年，太不及时。"若待交部审拟，恐事机延缓，于众心无所惩创"，"遗误国事"①。（2）"长途押解，殊为不易"，耗费资财很大。②（3）"当贼匪横行之时，纷纷提解，或致意外疏虞"③。"更恐夺犯伤差，横生枝节。且凶徒久稽显戮，亦非辟以止辟之道"④。特别是太平天国兴起后的天下大乱时期，需要复核、审判的死刑案件，数量剧增，成千上万，核不胜核，审不胜审。适于和平安定时期的死刑复核审判制度，显然不能有效地应对这种变局。以快速、省事、严厉为特征的就地正法，正好能弥补这种死刑复核制度的缺陷。因此镇压太平天国的地方大员和统兵首领纷纷上奏，要求改变以往死刑复核审判制度，"即行就地先行正法"⑤。

咸丰三年（1853年）3月13日，皇帝发布谕旨：

> 前据四川、福建等省奏陈缉匪情形，并陈金绶等奏遣散广东各勇沿途骚扰，先后降旨，谕令该督抚等认真拿办，于讯明后就地正

---

① 中国第一历史档案馆编：《清政府镇压太平天国档案史料》第5册，社会科学文献出版社1992年版，第99、100页。
② 《清政府镇压太平天国档案史料》第2册，第469页。
③ 同上书，第442页。
④ 朱寿朋：《光绪朝东华录》，中华书局1958年版，总第1319页。
⑤ 《清政府镇压太平天国档案史料》第8册，第218页。

法。并饬地方官及团练、绅民，如遇此等凶徒，随时拿获，格杀勿论。现当剿办逆匪之时，各处土匪难保不乘间纠伙抢劫滋扰。若不严行惩办，何以安戢闾阎。著各直省督抚，一体饬属随时查访，实力缉拿。如有土匪啸聚成群，肆行抢劫，该地方官于捕获讯明以后，即行就地正法，以昭炯戒。并饬各属团练、绅民，合力缉拿，格杀勿论。俾凶顽皆知敛戢，地方日就乂安。至寻常盗案，仍著照例讯办，毋枉毋纵。①

据该谕旨，"就地正法"是根据四川、福建、广东三省的请求，允许三省将抓获的"匪"和遣散的骚扰兵勇就地处决，无须按照历来的审转制度，层层转解，报告皇帝裁决。但后来其施行地域由三省扩展到全国所有地方，而且授权范围由总督巡抚扩大到各级地方官，团练、绅士也有了"格杀勿论"权。

同年，《光绪朝东华录》也记载了咸丰帝谕旨："各直省如有土匪啸聚成群，肆行抢劫，该地方官于捕获讯明后，就地正法。至寻常盗案，仍著照例讯办。"②

这实是把"就地正法"之制正式确定下来。

"就地正法"作为一种制度出现，按照《清史稿·刑法志》的说法，是"始自咸丰三年。时各省军兴，地方大吏，遇土匪窃发，往往先行正法，然后奏闻"③。有关"就地正法之制"的起始时间，李贵连根据北京大学图书馆所藏《刑部奏案》手稿本所记载的皇帝谕旨及《清史稿·刑法志》"惟就地正法一项，始自咸丰三年"的记载，认为，把就地正法上升为一种制度在全国推行，始于咸丰三年（1853年）。④ 王瑞成根据清初颁布的《大清律集解附例》相关规定认为，"清律中有就地正法的制度规

---

① 《刑部奏案》手稿本，藏北京大学图书馆。参见《中南政法学院学报》1994年第1期，第81页。

② 朱寿朋：《光绪朝东华录》，中华书局1958年版，总第1319页。

③ 赵尔巽：《清史稿》卷143，刑法志二，第4203页。

④ 李贵连：《晚清"就地正法"考》，《中南政法学院学报》1994年第1期，第81页。邱远猷先生经过考证认为，"就地正法之制"系始于咸丰元年（1851年）（邱远猷：《太平天国与晚清"就地正法之制"》，《近代史研究》1998年第2期；《晚清政府何时何地开始实行"就地正法之制"》，《历史档案》2000年第3期。）

定"，"在康熙朝死刑审判复核制度确立之后，就地正法才开始出现"①。其实三者并不矛盾，李贵连谈的是就地正法制度在全国推行时间，邱远猷考证的是这种制度在晚清推行时的起始时间，王瑞成谈的是这种制度的渊源。但这种紧急情况下的临时应变措施，是一种变态而非常态的司法制度。它理应在动乱基本结束之后立即停止实行，但是"沿及国变，而就地正法之制，迄未之能革"。

其实，早在咸丰三年之前，曾国藩就在湖南实施就地正法政策。

咸丰三年（1853 年）2 月 12 日，曾国藩奏请对"土匪""立行正法"。曾国藩认为"湖南会匪之多，人所共知。去年粤逆入楚，凡人添弟会者，大半附之而去，然尚有徐孽末尽。此外又有所谓串子会、红黑会、半边钱会、一股香会，名目繁多，往往成群结党，啸聚山谷，如东南之衡、永、郴、桂，西南之宝庆、靖州，万山丛薄，尤为匪徒卵育之区。"因此主张用重典治匪："若非严刑峻法，痛加诛戮，必无以折其不逞之志，而销其逆乱之萌。至于教匪、盗匪，与会匪事同一律。"曾国藩所列的"土匪"，除会匪外，还包括教匪、盗匪、痞匪、游匪。并对"平日之痞匪与近时新出之游匪"包含的对象作了解释："何谓游匪？逃兵、逃勇奔窜而返，天资可归，无营可投，沿途逗留，随处抢掠。此游匪之一种也。粤寇蹂躏之区，财务罄空，室庐焚毁，弱者则乞丐近地，强者则转徒他乡，或乃会聚丑类，随从劫掠。此游匪之一种也。大兵扎营之所，常有游手数千随之而行，或假充长夫，或假冒余丁，混杂于买卖街中，偷窃于支应局内，迫大营即远，辗转流落，到处滋扰。此游匪之又一种也。此三种游匪，尤认真查拿，遇有形迹可疑、曾经抢掠结盟者，即用巡抚令旗，恭请王命，立行正法。臣寓馆设审案局，派委妥员二人，拿获匪徒，立予严讯。即寻常痞匪，如奸胥、蠹役、讼师、光棍之类，亦加倍严惩，不复拘泥成例。"②

咸丰三年六月十二日（1853 年 7 月 17 日），曾国藩在《拿匪正法并现在帮办防堵折》中奏报说："臣设局以来，控告纷纷，或签派兵役缉拿，或札饬绅士踩捕，或着落户族勒令跟交，或即令事主自行擒缚。一

---

① 王瑞成：《就地正法与清代刑事审判制度》，《近代史研究》2005 年第 2 期，第 233 页。
② 《清政府镇压太平天国档案史料》第 5 册，第 140—143 页。

经到案讯明，立于正法。计斩决之犯一百四名，立毙杖下者二名，监毙狱中者三十一名。此外，札饬各州县擒拿匪党，赍呈供折，批令无庸解省，就地正法者，不在此数。又如安化蓝田串子会匪，前经札饬湘乡县知县朱孙诒密往掩捕，擒获九十二名。其陆续正法者候结案后另折会奏，亦不在此数"①。

2. 同光时期清政府就地正法的政策规定

同治时期，由于"军兴以来，各营遣撤勇丁，其不法者往往结拜哥老会，勾结匪徒潜谋不轨，最为地方之害"②。因此同治二年（1863 年）清政府制定了对遣撤兵勇抢劫滋事的惩治政策，规定"嗣后各省遇撤兵勇，如有逗留滋事、抢劫民物者，即著各地方官按照军法立斩枭示"③。

命盗案件的死刑裁决权，由集中走向分散，这是"就地正法"实施后所带来的审判制度上的变化。由于各地在使用就地正法时的随意性和扩大化，这种变化的结果，是全国性的滥杀，引发了诸多弊端。因此，在各地起义军已被平息，全国性的大动荡结束后，是否停止就地正法，也引发了中央与地方之间司法审判与监督的权力论争。

同治八年（1869 年）和十二年（1873 年），御史袁方城和邓庆麟便上奏请求停止就地正法。清廷发布一道谕旨，企图用"军务"进行限制，试图缩小执行范围。各省督抚毫无例外地都反对停止"就地正法"之制的执行，主张有保留地继续适用。此项决定在实践中没能执行。

到了光绪七八年间，又有御史胡隆洵、陈启泰、谢谦亨，先后直接或间接奏请，各省叛逆、会匪、贼盗案件停止"就地正法"。但各省督抚也纷纷认为就地正法章程，"势难停止"④。刑部最后综核所有条陈权衡利弊之后，提出了限制性规定："除甘肃省现有军务、广西为昔年肇乱之区且剿办越南土匪，以及各省实系土匪、马贼、会匪、游勇案情重大，并行同叛逆之犯，均暂准就地正法，仍随时具奏，备录供招，咨部查核外，其余寻常盗案，现已解勘具题者，仍照例解勘，未经奏明解勘者，统予

---

① 《清政府镇压太平天国档案史料》第 7 册，第 596 页。

② 《光绪年间哥老会史料》，《湖广李瀚章等为报监利会党起事各犯就地正法情形奏折》，《历史档案》1998 年第 3 期，第 53 页。

③ 朱寿朋：《光绪朝东华录》，中华书局 1958 年版，总第 1319 页。

④ 同上书，总第 1138、1231、1297—1298、1316—1319 页。

限一年，一律规复旧制办理。倘实系距省窎远地方，长途恐有疏虞，亦可斟酌秋审事例，将人犯解赴该管巡道讯明，详由督抚分别题奏，不准援就地正法章程，先行处决，以重宪典而免冤滥。"① 最终，地方督抚与中央刑部仍没达成一致。督抚们依然我行我素，"疆吏乐其便己，相沿不改"②。各省督抚仍坚持原议，并没有执行。③

二　两湖地区督抚的就地正法政策

1. 实施背景

两湖是太平天国运动的重要活动地区。从 1852 年 6 月至 12 月，太平军在湖南转战半年，进军 2000 里，攻克 20 多个州县。1854 年 2 月至 8 月，西征军进入湖南。1859 年至 1862 年石达开又多次攻入湖南。太平军在湖南席卷 60 余州县。太平天国起义爆发后，湖南地区的反清起义更加频繁，各地的会党、农民起义此起彼伏。太平军"自入永州境，土匪之迎降，会匪之入党，日以千计，而地方文武又皆望风先逃，一至道州，势遂复炽"④。天地会等会众以及数以万计的农民和手工业者，积极投奔太平军，参加反清斗争的行列，仅湘南一地，人数即达五六万之众。有学者研究表明："太平军初入湖南时不足万人，至出境时已成为 15 万人的大军"⑤。湘人参加太平军人数之众，可见一斑。"湖南各州、县盗贼会匪在充斥"，"无事则拜会结伙，窃纠抢扰害地方，有事则勾引逆贼号召匪徒乘机响应"⑥。以致"湖南迤南一带，跨连两粤，不但宜章、零陵为入粤冲途，即永州府、郴州、桂阳州所属各州县，处处毗连，处处有贼，每股多者千余，或万余，少者亦有千数百计，而皆以应援江南大股逆贼为名，红衣黄巾，效贼装束，同时并起，势甚披猖"。又说："严郴、桂

---

① 朱寿朋：《光绪朝东华录》，总第 1318—1319 页；《清史稿》卷 143，刑法志二，第 4203 页。

② 赵尔巽：《清史稿》卷 143，刑法志二，第 4202 页。

③ "就地正法"存废之争的详细情况，参见李贵连《晚清"就地正法"考》，《中南政法学院学报》1994 年第 1 期，第 84—85 页。

④ 《答刘仙霞书》，江忠源《江忠烈公遗集》卷 1，台湾华文书局 1983 年版，第 58—59 页。

⑤ 田伏隆主编：《湖南近 150 年史事日志（1840—1990）》，中国文史出版社 1993 年版，前言第 2 页。

⑥ 张亮基：《张大司马奏稿》卷 1，台湾华文书局 1968 年版，第 25 页。

之防，则零、道恐其阑入；益零、道之守，则郴、桂复恐乘虚。……事端迭起，羽檄交驰，实亦应接不暇。"① 总之，湖南的会党十分活跃，起义连绵不断。"动辄贴粤匪之伪示，张太平军之逆旗。甚至乞儿偷盗，三五成群，亦敢倡言谋乱，毫无畏惮。"② 可见湘南遍地烽火，使湖南地方统治者无所措手，防不胜防。

1852 年底，太平军进入湖北，总计湖北全省太平军所及地区，除恩施等少数州县外，大部分都被太平军占领过。从 50 年代初到 60 年代，湖北各地反清暴动风起云涌："湖北土贼，势如猬毛，长江左右，监利、石首、通城、沔阳、崇阳、蒲圻为之犟；襄河以下，安襄荆德遍野皆伏莽。"③ 根据不完全的资料统计，当时湖北起义活动，先后共达 64 次之多。所有起义军合计先后共占领 23 个府州县城之多，合计近乎全省 1/3。④

太平天国起义失败后，因大批湘勇遣撤回籍，哥老会在两湖地区的活动兴盛。"军营兵勇，湖南省为数最多，故会党最盛。"⑤ "哥老会势力又从湖南传播到湖北去，两湖成为会党的潜伏地。"⑥ 湖北为国内水陆路交通枢纽，哥老会可向多方流布。如南面监利县 "与湖南临湘、巴陵等县接壤，犬牙交错，最易藏奸"⑦。"现在鄂省军务虽平，而北路襄郧一带为陕甘出入门户，游勇土匪到处勾结，或投营遣撤，或被掳来归。……往往在于乡僻聚集匪党，劫掠商民财物，挟仇放火杀人以及强抢妇女轮奸嫁卖，掳提幼孩勒赎得赃，种种扰害，难以枚举。"⑧ 因多年经历战阵，

---

① 骆秉章：《两广贼匪同时犯界各路均获胜仗折》，参见《骆文忠公奏议》（湘中稿）卷 2 甲寅下，第 253—254 页。

② 曾国藩：《移驻衡州折》，参见李瀚章《足本曾文正公全集》奏稿卷 2，吉林人民出版社 1995 年版，第 389 页。

③ 民国《湖北通志》卷 71，武备志·兵事五，第 1831 页。

④ 高维岳：《太平天国革命期间湖北农民起义活动初深》，《湖北大学学报》1979 年第 2 期，第 43 页。

⑤ 庄吉发：《清代天地会源流考》，故宫博物院 1981 年版，第 148 页。

⑥ 罗尔纲：《湘军新志》，商务印书馆 1939 年版，第 215 页。

⑦ 方裕谨：《光绪初年间哥老会史料选辑》，《湖广李瀚章等为报监利会党起事各犯就地正法情形奏折》（光绪三年五月二十日），《历史档案》1998 年第 3 期，第 71 页。

⑧ 方裕谨：《同治年间哥老会史料》，《湖广总督李鸿章为严查哥老会众滋事者片》（同治八年六月二十日），《历史档案》1998 年第 4 期，第 38—39 页。

习于战斗，故较为犷悍，"杀人放火，视为故常，较从前各种教匪，尤为难制"①。且人数众多，"两湖地方有哥第会名目，皆系散勇为之，自数十万以至数千万人，愈集愈多，地方官兵力单薄，无法禁止"②。曾国藩则说："哥老会匪滋事，潭、醴、攸、衡等处皆已被扰，顷闻官军搜剿获胜，……惟此辈勾结牢固，蔓延日广，难得不乘间窃发，殊深隐虑。"③

据薛福成言："湖南营勇，立功最多，旋募旋撤，不下数十万人，而哥老会之风，亦遂于湖南为独炽。"④

巡抚刘崐也称："惟湖南会匪所在潜踪，检阅历任卷宗，土匪之案，几于无岁无之。"⑤ 光绪十九年，湖南巡抚吴大澂称："会匪散布各方，几如蔓草。"⑥

据学者不完全统计，在整个同治年间（1862—1874 年），全国哥老会案件约发生 60 起，而湖南、湖北地区约占总数的一半，近 30 起。湖广地区成为哥老会流传最盛、势力最大的省份。⑦

而"从同治三年到光绪十八年，为清史与地方志载明的湘境哥老会大小起义有 47 次，其他'隐见无常，其风至今未息'者更是不可胜数"⑧。

即使在清朝末期，社会动荡仍有增无减，"窃查湖北省北路沿边各属，如襄阳、光化、随州、枣阳、应山等州县，与河南邓州、新野、唐县、桐柏、信阳连界，素为刀痞、会匪出没之区，号称难治。本年（光绪十八年）六月、闰六月间，襄阳、谷城、光化一带因时疫流行，

---

① 刘崐：《请饬在籍大员帮办团防折》（同治六年九月），参见刘崐《刘中丞奏稿》卷 2，《近代中国史料丛刊》第 11 辑，台湾文海出版社 1967 年版，第 245 页。

② 录副奏折，御史李德源同治八年九月初六日奏。参见周育民、邵雍《中国帮会史》，第 252 页。

③ 江世荣：《曾国藩未刊信稿》，中华书局 1959 年版，第 29 页。

④ 薛福成：《附陈处置哥老会匪片》，《出使奏疏》卷上，光绪二十年刻本，第 47 页。

⑤ 刘崐：《查办浏阳醴陵会匪折》（同治七年四月），参见刘崐《刘中丞奏稿》卷 3，第 390 页。

⑥ 《湖南巡抚吴大澂奏拿获李金山并请保奖出力员弁片》（光绪十九年五月二十日），参见《萍乡文史资料》第 10 辑，《萍乡哥老会起义》，第 88 页。

⑦ 吴善中：《哥老会在长江中下游的崛起》，《扬州大学学报》2001 年第 5 期，第 46 页。

⑧ 彭先国：《19 世纪中后期湘境哥老会研究》，《历史档案》2000 年第 3 期，第 107—108 页。

匪徒乘机啸聚，造谣煽惑，牵涉教堂，放火烧抢，沿襄河上下数百里间，居民大为惊扰，纷纷迁徙入城、上砦，几酿变端，随州各村亦有匪徒遍插小红旗之事，……出没楚、豫边界，劫掠为患"。"近年以来哥老会匪颇多，又向有灯花教匪（即白莲教）之类，行踪诡秘，飘忽靡定，与刀匪、会匪互相勾煽，根株纠结，蔓延日广，往往越境行劫，此拿彼窜，恃众窝藏，动辄拒捕。本年入冬以来，襄阳盗案颇多，随州复有查获豫匪多人执持洋枪、刀械入境图劫之事。伏莽潜滋，实为边境隐忧，若不及早设法筹办，难保不养成当日捻匪之患。"所以陈宝箴要求"如在何处拿获匪徒，即会同该处地方官讯取确供，照章禀请委员复讯，就地惩办"①。

2. 措施

面对"匪犯"的普遍性和多发性的特点，早在咸丰二年年底曾国藩到长沙办团练时，就"手书告各郡县官绅，遇匪徒窃发，密函达省，用巡抚令旗诛之，或杖毙，不以烦狱吏"②。在太平天国起义失败后，两湖地区的各种"匪犯"也有增无减，督抚们不得不制定严厉的措施进行惩办，使就地正法的范围和对象更加明确，包括：

（1）"会匪"。

"湖南各属向来会匪充斥，势不亚于广西，自前抚臣张亮基奏明责成地方官准其就地正法，俾得放手办理。"③

"向来湖南会匪名目不一，如添弟、串子、经教、黄教、白教、道教、佛教及青龙白虎等会，类皆踵白莲之余习讬免劫以为词，或合或分，忽散忽聚，其蓄谋思逞本不亚于广西，自前抚臣张亮基奏明，严行拿办，准令各州县官便宜从事。"④

上述两则史料说明，在咸丰二年，张亮基任湖南巡抚时，州县官就有对会匪就地正法权。

① 陈宝箴：《为派员专办沿边缉捕事宜详文》，参见《陈宝箴集》（中），第968—969页。

② 《清通鉴》卷210，第6253页。

③ 毛鸿宾：《拿办各属会匪并严查回籍勇丁片》（同治元年六月二十四日），参见孙葆田等编《毛尚书奏稿》卷3，《清末民初史料丛书》第42种，台湾成文出版社1969年版，第665页。

④ 刘崐：《请饬在籍大员帮办团防折》（同治元年六月九日），参见刘崐《刘中丞奏稿》卷3，第243—244页。

太平天国后，哥老会在湖北迅猛发展，其势力"上起荆岳，下至武汉以下，皆已联为一气，一处蠢动处处响应"①，其影响所及，有时甚至使得武汉地方"一夕数惊"。因此，1891 年长江教案发生后，鉴于哥老会的猖獗，两湖地区加重了对会匪的惩处条例。1892 年湖广总督张之洞、巡抚谭继洵订立《严惩会匪章程》，规定："鄂省为南北冲要，游匪素多，往来无定，最易潜匿，会匪几至无地无之，始则长江上下游一带，近年则襄河上下游一带，随处皆有，根株盘结，消息灵通。该匪等开立山堂，散放飘布，分授伪职、伪号，往往与教匪、游勇、地痞暗相勾结，乘机煽乱。各属所获会匪各案，起到飘布、印章、板片及所讯名目、口号，词意悖逆，显然谋为不轨。……如系会匪为首开堂放飘者，及领受飘布辗转纠伙散放多人者，或在会中名目较大，充当元帅、军师、坐堂、陪堂、刑堂、礼堂等名目者，与入会之后虽未放飘辗转纠伙人而有伙同抢劫情者，及勾结教匪煽惑扰害者，一经审实，即开录详细供折，照章禀请复讯，就地正法。"② 后来，这一直接针对哥老会的法律经奏准推行至各省。

（2）"抢劫杀人等犯"。

同治二年，湖北襄阳、郧阳二府刀痞等匪，"专以劫掠为生，时有抢劫杀人之案"，湖北巡抚严树森奏请"将襄郧宜施四府所属抢劫杀人等犯，罪干押枭斩决者，即由道督审确实，立予就地正法，钦奉谕旨允准在案"③。

（3）"持械聚众抢劫、拒捕、伤人、抢夺妇女勒卖等"。

光绪九年，湖广总督涂宗瀛同巡抚彭祖贤奏明，湖北省盗案，"请将土匪、马贼、会匪、游勇之外持械聚众抢劫、拒捕、伤人、抢夺妇女勒卖等案暂时查照定章，该州县获犯训明禀报后，批归道府督审，或委员会审，果系罪无可疑，即行就地正法，会案奏报。……历经遵照办理在案"④。

---

① 张之洞：《拿获会匪讯明惩办折》，参见苑书义等《张之洞全集》卷 31，第 814 页。
② 张之洞：《酌议严惩会匪章程折》，参见苑书义等《张之洞全集》卷 32，第 858 页。
③ 方裕谨：《同治年间哥老会史料》，《历史档案》1998 年第 4 期，第 38 页。
④ 张之洞：《奏为拿获匪犯就地正法折》，参见苑书义等《张之洞全集》卷 44，第 1164 页。

光绪十年议准："湖北省闽卖妇女，于湖河港汊中，停舟以待。遇有妇女误坐其船，则载之远扬；夫男同行，多被戕害；又有逼勒本夫嫁卖，妇女一入其手，逼奸逼嫁，俯首相从。否则逞其凶焰，加以陵虐。似此淫恶不法，为害地方，实较诸寻常抢夺诱卖妇女之案情节为重。为首之犯，均照强盗及窝盗例、拟斩立决，就地正法。"①

《湖南省奏定章程》规定："遇有游勇、土匪并强盗聚众持械抢劫、杀人，罪于斩决、斩枭之案，一经地方官禀报获犯，即批由该管道府或委员前往复讯明确，就地正法，汇案奏报。"②

三　州县就地正法的操作程序

"湖南自广西逆匪窜过之后，各属奸民乘机勾煽，……除临阵擒斩不计外，其入会习教潜谋不轨及稔恶最著之犯，先后访获讯明正法者，实亦不止数千之多。"③

在实行就地正法之制时，不仅省级巡抚，就是县级长官均可"迅办"，即"立即就地正法"④。"就地正法"实施后，"各级地方官甚至乡绅、团练都可随意就地处决'盗''匪'"⑤，"甚有寻常盗案，该州县拏获讯明后径行处决，随后始通详上司"⑥。

州县实施就地正法分以下几种类型：

1. 绅团直接正法

1853 年，曾国藩在给湖南各州县绅士的信中说：

> 望公正绅者，严立团规，力持风化。其有素行不法，惯为猾贼造言惑众者，告知团总、族长，公同处罚；轻则治以家刑，重则置

---

① 光绪《大清会典事例》卷796，刑部，中华书局1991年版，第715—716页。

② 陈宝箴：《汇陈光绪廿一年就地正法各犯片》（光绪二十二年），参见《陈宝箴集》（上），第348页。

③ 骆秉章：《匪徒谋逆先期扑灭在事官绅量请鼓励折》，参见骆秉章《骆文忠公奏议》（湘中稿）卷9丁巳上，第1157页。

④ 邱远猷：《太平天国与晚清"就地正法之制"》，《近代史研究》1998年第2期，第37页。

⑤ 李贵连：《沈家本传》，法律出版社2000年版，第163页。

⑥ 光绪《大清会典事例》卷8，刑部。中华书局1991年版，第832页。

之死地。其有逃兵逃勇经过乡里，劫掠扰乱者，格杀勿论；其有匪徒痞棍，聚众排饭，持械抄抢者，格杀勿论。①

咸丰四年，"武冈州硖口巡检陈耀源及带勇绅士州同衔杨彤寿、州同衔郑邦對、生员郑邦岱等各带练勇驰抵该处（山门地方），会督各团穷搜逸贼，当将匪目尹祚第、刘大五、黄老八、张起祖、张文汉，及匪党八十二各就地正法"②。

"团绅李咸熙率勇由小路绕截"溃贼，"生擒败匪十一名，当即正法。"③

咸丰六年秋，宁乡县五都乡团在罗仙寨农民陈玉华处"搜出悖字样"，将余正亨、余八姑、易春元等就地处决。团练依据"凡斋匪、土匪、地棍均用重典，便宜行事"的原则，与县令耿维中所办，"共计五十八名伏诛，四境肃然。频年编册联结，一去莠安良，团练内清，聿收实效"④。

同治六年四月，"团绅易开俊等挥兵入山，鎗毙贼目童级高，夥匪始各惊溃狂奔，复击杀二百余名，……提讯李开一及生擒之喻理植等三十二名，均供入会谋逆不讳，各当就地正法"⑤。

"就地正法"施行的全盛时期，绅团操生杀之柄，可以沈家本之父沈丙莹亲自所见而写的记事诗为证。咸丰十年（1860年），沈丙莹由都察院御史调任贵州省安顺府知府，由京官改放地方官。在安顺府任内，他写了一首《三桥团》的记事诗："三桥团、三桥团，团丁张牙如封貙。谁家乡兵新放逐，五十六人夜投宿。投宿不纳言龃龉。团丁凭怒心胆粗。仓卒缚人同缚猪，磨刀霍霍骈首诛。骷髅满地红模糊。吁磋呼！我朝好生

---

①　曾国藩：《与湖南各州县公正绅士书》，参见《足本曾文正公全集》书札卷2，吉林人民出版社1995年版，第1885页。

②　骆秉章：《广东贼陷郴宜广西贼阴东安衡阳武冈土匪响应剿办情形折》，参见骆秉章《骆文忠公奏议》（湘中稿）卷3乙卯上，第381页。

③　骆秉章：《江西贼匪窜犯刘攸酃茶桂各属边界官军团勇击退获胜折》，参见骆秉章《骆文忠公奏议》（湘中稿）卷7丙辰中，第761页。

④　同治《续修宁乡县志》卷23，职官五·兵防。

⑤　刘崐：《扑灭湘乡会匪并击散浏阳斋匪折》，参见刘崐《刘中丞奏稿》卷2，第206—207页。

古无比，议狱年年诏缓死。奈何太阿之柄团丁操，杀人如麻敢如此？"①

在就地正法执行十年之后，曾国藩在一份批件中曾十分明确地说："当咸丰年间各省土匪蜂起之时，州县办理团练，拿获匪党，多系奉有格杀勿论之谕，或有准以军法从事之札。若事后纷纷翻案，则是非缪葛，治丝愈棼，有碍于政体。本部堂前在湖南办团，及在湖北两江等处，凡州县及团练所杀土匪来辕翻控者，概不准予申理，以翻之不胜其翻也。"②

2. 州县官直接正法

这又分两种情形：

其一，军前正法。

主要是在战争情况下或紧急情况下实行。

咸丰三年，"代理蓝山县知县张嗣康禀报，……复在影亭地方，生擒成目二名，均即就地正法"③。

咸丰五年七月，即选知县李源濬、千总方城"戮毙数十人，生擒十四名，军前正法"④。

咸丰五年"广西贼匪之窜踞东安县城者，6月22日分股至花桥掳掠，知县赖史直带勇截击，毙贼十余名，夺贼马二匹，生擒逆贼唐开纯等三名，军前正法"⑤。

咸丰五年十二月六日，委署永绥厅同知长惠"选派绅士赍示分赴各苗寨宣布国威，剀切开导，令各苗寨捆献匪党，免其剿办"。"16日长惠带兵行至六里排楼地方，即据上下六里各苗寨纷纷投诚捆献匪党，长惠即于军前分别办理。"⑥

咸丰六年三月，"贼由碞头小路径扑县城，攻扑东南两门。署酃县知县章保顺会同（千总）喻元发婴城固守，毙贼数十，生擒谢文新先等四

---

① 沈丙莹：《春星草堂集·诗三》，参见《晚清"就地正法"考》，《中南政法学院学报》1994年第1期，第82页。

② 李瀚章：《足本曾文正公全集》批牍卷3，第1328页。

③ 曾国藩：《两广窜入湖南县境匪徒次第剿除折》，参见《曾国藩全集·奏稿》，第68页。

④ 骆秉章：《北路贼已败退南路收复东安筹办情形折》，参见骆秉章《骆文忠公奏议》（湘中稿）卷4乙卯中，第441页。

⑤ 同上书，第440页。

⑥ 骆秉章：《黔匪攻扑镇算绥靖沅州宫军击退克复麻阳晃州折》，参见骆秉章《骆文忠公奏议》（湘中稿）卷6丙辰上，第647页。

犯正法"①。

"此起匪徒胆敢纠集多人，执持枪械旗帜拒敌官兵，意图劫狱抢犯，焚署滋事，实属叛逆昭著，藐法已极。该县营团绅事前布置，协力迎击，获刘松茂等十二名，均于军前正法，并将刘风阁提禁枭首办理，甚为妥速。"②

在紧急情况下实行就地正法：

光绪十八年九月（1892年10月），醴陵县知县沈继炎、湖南巡抚张煦禀报：有萍乡县会匪二三百人，头扎白巾，突至县署，撞破监门，将永远监禁会匪2名劫去。5名命案绞犯亦乘变逃逸。派管丁役均被拒伤。讯据拿获之犯黄恩等，均供认入会为匪，劫夺监犯铺户等情不讳。沈继炎因"匪徒甫经遁回，尚未解散，讹言四起，民情惊惶，恐致复有疏虞，当将黄恩等十名均就地正法，以安人心"③。

光绪二十三年五月，"据东安县知县吴鼎荣、永州府知府范正声、署零陵县知县沈赞飏先后禀称：'拿获会匪王直轩、郭兴沅、蒋加其、柳益泰、罗长青、熊道连等，据各供认，俱系会匪头目，在外纠邀徒党，意欲前往广西会合掳掠，尚未纠齐，即被拿获等语。当以邻氛猝起，匪类乘隙生心，未便日久稽诛，致令迁延生变，当即立予照章就地正法'等情"④。

其二，审讯后正法。

有团练捆绑送县正法者，如咸丰二年，"绅团捆送逃匪至县正法者亦五百余名……严饬道府州县乘此兵威大振之时，严谕团长户长勒限捆送逃匪就地正法，以靖内讧"⑤。

同治七年，浏阳文家市"集团盘查"，拿获蓝谋桦等10余名会匪，

---

① 骆秉章：《江西贼匪窜犯刘攸酃茶桂各属边界官军团勇击退获胜折》，参见骆秉章《骆文忠公奏议》（湘中稿）卷7丙辰中，第766页。

② 卞宝第：《抚湘公牍》卷1，光绪十五年湖南刻本。

③ 《湖南巡抚张煦奏醴陵萍乡哥老会起事情形折》（光绪十八年九月初三日），参见《萍乡文史资料》第10辑，《萍乡哥老会起义》，第71页。

④ 陈宝箴：《广西会匪滋事随即剿溃并湘省防范查缉片》，参见《陈宝箴集》（上），第500页。

⑤ 骆秉章：《两广贼匪同时犯界各路均获胜仗折》，参见骆秉章《骆文忠公奏议》（湘中稿）卷2甲寅下，第280—281页。

解县审讯，"将蓝谋桦等就地正法"①。

同治九年，"浏阳知县万修廉禀，访闻西乡堕蒂坪有会匪邱志儒等聚众谋叛"，经团勇拿获邱志儒等三人，"各将逆情供吐，均即就地正法"②。

有州县官拿获匪犯后讯明正法者，例如自称"秉性慈善"的宁远知县刘如玉，"莅任之初，即有匪患，捕获正法。……每当讯有确供，……明正典刑，无所用其优柔不决。……计自咸丰二年四月初十到任，即于是月二十九日擒获攻城土匪乐浪仔、李五仔二名正法为始，至五年八月二十一日缉获土匪黄求瑞等十六名正法止，实共杀匪一千二百四十七名"，而"官兵剿杀团勇围杀，不可胜数"，不在此列。③ 如"咸丰二年黄金发等协同户族捆送……四人到案，讯据供认……不讳，当经饬令绑赴市曹，即行正法"④。他还"屡次开单交各乡绅士"，要求他们"会同族邻团总，设法密拿捆送来县，一经讯明，立予正法，以昭炯戒。倘该匪敢于抗拒，即遵前示，仍准格杀勿论，更无所用其迟疑"⑤。

咸丰五年，"衡阳县人陈得标等从贼中窜回该县西乡，勾结滋事，当经署衡阳县知县冯汝棻诇知拿获正法"⑥。

咸丰五年，知县唐逢辰在"兰坊及衡阳交界地方，先后盘获四匪。均供来湘打探。讯明后随即正法"⑦。

同治元年，"衡州洪乐庙余匪复有纠众倡乱情事"，"祁阳县知县于学琴，署衡阳县知县刘凤仪，署清泉县知县陈宝善，署衡山县知县俞凤翰先后捕获伪安定王周正学，及伪军师江成斋即二夫子，伪检点周安格等十三名，伙党二十三名，又缉获王兆发、聂昌凤、周玖厚、刘忠杰、张玉青、张才茂、陈正云、谢开东、陈赓扬等九名，分别正法枭示，地方

① 刘崐：《查办浏阳醴陵会匪折》，参见刘崐《刘中丞奏稿》卷3，第386页。

② 刘崐：《整饬团练并拨款接济民食折》，参见刘崐《刘中丞奏稿》卷6，第889—893页。

③ 《禀复骆中丞批饬严缉逃匪》（咸丰五年九月），参见刘如玉《勤慎堂自治官书》卷1，沈云龙主编《近代中国史料丛刊》第77辑，台湾文海出版社1972年版，第13页。

④ 《判斩土匪黄孝占》（咸丰四年），参见刘如玉《勤慎堂自治官书》卷3，第59页。

⑤ 《谕绅士协拿土匪》（咸丰二年），参见刘如玉《勤慎堂自治官书》卷2，第25页。

⑥ 《广东贼陷郴宜广西贼阴东安衡阳武冈土匪响应剿办情形折》（咸丰五年），参见骆秉章《骆文忠公奏议》卷3。

⑦ 同治《湘乡县志》卷5上，兵防志二·团练。

赖以牧安"①。

同治六年，"署湘乡县知县刘凤仪禀，缉获去年逸犯伪将军童盛中并夥匪僧祖学正法"。……复查得 19 都毛田等处有哥老会匪……竟敢头裹红巾、手执白旗，分途抗拒……生擒 32 名，均供入会谋逆不讳，当各就地正法"。"据浏阳知县王汝惺禀，初七日有斋匪聚众，讯明当各正法。"②

同治七年，"浏阳等县官绅严密查拿，陆续据报，缉获袁华亮……等各犯，讯明分别就地正法监禁"③。

同治九年，"据桂阳县知县会同桂阳营参将玉瑛禀，四月十九日，访闻会匪何明佑即何大麻子等纠人拜会，遍贴伪示"，并抢劫银物，"经官绅奋勇力捕"，擒获何明佑等六人，"解回县一并正法"。"又据耒阳县知县刘采邦禀……五月初九日，擒获陈望泽……讯明正法。"随据永兴县知县俞植禀，"擒获匪犯胡稀清、李登恒，并大旗一面，竹矛数杆。复又追获逆匪朱汰登一名，均解归耒阳，讯明斩枭"④。

宁远县令"拿获会匪黄嘉瑞、欧阳发茂，并起获飘布、马刀等物……该令于讯明后，即将黄嘉瑞并续获匪首欧阳发茂二犯立即处决，以彰法纪而遏乱萌，办理尚合机宜"⑤。

光绪三十二年，"湘省武陵县廖子才大令月前拿获红会匪首李瞎子史凤山二名，迭次研讯，取其实供，通详到省。日前奉到省宪回批，饬令就地正法。大令遵，即将该两犯绑赴西门外绞决示众"⑥。

光绪三十三年，"湘潭县十六都尹铭四家被匪杀人行劫，旋经县主任大令饬差缉获匪犯宋发长子等二名，讯实拟斩，录供通详。大令旋于正月十八日奉到省宪电谕饬即就地正法。大令遵，于是日……将两犯……斩决枭示"⑦。

①　《拿办各属会匪并严查回籍勇丁片》（同治元年六月二十四日），参见孙葆田等编《毛尚书奏稿》，成文出版社 1969 年版，第 651—652 页。
②　《扑灭湘乡会匪并击散浏阳斋匪摺》，参见刘崐《刘中丞奏稿》卷 2，第 205—206 页。
③　《擒获浏阳等县会匪惩办片》，参见刘崐《刘中丞奏稿》卷 4，第 535—536 页。
④　《整饬团练并拨款接济民食折》，参见刘崐《刘中丞奏稿》卷 6，第 889—893 页。
⑤　《宁远县拿获会党就地惩办禀批》，参见《陈宝箴集》（中），第 1411 页。又据《湘报》第二十号（光绪二十四年三月初八日出版）《抚辕批示》，第 156 页。
⑥　《会匪就地正法》，《申报》光绪三十二年七月二十三日（1906 年 9 月 11 日）。
⑦　《抢犯正法》，《申报》光绪三十三年二月二日（1907 年 3 月 15 日）。

3. 道府委员复讯，督抚批饬正法

这是最常见的。原因在于"湘省自军兴以后，游勇充斥，不能复安耕凿，拜盟结会，抢劫逃生，以致各州县抢案屡见叠出，若案案招解，不独长途解犯疏脱堪虞，而且稽延时日，难昭儆戒"。其程序是"各州、县于获犯讯明后，禀奉宪辕批由本管道、府就近提讯，或委员驰往复审，即行就地正法。"①

同治二年两广总督毛鸿宾、广东抚臣郭嵩焘奏请对"逆匪盗犯"就地正法时，确定的程序为："广州府属逆匪盗犯仍行解省斟审，其距省较远之各个州县，拿获罪应斩枭斩绞各犯，解交该管道府覆讯明确，禀由督抚臣核明，批饬就地正法"，即由地方官审讯，禀明督抚即可执行，无须事先奏报和复核。此法实施"数年以来，督饬文武实力搜捕，获犯多名，均经照章就各州县之距省远近，或解司审转，或解该道府覆勘，禀由督抚核明定案，因时严惩"②。这一政策也推广到其他各省。

同治五年，湖南在省城和湘乡、湘潭及宝庆、辰州、永州三府，辰谿、溆浦、武冈、江华、道州、永明、绥宁、益阳等州县拿获六十二犯，"均讯据供认甘心习教为匪，各等情禀报前来"。"臣查（李瀚章）该匪熊开复等六十二犯，或拜会结盟，或习教惑众，俱欲勾结匪类乘间肆逆，实属罪大恶极，法不容诛。……臣于接察后，立即批饬讯明就地正法。"③

同治八年湖广总督李鸿章在《为严查哥老会众滋事者片》中称：襄郧一带游勇土匪到处勾结，"劫掠商民财物，挟仇放火杀人以及强抢妇女轮奸嫁卖，掳提幼孩勒赎得赃，种种扰害，难以枚举。……若令州县于获案讯认后，照例按拟解省审勘，非得道路弯远，疏脱堪虞。现恐恃无质证，狡供避就，仍须发回复审提证质讯，结案需时，该犯等自知所犯罪重，必无生理，久羁囹圄转为意外之虞。据安襄郧荆道欧阳正墉禀请照章由道审办等情请奏前来。相应请旨俯准，将湖北襄阳、郧阳所属，嗣后拿获刀痞哥匪抢劫杀人各犯，罪干斩枭斩决者，仍照同治二年奏定

① 《湘报》第48号（光绪二十四年闰三月初十日出版），中华书局1956年版，第396页。

② 朱寿朋：《光绪朝东华录》，中华书局1958年版，总第56页。

③ 《湖南巡抚李瀚章为报哥老会在湖南勇丁中活动情形奏折》（同治五年六月十八日），方裕谨：《同治年间哥老会史料》，《历史档案》1998年第4期，第34—35页。

章程，就近由该管守道督审明确，立予就地正法，以昭炯戒"①。

光绪十八年，钟祥县知县徐嘉禾拿获之匪目张必瑞、李泽湘，随州城汛把总武定云拿获之匪首杨华亭，知县吕贤笙拿获之匪首李得胜，千总罗心溶拿获之匪首鞠老五，经安陆府、德安府、武昌府复讯。以上张必瑞、李泽湘、杨华亭、李得胜、鞠老五五匪，亦经批饬正法枭示。②

这样就地正法例子很多，如陈宝箴在汇陈光绪二十一年和光绪二十三年就地正法各犯片就称：

"兹查光绪二十一年正月起至十二月止，先后据芷江县、石门县、黔阳县、衡阳县、泸溪县、长沙县、宁远县、湘乡县、攸县、耒阳县、邵阳县、衡山县、靖州、永兴县、益阳县、兴宁县、祁阳县、醴陵县、湘潭县、江华县、保靖县、凤凰厅禀报，拿获尹富兴……六十七名。或起意纠劫，拒杀事主；或听从上盗，入室搜赃；或系拦途抢劫；或系接赃把风。均属凶暴昭著，赃证确凿，照例罪应斩决、斩枭，法无可贷。当经饬据该管道府及委员驰往复讯明确，情罪相符，禀经护抚臣王廉、前抚臣吴大澂与臣暨兼护督臣先后核明，批饬就地正法，以昭炯戒。"③

"兹查光绪二十三年正月起至十二月止，先后据衡山县、衡阳县、清泉县、零陵县、宁远县、桂阳县、蓝山县、长沙县、湘阴县、湘潭县、益阳县、邵阳县、武冈州、武陵县、澧州、安乡县、慈利县、永定县、沅陵县、辰溪县、泸溪县、凤凰厅、永顺县、保靖县、龙山县、桑植县、芷江县、黔阳县、麻阳县、晃州厅、会同县、绥宁县、辰沅道禀报，拿获陈少五……一百三十五名。或系起意纠劫，拒伤事主；或系听从上盗，入室搜赃；或拦途劫抢，用药迷人；或黑夜谋财，戕害多命；以及会匪、游勇开堂放飘，谋为不轨。均属凶暴昭著，赃证确凿，照例罪应斩决、枭示，法无可贷。当经饬据该管道府及委员驰往复讯明确，情罪相符，禀经臣暨督臣先后核明，批饬照章就地正法，以昭炯戒。"④

---

① 方裕谨：《同治年间哥老会史料》，《历史档案》1998年第4期，第39页。

② 《会详续获匪首讯明惩办并择尤保奖出力员弁事》，参见《陈宝箴集》（中），第964页。

③ 《汇陈光绪廿一年就地正法各犯片》（光绪二十二年），参见《陈宝箴集》（上），第348—349页。

④ 《汇陈光绪廿三年就地正法各犯片》（光绪二十四年），参见《陈宝箴集》（上），第658—660页。

光绪二十四年（1898年），施南府属利川县、宜昌府属长乐（今五峰县）、长阳、巴东等三县发生焚掠教堂教民，"杀毙比国洋教士董若望一名"，"惨杀教民"。并四出纷扰，大肆劫掠。张之洞派"候补知府朱滋泽总办宜、施两府会匪事宜"。"朱滋泽到长乐后，将该县会党切实查清，其吏役团众劫官者讯明正法。""宜都一股匪首袁敦五一名，渔阳关一股匪首李清臣、张么儿二名，均已讯明就地惩办。""其毙杀洋教习之首犯杨大经及焚毁教堂首犯吕守蛟二名，先经长阳县督团拿获，解至宜昌，由该府陈其璋覆讯，供认属实，均已正法。"①

光绪三十二年，"湘省武陵县……有匪徒多人抢劫杨姓谷米，事主禀县，即由廖大令派差拘获五人……有刘某谭某等二人情节较重，又适其时抢案迭出，大令即禀商府尊唐蓬洲太守，将两犯先行正法，以昭炯戒。太守允。即电禀省宪，旋奉电复准行。太守即会同城守营杨都司将该两犯绑赴西门外绞决示众"②。

宣统二年（1910年）崇阳县拿获红灯会党羽卢万和，"原拟解省讯办，因该匪党有在中途拦劫之谣，以故不敢起解。现马提法使以该匪……既不便解省，应就该县研审。特委补用知县何庆涛携带全案卷宗，克日驰赴崇阳，会同该县联令炳，将卢万和详细研审，俟讯有确供，即行就地正法，以免提解致涉疏虑"③。

也有州县官不按上述正常程序实施就地正法的。例如光绪二十三年"安乡县平令，竟有不候委员复审先行正法之事"。光绪二十四年，永定县知县蒋柏茂向臬司黄遵宪禀报：覃茂三等四人拦路抢劫颜正林钱物，并拒伤事主。该案以覃茂三为首盗，嗣拿获覃茂三到案，一概供称不知。黄遵宪要求提审同案犯，确切质明，悉心考察。嗣据该县复审录供，议拟具禀到司，复经黄遵宪悉心查核，认为"供词闪烁支离，案情并未审透"，其中不无可疑之处。"覃茂三年仅十六，是否确系在场动手伤人、分赃正盗？尤非考究明白，未可即正刑诛。"黄下文要求调查清楚。"讵料文到之日，已在委员会审及提犯正法之后。本署司本可无庸置议，唯

---

① 《剿办宜、施会匪折》，载《张之洞全集》卷49，第1336—1338页。
② 《抢犯正法》，《申报》光绪三十二年六月四日（1906年7月24日）。
③ 《委员会审红灯会匪党》，《申报》宣统二年九月三日（1910年10月5日）。

是该令初次禀报到司，既经本署司明白指示，该司委员复审之札文，又将司批一并录行，该令非未寓目，究竟会同委员如何考究，前后两禀并无一语回复，即申报处决文内亦并无一字声明，直以录囚为儿戏，视司批为废纸。且向来委员复审，仍须将所取供录呈，以为与原审相符之证。该县会委复审票内所责供招，只有从犯李德顺之供，并无罩茂三供词，但云与原审相符，匪独与向办成案不合，是并所谓委员复审亦变为虚应故事。似此草率，实属罕见。""且此种罪犯既经定决，亦未必不能稍缓须臾，即如此案，照该令所取罩茂三口供，上盗之时，在地拾石遥掷，是并非携有凶器，事后仅止分赃二千，不过原赃十分之一。而李德顺供词：罩茂三并没起意，事主颜正林伤亦平复。核其罪状，仍系无知被胁，与章程所谓凶暴昭著者有间，并非决不待时，刻不容缓。而蒋令禀请即行正法，原以未允，乃既奉司驳，犹视若无睹，并不以一语回复，尚复成何事体！"

黄遵宪对违反审判程序的知县做出处罚并重申就地正法之案的司法程序："除安乡县平令不候委员复审，当经由司批记大过三次外，拟请将复审就地正法重犯不候司批之署永定县知县蒋相茂酌记大过二次，以示惩儆。并请嗣后遇有就地正法之案，由宪台察核，一律批司委员前往复审。其距省较远州县，应批由道府就近提审，或委员复讯者，亦饬司分别移行。并通饬各府州：嗣后委员会审盗案，应择选明干邻近州县或同知、通判，均不得以佐贰杂职充数。而委员亦宜郑重其事，遇有犯供翻异，除系该犯系畏罪逗刁，应悉心磨审外，倘有可矜可疑之处，即当据实禀请核示，不得以武断取辜，含糊塞责。其有能乎反重罪者，应酌记大功。万一有误陷人罪，如近年江宁三牌楼之案，异日事发，当并坐委员以失入之罪，用慎刑章而重人命。"[1]

就地正法之制一直实行到清朝灭亡。"自此章程行，沿及国变，而就地正法之制，讫未之能革。"[2]光绪三十三年（1907 年），湖南省巡抚衙门以"会匪"等罪名就地正法 328 人，其中，善化县 224 人，浏阳县和

　　①　陈铮编：《黄遵宪全集》（上），中华书局 2005 年版，第 534—535 页；《湘报》第 48 号（光绪二十四年闰三月初十日出版）。

　　②　赵尔巽：《清史稿》卷 143，刑法二，中华书局 1977 年版，第 4203 页。

醴陵县各 52 人。① 宣统元年，湖南巡抚岑春蓂奏报光绪三十四年正月起至十二月底止就地正法案件，包括"长沙、永顺两府，并长沙、善化、湘潭、浏阳、衡阳、衡山、常宁、零陵、祁阳、宁远、道州、永明、江华、新宁、武冈、龙阳、芷江、黔阳、麻阳、永顺、保靖、桑植、龙山、郴州、桂东、石门、慈利、安福、安乡、靖州、会同、晃州、凤凰等州厅县"，"拿获吴春生……共一百五十五名，或系纠劫拒捕，入室搜赃，或系开堂放飘，约期起事，或中途抢夺致毙事主，或结伙行窃，临时行强，或开会设教，传徒煽惑，均属赃证确凿，凶暴昭著，照例均应斩决斩枭，法无可贷。当经分别饬据该管府及委员驰往复讯明确，情罪相符，禀经臣先后核明批饬就地惩办，应斩枭者改为斩决，应斩决者改为绞决，以昭炯戒"②。宣统三年湖南巡抚杨文鼎仍在奏报前一年就地正法情况："兹查自宣统二年正月起至十二月底止，先后据长沙、湘潭、安化、宁乡、益阳、祁阳、武陵、澧州、永定、安福、郴州、湘乡、巴陵、沅江、武冈、新化、永顺、桑植、乾州、晃州、龙山等州所县禀报，拿获……共百零六名，或入会放飘复犯抢劫，或乘机聚众焚署毁关，或传习神拳竖旗倡乱，均属证据确凿，形同叛逆，非寻常盗案可比。先后禀经臣檄饬该管道府及委员驰往复讯明确，核其情罪，均与现行正法例章相符，随时批饬就地处决，以昭炯戒。"③

与清朝常规司法制度"逐级审转复核制"的程序相对照，"就地正法"呈现出以下三个特点。首先，死刑命令宣告主体的变化。地方督抚在认定犯罪事实、所拟刑罚无疑义的情况下，无须奏报上级机关，即有权直接向下属下达"就地正法"的命令，命令到达后，下级的行政长官即可执行死刑，至于死刑人数、犯罪缘由等只第二年上报中央。其次，解审的部分甚至全部被免除。"就地正法"的实现只需要地方审级间的审转复核，来自刑部、三法司和皇帝的审核和监督全部被省略，在较远的

---

① 湖南省地方志编委会：《湖南省志·政法志》第 6 卷，湖南出版社 1995 年版，第 123 页。

② 《拿获会党首要就地正法片》，宣统元年五月十四日（法部档），参见中国第一历史档案馆、北京师范大学历史系《辛亥革命前十年间民变档案史料上》，第 424—425 页。

③ 《湖南巡抚杨文鼎奏宣统二年拿获会党等首要照章就地正法片》（宣统三年六月二十四日），参见饶怀民编《长沙抢米风潮资料汇编》，岳麓书社 2006 年版，第 118 页。

州县，地方审级间的解审甚至也被部分地免除。最后，死刑执行地的变化。有的案犯往往在省都被执行就地正法，之后其首级通常会被送往犯事地方，悬杆示众，以警示社会。这点与适用"逐级审转复核制"的大多数案件一致。但根据解审等各种情况的不同，有的就地正法的执行地可能是二审机关府道所在地，也可能是犯罪发生地。①

第三节　教案审理和交涉

民教冲突经报官后就成为州县县审讼断狱的任务之一，查明和处理案情是其分内工作。由于教案既是内政又牵涉外交，所以，单独作为一节来阐述。

一　两湖地区教会发展与教案概况

晚清教案是指"中国官绅士民反对基督教会（教士教民）的事件，这些事件是经中国官方立案，并会同外国传教士或领事、公使处理的"②。

在鸦片战争前，外国传教士已陆续来到中国传教。当时清代各朝皇帝大多采取禁教政策，为数不多的涉教事件多因禁教而起，对当时的社会生活尚没有形成大的影响。鸦片战争后，1844年，法国强迫清政府签订《黄埔条约》，取得了传教的特权，法国人不仅可"至五口地方居住"，而且"佛兰西人亦一体可以建造礼拜堂、医人院、周急院、学房、坟地各项"。"倘有中国人将法兰西礼拜堂、坟地触犯毁坏，地方官照例严拘重惩。"③1860年清政府被迫签订《北京条约》，允许外国全面传教，规定外国教士"入内地传教之人，地方官务必厚待保护"；中国"将前谋害奉天主教者之时所充之天主堂、学堂、坟茔、田土、房廊等件应赔还"④，"并任法国传教士在各省租买田地，建造自便"⑤。这些条款的出台，标志

---

① 娜鹤雅：《清末"就地正法"操作程序之考察》，《清史研究》2008年第4期，第146页。

② 赵树好：《教案与晚清社会》，中国文联出版社2001年版，第3页。

③ 王铁崖：《中外旧约章汇编》第一册，生活·读书·新知三联书店1957年版，第62页。

④ 同上书，第107页。

⑤ 同上书，第147页。

着基督宗教开始以合法身份在中国土地上扎根，使教士、教徒的地位发生了根本性变化。由于基督宗教势力的全面扩张，它与中国的政治、经济、文化、习俗以及各阶层人士产生了剧烈的碰撞与冲突，引发了层出不穷的教案。教案频发逐渐成为中国近代一个严重的社会问题。

关于教案数量，至今没有一个众所公认的权威统计资料，有的学者统计为 1639 起①；而有的学者统计共有 1998 起。②

在湖北，"在汉口开埠后（1861 年）的半个世纪，西方教会势力已渗入武汉三镇和湖北 50 余州县，教堂约 300 个，平均每县 4 个以上；外国传教士及其家属 470 余人，平均每县近 8 人"③。如钟祥县"清光绪初，教民遍及全境。凡建堂地方，教民皆达数百家。其散在四乡者，曰口、转斗湾、长寿店、洋梓、新安庙，均有教会公所"④。

湖北晚清时期发生的教案，据罗福惠先生统计，1861 年—1909 年共发生了 36 起，"其中较大者有 7 起，即 1869 年的天门教案、1891 年的广济教案和宜昌教案、1892 年的襄阳教案、1894 年的麻城教案、1898—1899 年的宜昌恩施教案、1907 年的枣阳教案"⑤。"再从这些教案的分布地区来看，东部有广济、黄梅、蕲春、浠水等县，西部有宜昌、施南、利川、长阳、巴东等县，西北有襄阳、枣阳、谷城、光化，中南部有武昌、孝感、天门、京山、蒲圻等处，范围几乎遍及全省各地。"⑥

湖南"从第二次鸦片战争以来到 20 世纪初，天主教与耶稣教入湘的教派约有 20 来个，传教士 1500 人左右，发展的教民当在 4 万人上下"⑦。"宣统年间，湖南全省几乎每一个角落都有了传教士的足迹。"⑧ "从第二次鸦片战争以来，一直到甲午战前，湖南大大小小的教案数十起，在全国居于首位。如长沙、湘潭、衡阳、清泉、永州、岳州、沅江、常德、

---

① 廖一中、李运华：《近代中国教案新探》，黄山书社 1993 年版，第 1 页。

② 赵树好：《教案与晚清社会》，中国文联出版社 2001 年版，第 6 页。

③ 罗福惠：《湖北通史·晚清卷》，华中师范大学出版社 1999 年版，第 151 页。

④ 民国《钟祥县志》卷 6，民政·宗教。

⑤ 罗福惠：《湖北通史·晚清卷》，华中师范大学出版社 1999 年版，第 190 页。

⑥ 萧致治、萧莉：《19 世纪的湖北教案》，《武汉大学学报》1998 年第 3 期，第 87 页。

⑦ 周秋光：《传教士入湘与湖南人民的反教排外》，《湖南党史》1994 年第 2 期，第 55 页。

⑧ 张朋园：《湖南现代化的早期进展（1860—1916）》，岳麓书社 2002 年版，第 115 页。

武陵、龙阳、石门、桃源、临湘、耒阳、邵阳、辰州，都发生过教案"①。有学者统计，1861—1910 年五十年间，湖南共发生各类教案五十起。其中较大影响的反教案件有七起，它们分别是：1861—1862 年衡州、湘潭教案；1889—1898 年周汉反教案；1893—1895 年临湘教案；1900 年衡州教案；1902 年辰州教案；1902 年邵阳教案；1910 年长沙教案。②

由于教案主要冲突双方是中国平民与中国教民，但每次案件几乎都有教士混杂其中，直接将冲突事件禀告其本国公使或法国公使，促使他们通过外交途径逼迫清政府及总理衙门去压制地方政府解决，教务教案动辄成为中外纠纷，处理不当即可能招致"中外开衅"。因此，教务教案不但是内政，也是外交，对其处理是否得当，不但影响到一方一地之民教关系，更影响到官员的仕途。

二　两湖州县对教务教案的办理

由于教案冲突中涉及人员如教民、教士不属于外国的正式外交人员，而且清王朝以华夷观念为主，不太愿意与外国直接进行交涉，因此清政府以总理衙门主管教务教案的交涉与处理，并负责制定相关政策，而把教案处理权下放到地方，认为交涉越地方化越易处理。正如恭亲王曾言："传教各案牵涉民人，即系地方官分内应办之事，若提到中央政府，会令该国使臣藉兵要挟。倘各国效尤，后患伊于何底。"③于是地方官员成为教案交涉的主要角色，有教案发生的地方，其管辖则是"地方官之责也"④。因此，1860 年之后，晤见教士，处理民教纠纷，成为地方官的一项日常公务，教务教案也渐渐成为地方政务的一部分。同治八年（1869年），总理衙门有"教务即在地方，地方正多教务"之语⑤，这正是洋教进入内地之后的普遍情形。

---

① 周秋光：《传教士入湘与湖南人民的反教排外》，《湖南党史》1994 年第 2 期，第 56 页。
② 曾耀荣：《湖南巡抚对晚清湖南反洋教活动的态度转变》，《湖南科技学院学报》2005 年第 1 期，第 85 页。
③ 《筹办夷务始末》（同治朝）卷 71，故宫博物院 1930 年版，第 31 页。
④ 何德刚：《客座偶谈》卷 3，上海古籍书店 1983 年影印本，第 12 页。
⑤ 台湾"中央"研究院近代史研究所编：《教务教案档》第 2 辑，第 2 册，1975—1981 年台湾"中央"研究院近代史研究所（台北）据钞本影印，第 1109 页。

1. 采取多种措施，保护教堂和教士

两湖州县官首先依据总理衙门的相关政策，采取多种措施，保护教堂和教士，表现在：

其一，查清教堂的基本情况。

1891 年，"长江上下游一带会匪聚众滋扰教堂，竟有一县焚烧数次者，大约各教士于嗥经教堂外，又将育婴施医各处所，概名曰教堂，以致地方官无从稽察"，"而各省教堂共有几处，设在某县某乡，各该管上司衙门恐无案可稽"，"一旦变起仓卒，防不胜防，而洋人又嫁词饶舌。若先经分别查明，当不致临时舛误，卒难因应"。因此，总理衙门通饬《各省清查教堂式样处数造册咨部》，要求地方官"将境内共有大教堂几处，小教堂几处，堂属某国某教，各堂是否洋式，抑系华式，教士是何名称，何国之人，是否均系洋人，堂内有无育婴施医各事，分别确查，按季册报本衙门，以凭稽核准"。为了避免西方各国"另生疑虑"和教士阻挠，总理衙门特别强调地方官要"预告教士，以清查教堂处所原备他日保护起见"，"所查仅堂外住址，并非堂内教规，无害公法"。并告诫地方官"不要虚矫，随宜履勘，不得假手胥吏，至多骚扰"，更"不可稍涉矜张"①。

例如，东湖县教民祝瑕在八市地方，开一药店，适当街市，买卖人多。而祝瑕在店内私自设堂，诵经瞻礼，"被周等抄折"，造成冲突。天主堂陈教士"先以阻教为题，致长祝瑕之刃"。知县熊宾在复陈教士函中认为，闹市设堂，"本非所宜，且前县查明八市，并无天主教堂禀明有案"。并根据相关条约和政策认为，"查设堂传教，原不必禀请地方官而行。然清查教堂，某处是华式、是洋式，共有几所，不惟历奉上宪转准总理衙门咨行有案，且敝前县曾经查报八市地方，并未设立天主堂，有卷可查。即敝县到任，亦未准贵堂函知，在于八市新买地基，送县立约，以作教堂公产之事。今既据祝瑕呈报药店设堂，县中查无此案，自不能不逐细确查"。"祝瑕系一药肆，断不能私自设堂"。"尚望贵教士再察视之，如贵堂必以祖护祝瑕为是，不俟县中察办，是有意与敝县作难。即当将全案，并迭次说事来函，一一禀录上宪转行照会法领事府，酌夺办

---

① 李刚己：《教务纪略》卷 3 下，章程，上海书店 1986 年版，第 14—15 页。

理也",并附录条约二则。①

其二,联宜教士,劝导百姓。

清政府严饬地方官切实保护教堂,不啻三令五申,而各省教案仍层见迭出,清政府认为"地方官不能仰体朝廷谆谆告诫之意,遇有民教交涉案件,非漫不经心,即意存歧视,畛域未化,斯嫌隙易生,无怪教案之层见迭出也"。因此"特加申谕各直省大吏,凡有教堂州县,务当谆饬地方官实力保护,平日如有教士谒见,不得有意拒绝,使彼此诚信相孚,从教之人自不致藉端生事;一面开导百姓,毋以薄物细故轻启衅端,即使事出仓猝,该管官吏果能持平办理,亦何难消患未萌"②。要求地方官"劝导宜力,将历来教案办法平日剀切讲说,使民间转相传述,家喻户晓",使老百姓明白教案冲突的严重后果。③

1899年,总理衙门与法国主教樊国梁议定《奏定地方官接待主教教士事宜》中,要求"地方官保护教堂教民,平日必须与主教、教士善为联络,情愿相通,而后彼此悉泯猜嫌,小事可化于无形,大事和衷商办"。并规定:教中品秩,主教品位与督抚相同,摄位司铎、大司铎与司道平行,司铎与府县平行。督、抚、司道、府、厅、州、县各官相应按其品秩,准其请见,并按其品秩以礼接待。④

衡州教案后,湖南人、时任户部主事的夏时济在《为筹议衡州教案善后事致俞廉三函》(光绪二十七年三月)中也提出"联络教士之法"⑤:

州县到任之初,即宜查明所辖境内教堂若干、教民若干,教民内素不安分之人及教堂附近素不安分之人,一一记其姓名、年岁、家中几人、所执何业,或贫或富或小康,有无明白晓事之亲友。平居无事时,便衣微行,频与教士晤谈,凡来往必先约时刻,尤防轻侮。彼徒助以酒果款接之。无意之中,告以贵教中某也良,某也不肖。不肖则求其严加约束;

①　熊宾:《三邑治略》卷2,交涉,光绪三十一年刻本,第18—19页。

②　李刚己:《教务纪略》卷首,谕旨,第10页。

③　李刚己:《教务纪略》卷3下,章程,第29页。

④　同上书,第30—31页。

⑤　中国第一历史档案馆:《义和团运动档案史料》续编下,中华书局1990年版,第1049—1050页。

良则求其转劝不肖。至附近教外不肖之人，尤宜知其的确劣迹，无意中先行详告教士，恐其干犯重案，临事入教为逃避地步也。或变生不测，将案情原有平情告知，务使教士悉此案之是非曲直。

张之洞并议定"每月关道或地方官带同公正衣冠绅士二人赴堂查看一次，以礼相待。……先从汉口、宜昌、沙市三处试办，查看情形，如果妥善，再推广通省，一律照办"。强调"官绅查看教堂、婴堂最为紧要，此为永弥祸乱之根，彼此有益"①。

其三，官绅联手，严密防护。

1891 年，清政府"严行申谕，嗣后各督抚务当督饬设有教堂各州县文武，派定兵役，随时设法严密防护，遇有招摇聚众之事，一闻风声，立时查拿务获重办"②。

例如，1893 年 7 月在湖北麻城县宋埠发生一起教案。瑞典传教士梅宝善、乐传道不顾地方官员的劝阻，强行前往宋埠镇郝家铺地方，赁屋传教，乡民惊疑，谣言四起。6 月 28、29 日两日，麻城宋埠地方依俗举行竞渡，观者甚众，有人乘机张贴攻教揭帖。麻城县令恐有不测，亲自前往宋埠劝说两教士暂到县城居住，但被拒绝。巡检殷廷瑜劝其暂避巡检署，亦不肯。因教士雇有郝姓镶手数人故有恃无恐。无奈，县令只得率兵保护。竞渡期间没有发生意外，对教士的保护也松懈下来。7 月 1 日，乡民朱应等人路过教堂门前，声称欲看洋人，甲长郝人和上前拦阻，引起冲突。郝人和被打伤。教士乃令镶手将乡民朱应、吴治太、陈观受、刘元灿四人捆入教堂。时众人拥阻教堂前门。教士将捆捉之人交给郝人和，由后门潜出，押送县衙。众人不知，屡向教堂索人。教士未应，众人便疑朱应等人已被教士杀死，于是撞开大门，痛打教士，两教士均重伤殒命。③

此案事先有县令、巡检的劝说和派兵保护，事发后有甲长郝人和的拦阻，因传教士雇有镶手数人而有恃无恐，并殴捆民众，最终导致了教案的发生。

---

① 罗福惠：《湖北通史·晚清卷》，第 194 页。
② 李刚己：《教务纪略》卷首，谕旨，第 6—7 页。
③ 《郝家铺教案始末》，参见《麻城文史资料》第 1 辑，第 216 页。

1898 年，总理衙门奉旨拟定的《设立保甲认真保护教堂并定绅董处分》，规定各地"现有教堂之处，由地方官择地设立保甲局，慎选本地夙有乡望士绅二三人为董事，局中额设巡勇，用教堂附近之人在教堂附近处所查察，遇有争端，曲为排解，或带入局中善为调处。教士外出，亦由该巡勇为之护送。地方官时见局董，待以礼貌，官绅联为一气，则消息灵通"，及时化解争端。并规定"现既议令该士绅等充当董事，得力则请奖。如不得力，自应查核该案情节，按照地方官处分，分别减等处理，亦足以示公平"①。

1899 年，张之洞根据"近日湖北风气动辄造谣，聚众攻毁教堂"的状况，拟查照上述总理衙门议准，"责成团保绅董，每日于团丁牌长中择派妥慎者三五人，轮流在教堂附近巡查，遇有争端立即解散；教士出外游历，亦由该团丁牌长妥为防护。并责令团首保董，将谕旨中外和睦之大义，及传教说书送诊育婴等事，均系朝廷准行之条约，谣传教堂荒诞残忍之谬说，随时详细讲说，务使穷乡僻壤家喻户晓，民教相安，不生枝节，免致扰及良善，上累国家。如该绅等保护得力，即查照奏案分别寻常劳绩请奖；如防护不力，甚至煽众闹教，核其案内情节，查照奏案惩处"②。

1892 年，谷城县境内"有匪徒在千茎树地方焚烧教民雷财义房屋并焚毙其母雷谢氏之事"。教民较多的沈家垭地区"因千茎树被焚后人心摇惑，明教互相猜防，民人齐团相持，教民亦纷纷迁徙几酿巨衅"。在派兵查拿的同时，"传集绅首，详加开导，民团旋经解散，教堂亦平静无事，现在谣言已息"③。

1900 年衡州教案后，夏时济也提出联络绅士防止和处理教案的办法④：

　　　城乡公明绅耆，尤宜与之联络，请其劝诫愚贱，勿滋事端。履

---

① 李刚己：《教务纪略》，卷 3 下，章程，第 29 页。
② 《清朝续文献通考》卷 216，兵考十五·团练，第 9632 页。
③ 《拿获襄阳匪徒讯明惩办折》，参见《张之洞全集》卷 32，第 861 页。
④ 《夏时济为筹议议衡州教案善后事致俞廉三函》（光绪二十七年三月），参见中国第一历史档案馆《义和团运动档案史料》续编下，中华书局 1990 年版，第 1050 页。

新之时，立饬吏胥查取从前五年以内痞徒犯案卷宗，某住何乡，某犯何案，案几件，有无关涉教堂，一一籍记之。有事下乡，携置舁中，南乡询北乡之人，西邻究东邻之事，彼此互证，再传其人面质之。虽有奸棍，无处密藏。又仿保甲之法，各置桃锣，闻警递报，立往弹压。又仿朔望宣讲圣谕之法，详拟调护民教简明条例，奏请钦定颁行。先将拟稿饬由地主官选举公明绅耆，每隔七八里择一公所，为朔望宣讲之地。务使极僻极陋之乡，咸晓然于朝廷睦邻柔远爱民遏乱之微意。行之以渐，或可改观。

1902 年夏秋之间，湖南巡抚部院鉴于"近日湘省教堂逐渐增加，游历洋人，络绎道路"，因而颁布一项《保护洋人札文》，三令五申要州县地方官采用"平时留意"、"事先预防"、"临时变通"的各种办法，遏绝"匪徒闹教"[1]。

其四，将教务计入考成，并制定了对保护不力的地方官的惩处章程。

1870 年 2 月，总署建议将教务计入地方官之考成，以促使地方官认真留心办理教务，云：

> 如果各省地方官于无事之日，先已留心经理，则自有基址可借，条理可寻，何至遇事张皇，一无就绪？况外国教士无几，其从中簸弄怂恿生事者，大抵皆系入教之奸民。而从教之愚民，又从而附和之。地方官若不未雨绸缪，临时为绅民所挟持，未有不偾事者。臣等核办教案，与各疆吏咨函商办，其要固在乎速结，在乎持平。而所以能速结持平，则尤在预筹于平日。应由各省督抚等，再行密饬地方官，遵照前此通行成案，凡传教之人，毋得丝毫干预别项公私事件。至其如何方能不来干预，则在地方官之经权互用，先事防维。总须视为至要至急之图，令其就我范围，不徒以奉行文书，习为故套。各该督抚将军大臣，亦当以此等事件能否预筹妥协，办理得当，按察所属，与催科抚字，一例考成。庶乎人知振兴而事可逐渐就理，

实于中外交涉有裨。①

1896 年 2 月，御使陈其璋入奏，主张应议定地方官办理教案失察议处章程。其奏称：

> 地方官办理教案，吏部向无议处专条。故每遇议处时，各公使动辄怀疑，致多口舌。……近年来教堂甚多，一经闹事，地方官不能善为处置，自应严予处分。然不先定章程，恐议重议轻，既难见信于洋人，亦难保部中之无蔽。拟请饬下总理衙门，会同吏兵二部，先行议定章程。嗣后如有拆毁教堂之案，查系地方官实在办理不善，即照此例核议。如此则地方文武印委各官知所儆惕，而洋人知有定章，亦不致怀疑矫辩矣！②

陈其璋的建议得到总理衙门的赞同，认为，"传教既载在条约，地方官均有保护之责。每遇教案，各国使臣援约相持，迹近要挟，几由不可收拾，总由该管官事前既不能照约保护，临事又不能缉犯办凶"。因此，总理衙门规定了涉及教案的地方官的处理办法："嗣后如更有教堂被毁之案，除实系有心故纵，酿成巨案，贻误大局者，由臣部酌量案情，随时请旨办理外，其事关仓猝，竭力保护，而势有所弗及者，拟将该地方官防范不严，降一级留任公罪例议处，其保护未能得力，自属办理不善，应查照历办成案，以不应重公罪降二级留任例定议。"③

1899 年 9 月，御使张元奇奏请饬各省大吏慎选牧令，"于凡有教堂州县，须择明达材干之员，教以消弭持平办法，俾之久任。如能三年不出一案，予以优奖。庶民业安而天麻滋至矣"④。如此则教务不但计入考成，更可作专项奖励。教务在地方政务中的重要性进一步提升。

---

① 中国第一历史档案馆、福建师范大学合编：《清末教案》第 1 册，中华书局 2000 年版，第 761 页。

② 中国第一历史档案馆、福建师范大学合编：《清末教案》第 2 册，第 632 页。

③ 李刚己：《教务纪略》卷 3 下，章程，第 21—22 页。

④ 中国第一历史档案馆、福建师范大学合编：《清末教案》第 2 册，第 872 页。

2. 参与处理教案纠纷

第一，张贴告示，告诫百姓。

地方官完案后，为了避开教案带来的种种麻烦，不愿再发生如此纠纷，因此照例发布告示，以此宣布事情经过，释群众之怀疑，从而再次警告民众，勿犯同样错误，否则严惩不贷。并通过告示使民教相闻，了解条约规定，减少教案纠纷，以求地方无事。

例如，光绪二年（1876年），孝感知县处理完教案后示谕，"仰阖邑诸色人等知悉，嗣后，如有洋人或教士来县游历传教，慎勿稍有阻止，亦不得聚集多人喧哗嘈杂，倘敢故违不遵，以致滋生事端，一经察觉，或奉文查办，定行严拿到案，照例惩治，决不曲代。凛之慎之，毋违特示"①。

光绪二十三年（1897年），衡阳、清泉知县针对"好事之徒，一遇洋人游历到境辄即造谣生事，鼓动愚民恣意喧闹"的现象，"出示晓谕"②：

> 仰地方诸色人等，以及各字号团保知悉，尔等务各按照地段互相劝导。须知中外通好，彼来此往人情之常。以后遇有洋人到境，不得少见多怪，藉事生风。无知幼孩，各父兄亦宜严加约束，不准成群结队跟随喧嚷。自示之后，倘有痞徒仍敢似前藐玩，不服理谕，……即属乱民，无所容其姑息。本县惟有谕饬差勇登时严拿。事过之后，并责成该团保务将逞凶滋事之人悉数交出，一并从严究办。幼孩掷石滋扰亦即罪坐父兄，决不稍从宽贷。

光绪二十四年（1898年），《长沙令赖、善化令陈：会衔悬赏勒拿哄击洋人滋事痞徒告示》云③：

---

① 《照抄孝感县示》，参见故宫博物院编《清季教案史料》，北平故宫博物院1948年铅印，第78—79页。

② 陈光裕编：《教案奏议汇编》第3卷，上海书局1901年石印。

③ 《长沙令赖、善化令陈：会衔悬赏勒拿哄击洋人滋事痞徒告示》，参见《陈宝箴集》（中），第1262—1263页。

讵本年三月二十四日，英国教士二人游历入城，行至大、小西门地面，突有闲人喧嚷，抛掷砖石，几至伤人。此等举动，决非安分良民所为，必系游痞棍徒欲藉攻击洋人为名，乘机滋事，实属不法已极。现奉各大宪严饬拿办，除会派差勇严密查拿外，合特会衔出示晓谕。为此示仰诸色人等知悉：

尔等如知是日抛击砖石确系何人倡首，准即扭送来县，以凭讯办，审明后立赏洋银壹百元。其银现存县库，审实即赏，决不食言。

再，现又钦奉谕旨，于岳州府设立通商码头，省城与岳州相距匪遥，此后洋人往来较伙，如再有故意轻侮抛掷砖石者，不论诸色人等，但系亲见，登时将该犯扭获送案，每名立赏洋银五十元。

本县为绥靖地方、惩创顽梗起见，不惜重赏，以挽颓习。尔居民各有身家，慎毋为痞党煽惑，自罹法网，其各懔遵。切切。特示。

第二，处理民教冲突。

可分为三种类型：

（1）查明根由，持平办理。

1862 年总理衙门规定"各该地方官凡交涉习教事件，务须查明根由，持平办理。如习教者果系安分守己，谨饬自爱，则同系中国赤子，自应与不习教者一体抚字，不必因习教而有所刻求。各该地方官务当事事公平，分别办理，以示抚绥良善之至意"①。1896 年又规定，凡遇教案，"地方官平情酌理，不背约以生事，不违例以枉人，所裨不小"。"各该地方官，遇有民教争讼，但论是非，不分民教，持一审断。"②

1898 年，湖南臬司黄遵宪告诫州县官："教士系华人，应归中国管辖。教士干预公事，在州县不过视同地方绅士说事托情，其听与不听、准与不准之权，乃操自官。苟其言之有理，自可虚心听受；如属无理取闹，则当一律拒绝，不必见一教士来函，遽尔震惊；亦不必因一教士预

_____

① 李刚己：《教务纪略》卷 3 下，章程，第 3 页。
② 同上书，第 24 页。

闻，辄生厌恶。惟当考求实事，斟酌情理。"①

一部分州县官在办理教案过程中，能够不偏袒任何一方，较为公正地处理教案。

1876 年，孝感发生民教冲突。其经过是英国传教牧师杨格非、医生马根知、教民魏宏炳及萧姓一共四人，坐船从孝感县北泾嘴登岸，欲赴魏家湾传教，行至周家河即被多人围拥，捡取地上土块掷打而受伤。英国公使威妥玛在照会总理衙门文中称"杨格非受重伤二处，一伤在面颊，一伤在脑后，俱破皮出血，其势竟欲打死我两人而后已"。并指出打人者"各村有头目率领"，要求从严惩办。② 总理衙门下令江汉关监督李查明此事，李转饬孝感知县，赶紧查拿为首滋事之张新春等到案，从严惩办。

孝感知县首先"亲诣英国啊领事处会晤，问明杨格非寓所，即赴该寓验明，杨格非鼻之左旁边微有去粗皮，一点血结，脑后并无伤痕"。并"好言抚慰"，"该教牧杨格非比即首肯无言"。

回署后，"当即饬差查拿滋事为首之张新春等，务获究惩，一面传到附近周家河一带各湾观成下，会保正周厚升、监生万寿荣、耆民郑和松和隆会武举宋登瀛等到案，饬交滋事首从人等讯明"。

之后，"严饬保正襟耆人等传谕各村庄居民，务各严加管教子弟，如有外国人入境游历传教，不准聚集多人围观嘈杂，滋生事端。一面遵照奉颁条约出示，遍为张贴各路通衢，务使家喻户晓"。

他分析事件发生的原因在于"孝邑地方为南北各省通衢，各国通商以来，从无英国教牧入境传授耶稣教之人，亦未奉文有英国人来孝游历之事"。"此案肇衅之由，实因正初各处村庄拜年人多，乡民见闻不广，初见外国服饰之人入境，以为稀罕，观者如堵，该教牧遂疑为围拥欺侮，当聚观之时，幼童捡取土块互相抛掷为戏，因而误及该教牧医生，以致杨格非面颊受有微伤，实亦事所难免。维时人多嘴杂，不无好事之徒出言不逊。……该处民人实有约束子弟不严之罪，而张新春等三人实无充当头目、欺打该教牧之事。"并希望以后"教牧杨格非定于何日赴卑县，由何处入境游历，先期照请行知，以便预派干役至彼处守候保护，益昭

① 《湘报》第 91 号（光绪二十四年五月初二日出版）。
② 故宫博物院编：《清季教案史料》，北平故宫博物院 1948 年铅印，第 76 页。

稳妥"①。

有些州县官还能抵制教会的无理要求，为受欺压的绅民撑腰。

教会中人强占、强租、盗卖房地产的情况仍然比较普遍，一些官员能够根据约章，力争不让教会的非分之望得逞。如湖南桂阳县痞棍何新甫私将朱斌元房屋盗卖与刘姓教士开堂传教，除经县官查明谕禁外，"并详鄂督声明，何新甫系当地痞棍，此次私盗他人房屋出售，如果开堂传教，将来难免不滋事故，应请札饬谕禁等情"②。

又如，1882 年，湖南沅江县民人刘超贵所买李相富之房地并非自置，乃系托名，实为教士苏额理起造天主堂之用。沅江县知县徐允文得知实情后，"遵查条约，天主堂买产章程，卖业之人须先报明地方官请示酌定，方准照办。……仍遵章载明天主堂公业字样，并由地方官通报各在案。查刘超贵所买李相富房地卖业之人，既未报明地方官，已与条约不符；况又因盗卖构讼，该房地实有关碍。遵照条约，苏额理既不应租；照例办理，刘超贵亦不得擅买。至苏额理所称，嘱刘超贵代租房地，请其追还之处，现查与条约相违，殊多窒碍，应请免追"③。

（2）畏惧洋人洋教，一味迁就教士、教民。

在教案纠纷中，由于洋人干预官员的奖惩任免，部分官员因办理教务教案不力而被斥责、罢免、充军乃至斩首。因此很多州县官在处理教案时，一味迁就教士、教民。

虽然 1871 年清政府在商办传教章程中载明："遇有教民涉讼，听凭地方官从公审断，传教士不得插身帮讼。""如习教者行为不法，为地方官访问或被人告发，自当照律拿办，教士皆不得包庇隐匿。如有庇匿不到案者，先将犯法者照例究办，仍将庇匿抗传之教士与罪人一律办理，或教士撤回本国查办。"④

但在还堂、夺产、兴讼等民教纠纷中，由于凡遇民教控案到官，"教

①　《照抄江汉关监督李来文》，参见《清季教案史料》，北平故宫博物院 1948 年铅印，第 76—78 页。

②　《各省教务汇志》，《东方杂志》第 2 年第 5 期，第 39 页。

③　《沅江县知县徐允文禀》（1882 年 11 月 7 日），参见王明伦编《反洋教书文揭帖选》，齐鲁书社 1984 年版，第 273—274 页。

④　李刚已：《教务纪略》卷 3 下，章程，第 7—9 页。

士不问是非，曲庇教民，领事亦不问是非，曲庇教士"①。逼迫地方官做出有利于教民的裁定。一些教民依恃教会作奸犯科，欺凌平民百姓，遇有民教诉讼，地方官屈于洋人压力，"扶教抑民"②。"地方官恐以开衅取戾，每多迁就了结，曲直未能胥得其平。平民饮恨吞声，教民益得意满。"③

"（地方官）遇有交涉之案，但凭教民一诉或教士一言，即印签票传人，纵役勒索；到案又不分曲直，往往抑制良民，希图易结。而教民专得借官吏之势肆其欺凌，良民上诉，亦难申理。积怨成仇，有由然也。"④

1893年利川发生教案，处理过程出现反复，就是其中一例。据记载，在19世纪80年代以前，"利川天主教堂教民，即已不少，积案累累，以后民教之嫌隙日深，教民之蔓延日炽，案已断而复翻，仇已解而复结"⑤。

利川教案发生前，时任利川县的孙县令，鉴于过去教案，地方官屡因"办理不善"而遭处罚，故深惧教士教民，平日听任教士购买田产，招教民耕佃，期压百姓，对他们的种种罪行不敢过问，致使教士更加肆行无忌。于是桀骜不驯之徒相率入教，以教士为护符，甚至教民自称为"钦命利川县副司铎"，持帖拜谒县令，至为狂妄。教士雇用的管事教民胡文安更是霸据一方的"土皇帝"，他出入往来，乘坐大轿，并令教民拈香跪接；在南坪、汪家营等处，以建教堂为名，"广置田产，收稞渔利"。长堰塘的不法教民，无理殴伤人命，胡文安被控为主使，由于天主教会的庇护，胡竟敢拒绝出庭，不受审讯。对此，当地群众极为痛恨，民教纠纷一触即发。

时有一位老寡妇倪黎氏房产被教民盗卖给教士，为了生存无奈控告县署。该县金教士得知，即闯入县衙与地方官并坐公案。孙县令畏教士

---

① 中国第一历史档案馆、福建师范大学合编：《清末教案》第1册，第920页。

② 李刚己：《教务纪略》卷3下，第23页。

③ 王明伦编：《反洋教书文揭帖选》，第65页。

④ 《山东近代史资料选集》第60页，参见罗福惠主编《中国民族主义思想论稿》，第246页。

⑤ 朱寿朋：《光绪朝东华录》，总第5236页。

如虎，竟按教士之意将倪黎氏房产判予教士。消息传出，民情极怒。湖广总督张之洞等怕闹出大案，故令精明能干的黄世崇继任利川县令，重新处理此案。黄抵任后力矫其弊，断令照旧管业，追出盗卖者手中的教堂业价墨钱文，并谕饬教堂将红约分关呈缴，领回原价。但教士不服，并积极活动教会出面干预，地方官又派廖县令查清此案。廖令不察此案之原委，不分情节之轻重，辄以两免深究糊涂结案，当堂将打人凶手教民杨章才交金教士领去；复将黄令通禀有案倪黎氏控不愿卖之屋地，当堂立契交业领价，假其名曰：倪黎氏"其膳业因涉讼亏累，情愿卖与天主堂作公产"①。还将向世安等占据说成为暂借堂屋，将倪黎氏殴伤说成是仅头颅碰伤，如此颠倒黑白，激起了民众更大义愤，反教斗争迅速扩大。张之洞对由于官吏压民屈教的无能做法，导致教案反复，感到十分痛心，他痛斥道："查与黄令迭次所禀情节种种不符，无非为教民开脱罪名，以将顺教士之意，尚复成何事体！且倪黎氏以穷老孀妇被人盗卖膳产而不能保，被人殴伤而官不能究，且身伤产失而其钱归于作讼费，似此种种颠倒，暗无是非，以后良懦小民何以自存，奸民肆行无忌何所底止！该府漫不加察，遽为转请立案，亦属谬误。"② 张之洞在总结利川教案和评定前后三位县令在此案中的表现时说："孙前令庸懦畏事，有犯不敢过问，从教日众，恃符抗官，大局不堪设想。黄令守正为民，力矫其弊，虽措置未能尽合机宜，而用意实崇大体，应责令将教案一手清厘。廖令恩树往查，当不至苟且迁就了事，故贻后患。"③

又如随州，本是教民争产，竟反诬武生李日三"驱逐教士，抢劫教民"，而且还通过洋教士控告到德安府，致使李日三一再遭到陷害。李愤而到教民家说理，又被诬为"统兵抢劫"，既赔款，又坐牢，沉冤莫伸④。这类事件，各地不时发生，地方官一味迁就了事，百姓有冤莫伸。

在湖南，衡州府城北门外黄沙湾法国天主教总堂，借口扩充教堂，培植果园，企图霸占江东岸一带淤洲。他们纵容地痞流氓，勒令当地农

---

① 《批施南府禀酌断利川教案》，参见苑书义等《张之洞全集》卷164，第4743页。
② 同上书，第4743—4744页。
③ 《致荆州周道台》，参见苑书义等《张之洞全集》卷190，第5780页。
④ 《随州教案纪略》，参见徐家干《教务辑要》卷4，湖北官书局光绪二十四年刻本。

民、船户数百人限期迁徙。该地居民前往教堂交涉，传教士董哲西等竟以"妨碍宣讲，侮渎圣母"的罪名，将居民代表十余人捆送县衙惩治。南门外英国福音堂牧师明德，收罗劣绅彭兰生、王吉仁，充当华教士。彭、王二人为虎作伥，分别在清泉、衡阳两县划区承办教务，狐假虎威，出入州县，干涉政务，包揽词讼，彭自称"南老爷"，王自称"北老爷"。[①] 衡、清两县官府屈从传教士的旨意，以严办"伪造上谕之匪"为由，逮捕了江东岸不愿迁徙的居民100余人。群众非常不满，终于导致焚毁教堂、打死传教士3人的衡州教案的发生。

（3）不满教士、教民，保护平民。

有些州县官对于本是大清子民，却偏偏要信西洋"邪教"的教民本来就没有好感。而教民依仗教会势力，不服地方官长约束，又更加激起他们的愤恨。他们在民教冲突中，不满教士、教民的为非作歹，竭力保护平民。

襄阳县令李祖荫对外国教会教堂在当地横行霸道非常疾恨，因而引起了外国教会的仇视。1901年夏，李祖荫因公向省城拍发电报，外国教会竟指使电报局外籍职员与李为难，诡称安陆以下线路损坏，拒绝拍发。李疑有诈，派人赴安陆发报，果电路畅通，遂使襄阳电报局故意刁难的真相大白，双方已有敌意。

适值老河口教区中心天主教堂的不法教民，依仗教堂势力，毒打非教百姓，却反而强迫受害人向凶手赔礼道歉。愤怒的群众包围了天主堂和福音堂，光化县令派兵保护教堂，驱赶群众。消息传到襄阳，以李祖荫为首，下级官员、地方绅耆和广大群众一起投入了反教会斗争。襄阳县城区群众查抄了天主堂传教士所有的祭服、圣爵和十字架等器物。在县属黄龙垱，群众扒毁了当地天主堂，但各地不曾发生传教士伤亡事件。

事后的议结合同规定：惩办有关地方官员、士绅和为首群众代表。前任襄阳县令李祖荫以"串匪纵差，打抢城内教堂、黄龙天主堂，相继扒毁土平，违旨貌约"的罪名"严行参撤，永不准复官襄郧"，其他文武官员也遭撤职；把参加反洋教的士绅革去功名，分别判刑监禁；并将群

---

① 杨世骥：《辛亥革命前后湖南史事》，湖南人民出版社1982年版，第63—64页。

众领袖多人，分别"永远监禁"或"监禁五年"；并由地方官告示保护教堂、传教士和教民，此后永远不准有反教会事件发生①。

1893 年 5 月麻城宋埠玩龙船会，外国传教士当众戏辱中国妇女，引起与会者的愤慨，斥责传教士。传教士竟以手枪威胁群众，农民李金苟等将两名传教士打死。外国领事馆要 100 个"凶手"人头偿命，下令湖北总督转令麻城知县张集庆办理。案经县、府、湖广总督多次审讯拖了一年多，由于知县张集庆亲受两名案犯口供："只承认佛教与基督教、多神论与一神论教义之争，互不相让，引起斗殴，失手伤人"，并嘱咐"宁死于刑，不死于法"。结果，清政府向外国领事馆赔偿了一批银两，2 名案犯被判处"绞监候"，后获释。张集庆带领其回县时，县民从县境边到宋埠沿途摆香案迎接。②

1900 年 7 月发生蕲州五百寺教案，桐梓乡民王先隆、梅理明和乡绅孙端甫率附近 300 余人到五百寺天主堂，搬走教堂物品，烧毁教堂；并捣毁附近 80 余家教民的房屋财产。驻五百寺天主堂外国教士高维栋、华籍教士高作霖事前听到风声，连夜逃往广济，旋即转到汉口避难。当蕲州五百寺教案发生后，教士诉于州衙，谢绍佐知州迫于清廷对外出服，佯引兵"进剿"，将近目的地，即令鸣枪示意，众闻枪声趋避，一无所获。教士上告，清当局将谢革职。蕲春民间至今犹有"谢青天"之称。③

三　州县官的两难处境和矛盾心理

1. 两难处境

州县官在处理教案时处于两难境地。

其一，有洋人压力（包括外国公使和教士）、上级压力，甚至还有教民压力。

对于民教冲突，地方官判处为难，于是大致出现这样的过程：某地发生民教冲突的案子，该地方官秉公判处而不利于教民时，洋教士便出

---

① 《湖北通志》卷 53，经政志·11，新政 1，上海古籍出版社 1990 年版，第 1438 页。
② 麻城市地方志编纂委员会编：《麻城县志》，司法，红旗出版社 1993 年版，第 327 页。
③ 参见《黄冈文史资料》第 4 辑，2001 年版，第 131—132 页。

头干预，甚至咆哮公堂。该地方官若再坚持，洋教士便"饰词上诉"于领事，领事找该地高级官员，若仍不得逞，便上报公使；也有径由洋教士上报公使的。公使找总理衙门，总理衙门行文该省督抚，督抚压该地方官，必使该洋教堂占上风而后已。地方官处理不好由此罢官者有之，于是相率迁就教会，暂顾目前。这就使得地方官越来越迁就教会，教民越来越仗势欺人。于是在平民看来，教会的"洋人和在洋教的与官府里好，都很有势力，平时说话办事都占上风，平常人一奉了教就能欺负人"①，成为"撑洋劲"的"洋霸天"②。

据《巴县档案》载："主教每逢民与教民微嫌口角，动辄具片送州，包定输赢，致使教民借此声势讹诈。"③ 早在 1861 年，恭亲王奕䜣就奏称："（传教士）每以民间琐事前来干预，致奉教与不牵教之人诉讼不休。……奉教者必因此倚恃教众，欺侮良民。而不奉教者亦必因此轻视教民，不肯相下。为地方官者，又或以甫定和约，惟恐滋生事端，遂一切以迁就了事，则奉教者之计愈得，而不奉教者之心愈不能甘。"④

例如，1877 年，英国两教士在武昌阅马厂被考试武童殴打受伤。江夏县知县钟廷瑞先后拿获武童三名，讯供游移，知非下手正犯。复访赶紧查缉，追访问确实，共获二三十人，两次审讯，将并不在场者释放。抓获八人，或供追赶洋人，或供随同叫喊，或供从旁观看，确系在场滋事，因而扣考。请受伤教士到县辨认，确认二名动手扭打者和二名帮同吆喝者。接着江汉关道与汉口英领事签下处理要约：未获下手之犯定欲拿惩；已获行凶之人分别究办；由总督衙门出一明妥告示，通行晓谕。可是，英署理钦差傅磊斯又要求惩处江夏知县，认为"该县于事前漫无防范，临时未往弹压保护，事后又不乘考试末毕，立拿正凶，意在纵之远飏。如从前欺侮西人之案，有差缉之名，无拿案之实，久拖了事，尚以士子云集，动辄滋事为言，意存恫喝"。意欲置下手之首事正犯于不

---

① 《山东大学文科论文集刊》1980 年第 1 期，《义和团运动研究专辑》，第 173 页。
② 同上书，第 171 页。
③ 《巴县档案·光绪三年七月十四日成都将军四川总督札》，参见张力、刘鉴唐《中国教案史》，四川省社会科学出版社 1987 年版，第 369 页。
④ 《筹办夷务始末》（同治朝），第 2 卷，第 46—47 页。

问，搪塞了事。"以上种种情形，岂推诚待人认真办公之道，非该县之咎乎？"① 认为"江夏县故意延误，不处以应得之咎，结案不得谓之平允周妥"②。事实上，江汉关监督认为，教士被"考试武童殴打，事起仓猝，该县先并不知。及闻信往拿，人已逃散，当赴教堂看视，一面选派干役查缉"。并"设法明察暗访"，"旋又会同臬司所派委员诣验伤痕"。"该县办理此案实已尽心尽力。"③ 连湖广总督李瀚章也认为"该县钟廷瑞办理此案不过三十余日，已获正犯二名，从犯二名，实来迟延。所获之犯由被殴教士亲自认明，亦未欺饰"。"该县事后查拿，必须密访的确，未便操切从事，妄拿无辜，致酿他故。英领事遂疑其延不拿办，啧有烦言。"④

1862 年发生湘潭衡州教案又是一例。⑤

早在 1861 年春，衡阳有位名叫张道荣的人，因案被衡永郴道冯昆、署衡阳县知县刘凤仪下令逮捕系狱。时值弛禁、保护天主教的谕令颁发，张道荣乘机入教，以求保护。法国传教士方安之等即为出面干涉，要求保释，并将此事上报法国驻北京使馆。6 月 10 日，法国公使哥士耆致函总理衙门称："现闻湖南衡州府冯道与清泉县（应为衡阳县）刘令，于今年二三月间，将该处习教民人拘禁苛责。请将该属员严加申饬。"并要求"加意保护"湖南教区主教方安之⑥。总理衙门迅即据以转饬湖南巡抚毛鸿宾查明咨覆。当时，遇有民教口角争殴等事，教士总是出而庇护教民。于是，"群相附和"，入教者渐多。而"衡、清两县向之习其教者，亦皆倚为护符"，肆无顾忌⑦。

1862 年 4 月初，湘潭示期举行岁试，应试生童齐集县城。他们对传教士的嚣张行为十分愤慨，于是焚毁教堂。湘潭知县罗才衍得信，迅即会同全城文武前往弹压，众人陆续散去。接着，5 月，衡州又爆发数以万

① 中国第一历史档案馆、福建师范大学合编：《清末教案》第 2 册，第 180 页。
② 同上书，第 179 页。
③ 同上。
④ 同上书，第 176—177 页。
⑤ 刘泱泱：《1862 年的湘潭衡州教案》，1990 年第 2 期，第 90—93 页。
⑥ 《教务教案档》第 1 辑，第 2 册，第 1055 页。
⑦ 朱克敬：《瞑庵二识》，岳麓书社 1983 年版，第 87 页。

计的人群焚毁了黄沙湾天主教总堂及城内各教堂事件。主教方安之先期出逃，所遗书籍财物付之一炬。

　　湘潭、衡州反教事件发生后，湖南地方官迟迟不予查处，亦未及时上报。延至 6 月 12 日，法国驻华公使哥士耆致函总理衙门，指出了湘潭、衡州发生的事件，并称："以上毒扰教民之事，均系文童及兵丁所为，地方官不但不行拦阻，更于中极力挑唆！" 6 月 16 日，总理衙门将法国公使来函转知湖南巡抚毛鸿宾，嘱其"饬地方官确切查明，妥为办理"。7 月上旬，湖南巡抚毛鸿宾才将湘潭、衡州反教情况附片奏报清廷，请将湘潭县知县罗才衍、署衡阳县知县刘凤仪、署清泉县知县陈宝善，均摘去顶戴，勒限赔修教堂，并饬"查拿倡首之人，务获惩治"。而且，湘潭教堂，由知县罗才衍出资督工照原式兴修。

　　然而，由于查处事宜仍进展缓慢，10 月 6 日，法国公使哥士耆照会总理衙门，竟然单方面提出议结湖南、江西教案（即包括南昌教案）条款底稿及保护教堂告示一纸，并称"订于二三日内，本大臣亲赴总理衙门，定议一切，俾得妥速施行"，向总理衙门旗加压力。议结条款凡八条，其中关于湖南教案者有七，大体内容为：（一）由总理衙门行文湖广督抚，严饬各属以后不得再发生反教行为；（二）由湖广总督官文将湖南教区主教方安之护送往长沙，湖南巡抚应以宾礼接见；（三）起除道上"十"字，将法国起草的保护教堂告示指定地方张贴一月；（四）赔偿银 4 万余两，限 6 个月内修复被毁教堂，另由湘潭、衡阳、清泉三县令措银 3000 两，赔偿主教方安之书籍财物损失，又 2000 两，俵散被难教民；（五）衡州、湘潭二城内康熙、乾隆年间旧有天主堂及各项产业，查明给还或另行赔偿；（六）在长沙城市择取空闲庙宇公所，须得房屋整洁者，约地 15 亩上下，送归方主教作教中公产；（七）将前任衡永郴桂道冯昆参革，永不叙用。10 月 16 日，总理衙门照会法国公使哥士耆，告以"此等事件，将来总须责成各该省办理"，"若径由本衙门与贵大臣在京定议，硬行该省令其照办"，恐"复滋事端"。次日，又奏准清廷，谕令湖南巡抚毛鸿宾，"即将该省烧毁教堂一事，妥速办理"；并将法国照会、条款、告示拟稿各件发下，令"悉心酌核，何者可行，何者碍难允准，持平商确"。此后，一方面是法国主教方安之在京坐守，声称"前案一日不结，一日不归"，公使哥士耆"见面即催，急如星火"，函牍纷呈；另一方面是总理衙门多次函催湖南巡抚毛鸿宾，迅速议定办结。

一些地方官对民教诉讼，"虽欲秉公剖断，无如教士干预嘱托，否则，借口毁教压人"，地方官就要革责，甚或"荡产倾家，尚难完结"①。

事实上，在教案纠纷中，由于洋人干预官员的奖惩任免，部分官员因办理教务教案不力而被斥责、罢免、充军乃至斩首。前述 1862 年湘潭衡州教案和 1901 年襄阳教案首先被惩处的就是州县官。又如，1902 年（光绪二十八年）湖南辰州教案处理结果认为"该处文武各官事前既未能预防，临时又复坐视不救，殊堪痛恨"。因此对失职官员处分极重。都司刘良儒因闭门不纳求助之教士，被"即行正法"。总兵颜武林因对经过其门首的打教人众置若罔闻，不往保护教堂，被处以斩监候。已革署沅陵知县万兆莘因"卸任在即，有心推诿。谣言初起，不能立行禁止，以致酿成巨案"，被"充发极边，永不释回"。知府吴积玺被"革职，永不叙用，并流五年"②。光绪三十年（1904 年）的《恩施教案议结条款》第四条规定："前任恩施县知县王鸿宾应请革职，代理施南府知府何锡章摘去顶戴三个月；现署恩施县知县王佑应请记大过四次，俟补官日罚俸三年；署巴东县知县田芸生已奉调省，应请记大过三次，俟补官日罚俸二年。"③州县官也受到革职、记过和罚俸的处罚，使得州县官在处理教案时不得不偏袒教士。

由于教会的庇护，教民的身份似乎亦蒙上几许"洋"的色彩，教民不仅人数增多，而且他们与普通乡民在经济利益与政治地位上的区别和距离也日益增大，教民成为乡村社会特殊的群体。时人指出：中国人"一入教民之列，有司不能过问，甚至朝对符以陈词，暮分庭以抗礼"④；"惟和约记载中国人犯罪由中国官治以中国之法，而一为教民，遂若非中国之民也"⑤。教民有传教士为后盾，因而常有"未入教，尚如鼠；一入教，便如虎"的角色转变。教民靠教、丈教、"吃教"，"无论盗贼痞匪各

---

① 《筹办夷务始末》（同治朝）卷 3，第 45—46 页。
② 中国第一历史档案馆、福建师范大学合编：《清末教案》第 3 册，第 512—513 页。
③ 武汉大学历史系中国近代史教研室编：《辛亥革命在湖北史料选辑》，湖北人民出版社 1981 年版，第 221 页。
④ 《筹办夷务始末》（同治朝）第 91 卷，第 11 页。
⑤ 《筹办夷务始末》（同治朝）第 76 卷，第 40—41 页。

种邪教，但凡一入其党，虽谋反叛逆重情，概云此乃昔日未见之事，有何凭证？今已向善，即是伊教内之民，非地方官所可管束者也。因而各种邪教恃为护符，地方官若畏事不究，则各自分门别户，互相攻讦，煽惑愚民。一经发觉，知罪在不赦，或冒称天主教者有之，或投入天主教者有之，该教一网收罗，不择美恶，出头帮扛，钳制官长，绅民士庶不敢过问，是天主一教实各邪教之逋逃薮也。……统而言之，曰吃教"①。

1862 年，川督骆秉章就称："近接见外府州县，面察习教之人，恃法国为其教主，常有赴衙门求见，干预公事。拒之则在外喧嚷，接见则日不暇给。此近日地方官难办之处。"② 教民持教士名片求见地方官，竟至于"接见则日不暇给"的状况，成为州县官员向总督面禀之难处。

1902 年，御使王祖同言豫省官员办理教案情形时说："（教士或教民）一纸到官，火签四出。教民曰监押，则监押之；教民曰敲朴之。逐名索贿，官为之勒限取盈。指地建堂，官为之逼民迁徙。其畏教民如虎狼，而事之如父兄。坐视百姓破产亡家而莫之恤。是赔偿之外又有赔偿，无餍足之心，无了结之日。"③

上述情形，在两湖地区也存在。前述彭兰生、王吉仁，充当华教士，分别在清泉、衡阳两县划区承办教务，狐假虎威，出入州县，干涉政务，包揽词讼，彭自称"南老爷"，王自称"北老爷"，以及利川教案甚至出现"教士、教民与地方官并坐公案"④，干预地方公事。就是例证。

又如，广济县知县德廉禀称：

> 查近来由省而至卑县传教者，均系内地痞匪，谬以归入其教即由教主管理、官不能管之言，到处煽惑。以致不法之徒，争相传习，劈毁神主，而以肇造天地万物大主宰字样，书立牌位，供奉于家，敬之若神。遇事则横行霸道，姿意妄为，动辄以天主教之势吓人，莫之敢撄，告官差传，公然相抗。

---

① 《武穴总卡委员补用知县夏献谟禀》，参见王明伦编《反洋教书文揭帖选》，第 375—376 页。

② 《教务教案档》第 1 辑，第 3 册，第 1136 页。

③ 中国第一历史档案馆、福建师范大学合编：《清末教案》第 3 册，第 252 页。

④ 《批施南府禀酌断利川教案》，参见《张之洞全集》卷 164，第 4743 页。

有民人冯春福者，佃种干鹏之田，入其教而不完课。并将田亩转顶与干盛源耕种，挈眷而居教师之家，以为逋逃薮。干鹏控之，差传无获，反将干盛源传审，供词狡展，交差带候集证质讯。讵三月二十九日忽有龚姓传教者，胆敢来县索人，勒令差役将干盛源释放，否则三日后必有事等语。差惧，禀经卑职派丁往拿而逸。

……猖狂若此，卑职如任其所为而不究，则王法不行，流弊不可胜言。究之，又恐别滋事端，事出两难。①

教民由入教到作恶，到引起冲突和发生教案，有其发展过程。光绪初年徐赓陛在署理陆丰知县两年之后，对该地洋教会问题做了如下有代表性的叙述：

洋人以和议既成（按指第二次鸦片战争结束），来县传教。始至之日，弱民无所控诉，因即相从习教，冀其保护身家。教士偶见不平，一为申雪；地方官察其事在情理，亦有听其嘱托，即为查办者。于是民情趋鹜，实繁有徒。迨同治七年奉派方镇到县办匪，械风渐止，民气稍安。其时漏网之正凶，著名之积匪，遂复相将入教，恃为护符。始而假教士之势，萃聚逋逃；继而寻平昔之仇，横起争讼；终且合不逞之徒，夺犯殴差，横行乡里。甚谓一经入教，官司不得拘责，朝廷免征钱粮，占民田房，赖人钱债。民控教则拘传不到，教控民则挟制忿争。偶拂其心，教士则饰词上诉。州县畏其纠缠也，于是遇事含容，多方迁就。以致民情积怨，疾之如仇，知控诉之徒劳，则激为斗拇矣，知官司之终庇，则酿为擅杀矣。②

对州县官来说，更难办的，还在于日益增多的民教纠纷。教民虽奉教，但依然生活在原地，因田土户婚而时时与同乡共井的平民（非教民）发生交涉。从前依凭乡邻族长即可解决的纠纷，现在教民因有教士出头

---

① 《广济县知县德廉禀》，参见王明伦编《反洋教书文揭帖选》，第349—350页。

② 徐赓陛：《不慊斋漫存》卷6，《禀报教民案件》，参见冯祖贻、范同寿等主编《教案与近代中国》，第24—25页。

帮忙而每每兴讼。其情形正如 1862 年骆秉章致函总署所言，"平时有相与往来者，亦有不相识者。偶因口角微嫌，睚眦细故，即起争端。如同是本土不习教之人，经邻右戚友劝解，即涣然冰释，不复芥蒂，惟习教者与不习教者各存意见，每至涉讼到官"①。

如上述广济县访查天主教一案，"此案因冯春福私顶干鹏之田，干盛源欠租，系田土细故，地方官应办之事，与习教毫不相涉。冯春福若早到案，干盛源何至押候。乃冯春福借教抗传，迨干盛源具结退田，案已将了，龚炳江复来恐吓，逼令入教。闻干盛源押候时并非教民，与龚炳江素不认识。又闻无赖某，卑职不记姓名，公然带同艾教士往县拜会，书写名片，立逼德令释放，并欲究绅民等之罪，以致将了之案，转多掣肘"②。

可见，在抚民与抚教之间，州县官陷于两难处境。正如一知县所言③：

> 入其教者，往往借势欺凌乡里，鱼肉平民，诈人钱财，占人田产，无所不至。其被控也，则倚恃教民，抗传不到；其控人也，则挟制忿争，肆无忌惮。亦有本非教民，一遇理曲涉讼之事，立时投入彼教，恃为护符。教士意在见好，无不出为包庇，偶拂其意，则饰词上诉。地方官迫于时势，不免存投鼠忌器之见，不得不委曲含容，多方迁就。迁就之中，未免抑民而袒教，于是西人之教堂遂为若辈之城社，而民教涉讼之案，地方官几于不敢问矣。因而教焰日张，民气日积，……地方官欲认真办理，则畏教士之肤诉上陈；欲迁就敷衍，又恐华民之郁而生变。若不豫筹善法，区画分明，实不足以杜祸患，而服民心。

其二，有平民和绅士的压力。

中国传统的文化无论在观念、信仰还是生活、习俗各个方面，均与

---

① 《教务教案档》第 1 辑，第 3 册，第 1137 页。

② 《武穴总卡委员补用知县夏献谟禀》，参见王明伦编《反洋教书文揭帖选》，第 375 页。

③ 《山东泰安县知县秦应逵禀》，参见王明伦编《反洋教书文揭帖选》，第 369 页。

西方教会所奉行的一套大不相同，绅士是统治阶级成员，深受儒学熏陶，他们讲究忠孝节义，对洋教不敬祖先、不拜神佛的一套做法不能容忍，他们要卫圣捍道，驱逐异端。在晚清两湖反洋教运动中，他们常常起着倡导、鼓吹和组织领导的作用。

在湖北 36 起教案中，明确由绅士发起组织或起重要作用的有 16 起①，占44%。据有人统计湖南发生的 18 起较大的教案中，由绅士发起组织的共 10 起，占 56%。②

在官府控制力较弱的中小城镇和广大乡村，绅士们充分利用自己的社会威望和影响，阻止传教士的活动。1873 年，天主教会在恩施城内买到一所房子，准备改作教堂用。当地士绅闻讯，一面劝促房主毁约，一面散布揭帖，强调"鸟兽不可同群，人鬼难以并立"，并刊布"乡约"。声称："倘有利其财物，私卖基址屋宇以作教堂，贼仁贼义莫此为甚。定将所得价值，追出充公以示警，而并首以无父无君之罪。里正、甲长不首者重罚之。如有容留鬼类，不行驱逐，亦唯该团里正、甲长是问。"③

1894 年，瑞典行道会欲进入麻城。麻城士绅制定了"士庶公议"，呼吁并约束合邑绅民，"世守中土，尺寸不许失之外夷"，并订立条规："一、洋人路过沿途店户，听其餐宿，以尽柔远之道；倘敢逗留，多延时月，一经查出，将店屋公同拆毁，其址充公。二、洋人卖书，无非劝教之意，或到镇市，或到乡村，听其出售，以免阻挠受谤。凡我庶人，不得擅与交易，倘敢私置洋书，经查出公同处罚。三、洋人劝教，必先修教堂，凡属境内基地，不失尺寸，自无栖身之所，倘敢违议交涉，本户先行处死，以免玷污祖宗，又受合邑公罚。"④绅权我行我素地阻抗着传教士所代表的异质文化的进入。

光绪二十四年，"当阳新场地方文生彭洁斋，藉四川风声捏造谣言，辱詈众教友，并统领多人于教友聚会之日，将堂中书籍撕毁，扬言要灭尽洋人与吃教之人。又有清溪河之扬定位、李家湾之李启柱，恃横谤教，

---

① 罗福惠：《湖北通史·晚清卷》，第 190 页。
② 根据许顺富《湖南绅士与晚清政治变迁》第 160—162 页统计。
③ 《教务教案档》第 3 辑，第 2 册，850—851 页。
④ 《麻城士庶公议》，参见王明伦编《反洋教书文揭帖选》，第 169—170 页。

当场阻辱。又有观音寺之大绅士胡端亭、林有山、罗灼夫等，激动乡愚，阻挡教会。本教士到当阳函知县令，请出示谕，并惩办前项阻教之人，讵该县寄来示谕，于九月十二日竟被阎彩堂、阎伟厚将告示抓撕。当凭文生萧森、保正彭昌尧等处和未和，而彩堂等又伙领多人将教友向永丰铺内货物抢掠，学友谢崇高被殴受伤"①。

同年，宜昌、施南、长乐教案，其为首者"（向）策安、长乐诸生，平日好大言，爱蓄死士，雄长乡里"。显然具有绅士和地方领袖双重身份。光绪二十六年蕲春、黄梅、广济教案亦"闹教之武生张兰亭纠集乌合之众"而为。光绪二十七年襄阳教案之处理，首条即将"所有纵匪抢劫、勒诈教民之滥绅朱广村、朱光元、石兆基、赵文源、黄必超、汪如澜、严正芳、聂祥丰革去顶戴"②。无疑，这批绅士是此次教案的组织者和主要参与者。1905 年的京山教案的首领为本地富家田广禄、贺举人字清湘及杨姓蓝姓诸人。

湖南向来士民尚气节，重"华夷之辨"，多以忠义自居。湖南作为湘军的故乡，因军功而致荣显者甲于全国，不仅成了近代中国绅权势力最发达的省份，而且湖南绅士中封建性较强的部分也占有很大的比重。在湖南"从 19 世纪 50 年代至 20 世纪初年，湖南官绅始终充当了（反洋教斗争）倡导、发起或者支持、推动的角色。这是近代湖南人民反洋教斗争的重要特色"。

他们刊印和散发檄文、传单、书刊、揭帖，揭露传教士的丑行并向人们进行反教打教的宣传鼓动。1861 年 6 月，法国传教士自湘潭来长沙，长沙士绅相率至明伦堂集议反对，刊发了《湖南阖省公檄》的反教宣传品，声称："有畀屋居住者，火之；有容留诡寄者，执之；有习其教者，宗族不齿，子弟永远不准应试。"③

1876 年 8 月初，长沙因闻"湘省已许通商，西人将至"。8 月 14 日，一千多考生向湖南巡抚王文韶呈具禀帖，要求禁阻洋教洋人入湘，并刊

---

① 《札北臬司等饬查当阳县文生彭洁斋等与教民不和情事》，参见《张之洞全集》卷 134，第 3714 页。

② 张仲炘等编：《湖北通志》卷 53，经政志十一·新政一，第 1438—1439 页。

③ 夏燮：《中西纪事》第 21 卷，第 9 页。

布《湖南士民公传揭帖》议定"阻夷"措施。同时，衡州、岳阳等地相继发生反教斗争。英国公使认为，这些反教斗争"系湖南望士所为"①。

其中，反洋教在全国最有影响者就有崔暕、周汉、贺金声等绅士。

宁乡人崔暕1861年5月刊印了他的《辟邪实录》一书，号召将洋教士赶出中国，还将该书扼要地编为通俗易懂的《辟邪歌》，广为宣传。其附卷的《团防法》，提出了一整套依靠地方团练、封建宗族防止教会势力发展的方案。②

宁乡人周汉，既有科举功名又有军功身份，是一个位高望崇，颇具影响的绅士，从1889年起撰写了大量反洋教宣传品，包括书本、图画、歌谣、揭帖、檄文、公启等，"自教其诸子皆习刻字，专刻诋洋教之书"，广为散布。这些宣传品总计达40余种，其中《鬼叫该死》一书，印刷达数十万本之多！③

贺金声撰写的《饬令各国洋人撤出湖南揭帖》，也传诵甚广。特别是他以在籍绅士的身份乡居10余年，颇为关心民间疾苦，尤其对西方列强侵华和传教士深入中国内地愤恨不已。1900年衡州教案期间，他在乡里到处张示揭帖，进行反帝宣传；并于接近衡州的大道沿线设置义茶亭，供应茶水干粮，鼓励群众前往支持衡州人民的斗争。1902年他在邵阳积极策划惩治教民、驱逐教士的武装起义。后被诱捕，"招勇灭教"计划随之流产，他本人及其主要骨干均先后被清政府杀害。

由于绅士在政治、军事、司法、经济生活、精神生活等各个方面，成为国家末端政权统治的补充，绅士在基层社会与州县官之间起着中介和桥梁的作用。"州县虽曰亲民，而仁信未孚，愚众岂能尽晓？官之贤否，取于绅士之论。……愚民不知畏官，惟畏若辈，莫不听其驱使。苟失驭之，则上下之情不通。官虽惠民而民不知，民或甚冤抑而官不能察。此前人之所以多败也。诚能折节降礼，待以诚信，使众绅士咸知感服，则所至敢于出见。绅士信官，民信绅士，如此则上下通而政令可行矣。"④

---

①　王继平：《湘军集团与晚清湖南》，中国社会科学出版社2002年版，第308页。
②　刘泱泱：《湖南通史》（近代卷），湖南出版社1994年版，第226页。
③　刘泱泱：《近代湖南绅士与教案》，《求索》1992年第3期，第113页。
④　姚莹：《覆方本府求言札子》，参见贺长龄辑《清经世文编》卷23，吏政九，第577页。

绅士成为反洋教的急先锋，使得州县官在处理相关教案时，更难办。

当然，更有平民的不满、委屈和愤懑。

"教士所到之处，不择莠良，广收徒众，以多为能。无识愚民，或因词讼无理，或因钱债被逼，辄即逃入教中。教士听其一面之词，为之出头庇护。词讼无理者，可以变为有理，钱债应还者，可以不还。教民以教士为逋逃薮，教士以莠民为羽翼。俗谚有曰："未入教，尚如鼠。既入教，便如虎。"① 不法教民的活动，自然引起了广大群众的不满。

尽管"教民"当中也不乏虔诚的信徒，但是，其中也确实有许多人"以入教为护符，尝闻作奸犯科，讹诈乡愚，欺凌孤弱，占人妻，侵人产，负租项，欠钱粮，包揽官事，击毙平民，种种妄为，擢发难数"②。

总理衙门也认为："伏思天主教弛禁以后，各处奸民，恃习教为护符。往往于睚眦细故，必与平民缠讼不休。甚至将有做无，以轻为重，平民因而怨恨者，比比皆是。"③

1905 年两江总督周馥在复外务部阻日僧传教的信中也指出："教民之良善者诚不乏人，其黠桀者率皆恃教为护符，鱼肉乡里，不服传唤，偶有细故，教士袒护，挺身插讼。地方官不能尽明立约传教之本意，深惧别启衅端，每有抑勒平民，隐忍公事。教民讼胜，则气焰愈张，百姓蓄愤愈深，则祸机骤发愈烈。"④

2. 矛盾心理

1869 年，御史袁方城密陈教务隐忧时，曾如此描述教务给予地方官员的巨大压力：

> 盖和议既成之后，夷人之所谓教主者，俨然与督抚平行。而头目之分处各郡县者，又有睥睨官长之意。凡从教者皆自称教民，不受地方官管束。或因讼事上堂，立而不跪。即有理曲之处，地方官不敢加刑。甚有作奸犯科之徒，如偷盗者、杀牛者、烧会者，犯上

---

① 《筹办夷务始末》（同治朝）76 卷，第 45 页。
② 郑观应：《盛世危言》，中州古籍出版社，第 165 页。
③ 《筹办夷务始末》（同治朝）卷 35，第 33 页。
④ 《署两江总督周因日僧传教复外务部函》，《东方杂志》第 2 年第 10 期，第 54 页。

者，自知身犯重罪，恐官查拿，即相率从教。一经入教，官即不取
过问。更有已犯重罪，被官拿获，而其家妇女子媳连夜入教。明日
夷人文书到县，命将其犯释放。地方官稍一逡巡，数日之间，上司
文书下县饬速释放，毋滋事端。地方官再一逡巡，而署事者捧檄至
矣。后任见前任如此，谁不寒心！

袁方城分析上下各级官员办理教案的心态，"地方官非畏夷人也，畏
督抚之制压耳。督抚亦非畏夷人也，畏通商衙门之诘责耳。通商衙门亦
非畏夷人也，恐一旦失和，肇启兵端，而己将蒙首祸之罪耳"①。

1906 年（光绪三十二年），办理商约事务大臣吕海寰指出，"教案之
宕延亦非尽由地方官办理不善有意迟回，实限于权力不足以制外人。强
之不能，听之不可，不得不暂事敷衍，徐图转圜之策。迨久而别生枝节，
又非初意所及料矣。迨至事后惩治州县，处分不为不严，然已属追悔无
从，挽救莫及，抱薪救火，止沸扬汤，何益之有哉？"②

对于州县官官员来说，教会势力的存在给他们带来许多困扰。首
先，无论内心对教士存何厌恶和反感，他们都不得不与之打交道。其
次，对于拥有特殊身份的教民，管理殊为不易，内政动辄成为外交，引
起重大交涉。最后，当教务成为重要的地方政务之后，教务教案办理是
否妥当，直接影响到官员的仕途。但是，不论官员主观有何感想，客观
上却不得不日渐深涉教务。天长日久，其观念和行为也不可能一成不
变。大量史实表明，清廷各级官员在此问题上的态度大体上都经历了从
最初对教士的反感敌视到后来的愿意交往并尽力保护，对教民从最初的
另眼看待（无论殊遇还是歧视），到后来有意无意地疏离甚至放弃管理
的变化过程。

地方官对于本是大清子民，却偏偏要信西洋"邪教"的教民本来就
没有好感。而教民依仗教会势力，不服地方官长约束，又更加激起官员
的愤恨。同治初年，教士所称川省各地时有凌虐教士教民事件发生且官
员对此不闻不问甚或予以鼓励或亲自参与之事，并非全为空言。对此，

① 中国第一历史档案馆、福建师范大学合编：《清末教案》第 1 册，第 682 页。
② 中国第一历史档案馆、福建师范大学合编：《清末教案》第 3 册，第 833—834 页。

总理衙门亦不讳言，在给骆秉章的信函中，称此类事件，"虽不能信其必有，亦不能断其必无"①。

但由于"教士犹变乱黑白，捏饰虚词，耸动公使，务求必胜而后已。夫以职道滥厕监司之列，较牧令职位为崇，尚不能为良懦一申冤抑，则寻常牧令等官又何能为力？不过一味强制乡愚忍受凌虐，以敷衍了事而已"②。

早在1861年洋教获准进入内地传教之初，总理衙门即已预见到传教将滋生流弊，并想方设法予以挽救。譬如，规定教士只准传教，不得干预地方公事。总理衙门认为，只要地方官按照条约保护教士教民，而教士不干预地方公事，则民教彼此或可相安。总理衙门一直强调，交涉事件，总以约章为凭，希望各地教士和地方官均依照约章办理教务教案。然而，事与愿违。各地教案频仍，教士诉地方官员歧视虐待教士教民，而地方官则诉教士干预地方公事，教民恃教为非，抗衡官长。教案频仍，也对外引发危机，对内招致怨艾，耗费公帑，丧失民望。总署对此颇伤脑筋。总理衙门管不了教士，只能苛责地方官，认为教案的发生"乃地方官漫不经心，以致匪徒肆行，滋扰各国人民之案层见叠出。……而地方各官平日于洋务不知讲求，于交涉罔识大体，以致燎原引火，贻害君国，抚心自问，当亦难安。……着再责成各直省文武大吏，通饬各属，遇有各国官民入境，务须切实照料保护。倘有不逞之徒，假托义愤，凌辱戕害洋人。立即驰往弹压，获犯惩办，不得稍涉玩延。如或漫无察觉，甚至有意纵容，酿成巨案，定将该管地方官革职，永不叙用，不准投效他省，希图开复。并将此次谕旨，一并刊布出示晓谕，以期官民交儆，永革浇风"③。

"虽和约所载，中国人犯罪，由中国官治以中国之法。而一为教民，遂若非中国之民也者。庸懦之吏，既皆莫敢谁何。贤能之吏，一治教民，则往往获咎以去。"④

①　《教务教案档》第1辑，第3册，第1134页。
②　《教务教案档》第5辑，第3册，第1544页。
③　《清季外交史料》，书目文献出版社1987年影印，第4101页。
④　中国第一历史档案馆、福建师范大学合编：《清末教案》第1册，第920页。

所以，面对多方势力交错、办案压力大的状况，"州县一遇中外交涉之事，茫然无所措其手足。自命理学者，傲睨而不屑与谈。畏葸无能者，敷衍而任之凌肆。是非曲直，从未了然。迨事将决裂，具一禀请示，以塞责上司"①。"相率容忍，曲意顺从。苟且目前，偷安旦夕。"②

实在不愿苟且，又没别的办法，甚至有州县官尸谏。例如，署永新县令阎少白就是如此，他在遗稿中称：

> 窃卑职幼读诗书，微明大义，素抱忠忱。每见中外交涉事件，辄痛心疾首。及至服官，已在和约既成之后，历奉札饬，谕令保护洋人以及教堂，不啻三令五申。时势如此，卑职岂曰不知。
>
> 伏查和约内原有各国教士司铎等不准干预公事一条，乃近年各教堂教士大背条约，相习成风。现在教民遍天下，每遇教民与华民偶相口角，其主教即出面干预把持。地方官类皆仰体时艰，借三尺之法辅助主教，以鱼肉华民，必满教民之欲而后已。更有一种无耻劣员，见主教因案入境，迎送如办大差；主教遂愈觉得意，肆行无忌，遇事生风。地方官稍拂其意，即电报上海京都，立即雷厉风行。主教益有所恃，必更强以所难，而不肯结案。得尺进尺，得寸进寸，究必勒赔巨款，久矣习以为当。教民遂往往无中生有，借端索诈。即如卑县教民傅成发与族人傅华里口角一案，委系衅起家务，与教民毫无干涉；乃教堂步师嘉竟函致宪台，即蒙委员来县会办，步师嘉亦即随同到县，多端要挟。一切尚易曲从。乃无端而欲翻光绪十一年早经讯结通禀详销之旧案，欲强买长湖田地方龙斯美之屋地，士庶咸抱不平。如欲强压绅民，助其翻案买成，未始不可；而卑职靦然人面，忍心害理，俯首下心，仰鼻息于洋人，以犯众怒，内负吾学，内负吾民，已无以自立于天壤。……兹翻旧案，屋地如复归于洋人，势必建造教堂。诚恐绅民仍前拆毁，酿成巨祸；甚至边衅或由是而开。卑职何敢当此重咎。再四思维，非一死无以大白此心于天下。此案实大局攸关，势迫万难，绝非妄自轻生。

① 《复陈之敬前辈书》，参见方浚师《退一步斋文集》卷4，台湾文海出版社，第508页。
② 中国第一历史档案馆、福建师范大学合编：《清末教案》第1册，第682页。

伏思和约倘不认真申明，人见教民得志，华民含冤，必皆相率而入教，将见胥天下尽成教民，地方官更无所措手。官将视州县为畏途，而群然裹足。无民无官，奚以立国。……是非公道无存，尚复成何世界！卑职为维持大局，故不惜微躯敢以尸谏。①

其绝命诗云：

华夷必宜辨，舍命与鬼争；

徒死本无益，不肯玷吾名。

明知匹夫谅，贻笑天下人；

气运纵难挽，聊可谢君民。

第四节　清末未竟的两湖司法改革

光绪三十二年（1906 年），清廷宣布"筹备立宪"，要求按照立宪国制，以立法、行政、司法三权分立为原则，对中央官制进行改革，并于九月二十日颁布上谕，"刑部著改为法部，专任司法"，"大理寺著改为大理院，专掌审判"②。

1906 年 10 月，大理院向朝廷呈奏了一个《审判权限厘定办法折》，提出了设立各级审判机构并划分其权限的方案。规定除大理院外，各地设高等审判厅、地方审判厅、乡谳局（后改称初级审判厅）三级审判机关，实行四级三审制。大理院为最高审判机关，专门审理宗室官犯、抗拒政府犯、特交案件及不服高等审判厅判决或裁决的上诉案件。高等审判厅专门审理不服地方审判厅判决或裁决的上诉案件，不受理初审词讼。地方审判厅则自徒流以致死罪的刑事案件及诉讼标的值银二百两以上的民事案件，都可受理，讯实之后，凡死罪案件俱分报法部及大理院，由

---

① 《署永新县令阎少白遗稿并绝命诗》，参见王明伦编《反洋教书文揭帖选》，第 370—372 页。

② 故宫博物院明清档案部编：《清末筹备立宪档案史料》上册，中华书局 1979 年版，第 471—472 页。

大理院先行判定，再送法部复核；其余刑事案件也要分报法部和大理院。乡谳局负责审理笞杖罪和无关人命的徒罪及诉讼标的值银二百两以下的民事案件，讯实之后，径自结案，按月造册报告。凡案件经三审即为终审，当事人不得再上诉。

1907 年 5 月，《各省官制通则》颁布，规定"各省应就地方情形，分期设立高等审判厅、地方审判厅、初级审判厅，分别受理各项诉讼及上控事件"①。

1907 年 12 月，颁布《各级审判厅试办章程》，其主要内容：一是规定民刑区分适用法律；二是明确了审级、管辖、回避、厅票、预审、公判和判决之执行的规范；三是申明起诉、上诉、证人及鉴定人管收、保释与讼费的规则；四是确立各级检察厅通则。

1908 年 8 月，清政府发布《九年筹备立宪逐年推行筹备事宜谕》，明确规定了各级审判厅设立的时间，规定光绪三十五年（1909 年）筹办各省省城及商埠等处各级审判厅；光绪三十六年（1910 年），各省省城及商埠等处各级审判厅，限年内一律成立；光绪三十七年（1911 年），筹办直省府厅州县城治各级审判厅；光绪三十八年（1912 年），直省府厅州县城治各级审判厅，限年内初具规模；光绪三十九年（1913 年），直省府厅州县城治各级审判厅一律成立；筹办乡镇初级审判厅；光绪四十年（1914 年），乡镇初级审判厅，限年内初具规模；光绪四十一年（1915 年），乡镇初级审判厅一律成立。

1910 年 7 月制定的《各省城商埠各级审判检察厅编制大纲》，规定了省城和商埠审判厅的设置原则及各级审判厅内的法庭数和推事及检察官员数。同时制定的《各省城商埠各级审判厅筹办事宜》，就省城商埠设立审判厅容易遇到的经费问题、建筑问题、用人问题、管辖问题等作出了规定。

1910 年 12 月，《法院编制法》颁布，主要内容是：（1）规定审判衙门，分为初级、地方、高等审判厅和大理院四级，实行四级三审制。各审判厅分别采用独任制或合议制。初级审判厅和地方审判厅的一审案件，

① 故宫博物院明清档案部编：《清末筹备立宪档案史料》上册，中华书局 1979 年版，第510 页。

由推事一人单独审判。二审、三审案件由推事三至五人组成合议庭进行审判。（2）检察机关，分设初级、地方、高等检察厅与总检察厅。检察官的职权是刑事案件实行搜查处分、提起公诉、实行公诉，并监督判决之执行。民事及其他案件，为诉讼当事人或公益代表人，实行特定事宜。其中明确规定行政主官及检察官"不得干涉推事之审判"，以确保司法之独立。另外，还具体规定了推事及检察官的任用办法，以及司法行政监督权的实施。[①]

与司法体制的变革相联系，清末还出现了近代警察制度。光绪三十三年十二月（1908 年 1 月），清政府制定了《司法警察职务章程》，规定司法警察由巡官、巡长及巡警充任，有协助检察厅执行检察事务之责，执行检察事务时应受检察厅长官调度指挥；其逮捕人犯应以审判衙门所发印票，由检察厅备文送交该管巡警衙门通知司法警察人员执行，对现行犯可由巡警直接逮捕，先行讯问，然后交检察厅处理；其搜查证据由检察厅通知该管巡警衙门转该司法警察人员会同检察官前往，在特定情况下可经本厅长官许可直接搜查；检验尸伤一般应与检察官会同办理；接到命盗杀伤等案的呈报应移送检察厅办理。宣统元年四月（1909 年 5 月），清政府又制定了《检察厅调度司法警察章程》。

清末司法制度的改革，主要是引进了一系列西方近代诉讼审判原则和具体制度。主要包括：第一，实行四级三审终审制。《各级审判厅试办章程》规定："凡民事、刑事案件，由初级审判厅起诉者，经该厅判决后，如有不服，准赴地方审判厅控诉；判决后如再不服，准赴高等审判厅上告。""凡民事、刑事案件，除属大理院及初级审判厅管辖者外，皆由地方审判厅起诉，经该厅判决后，如有不服，准赴高等审判厅控诉；判决后如再不服，准赴大理院上告。"第二，在诉讼制度上，清末公布的法律规定了刑事案件公诉制度、公诉附带私诉制度、民事案件的自诉及代理制度、证据制度、管收及保释制度、诉讼费用等。承认律师活动的合法性。第三，在审判制度上，除允许辩论外，还有回避及审判公开等。同时规定了预审、合议、公判、复判等审判程序。第四，规审了法官及检察官考试任用制度。凡推事及检察官均需经过专业学习，第一次考试

---

① 朱勇：《中国法制通史》第 9 卷，法律出版社 1999 年版，第 279 页。

合格后见习一年期满，再进行第二次考试。

　　两湖地区审判厅的举办情况，湖南在宣统二年，只在长沙开设。① 湖北审判厅办理情形，据湖广总督瑞澂在宣统三年三月奏称："鄂省审判，省城应设高等、地方、初级各一厅，汉口、宜昌、沙市三商埠应设地方、初级各一厅，均经督访提法司按照法院编制法要为筹划，酌分庭数，配置各级检查厅，其高等厅定检察长，由臣进员奏保，钦奉简放，试署推检各官亦经先期咨部照额分发。嗣因分发法官一时不克到省，且员数亦未足额，复经电商法部查照奏定试办章程用人条内所定四项资格，进员暂派代理，陆续更换，并饬司将应设书记官及丞发吏、司法警察、庭丁人等分别考试，派充幕用，于十二月十六日一律开庭"。"各项机关组合粗备。"② 即使已开办的地区，"宜昌、沙市两埠各厅，汉口地方一厅，省城、汉口初级两厅，或工程尚未落成，或建设尚须修改，不得不暂赁合式房屋先为布置；惟以经费不充，用人较少，讼狱繁重，竭职可虞，犹须广筹的款，添庭增员"③。州县的初级审判厅在清朝灭亡前，还没来得及办理。

　　尽管清末最后几年里司法体制发生了根本性变化，新司法体制已初具规模，近代司法审判的主要原则和制度，如审判机关独立审判的原则，审级与上诉制度，民事、刑事分庭审理的制度，庭审合议制度，检察厅及检察官公诉制度，职业法官制度，司法警察制度等均已开始形成并在司法实际中发生作用。但其影响仅在东北、直隶等少数地区。

---

　　① 参见故宫博物院明清档案部编《清末筹备立宪档案史料》下册，中华书局 1979 年版，第 791 页。

　　② 同上书，第 818—819 页。

　　③ 同上书，第 819 页。

第四章

州县基层社会治安管理模式的演变

　　就清朝州县政府治安治理结构而言，州知县官掌理一县之政，凡县内之诉讼审办、田赋税务以及缉盗除奸等事务，无不统理；知县的佐贰官有县丞与主簿，分掌粮马、征税、户籍、河防、巡捕诸事，以辅佐知县；在治安管理方面，如果辖区内发生赌博、酗酒、盗窃、私盐、私贩鸦片等案，县丞要派人捕拿问讯。县的属官有典史、巡检、驿丞、闸官、税课司等。其中与治安管理有关的是典史、巡检与驿丞。典史的职责主要是襄理县务，缉捕盗贼，稽查狱囚。如本县失盗，主管典史以巡捕官身份参与处理。县巡检专司缉捕盗贼，盘诘奸伪等治安事务，巡检一般设于县的关津要冲之地。驿丞负责驿站的安全和公文的安全传递，负责过往官员的安全事宜。

　　为维护其专制统治，清朝"京师则有步军统领及五城御史；州县则有巡检及捕役；乡镇则有保甲局及团练局。其他尚有驻防各地的绿营汛地。皆兼具近代警察维护地方治安、保卫人民安全的责任"①。本章主要探讨晚清基层社会治安管理模式的演变。

第一节　从保甲到团练

一　清前期的保甲和团练

　　清朝入关不久便开始采用保甲法来控制乡村。顺治元年八月，摄政

---

　　①　王家俭：《清末民初我国警察制度现代化的历程（1901—1928）》，台湾商务印书馆1984年版，第2页。

王多尔衮正式下令："各府州县卫所属乡村，十家置一甲长，百家置一总甲，凡遇盗贼逃人，奸宄窃发事故，邻佑即报知甲长，甲长报知总甲，总甲报知府州县卫，知府州县卫核实，申解兵部。若一家隐匿，其邻佑九家、甲长、总甲不行首告，俱治以重罪，不贷。"① 这道也被称为"总甲法"的谕令，是清代保甲制度的权舆。同时为了控制田亩和人口，保证赋税收入，顺治五年（1648 年），清政府在全国范围内推行里甲制，"凡里百有十户，推丁多者十人为长，余百户为十甲。岁除里长一人，管摄一里事。城中曰坊，近城曰厢，乡里曰里。里长十人，轮流应征，催办钱粮，勾摄公事，十年一周，以丁数多寡为次，令催纳各户钱粮，不以差徭累之。编审之法，核实天下丁口，具载版籍。年六十以上开除，十六以上添注，丁增而赋随之"②。里甲制度和保甲制度作为地方基层组织，其功能是不一样的，前者主要任务是"防丁口之脱漏，保赋役之平均"，目的是为了地方赋役的征收。后者则主要承担治安、稽查等警防任务，目的是维护基层社会治安。虽然二者都有编审户口的功能，但目的不一样。随着社会经济的发展，土地买卖和人口流动日益频繁，造成在赋役征收体制上，清政府按人户和丁口征派徭役的方式失去效用，里甲组织与赋役征收的相互依存关系遭到破坏。

为了实行赋税征收目标，清政府推行了摊丁入地的赋役制度改革措施，从而改变了赋税征收方式。随着赋税征收方式的变革，里甲渐亡，其责也归入保甲。同时，人民群众抗粮欠租、闹赈抢米、聚众塞署、罢工罢市、围城殴官等斗争频频发生，为了加强对基层社会的控制，清王朝必须谋求更为有效的乡里组织形式。清代保甲制度的发展为其开辟了解决这一问题的途径。

康熙四十七年（1708 年）清政府做出加强保甲的重要决定："弭盗良法，无如保甲，宜仿古法而用以变通。一州一县城关各若干户，四乡村落各若干户，给印信纸牌一张，书写姓名、丁男口数于上，出则注明所往，入则稽其所来。面生可疑之人，非盘诘的确，不许容留。十户立一牌头，十牌立一甲头，十甲立一保长。若村庄人少，户不及数，即就

---

① 《清世祖实录》卷 7，顺治元年八月癸亥，中华书局 1985 年版，第 76—77 页。

② 赵尔巽：《清史稿》卷 121，食货二，第 3543 页。

其少数编之。无事互相稽查，有事互相救应。保长、牌头不得借端鱼肉众户。客店立簿稽查，寺庙亦给纸牌。月底令保长出示无事甘结，报官备查，违者罪之。"① 比如，钟祥县的保甲明确规定："乡有保，保有长，守望相助之意也。今则稽逃人，防盗贼，救火变，严赌博，禁邪教，皆于是赖焉。"②

雍乾时期，清政府多次颁布保甲条文，推行保甲法，"自绅衿士庶军籍兵丁、僧尼道士、铺户行房、佣工流寓，下至本地窃犯，苟系来历明白，无不分别编入"③。使得保甲这种治安管理网络遍布各地，大大强化了基层社会的治安管理。

乾隆六年（1741 年）首以保甲计口，保甲除具有维护治安职能外（具体如稽查人户、值更巡夜、保甲纠奸、什伍连坐等），又有代里甲督催钱粮赋税的职能，还参与基层司法，负责乡约月讲，办理赈济事务以及地方上一应杂项公务，从而形成国家在地方上"唯保甲是赖"的局面。保甲制无疑成为官方控制基层社会的主要形式。保甲的功能也由"弭盗安良"扩大到"一切户婚、田土、催粮、拘犯之事"④。里甲制度也就失去了它应有的作用。

关于保甲的组织和职能，从嘉庆年间由于"川楚教匪蔓延"，宁乡知县余英制定的保甲条规可以看出⑤：

关于保甲组织规定："县属向分十都，每都区分多少不一，居民即有众寡之殊，应按每百家为一甲，设一甲长，每十家为一牌，设一牌头，若不足十家而在七八家之外者，则另立一牌，在七户以下者则以十五六家为一牌，其户口零星及居民辽阔者，则就近合一二十家及七八家为一牌"；"各都各区内庵观寺院饭店歇家铺户，统于居民内一律编查取结，给发门牌。饭店歇家只将本户人口填写牌内，凡有投宿之人，查明籍贯姓名，来踪去路，行囊内有无犯禁字迹，另填日记簿以备调查。如有行迹可疑来去不明者，准其盘诘送究。"

---

① 《清朝文献通考》卷 22，职役二，第 5051 页。
② 康熙《钟祥县志》卷 2，保甲。
③ 同治《续修东湖县志》卷 14，保甲。
④ 《清朝文献通考》卷 24，职役四，第 5062 页。
⑤ 民国《宁乡县志》，故事编第六·兵备录下。

关于保正甲长牌头的选充规定："择一诚实人为牌头，统归保正查察，其保正甲长牌头遇更换充当之时，不许旧役私自报举新役，务由该地士民公举，赴县请验给委，以免混举滥充之弊"；"举充保正甲长牌头为正值月，宜公同选举，即带同所举之人赴县请验给委，以免混举及差唤滋扰。"

其职责包括："保正各将所管都内居民铺户查计清楚，共有若干户，应领门牌若干张，先行赴县禀明请领空白门牌并循环簿二本，将门牌分交甲长，转给各牌头。将所管十家人口姓名年岁作何生理各填牌内，转交甲长汇付，保正照誊，循环簿送县盖印。仍将门牌领回递发各甲长牌头，分给本户，实贴木板上，悬挂门首。其循环簿一存本县署中，一给该保正存查，每于月底缴换，如各户口有孳生死亡以及迁徙者，牌头查明于门牌内添注明白，即告知保正登簿以备查核。"

"牌头确查十家内如有窝赌窝娼窝贼私宰等事，立即协同保甲据实指名具禀，以凭拘究。若实系各安执业，并无为匪情事，即取各户互保连环甘结，该交付甲长，该甲长亦出总结转交保正，该保正出具总结呈县备案，嗣后境内再有窝匪等项情事，一经发觉，保甲牌头固难辞咎，必将十家干连坐罪。"

"遇外来佣工贸易之人，保甲等查明来历，果无为匪别情，方准容留在境。其佣工者仍取雇主保结，贸易者取房主保结，该保甲等亦递具总结，呈县备查。倘日后为匪，即治雇主房主以窝匪之罪，保甲等查察不实，并干责革。"

"县属各都多有搭厂挖煤者，凡附近贫民以及无聊之辈皆受雇煤厂帮工，其间人数既多，奸良不一，难保无藉厂栖身，暗肆偷盗。保甲等责成该厂主严查，如见有来历不明形迹可疑之人，立即驱逐。其有为匪实迹者，即行赴县禀究。仍将在厂人数开具姓名籍贯清单，出具保结，呈县备查，日后有犯，定将该厂主照窝匪例治罪。"

发生盗窃事件，需"查明赃贼确凿者，该甲长协同牌头团众，立即拿获送究"。

"遇有形迹可疑"者，需留心盘诘。"倘敢视为具文，漫无觉察，定将保甲居民照例治罪。"

关于所需经费规定："循环簿门牌等项刊刷纸张工本，悉由本县捐廉备办，当堂印发，不经书吏之手，保正领回，分给甲长等，转散居民遵办，毋许藉充领费，需索钱文。各居民不必花费一钱查贼，得以安枕，系于自己有益。各宜遵照条规，认真查察，倘保甲等藉端需索，许居民控究。"

为严察保甲，以清窝贼事，又设立十家新牌示，规定：

一、十家牌内不许停留匪类窝藏盗贼，该甲长查明取具，十家连环保结存案，如有停留窝藏者，十家牌内联名禀报，倘有容隐其罪，连坐。

一、十家牌内有开设客店者，设立循环号簿，每晚必临投宿之人来历姓名登记簿内，如无行李伙伴及形迹可疑者，即严为盘诘，查出情弊，立即送究，仍将号簿于月底送县查核。

一、白日见面生可疑之人投入村庄，牌头即查其行止、诘其来历，若系逃盗逃犯立即擒送，定予奖赏；倘系盗鸡摸狗之徒，亦驱逐出庄，不许停留。有不听驱逐而肆凶恶者，立即送究。

一、乞丐讨米，其老幼残疾者当即为开付；倘有年少恶匪混入乞丐，肆行抅闹者，牌头约同甲长登记时驱逐，不听驱者立即送究。

一、单户各居之家，必设立墙垣，使其高峻，门窗皆令坚固。牛猪之类收入垣内，各自小心谨防，亦可无虞。

一、保甲督同牌头造户册、取保结，必当公正居心，不可稍存私见，藉端滋扰。倘有不公不正，遇事生风，该烟户准即禀究严惩。

一、禁止结会烧香，妄言灾福，敛钱聚众，煽诱愚民。犯者分别绞遣一甲连坐（按此因川楚之乱系教匪故，特严禁）。

一、禁止窝藏盗贼，停留匪徒，犯者分别军仗，十家连坐。

一、禁止开场放头，聚众赌博，犯者分别杖徒满流，十家连坐。

一、禁止窝留娼妓，引诱良家子女，犯者分别枷杖徒流，十家连坐。

一、禁止聚众抄抢，犯者分别徒流，一甲连坐。

一、禁止藉端强牵牛马，犯者坐赃论罪，五家连坐。

一、禁止带同老病妇女坐抅滋扰，犯者杖责，五家连坐。

一、禁止私宰耕牛，犯者计只，分别徒流，五家连坐。

一、禁止奸拐妇女，犯者军徒，十家连坐。

一、夜间盗警，本牌内不即往护救者，准甲长指禀同结连坐。

从上述保甲条规可以看出，保甲制度主要用于维持社会治安，具体职能包括编查户口、肃清盗源，稽察奸宄、守卫乡村、教化百姓、劝善惩恶。"保甲之职务，得分为警察、户籍、税收三者，而其中以警察为最重。各户籍不过因警察及收税之必要而行之者，盖户籍编查严密，便于纠察盗贼奸宄之窜匿，并得按户催科，无遗漏税收。"① 嘉庆五年（1800年）上谕说，保甲"稽察奸宄，肃清盗源，实为整顿地方之良法"②。所谓"保甲行，而弭盗贼，缉逃人，查赌博，诘奸宄，均力役，息武断，睦乡里，课耕桑，寓旌别。无一善不备焉"③。毫无疑问，维护治安是保甲最主要的职能，对于清朝地方治安起了非常重要的作用。

关于保甲与州县治理的关系，清人有许多论述。如沈彤曾指出："保甲之设，所以使天下之州县，复分其治也。州县之地广，广则吏之耳目有不及。其民众，众则行之善恶有未详。保长甲长之所统，地近而人寡，其耳目无不照。善恶无所匿，从而闻于州县。平其是非，则里党得其治，而州县亦无不得其治。"④ 所以通过保甲组织"统一诸村，听命于知县，而佐助其化理者也"。州县通过对保甲的管辖，使得对乡村社会的治理"如身之使臂，臂之使指，节节而制之，故易治也"⑤。

团练是县以下基层社会的民间武装。嘉庆元年（1796年）湖北宜都、枝江两县爆发白莲教起义，各地教徒纷纷响应，很快席卷了川、鄂、豫、陕、甘五省，清朝正规军已毫无战斗力，当时民间有"贼至兵无影，兵来贼没踪，可怜兵与贼，何日得相逢"之谣，又有"贼来不见官兵面，贼去官兵仅出现"之讽⑥，正是清军将领和地方大员畏缩

---

① 曾宪义主编：《法律文化研究》第三辑（2007），中国人民大学出版社2007年版，第547页。

② 《大清仁宗实录》卷58，中华书局1985年版，第759页。

③ 彭鹏：《保甲示》，参见贺长龄辑《清经世文编》卷74，兵政五·保甲上，第1828页。

④ 沈彤：《保甲论》，参见贺长龄辑《清经世文编》卷74，兵政五·保甲上，第1819页。

⑤ 刘淇：《里甲论》，参见贺长龄辑《清经世文编》卷74，兵政五·保甲上，第1818页。

⑥ 《清仁宗实录》卷37，中华书局1985年版，第426页。

避战的真实写照。于是在龚景瀚、德楞泰等朝野大臣的建议下，针对起义军本身的弱点，采取了"坚壁清野"、"寨堡团练"政策。用团练乡勇协助清兵作战，用坚壁清野的寨堡政策对付起义军的分散流动战术。所谓坚壁清野，就是"并小村入大村，移平处就险处，深沟高垒，积谷练兵，移百姓所有积聚，实于其中。贼未至则力农贸易，各安其生。贼既至则闭栅登陴，相与为守，民有所恃而无恐，自不至于逃亡"①。寨堡建成以后，必须有防守寨堡之人，于是又有"团练壮丁"之说，团练本地壮丁，分乡勇与团勇两种，"随营打仗守卡隘，官给盐菜口粮，听候调拨者谓之乡勇。百姓等自出己赀修筑堡寨，择年力精壮者，各备器械，里民自行捐给口粮，以为守御者谓之团勇"②。嘉庆四年（1799年）二月，嘉庆帝充分肯定"寨堡团练"、"坚壁清野"是镇压白莲教起义的"良策"，下诏"令勒保会同各督抚，晓谕州县居民，扼要团练，使贼无可虏掠，与官军犄角"③。"山地则扼险结寨，平地则掘濠筑堡。其团练防守，有效者保奏，违者罪之。"④ 寨堡团练、坚壁清野之策从此开始被广泛推行。实行坚壁清野以后，筑寨堡，并村落，驱百姓移居其中，集中所有粮秣给养，"清查户口""董视工程""稽查出入""经营银粮""训练丁壮""修饬守备"。结果，"据险之贼，不能不下山掠食。今民皆团聚，粮不露处，冬春之交，野无青草，附近已无所掠，远出则近山之堡寨，皆得邀而击之，其势又不敢出。坐困月余，积粮既竭，终亦归于死亡逃散而已"⑤。白莲教起义的形势，因此从根本上发生变化。嘉庆"五年以前，贼势之炽者，以其到处裹人，胁从日众，抢掠民食，因粮于我也；自寨堡之议行，民尽倚险结寨，平原之地，亦挖濠筑堡，牲畜粮米，尽皆收藏其中，探有贼信，民归寨堡，凭险据守。贼至，无人可裹，无粮可掠，贼势自衰矣。"⑥ 嘉庆帝也正是

①　龚景瀚：《坚壁清野议并招抚议》，参见《清经世文编》卷89，兵政二十·剿匪，第2211页。

②　《东华录》，嘉庆九年六月壬戌。

③　《嘉庆川湖陕靖寇记》五，参见魏源《圣武记》卷9。

④　同上。

⑤　龚景瀚：《坚壁清野议并招抚议》，参见《清经世文编》卷89，兵政二十·剿匪，第2211—2212页。

⑥　严如煜：《三省边防备览》卷12，策略。

得力于这种地主团练的帮助才渡过了难关。

当时的鄂西如竹山、竹溪、郧县、郧西等地就曾大兴团练以对抗起义军。竹山知县范际昌与陨西知县孔继橝还"屡奉旨嘉奖"。在褒奖孔继橝的上谕中说："朕闻知县孔继橝在郧西素得民心，所团乡勇亦最称强健。前此姚之富、齐王氏窜近郧西，即实因该处乡勇实力堵截，德愣泰得以乘势歼除。此后乡勇虑及贼匪报复，堵守亦更严密。孔继橝又能善于驾驭，地方颇资其力。"①

嘉庆时期的团练基本上还是在政府官员的直接指挥下作战，是由国家出资招募乡勇，而且偏处一隅，数目不多，规模不大，战争结束后，除部分乡勇增补地方营汛之额外，其余皆遣散回家，各复本业，因此对于国家政权和基层社会结构的影响并不十分明显，不过成为团练制度化的一个直接原因。

二　太平天国运动与两湖团练的兴办

1. 农民起义与基层政权的失控

在太平天国起义爆发之前，湖南的反抗斗争就非常激烈，多次发生各种反抗斗争或会党起义。

太平天国起义爆发后，湖南地区的反清起义更加频繁，各地的会党、农民起义此起彼伏。太平军"自入永州境，土匪之迎降，会匪之入党，日以千计，而地方文武又皆望风先逃，一至道州，势遂复炽"②。天地会等会众以及数以万计的农民和手工业者，积极投奔太平军，加入反清斗争的行列，仅湘南一地，人数即达五六万之众。有学者研究表明："太平军初入湖南时不足万人，至出境时已成为 15 万人的大军。"③湘人参加太平军人数之众，可见一斑。

1851 年 1 月，当太平天国刚揭竿而起时，新宁的天地会首领洪大全即率部前往参加；9 月，宜章丐妇王肖氏发动起义；同年，桂阳斋教徒朱幅隆与广东会党首领李哑子联络起事；衡州会党首领朱九涛自称"太平

---

①　同治《郧西县志》卷 9，武备志·兵事。

②　《答刘仙霞书》，参见江忠源《江忠烈公遗集》卷 1，第 58—59 页。

③　田伏隆主编：《湖南近 150 年史事日志（1840—1990）》前言，第 2 页。

王"，发动会众密谋起义，因事泄流产；1852 年，郴州矿工刘代伟发动会党起义。太平军进入湖南后，湖南会党起义连绵不断。1852 年，浏阳天地会首领周国虞以"征义堂"名义联络群众，达 2 万余人，发动起义，并与太平军联系，坚持斗争至次年 2 月；在宁乡县，当太平军攻长沙时，四乡民情骚动，县令齐德五组织团练，大肆镇压起义群众，致宁乡有"齐太爷三日打定宁乡之谣"①。临湘有王万里起事，毁临湘桃林司署，打巴陵（今岳阳）杨林街。巴陵县晏仲武起义，攸县有何奇七、黄极高起义，酃县有刘祖高起事，邵阳望云山一带的全党也积极活动。1853 年，道州天地会首领何贱苟自称普南王，在常宁、桂阳、道州、宁远一带转战；1853 年 1—10 月，攸县、衡阳、安化、醴陵、茶陵等地的天地会也先后发动了起义。在太平军西征进入湖南后，湖南会党再次掀起起义浪潮。

可见湘南遍地烽火，使湖南地方统治者措手不及，防不胜防，形成了此起彼伏的斗争高潮，也给清朝地方政权以沉重的打击。

从 19 世纪 50 年代初到 60 年代，由于受到太平天国革命运动的影响和鼓励，湖北各地农民纷纷开展反清斗争，他们除加入太平军参加战斗外，还发动起义，农民暴动风起云涌。如 1853 年，宋关佑在广济发动起义，带领乡民攻占县城，知县蔡润身闻风先逃。他们捕杀贪官污吏和恶霸豪绅，又开仓济贫，全县数万农民响应。根据不完全的资料统计，当时湖北农民的起义活动，先后共达 64 次之多。起义活动地区，除偏处鄂西的巴东、宣恩、来凤、咸丰、利川、建始和鄂中的云梦、安陆等八县未见记载外，其余如黄州、武昌、安陆、荆州四府以及汉阳、汉川、黄陂、沔阳（今仙桃、洪湖两市）、应城、应山、随州、襄阳、枣阳、谷城、长阳、郧县、郧西、恩施、鹤峰等州县（合计共 44 个州县），均有起义活动发生。而孝感、宜城、南漳、光化、均州（今丹江口市）、房县、竹山、竹溪、保康、荆门、当阳、远安、东湖（今宜昌县）、归州（今秭归）、兴山、长乐（今五峰）等 16 个州县，虽未发生起义活动，则为其他各州县起义军活动所及地区，实际上也有群众参加。可以说，全省绝大多数地区的农民都投入了斗争。所有起义军合计先后共占领 23 个

---

① 同治《宁乡县志》卷23，兵防。

府州县城之多，合计几达全省三分之一。①

两湖是太平天国革命运动的重要活动地区。从1852年6月至12月，太平军在湖南转战半年，进军2000里，攻克20多个州县。1854年2月至8月，西征军进入湖南。1859年至1862年石达开又多次攻入湖南。太平军在湖南席卷60余州县，所到之处，攻城略地，开仓济民，惩治地主劣绅。

1852年底，太平军进入湖北。太平天国定都天京以后，十余年间，先则展开了以争夺武汉为中心的西征战争，两度占领武昌，继则以保卫九江、安庆为中心，转战于鄂东、鄂南一带，并一度进入鄂中；而分别活动于西北的赖文光、陈得才部和西南的石达开部，亦曾先后进入湖北境内。总计湖北全省太平军所及地区，除恩施等少数州县外，湖北十府六十多州县，大部分都被太平军占领过。仅从1852年底到1856年底的4年间，太平军四克（汉）阳夏（口），三克武昌，兵锋所至，遍及湖北南部、东部和中部数十州县，歼灭清军营兵、湘勇和湖北地方团练10余万人，击毙和使其受革职处分乃至处死的清廷高级文武官员数十人，横扫士绅、地主、胥吏、册书，使湖北的旧势力受到了沉重打击。

太平军在两湖摧毁各级地方政权，他们捣毁衙门廨署，清王朝的各级地方官，上至总督巡抚，下至知府知县，有的在战场上被击毙，有的被捕正法，有的畏罪自杀。咸丰二年至五年，湖广总督吴文镕战败自杀，徐广缙、台湧、杨霈革职，湖北巡抚常大淳、陶恩培自杀，青麟自杀未遂，逃至荆州，被清廷问斩。崇纶撤职，后畏罪服毒自杀。而知县被杀更多，如表4—1所示。

表4—1　　　　　　　　　　　两湖知县被杀表

时间	州县	知县姓名	资料来源
咸丰二年	蒲圻	周和祥	《湖北通志》卷71，武备志九·兵事五，第1829页。
咸丰二年	江夏	绣麟	《湖北通志》卷71，武备志九·兵事五，第1829页。
咸丰三年	汉阳	刘鸿庚	《湖北通志》卷71，武备志九·兵事五，第1832页。

① 高维岳：《太平天国革命期间湖北农民起义活动初探》，《湖北大学学报》1979年第2期，第43页。

续表

时间	州县	知县姓名	资料来源
咸丰三年	广济	陈肖仪	《湖北通志》卷71，武备志九·兵事五，第1832页。
咸丰四年	麻城	郑宝昌 （前令姚国振）	《湖北通志》卷71，武备志九·兵事五，第1834页。
咸丰四年	通山	陈景雍	《湖北通志》卷71，武备志九·兵事五，第1835页。
咸丰五年	黄冈	翁汝瀛	《湖北通志》卷74，武备志十二·兵事八，第1879页。
咸丰六年	咸宁	汪静渊	《湖北通志》卷71，武备志十·兵事六，第1845页。
咸丰七年	兴山	李光荣	《湖北通志》卷74，武备志十二·兵事八，第1892页。
咸丰十一年	大冶	倪应颐	《湖北通志》卷72，武备志十·兵事六，第1853页。
同治元年	孝感	韩体震	《湖北通志》卷72，武备志十·兵事六，第1856页。
咸丰二年	永兴	温德宣	光绪《永兴县志》卷25，武功志。
咸丰二年	江华	刘兴桓	同治《江华县志》卷4，职官。
咸丰四年	巴陵	朱元燮	同治《巴陵县志》卷10，武备下。
咸丰四年	武陵	朱元增	同治《武陵县志》卷22，武备志一
咸丰四年	华容	宋昌期	光绪《湖南通志》卷89，武备十二·兵事四。
咸丰九年	东安	李右文	光绪《东安县志》卷2，事纪。
咸丰十年	东安	赵荣祺	同治《东安县志》卷2，事纪。
咸丰十年	绥宁	吴熊	同治《绥宁县志》卷24，武功。
咸丰十年	城步	安和	同治《安和县志》卷5，武功。
同治二年	会同	邓尔昌	光绪《重修会同县志》卷8，秩官。

太平天国在定都南京、回师西征重占湖北时，设立了省、郡、县三级地方政府，县级行政长官称"监军"，主持政务。如孙汉杰为兴国州（阳新）监军，李岚谷为蕲州（蕲春）县监军，柏金魁为蕲水（浠水）县监军，宋征祥为广济县监军等。通城县、通山县和云梦县也设有监军。在县以下，太平天国还在湖北部分地区推行乡官制度①，在黄冈等地实行门牌制②。

---

① 皮明庥：《太平天国在湖北的革命斗争》，湖北人民出版社1977年版，第72—73页。

② 中国史学会：《太平天国》（三），神州国光社1953年版，第240页。

2. 两湖团练的兴办

1851 年太平天国运动爆发，在镇压太平天国运动的过程中，八旗、绿营溃不成军，面对太平天国的破竹之势，为保住大清江山，防止灭顶之灾，清政府意识到必须有效借助民间士绅力量与太平军相抗衡。咸丰沿袭嘉庆年间依靠地方武装团练镇压川、楚白莲教起义的思路，认识到必须充分动员基层社会武装，通过团练乡勇实现各地自保。咸丰三年，皇帝"叠降谕旨，令各省督抚晓谕绅民，实行团练，自卫乡间"，"绥靖地方"①。由此，团练作为一种特殊的社会控制组织遍及全国基层社会中，全国大规模地兴办团练，团练因此盛行。

早在乾嘉年间，湖南凤凰厅傅鼐就运用团练乡勇将湘西苗民起义镇压下去。道光时新宁举人江忠源创建楚勇。"道光之末，虽大难未发，而盗贼四起，乱象已征，有识之士皆蹙然忧之！新宁江忠源，时方以孝廉得大挑教职归，以其地临桂边，民瑶杂处，年逢饥馑，盗贼日滋，因倡行团防，以兵法部勒乡人子弟，此为湘人练团之始。"② 1847 年，新宁"峒民雷再浩等阴结党羽，将为逆谋。忠源知之，预集父老举行团练，以孝义训其子弟，且授以兵法。再浩反于黄卜峒，首率团丁三百人与城守把总合军击破之，再浩走广西。……与邑人设间诱贼党缚再浩事遂定"③。江忠源因镇压之功，声名鹊起，被保举为浙江秀水知县。其团勇虽陆续回到了家园，但其组织却在减员的情况下继续存在下来。1849 年 11 月，李沅发又在新宁发动了更大规模的会党起义，他们攻占了县城，杀死了署理知县万鼎恩，并开仓放粮，救济灾民，打开监狱，释放无辜群众。在籍拔贡刘长佑、禀生刘坤一"督办团练，招募乡兵"，新任知县戚天保令禀生邓树堃、武生邓新科等人"各募乡兵数百"以助官兵防剿。1850 年 5 月，起义军据守金峰岭、鸡笼山一带，"遭到戚天保调来各村团练的围困"，清军赶到，发动进攻，起义失败。④

1852 年，太平天国进军湖南。巡抚骆秉章遵旨在湖南全省推行团练。

---

① 《清朝续文献通考》卷 215，兵十四，团练，第 9619—9620 页。

② 傅角今、刘岚荪：《湖南之团防》，台湾文海出版社 1991 年版，第 2 页。

③ 光绪《新宁县志》卷 26，人物传。

④ 《湖南近百年大事纪述》，参见《湖南省志》第 1 卷，湖南人民出版社 1959 年版，第 17—20 页。

令州县官"传谕各绅士，察看各乡情形，斟酌尽善，不限一例。本部院只要各州县无不团结之乡，各乡无不团结之户……善自为谋，及时兴办"①。全省几乎所有州县在19世纪50年代均陆续兴办团练，例如，咸丰八年长沙县令颜培矞就劝谕举办团练，制定条规②：

一、遴派团总必须乡望素孚之绅耆，其有武断乡曲、徇私扛讼者，概应斥革。倘伊等因闻充不遂，即捏造谣言，希图暗阻，本县随时访察，严拿重究。

一、各团集丁，专为尔等保卫身家，并非按户抽丁调派远出。有造谣者禀送处治。

一、六十以下十五以上，无论贫富贵贱，一例出丁，不得推诿。其单弱之家实系无壮丁者，应准原免，各户毋许借为口实。

一、所集团丁分别某都某团字号，平时在家勤习，每月初一、十五各赴本团点验，又于春初秋末时每都一年总点二次，以联络声势。

一、各团宜预备信旗、信炮、信锣。贼临近时，团局宜多设探子四处探听，如有警急，飞报团局，登高鸣锣放炮。各户接连奔报，齐赴捍御。又随发信旗飞报邻团，各团递相驰报，带勇应援。一呼齐至，毋得迟误。违者公同禀究。

一、遇警时，众志奋勇，何难剿贼。倘团勇偶有受伤者，请医调治。遇害者，料理身后，周恤其家，禀请恤典。杀贼立功者，禀请优赏。

一、立团须费。从前办有旧章，此次自应查照，赶紧汇齐，公举老成殷实之人经管，以便各团总领取。预备各色器械，免至临时掣肘。如费不敷，晓众续捐，须明白登记，年终核算，张贴晓单，禀县立案，免滋物议。如有侵吞，查追究办。

一、派费，无论自种、寄庄，一例捐缴。寄庄着佃户缴出，均毋得隐瞒悭吝。如有阻挠，指名禀究。

---

① 《骆中丞并村结寨谕》，参见同治《长沙县志》卷15，兵防·团练。
② 同治《长沙县志》卷15，兵防·团练。

一、总局须设大路庙宇祠屋，或一都设一总，或二三都联设一总，公举精明正直三四人坐局，一切食用务宜节俭，所有用费逐日核算注明，毋得浮滥。至各甲局由团总妥为筹办。

一、团内清查户口，须设十家门牌，注明家口，按派什长，团清其团，族清其族。如有房屋佃赁，细查来历，报知团甲，邻右互保，方准佃赁。尤宜于关津渡口，盘诘往来行人。如获奸细，迅传牌甲，带交团总送县讯究。其盘获之人从优奖赏，以示鼓励。

一、立团御寇，必须先除内匪，以靖地方。如有匪徒乘势扬言恐吓，或暗地勾引，或结党坐食，聚众抄抢，以及逃兵逃勇沿路劫掠滋扰，即传集各团，立擒捆送，听候惩办。

一、团内如有结盟拜会、吃斋演教，以及赌博、贼窝、烟馆招引匪类，油火拼赖、煨狗誓愿恶习，准随时禀送，以凭分别惩治，毋许徇纵及挟嫌诬害。

一、逃荒难民，原应赈恤。惟近有一班流匪，借逃荒为名，窥探路径，术取银钱。如系此等匪徒，准即传团驱逐，擒拿头目解送处治。

一、长沙十都各甲，地势情形不一，其间因时制宜，随地立法，有非示谕所能罄者，是又在各团总斟酌，尽利变通行之，本县实有厚望焉。

长沙还设有城团，"现在城团之法：上铺分立二十九团；中铺东段十八团，西段二十二团；下铺十八团，共八十七团。上下铺各派一员一绅，中铺两员一绅。初派总查一员主之，近又添设一员，均带差役按团抽查。凡应查之户，各于门首书'宜查'二字。倘有捉获奸徒及他故有关团事者，先赴团局审讯，盖团局另派一绅司之也。各团均就近派团总、团佐，或一二人，或三四人。夜间各就汛地梭巡，严查匪类。每月由局发给油烛之费，或时有警急，每夜按团按户派人坐守栅栏，出入挂号，例给守夜之费。又各城门均派文武员绅暨兵役等白昼盘查，防闲严密，其费均由军需局发给"。

长沙乡列十都，城分三铺。城团与乡团的区别在于："乡团属之绅士或委员看验，则夫马有费。城团领以监司，虽按户清查而鸡犬无惊。

乡团必练习壮丁，城团惟严行保甲。乡团费用取之于民，城团费用取之于官。""然协齐户口，团结人心，门牌设而民数咸知，旅舍清而匪徒敛迹。虽设法有乡、城之异，而立团之本意无非为百姓防奸御侮起见。"①

湖南还出现了一批凶悍善战、成为对付太平天国劲敌的著名团练武装。湖北团练尽管不如湖南之盛，但也属于大办团练的重要省份之一。例如，同治元年（1862 年），太平军石达开部将李洪率部转战湘鄂川边，攻克来凤县城，杀死知县王颂三。前去围剿的清军由于长期养尊处优，战斗力极差，屡遭败绩，而地方乡勇在战斗中"较施宜官军为号能战"，受到官绅青睐，于是，各地遍兴团练武装。恩施知县白多寿仿照湖南省团练章程，拟订出恩施团练章程二十条，对团练组织、操演、兵械、旗帜、经费捐纳等作出规定，受到省、府重视，"通详各大宪批饬，各州、县府悉遵行之"。自此，县内年满 18 岁至 50 岁的男子，身体健壮者，都编为练勇。其组织形式一般是十家为牌，十牌为甲，十甲为团，设有牌长、甲长、团长。重要地方，每团有正副团首各一名。练勇之中，每十人选一计长，每百人选一百长。以乡设团总，里设团长，每团举一团正。团总下辖数团长，团长下辖数团正。若一姓聚族而居，则可由族长兼团长或团正。其成员"春秋归农，定期操练，平时散居为民，有警纠集为团，以乡设狼烟信号，一处有警，众团皆出，刀斧犁锄，在手即为武器"②。（如表 4—2 所示）

表 4—2　　　　　　　　两湖地区部分州县办理团练情况

州县名称	办团情况	资料来源
长沙	"十都各甲历有团禁"，"自咸丰军兴以来，各大宪劝谕团练，饬行保甲，齐心竭力为保卫身家之计，始遵谕办理，各立团名，捐置器械，派丁操习技艺，具有成效"	同治《长沙县志》卷 15《兵防·团练》

① 同治《长沙县志》卷 15，兵防·团练。

② 湖北省恩施市地方志编纂委员会编：《恩施市志》卷 8，军事，武汉工业大学出版社1996 年版，第 170 页。

州县名称	办团情况	资料来源
善化	"乡分十都,都分一百二十一团,或数甲一团,或一甲一团。各因地制宜,就团内适中之处设立总局,竖立高竿旗号。自团总以至团佐、什长,类择勤慎廉明之士充之。其制造器械、刀矛、旗帜,与夫招习勇丁、延请教师训练技艺各费,均由本团筹办"	光绪《善化县志》卷15《兵防·团练》
湘阴	咸丰以来,"州县督办团练习枪槊,名曰练勇",咸丰五年,知县黄维瓒"始分团练二十九局,分治各都团务。……凡二十九民分隶二十五都,领三百一十八团,团金二三十人至百人,自备旗帜、长枪、鸟铳,由各团绅教练"	光绪《湘阴县图志》卷27《团保志》
宁乡	咸丰二年,督办湖南团练前任湖北巡抚罗绕典经宁,"与齐令德五、邑绅马维藩、童晕等建议举行团练。示富者出货,贫者出力,土匪滋扰,格杀勿论。由是设团总,挨户训练,军械旗帜一新,以号炮集,顷刻百千,声势颇壮"	同治《续修宁乡县志》卷23《职官五·兵防》
湘乡县	咸丰二年,"知县朱孙诒甫至,即令举行保甲,并令练族练团,互相保护。……又合同绅士酌议规饬令悉心办理"。咸丰三年九月,知县唐逢辰到任,"捐廉募男二百名,在城操练。复传齐四十七都、坊绅士,劝谕挨户团练"。八年二月,知县赖史直针对有练团已属松懈,练族更未举行的状况,"札饬督办练团","仰该巡司立即督率十三里总理、绅耆、各族族首人等,遵照各前县示谕章程,认真办理团练,毋稍疏懈。如有造谣阻挠,把持抗玩者,立即严拿,解县究办"。咸丰十年,知县刘达善"下车伊始,访求应办事宜莫切于办团练"。使得湘乡团练极具规模,以至于刘达善不无夸耀地说:"湖南团练本为天下之最,湘乡团练又为湖南之最。"同治三年,知县德钧札饬绅士"查照旧章,迅速力整团练","并实力巡查","毋稍疏懈"	同治《湘乡县志》卷5上《兵防志二·团练》

续表

州县名称	办团情况	资料来源
安化	安化向无团练。咸丰四年，"知县谢廷荣遵札团练，编查保甲，厘定保甲章程六条、团统章程十八条，按九乡都保遴派团总、团佐，遍饬举行，安化团练自此始"。"六年，知县齐德五，七年，知县高镜澄申明廷荣团练条款，酌为损益，诣乡点验团勇，编查保甲。""九年，发贼犯宝庆，逼近县境，知县高镜澄饬九乡都加紧团练"，委绅督率团勇设卡防御。十年，"知县江葆龄清查九乡都保甲，谕团总、佐严加团练，建卡守险"。十一年，知县李汝赓"示谕九乡都团练防堵"。同治二年，知县江葆龄饬"团总、佐分督团练壮丁"。十年四月，"知县余坚照旧章团练，查点团丁，谕绅士设局筹款，相地防堵"	同治《安化县志》卷16《经政·团练》
安仁	咸丰五年，知县李逢春督令邑绅"招募城团数百人，又每村各派团丁一百人，遵照禀请章程办理。所有枪炮器械，城团由邑捐输局给发，乡团则各村派费，朝夕训练"。咸丰九年二月，知县高振瑀督率邑绅"筹饷招募城团千余人，并分道简练乡团，预防冲突"	同治《安仁县志》卷16《事纪·团练》
蓝山县	咸丰三年，知县张嗣康"捐奉召募合民壮四百余人，号曰蓝勇。又民间创立团练"。咸丰四年，"编结义勇大团，订条规"。"时邑四境俱已立团，大姓自为一团，零户数村一团，山民僻远数十家一团，俱以营伍部署之。城内商民别为一团。凡丁壮年十八以上五十以下者，家各一人或数人。分南团、西团、东一团、东二团、北一团、北二团，是名六团，置备旗帜器械以时操习"	民国《蓝山县图志》卷7《事纪》
通山	通山处万山中，无城郭，汛兵仅18人，不足以战守。咸丰二年，知县钟灵皋谕办团练，三年，"知县陈景雍相视险要，添筑卡栅，申谕邑绅筹款设局，遍起乡团，操习技勇"	民国《湖北通志》卷74《武备志十二·兵事八·通山团练始末》

续表

州县名称	办团情况	资料来源
罗田	咸丰三年，罗田知县彭仲芳"集绅民议团练法，于是设总局于城，县分三乡，乡分若干区，设总团一人，团佐一人，团勇为十六营，按区立局，计亩征费，相隘设卡，置器械，教阵伍，派勇巡逻侦察，团练规模大备"。罗田团练"屡却悍贼，而官绅士庶妇女死亡者不下数万人，民间捐输勇费不下数十万金，团练之功为淮南第一"	民国《湖北通志》卷74《武备志十二·兵事八·罗田团练始末》
黄冈	以生员为主的广大士绅积极创办团练，咸丰年间，"钱家堡以从九邱振声、庠生喻九芝等为团长，李集区以举人张百揆、廪生游鸿远为团长，张集区以卫千总张改清、监生胡廷根为团长……余氏族团则武生余献芳领之……严守待敌"	光绪《黄冈县志》卷24《杂志·兵事·团练附》
咸宁	"咸丰年间，三六都之从推邑绅章蔄室为团长，立保康局……章复纂团练条约二十款，刊布乡阅……其分局之制，自一都至十三都名有局……三局有事则首尾相应，又联武昌、马乡八里局为东南屏障，江夏三二局为东北唇齿，辅车相依，彼此相恃以无恐"	民国《湖北通志》卷74《武备志十二·兵事八·咸宁团练始末》
应山	咸丰二年，"知县聂光銮首倡团练，编查保甲，惩土匪，邑赖以安"	民国《湖北通志》卷74《武备志十二·兵事八·应山团练始末》

　　湖南团练数量，从县志有明确记载的八个县来看，分别为：善化201，湘阴318，华容153，耒阳19，常宁32，来宾36，融县90，临桂120，合计969团，平均每县团数约为121个。[①] 可见湖南团练之兴盛。

　　湖北团练数目，据罗福惠先生统计，1852年—1853年新增4个，而在胡林翼来鄂的第一年（1854年）即新增10个，1855年6个，1856年7

---

　　① 许顺富：《湖南绅士与晚清政治变迁》，湖南人民出版社2004年版，第90页。

个，清军夺取武汉后，新增团练减少，每年1—3个，到1866年，团练数目共计60余个。其地域分布计黄州府12个、武昌府11个、襄阳府9个、郧阳府7个、荆州府7个、德安府6个、汉阳府5个、安陆府4个、荆门与宜昌府1个，施南府没有新增团练。①

团练的组织结构，就其统绪而言，上设团总、团长、团正，层层相隶，下有练勇、团丁和保甲编民，构成队伍。就其办团顺序而言，一般先立团总以领团防局，次派团丁，再选练勇，次第进行。例如，胡林翼在湖北举办团练时强调"于州（县）治五乡遴选正士为正副团总，由团总结保团佐，由团佐结保什长，由什长结保团勇，其从前从贼之人概不准充"②。

近代团练的职能，主要在于保卫乡里、缉防"盗贼"。"团练之效，外可助官军声威，内可弭宵小隐慝。"③ 在湘乡团练县团练章程中规定："所练壮丁，专为保守本邑城乡而设。""团练不专资御侮，兼可弭盗。"④ 所谓"团练之道，以本处不容留匪人为酌议要务。本境既靖、然后练丁习艺，以备邻境之土匪。处处如此，则匪徒自无驻足之处"⑤。所以，保境安民、弥禁盗匪为其首要职责，其次就是协助官军的军事行动。

保甲和团练是清王朝控制基层社会的治安组织。保甲是国家以基层社会行政区划为基础、令民人按一定规则编组自治的治安教化组织。团练是基层社会的民间武装，因此维持地方治安必须保甲团练兼行。在团练与保甲的关系上，刘衡在《庸吏庸言》一书中说："保甲可以靖本地之匪徒，团练可以捍外来之宵小。"保甲的作用主要是缉查防范本地百姓的聚会、串联和反抗活动，团练的主要作用在于抵御外来农民起义的袭击，因此二者是有区别的。时人认为，"保甲易而团练难，保甲尽农也，团练则为兵；保甲省而团练费，保甲自食也，团练则需饷；保甲久而团练暂，保甲无碍耘籽也，团练则弗遑耕凿；保甲近而团练远，保甲仅资坐镇也，

---

① 罗福惠：《湖北通史·晚清卷》，第95页。
② 汪士铎：《胡文忠公抚鄂记》，岳麓书社1988年版，第138页。
③ 同上书，第9页。
④ 同治《湘乡县志》卷5，兵防志·团练。
⑤ 《足本曾文正公全集》批牍卷1，吉林人民出版社1995年版，第1191页。

团练则兼事攻剿；保甲行之不善，莠民多于良民，团练行之不善，顽民遂成乱民"①。关于二者的差别，台湾学者郑亦芳先生和韩国的金钟博归结为四个方面：（1）保甲重在清查户口，团练重在防御。（2）保甲具有法律性，团练具有自发性。保甲行于全国，团练多由地方绅士自办，并未全国推行。（3）保甲往往流于形式，民众对内缺乏一致之认同感，团练则以保家卫乡等强烈感情或动机为基础。（4）保甲之大权操于中央，以牵制绅权，团练则由地方士绅掌握大权。②

王先明在谈到团练与保甲的区别和联系时认为，团练比保甲对社会的适应能力要强得多，其主要表现如下：其一，团练虽在保甲的基础上形成，但团练打破了保甲十进制的编制原则，一团由一保或数保组成，一大团由数团或十数团组成。其二，保甲的功能在于强调里族乡邻之间，互相监督，所以重心在于分，分而治之。它的起点是户，由户及牌，由牌及甲，由甲及保，层层向上延伸，达到化解乡村社会力量的效果。而团练更关注对乡村散在力量的归拢和聚集。其三，保甲借用乡约宣传圣谕广训，加强道德教化，团练固然在于弭乱固本，维持帝国统治，然而，团练领袖的动机主要在于保卫家乡，并不是为了帮助政府镇压匪患。其四，保甲由官办，大权操之于中央，而且各地保甲组织运作的每一个环节，从保甲册的指定，到对可疑或危险分子的处理，都在地方官的掌握之中，绅权受到很大的控制。而团练则由官绅合办，办团士绅虽经中央简派，团练的组织规模及运作机制则基本上由绅士决定，团练局表面上由官总其权，绅董其事，实际上绅士往往操纵团练大权。官权在其中的渗透微乎其微。③

在清统治者眼中，作为乡兵、民兵的团练，应该是保甲的衍生物，至少是基于保甲的武装，所谓"保甲厘奸，团练御侮"，"保甲行于无事

①　方濬颐：《二知轩文存》，沈云龙主编：《近代中国史料丛刊》第49辑，台湾文海出版社1970年版，第651—652页。

②　郑亦芳：《清代团练的组织与功能——以湖南、两江、两广地区之比较研究》，《中国近代现代史论集》，第二十八编，区域研究（下）33集；金钟博：《明清时代乡村组织与保甲制之关系》，《中国社会经济史研究》2002年第2期。

③　王先明：《晚清保甲制的历史演变与乡村权力结构》，《史学月刊》2000年第5期，第134—136页。

之时，团练行之于有事之日"①。二者相辅相成，因此维持地方治安必须保甲团练兼行。

从组织形式及其域性特征来看，团练的"组织规模与官僚政治的区划如保甲、里甲的组织规模相对应，在某些情况下导致行动的和自然的协作单位的混淆相逐渐融合"②。因而，即使在团练的组织过程中，人们也很难从形式上把它同官方划定的保甲系统完全剥离开来。

从近代团练形成的最基本的路径来看，"或者在保甲的组织形式中纳入团练的内容，或者以保甲的基础组成团练"③。虽然从社会功能上团练取代了保甲，但在社会组织形式上团练即常常依存于保甲。

所以，孙鼎臣说"团练即保甲，有事为团练，无事为保甲"④，并认为"夫团练必自保甲始。保甲者，所以辑和其人心而整齐其风俗也，非贤士大夫不能任其事"⑤。周金章也认为"团练与保甲相为表里，保甲既就，即团练亦成"⑥。

在实践中，湘乡县办团练时"练总约束练长，练长约束散勇，平日必照五家一连、十家一连，取具互结，不许停留匪类。互相稽察，则内匪自无而藏，外匪又何从而至，此团练之法与保甲之法相辅而行者也"⑦。

1853 年的宁远知县刘如玉也采取了团、甲合一的方法，由各乡绅士"按甲细查其人数之众寡，家计之贫富"，将团勇分派到甲，"务选身家清白年力强壮之人，由各户族绅耆出具保结带领来城随营操练"。由于绅士是团练的领袖，那么通过团、甲的结合，使绅士成为兼摄团、甲的共同首领。⑧

---

① 《清文宗实录》卷33，咸丰元年五月庚寅，中华书局1985年版，第456页。

② 孔飞力：《中华帝国晚期的叛乱及其敌人》，中国社会科学出版社1990年版，第104页。

③ 同上书，第96页。

④ 孙鼎臣：《择人团练疏》，参见光绪《善化县志》卷32，续艺文。

⑤ 孙鼎臣：《论兵二》，参见光绪《善化县志》卷32，续艺文。

⑥ 《通饬顺天畿东各州县编查保甲示》，参见《皇朝经世文续编》卷68，兵政七。

⑦ 同治《湘乡县志》卷5，兵防志·团练。

⑧ 孔飞力：《中华帝国晚期的叛乱及其敌人》，中国社会科学出版社1990年版，第106页。

胡林翼以保甲为团练之根本，他认为办"团练必先清保甲"①，"团练须与保甲相表里，民间自为捍卫，以各乡正士董其事"②。并详细制定其组织之法和工作内容，"册籍之法，应分都、分图、分里，首列地名，及道里之四至八到，继列户口之详并田亩、粮饷、户柱、邻右，十户择一人为之长，百户千户又择一人为之长，二人为之副；不可仍设保正甲长名目，恐官吏视作奴隶，则正派朴质之人，不愿为官役也。此册奉行果实，置之座右，则钱粮、刑名、词讼案件，悉本于此，悉以此为准绳，不下堂而一县之事可理"③。可知"胡林翼所设定的保甲是对原有保甲作了改革，范围和职权均已扩大"④，并要求保正甲长"所择必正直严明之人，官隆礼貌以待之"⑤。

胡林翼在保持地方秩序稳定方面所开具的基本处方就是由绅士控制保甲制度，"县官挑选两三名忠实能干的绅士带着空白簿册下到农村。一到村庄他们就要物色当地的领袖，即'正人、才人、有衣食顶戴之人'，将维持地方秩序和地方防御的责任委托给他们"⑥。胡林翼的方法实质是完全依赖农村中的真正权力因素，将保甲和团练合并为一个单一制度并将两者都委托给地方名流管理。由于委托地方名流负责保甲登记和治安管理，胡林翼违背了清代保甲制度的一个主要原则，即把绅士排除在保甲之外，并把治安责任置于听话的无足轻重的人手中。⑦

这种团练包容或代替保甲制度的结果，实际上确立了团练对保甲的领导和支配地位，而团练又为绅士所控制，也就确立了绅士在基层社会控制方面的地位和权威。结果"保甲旁落到地方士绅之手的趋势，成了咸丰朝及以后中国农村的共同特征"⑧。美国学者周锡瑞亦认为："太平天

---

① 汪士铎：《胡文忠公抚鄂记》，岳麓书社 1988 年版，第 146 页。

② 同上书，第 174 页。

③ 《东湖县禀呈酌议条款批》，参见《胡林翼全集》第 8 册，《胡林翼批札》卷 2，第 28 页。

④ 罗福惠：《湖北通史·晚清卷》，第 94 页。

⑤ 汪士铎：《胡文忠公抚鄂记》，岳麓书社 1988 年版，第 149 页。

⑥ 孔飞力：《中华帝国晚期的叛乱及其敌人》，中国社会科学出版社 1990 年版，第 124 页。

⑦ 同上书，第 124、125 页。

⑧ 同上书，第 219 页。

国及其被镇压的实际效果，其中之一肯定是通过地主士绅所控制的民团加强了乡绅的权力，特别是湖南这样的省份。这种发展是确凿无疑的。"①日本学者重田德也说：太平天国时期组建团练的过程，同时也是"乡绅在政治上明确地显示其独立存在的过程"②。

3. 团练兴办后的绅权的扩张及原因

（1）绅权的扩张

绅士是两湖团练运动的最重要力量。在临湘，"庠生张清岳与从弟监生张清镜、童生张清吉自备资斧，率张氏一门练勇，举信字义旗"；"监生余求仪与童生余求瑗、余鼎元捐资集乡众团防"；"增生程起义，咸丰二年，倡议团练，联络八团设局基隆山，前后十余战，歼贼首千余"；"沈定桢，国学生，咸丰年间，捐赀倡团练，保障一方"③。在蓝山，陈太虚"时困诸生，忧其祸及，捐家财，倡练团勇，备器械，编伍籍，躬自操习，纪律秩秩然"④。在平江，杨映南"少读书未遇，授经乡里兼善医，居北界安山团。粤贼起，倡办团练，心力瘁"⑤。新宁县何高明，"诸生，以轻财好施为里中所推，遂主邑中团练事。县令李右文奇其才，厚遇之"⑥。临湘"张在锦，国学生，咸丰五年充水田团练局长"，"童生余展万、尹奉于及其子尹瑞士，充明月团局佐"，"吴治均，庠生，基隆山八团举为总局长"⑦。

在湖北，咸丰四年二月，"粤贼据麻城，犯黄安，九陇冲韩吴二姓起团御之，为贼所败。三月贼走郑家田，金杨大族复招聚义勇会剿，贼大败"⑧。据巡抚胡林翼于咸丰八年（1858 年）奏称，湖北各州县团练的人数，少则数千，多则数万。其中举贡生监等参与者，每州县多者二三百人，少亦百人。

①　周锡瑞：《改良与革命——辛亥革命在两湖》，杨慎之译，中华书局 1987 年版，第 10 页。

②　重田德：《乡绅支配的成立与结构》，《日本学者研究中国史论者选择》第 2 卷《专论》，中华书局 1993 年版。

③　同治《临湘县志》卷 11，人物志·忠节。

④　民国《蓝山县图志》卷 25，人物·贤达列传上。

⑤　光绪《平江县志》卷 45，人物志·忠节。

⑥　光绪《湖南通志》卷 190，人物志三十，宝庆府，新宁县，何高明。

⑦　同治《临湘县志》卷 11，人物志·忠节。

⑧　民国《湖北通志》卷 74，武备志十二·兵事八·黄安团练始末。

团练的首领人选清政府早有规定："必须乡望素孚的绅耆"才能充任。这一规定确认绅士担任团练领袖的必要性。"办理团练在乎地方官实力奉行，尤在乎公正绅士认真经理。盖官有更替，不如绅之居住常亲；官有隔阂，不如绅之见闻切近。故绅士之贤否关乎团练之得失甚巨……"①胡林翼对此重要性有过说明："惟团练为治乡之要，（亦与）吏治之用人，兵政之选将（相似）。使州县非人，则政事必坏；将领非人，则勇营先溃。团练之长苟属正士良民，则一团之民皆可御侮；以劣绅莠民，则可使抗粮犯法，攘夺为乱。假乡民以兵刃，而长吏不能躬亲董劝，旌别淑慝，则目前之成效难期，日后之流弊滋甚。"②

从团练的倡导者和领导者来看，绅士无疑占据了重要地位，团练首领大部分都由绅士充任。由于太平军试图推翻原有的政权体系，给予了绅士和官僚以沉重的打击，使他们的根本利益受到威胁，自然激起了绅士的反对。郑亦芳曾对湖南的 57 位团练领袖的出身作过统计，其中，绅士出身的 32 人（进士 4 人，举人 6 人，贡生 4 人，生员 13 人，监生 1 人，捐职官衔 4 人），平民与出身不详者 25 人③。绅士占 56%。另据杨国安根据光绪《黄冈县志》所载 40 名团长名录统计，绅士出身的 31 人，占 77.5%，平民 9 人，占 22%。因此当时团练毫无例外地掌握在绅士手中。

张研等认为：基层社会办团练勇一般有两种模式：一是民团，由基层社会组织的代表绅士等自发举办团练、地方官支持；二是官团，由地方官奉命在所属地方办团练、基层社会组织的代表绅士支持。"清统治者很快发现，不管哪一种模式，他们面对的都不再是官方出面组织、可以臂指颐使的保甲，而实际是基层社会实体组织及其代表绅士。"④ 绅士以"团练为工具，大肆扩张绅权，造成了清末绅权的大扩张"⑤。

---

　　① 惠庆：《奏陈粤西团练日坏亟宜挽救疏》，参见《皇朝道咸同光奏议》卷 55，兵政类·团练。

　　② 汪士铎：《胡文忠公抚鄂记》，岳麓书社 1988 年版，第 9 页。

　　③ 郑亦芳：《清代团练的组织与功能》，《中国近现代史论集》第 33 辑，第 658 页。

　　④ 张研、牛贯杰：《19 世纪中期中国双重统治格局的演变》，中国人民大学出版社 2002 年版，第 211、212、353 页。

　　⑤ 章开沅、马敏、朱英主编：《中国近代史上的官商绅学》，湖北人民出版社 2000 年版，第 395 页。

绅权扩张表现在：

其一，绅士在乡村控制体系中角色和地位的转变。

在清前期推行的保甲制中，绅士是被控制的对象，所以在保甲编查上，清政府一再强调绅士必须一体编入。如雍正五年规定："绅衿之家一体编次，听保甲长稽查，如不入编次者，照脱户律治罪。惟是保甲之法有充保长之役，又有十家轮值支更看栅之役（绅衿概免充役）。"① 而且"保甲长多非士绅，此乃清廷政策，欲藉保甲长之权力以压制绅权，免得士绅在地方上权力过大"②。美国学者孔飞力也认为："保甲的一个特征显然是企图提供一种平衡力量，以制约士绅在其地方社会中早已存在的影响，包括绅士必须和平民一道登记。"③

但随着团练的兴办，绅士由被保甲控制的对象，上升为基层社会控制的主体。"与保甲形成对照，团练承认并且依赖绅士领导"④，"办团过程中基层社会实体组织的代表团绅练总正式成为基层社会的控制者"⑤。如前所述，绅士成为各级团练的组织者、管理者和支撑者，团练始终是绅士一展权威的中心所在。官为绅用，以绅为主的团练局，其征派"固然要由官府同意，但实际操作则是士绅自行其事"⑥。"团练局有一大批局董、局绅，均是在地方有势力的上层乡绅"⑦。

而且，团练崛起的深刻的历史影响并不局限于绅士在团练中的领导地位，而是引发了"保甲权力向名流的转移，以及随之而来的名流控制地方权力的增强"⑧。

其二，绅士通过扩大团练的社会功能，以达到控制乡村的目的。

"团这时开始作为县以下官方的行政机关行使职能，承担着保甲的——有时承担着里甲的——职能。"⑨ 因而，近代团练除原初的军事防

---

① 《清朝文献通考》卷 25，职役五，第 5073 页。
② 萧公权：《十九世纪之中国乡村》，第 68—69 页，参见王先民《近代绅士》，第 98 页。
③ 孔飞力：《中华帝国晚期的叛乱及其敌人》，中国社会科学出版社 1990 年版，第 27 页。
④ 同上书，第 64 页。
⑤ 张研、牛贯杰：《19 世纪中期中国双重统治格局的演变》，第 351 页。
⑥ 章开沅等主编：《中国近代史上的官绅商学》，第 405 页。
⑦ 贺跃夫：《晚清士绅与近代社会变迁》，广东人民出版社 1994 年版，第 55 页。
⑧ 孔飞力：《中华帝国晚期的叛乱及其敌人》，第 125 页。
⑨ 孔飞力：《中华帝国晚期的叛乱及其敌人》，第 218 页。

御功能外，还担负了行政功能和社会福利功能等。赋税的征收最能体现国家对社会的控制，所以清前期政府一再禁止绅衿包揽钱粮，但这一切随着团练的兴起而发生了改变。"尝观其纳赋税矣，每遇春秋两时，则民各备其租银而集于其团长，而总输于县官。"① 在湖南安化县，团丁练勇"时而催征粮钱，时而派取军需……苛索不已"②。湘潭县"巡抚许士民设局自征解"③，宁乡县绅士于咸丰五年自行设局征收，"县学生刘典、李镜春等遂设钱漕局，昼夜钩稽"，"听民完纳，胥吏敛手"④。长沙的133个团练武装也基本控制在当地的绅士手中，捐输局、厘金局、盐茶专卖局、东征饷局更成了绅士们的一统天下，衙门胥吏被搁在一边坐冷板凳。在衡阳、清泉等地甚至出现了团练专管催征钱粮，反置查匪事件于不闻不问的情况。在两湖各地，敦促本团团众缴纳国家钱粮的条文都被写进了团练章程。可见团保征税已经合法化。⑤

　　甚至赈灾救济、地方公益、社会教育之类也成为团练的职责范围。⑥在浏阳县，"赌博、宰剥、酗酒、偷盗者，团总、团佐罚之；其勾引奸民不轨及强掠不逞者，白有司治其罪；团族徇纵者，官并坐之；游匪入境掳掠，格杀勿论。凡平粜救荒、排纷解难，行乡、社约以激劝乡愚，悉有条"⑦。在宁乡，咸丰军兴，迫于军事，宁乡乡约缀讲。"乱民潜伏，乡间骚动，士绅乃创为安良会，凡地方诚实农民及有资产者皆得入会，订立会规，随时劝导。地方有行为不正形迹可疑之人，由会报县惩处。倘有窃斫树株，由会议处，有罚款、赔树、俯团诸法。此外各团皆有规章，严禁制者为盗窃，为姻赌，为淫戏，为斗殴，为私宰，为磨媳溺女，为擅打塘色，为禾田捋穗，为牛羊下田，为熬糖线粉。相劝勉者为孝父母，为和兄弟，为睦妯娌，为任恤姻族，为育婴，为惜字，为放生，为息争讼，为送子弟就学，为婚嫁崇俭，为蓄禁树木。大抵举古人遗法，而酌

① 王应孚：《团练论》，参见盛康辑《皇朝经世文编续编》卷81，第2282页。
② 光绪《安化县志》卷2，事纪。
③ 光绪《湘潭县志》卷6，赋役。
④ 佚名：《宁乡县志事纪编》，民国初年稿本。
⑤ 杨国安：《明清两湖地区基层组织与乡村社会研究》，武汉大学出版社2004年版，第313页。
⑥ 郑亦芳：《清代团练的组织与功能》，第667页。
⑦ 同治《浏阳县志》卷5，兵防志·团练。

其宜。此外各族有规约，亦足补官法所不及。"①

绅士通过团练组织，由幕后走向了前台，成为乡村控制的主体。1887年3月《申报》说"乡绅之势，驯至大于县官矣"②。

其三，绅权的发展甚至到了与官府相抗衡的地步。

咸同时期，两湖绅士的权力不断发展，官府不得不依靠绅士来处理地方事务。时任湖北巡抚的胡林翼曾感叹道："自寇乱以来，地方公事，官不能离绅士而有为。"③他们不仅干预公事，甚至发展到同官府相抵牾的地步，"各团每以有寨可据，辄藐视官长，擅理词讼，或聚众抗粮，或挟仇械斗，甚至谋为不轨，踞城戕官"；"（其）仗势自豪，不但生杀之权，地方官不能专主，甚至乡井山民只知有团总之尊，不知有官长之令"④。

在绅权勃盛的湖南，"自咸同军兴以后，绅权大张，虽举贡诸生皆得奋其口舌与地方官长为难"⑤。在湘乡县，团练头目"借名办团，把持公事，恃符武断，干预钱漕及一切非分之事"⑥。岳州府"集义团团总秀才周龙光等八人，恃势武断乡曲，欺陵愚懦，追取团费，有牵人猪牛，派出团勇吓诈需索钱米，人心惶惶，团恐涣散等语"⑦。在巴陵县，"亦有假此（团练）多敛财费及武断乡事者，又有以名应官实无清查者"⑧。善化人孙鼎臣说："团总、团长借以渔利，凌弱暴寡，鱼肉一方。幸而胜贼，恃功骄横。小之狱讼赋税，官不得问；大之戕虐吏民，法不得加。"⑨

"奏为澧州石门奸民借团滋事，……窃湖南澧州地居荆州常德之间，自咸丰四年逆贼窜过之后，民间筹办团练，一时转弱为强，其公正绅团，

①　民国《宁乡县志》，参见《湖南地方志中的太平天国史料》，第211页。

②　徐平、许瑞芳编：《清末十四年申报史料》，新华出版社1988年版，第242页。

③　胡林翼：《麻城县禀陈各局绅筹办捐输情形批》，参见《胡林翼全集》第8册，《胡林翼批札》卷3，第53页。

④　《清朝续文献通考》卷216，兵十五，第9629页。

⑤　胡思艺：《退庐疏稿》卷3，参见王先明《近代绅士》，天津人民出版社1997年版，第53页。

⑥　同治《湘乡县志》卷5，兵防志·团练。

⑦　周乐：《记岳州府办团事实》，参见《湖南历史资料》1958年第2期。

⑧　光绪《巴陵县志》卷19，政典志七·武备上。

⑨　光绪《善化县志》卷32，续艺文·论兵二。

固皆兢兢守法，相庇以安。而贪狠凶戾之徒，则好勇疾贫，往往持众逞强，肆行无忌。上年澧州津市筹办抽厘，即有奸民谭成祚纠众阻挠，抢毁富绅吴经采等数家之事，经严饬查拿，尚未获案。而州属燕子山匪首陈正卯、牙前寺匪首陈庭杰、樱桃冈匪首陈绪儒与湖北松滋县匪首彭生科即彭连甲等自号穷团，又名中义团，树立旗帜，扬言劫富济贫，勒典减息，勒田主减租，勒增雇工工价，煽诱南北穷民。"①

清末署湖广总督瑞澂曾说："湘省自咸同军兴以来，地方官筹办各事，借绅以为辅助。始则官与绅固能和衷共济，继则官于绅遂多遇事优容，驯致积习成弊。绅亦忘其分际，动辄挟持。"② 光绪年间，担任湖北沔阳知州的李辀一针见血地指出："官不过为绅监印而已。"③ 绅权之盛可见一斑。绅权的恶性膨胀已经严重危及地方官府的行政职能。

总之，"19 世纪中叶以后，清代传统乡里组织的性质正在发生变化"。这一变化趋向不仅体现为绅士开始成为里社、乡地组织的首领，还体现为乡里组织职能由应付官差向广泛介入民事纠纷调解、征收赋税、办理地方武装的扩展。有些乡地组织自身虽然没有出现明显变化，但"被置于士绅的领导之下，并开始承担地方公共职能"④。

王先民认为，"士绅与团练机构的结合及其权力的组织化过程，开启了士绅阶层——以'士'为基本特征的文化权威和社会权威——的'绅权体制化'和'士绅权绅化'的历史进程"⑤。

（2）绅权扩张的原因

首先，军事上，八旗、绿营经制兵相继腐败。

"自正月以来，粤贼北犯，汉黄不守，据长江之势，恣其荡轶，破皖桐下金陵，踞镇扬，又分其群丑涉汴入晋，东扰畿辅。国家兴师十万，南北攻围，旷日持久，凶锋未损十一二，而力已不支矣。"⑥

---

① 《骆文忠公奏议》，《湘中稿》卷 13 丙辰中。
② 《署湖广总督瑞澂奏特参籍绅挟私酿乱请分别惩儆折》，《1910 年湖南"抢米"风潮报刊记述辑录》，参见《湖南历史资料》1958 年第 3 期。
③ 李辀：《牧沔纪略》卷下。
④ 魏光奇：《官治与自治——20 世纪上半期的中国县制》，第 79—80 页。
⑤ 王先民：《士绅阶层与晚清"民变"》，《近代史研究》2008 年第 1 期，第 29 页。
⑥ 鲁一同：《与吴中翰论时势书》，参见葛士浚辑《皇朝经世文续编》卷 68，兵政 7。

作为清王朝统治支柱的经制之师——八旗和绿营，也蜕变成为"平乱则不足，扰民则有余"的军队。对此，曾国藩曾奏称："兵伍之情状，各省不一：漳、泉悍卒，以千百械斗为常；黔蜀冗兵，以勾结盗贼为业；其他吸食鸦片、聚开赌场，各省皆然。大抵无事则游手恣睢，有事则雇无赖之人代充，见贼则望风奔溃，贼去则杀民以邀功。章奏屡陈，谕旨屡饬，不能稍变锢习。"① 胡林翼也奏称："查湖北军务不饬，已历五年。……上下相蒙，恬不知耻"，"本省既无得力之兵将，而川楚河南勇目之黠桀者，纠合无赖，随营投效，以一报百，以百报千，冒领口粮，交绥即溃。"② 面对太平军的进攻，"无论贼匪之多寡强弱，而闻警先惊，接仗即溃者比比皆是"③。"文武以避贼为固然，士卒以逃亡为长策"，"望风逃溃"④。这样极端腐朽的军队，根本无力与太平军抗衡。因此，在太平天国运动初期，面对太平军的强劲攻势，清王朝的"经制之师"，节节败退，不堪一击，它再也不能起到维护清王朝统治的作用。在统治政权摇摇欲坠的危急关头，不肯坐以待毙的清王朝为了苟延残喘，挽救危局，除了重新编练地主武装外，别无选择。于是，团练应运而生。咸丰二年，清廷正式谕令各省组织团练，湖南亦不例外。是年七月，太平军进逼省府长沙，反动统治岌岌可危，于是"抚宪骆秉章、张亮基叠练团"⑤。湖南巡抚骆宝章遵旨在全省境内推行团练，令各州、县官"传谕各绅士，察看各乡情形，斟酌尽善，不限一例"，要求做到"各州县无不团结之乡，各乡无不团结之户"⑥。

其次，经济上，清政府府库空虚，财源枯竭。

"兴师十万，日费万金，军兴四年，所用不下二千万。筹饷之艰，固非意外事也，诚重守令，团乡兵，则可省客兵之半。夫以西北之兵而救

---

①　《议汰兵疏》，参见《足本曾文忠公全集》奏稿卷1，第370页。

②　胡林翼：《敬陈湖北兵政吏治疏》，参见《胡文忠公遗集》卷14，《近代中国史料丛刊续编》第34辑，台湾文海出版社1983年版，第715—716页。

③　同上书，第715页。

④　朱孔彰：《中兴将帅别传》第三卷，参见《近代中国史料丛刊》第12辑，台湾文海出版社1967年版，第12页。

⑤　同治《续修宁乡县志》卷23，职官五，兵防·团防。

⑥　同治《长沙县志》卷15，兵防·团防。

东南。远者数千里，动经旬月，兵未至而贼已去，贼未见而帑已竭矣。"①
咸丰二年，户部银库收入为 836.1 万两，支出为 1026.8 万两；咸丰三年，
收入仅 444.3 万两，支出为 847.1 万两。仅两年的时间，库银实际库存减
少了 590 多万两。② 到咸丰三年六月，户部存银仅 22.7 万两，连下个月
的兵饷也发不出来，财政状况恶化到极点。湖南在咸丰元年九月，仅存
银 3 万余两，只够发放一个月的兵饷，要求户部紧急接济 30 万两③。咸
丰三年，"未到之饷，多为寇资；续拨之饷，半归无着"，以致湖南藩库
"已支用无存"，湖北 "有停兵待饷之患"④。1857 年胡林翼奏报，湖北仅
都兴阿、李续宾、杨载福善部积欠兵饷达五六个月，总额 80 余万两，诸
军 "糜粥度日"，桐城之兵竟至 "因饥而溃"⑤。在太平军起义的最初三
年中，清政府通过开捐输报效事例、向绅民贷款等解燃眉之急，1853 年
后，又采取征收厘金、铸发大钱钞票以及就地筹饷等措施，缓解财政
危机。

　　团练不是国家的经制兵，国家和地方政府都不拨给经费，"天下有请
帑养兵之例，无请帑供团费之事"⑥。"若捐饷厘金，乃济大营之急，不能
旁润他邑也。"⑦ 不准丝毫动用应解交政府和大营的钱粮厘捐。清政府要
求团练 "经费则民捐民办"、"一切经费均归绅耆掌管，不假吏胥之手"、
"由绅耆自行经理"。

　　清政府既要求办团练，又没有经费可拨，因此，团练一切经费都要
靠自身筹集，"地方义旗，自宜各绅筹办"⑧。"一切壮丁，平日不给口
粮，会操亦无饭食（会大团之日，或酌给点心钱一二十文，听各团之
便），每次会团，茶水点心，亦需钱数百文。其器械旗帜号挂鸟枪抬枪火

　　① 鲁一同：《与吴中翰论时势书》，参见葛士浚辑《皇朝经世文续编》卷 68，兵政 7。
　　② 彭泽益：《咸丰朝库银收支剖析》，参见《十九世纪后半期的中国财政与经济》，人民出
版社 1983 年版，第 74 页。
　　③ 《清政府镇压太平天国档案史料》第 2 册，光明日报出版社 1990 年版，第 428 页。
　　④ 《清政府镇压太平天国档案史料》第 4 册，第 357—358 页。
　　⑤ 胡林翼：《请饬催各省应解湖北月饷片》，参见《胡文忠公遗集》卷 15，第 782—783
页。
　　⑥ 汪士铎：《胡文忠公抚鄂记》，第 162 页。
　　⑦ 同上书，第 49 页。
　　⑧ 同上。

药铅弹，亦需钱制备。以上诸费，则就本团稍有力者，凑赏为之。团总团长夫马饭食，俱系自垫"①。

两湖地区团练经费的筹集主要有两种办法：

其一，随田亩附征。在湖南湘乡、浏阳、宁乡、安化、长沙、平江、桂阳以及湖北孝感、罗田、麻城、沔阳等州县，实行"按亩（田）派费"、"按粮集赏"、"各村派费"等，比如在湘乡按田赋多寡，随地附征来筹集团练经费。"团费或按亩计算，或按收谷入仓数目匀派"，"各户派费拒不交齐者，指禀拿究。分文未出、恃强挟制者，以党贼论。匿漏田亩，按派不均者，查出计亩处罚"②。安化县规定："团内一应费用，着团总、团佐、保长等按粮抽派，或向殷实富户劝捐，但须就其力量秉公劝捐，不得徇私勒索，亦不许任其违抗。"③ 桂阳县"自咸丰五年邑遭兵燹后，合力团防，仗义捐派。多者五百千，少亦一百千为率。每粮一石，米二十斗、钱四千文带征。收入相仍，数年共计银十余万"④。

在随田亩附征的同时，团丁练勇还需自备器械。比如湘乡县"每家或出一人，或出数人，自备食用"，"并令每家各制号褂一件，器械一件"⑤。应山县"仿田赋出兵法"，"器械粮食，概令自备"⑥。

其二，绅士捐输。湖南湘乡团练主张"贫者可以充勇，富者量力捐输，庶劳费相资"。而且规定对"信重租轻及贸易有余资者，酌量捐资；至零星小户，自应免派"⑦。永顺县、桑植县《团练规略》规定："劝谕助捐以充团练经费，凡团练壮丁、设立团总所需口粮等项，即在于各保内殷实之家银钱谷米量力捐出，各从其变，以供支应。"⑧ 湖北通山和武昌要求"贫出力而富出费"、"殷富捐钱谷"⑨。

---

① 朱孙诒：《条规事宜》，参见《皇朝经世文续编》卷89，兵政二十。
② 同治《湘乡县志》卷5，兵防志·团练。
③ 同治《安化县志》卷16，经政·团练。
④ 同治《桂阳县志》卷11，武备志。
⑤ 同治《湘乡县志》卷5，兵防志·团练。
⑥ 民国《湖北通志》卷74，武备志十二·应山团练始末。
⑦ 同治《湘乡县志》卷5，兵防志·团练。
⑧ 同治《永顺县志》卷4，赋役志·团练规略，参见同治《桑植县志》卷2，赋役志·团练。
⑨ 民国《湖北通志》卷74，武备志十二·通山团练始末。

而当时"敛费维艰，养勇一人日需钱二百，少亦百五十，养勇千人需钱五万贯，加军械赏号数近六万矣。勇不满千不能敌贼，岁捐六万，蕞尔邑何克支计"①。特别是受战乱影响，"按亩派费"收效不大。例如，咸丰四年，咸宁知县"谕各乡集费，然兵燹之际，脂膏已竭，多不应需"②；孝感知县李殿华"遣委员绅士劝民输团费，民甚以捐输为苦"，咸丰五年，又"创修亩费斗田百钱，邑大扰"③；在罗田"军兴十余年，罗田地瘠而小，练费按亩摊捐，民多逃亡，馈饷不给，诸勇日不得一饱"④。

所以，绅士捐输占有重要地位。州县官既需要绅士组织团练，劝乡民捐款捐物，更需要他们捐输团费。由于农民起义对其强烈冲击，所以绅士捐输多较踊跃。

枝江知县命团绅阎敦五等"筹钱七百缗"⑤。咸丰五年九月，麻城邑绅冯延镍，"为500名绅勇筹应经费"。咸丰十一年，恩施富绅"捐资数万交团练局供给军食火药器械一切"，宜城诸生丁蕃咸丰年间"醵粟募壮士数万千人"⑥。

湖南安化知县"余坚谕绅士设局筹款，相地防堵"⑦；桂阳县"每殷实捐钱自数十千以至百千不等，计银三万有余"⑧；在临湘，有余姓家族的监生余求仪、余求瑷、余鼎元捐资集乡众团防，咸丰十四年，他们捐资募勇随塔齐布、胡林翼首围剿太平军；在巴陵，李治绩与从兄举人李绪捐万金募邑子弟一千余人为练勇，办理团防安堵；在嘉禾，又有李国荣、李肇荣、李肇章在乡办理团练，按军兴例募饷万金；在华容，有寨昌淡、寨重轮捐资募勇堵截；在宜章，有邓炳文、邓镜清父子治团练，捐资增勇固地方；在安福，更有蒋明栻、蒋明熙、蒋明章、蒋明晋、蒋

---

① 民国《湖北通志》卷74，武备志十二·应山团练始末。
② 民国《湖北通志》卷74，武备志十二·咸宁团练始末。
③ 民国《湖北通志》卷74，武备志十二·孝感团练始末。
④ 民国《湖北通志》卷74，武备志十二·罗田团练始末。
⑤ 民国《湖北通志》卷74，武备志十二·枝江团练始末。
⑥ 米镇波：《论咸丰朝地方团练的经济来源及影响》，《历史教学》1986年第12期，第5页。
⑦ 同治《安化县志》卷16，经政·团练。
⑧ 同治《桂阳县志》卷11，武备志。

征蒲、蒋征莘、蒋征焘等父子辈率家族集体捐资数十万，募勇卫家园等。①

特别是在湘乡县，"办理团练捐用口粮军装等项，实用银一十一万七千六百六十九两二钱八分八厘，实收各捐生银五万四千九百八十五两，钱九万六千八百二十一串，按每钱二串折银一两扣算，折银四万八千四百一十两5钱，动用厘金六千串，折银三千两。又知县赖史直倡捐银一千两，计不敷银一万零二百七十三两七钱八分八厘，系该县乡团零星捐用"②。

而绅士通过捐输，一方面得以请奖封官，另一方面还可以借此控制团练。例如，前述罗田县，"邑绅萧士珂设法筹款，事急则解私囊济之，团勇感动，当饥困时或戟指詈诸团绅。士珂至，则敛手曰，萧公来，吾辈勿复尔尔"③。

再次，绅士本身的地位和作用。

清代中央集权制行政最低一级是州县，一般情况下只设知州知县等二三名官员，而这些州县官却要管辖"一个约有 20 万到 25 万居民的地区"④，其职责范围广泛，"知县掌一县治理，决讼断辟，劝农赈贫，讨猾除奸，兴养立教。凡贡士、读法、养老、祀神，靡所不综"⑤。州县官要处理的政务包括征派、刑名、治安、教化、建设、救济等各个方面，对其辖区内的一切事情负有责任。造成的结果"就是地方长官只有在与当地绅士头面人物的密切合作下，才能作他的工作"⑥。而且清朝地方官员的回避制和频繁更换制，一个州县官在达到自己的辖区时，对地方上的情况几乎一无所知，甚至很可能当地人听不懂他的口音，他也不懂当地方言，这就使他处于孤立无援的境地，迫使他依靠当地的绅士。清代绅士以身份为纽带，以功名为凭藉，以特定社区为范围，以官、民之间的

---

① 熊英：《浅析太平天国时期湖南各地的捐输助饷》，《湖南文理学院学报》2006 年第 1 期，第 104 页。

② 同治《湘乡县志》卷 5，兵防志·团练。

③ 民国《湖北通志》卷 74，武备志十二·罗田团练始末。

④ 费正清编：《剑桥中国晚清史》（上卷），中国社会科学出版社 1994 年版，第 23 页。

⑤ 赵尔巽：《清史稿》卷 116，第 3357 页。

⑥ 费正清编：《剑桥中国晚清史》（上卷），中国社会科学出版社 1994 年版，第 23—24 页。

社会空间为运动场所，形成一种具有权势的地方社会控制力量。州县官必须借助于绅士阶层的社会力量，才能完成对于基层社会的控制。① 曾做过清代知县的汪辉祖认为："官与民疏，士与民近，民之信官，不若信士。朝廷之法纪不能尽谕于民，而士易解析，谕之于士，使转谕于民，则道易明，而教易行。境有良士，所以辅官宣化也。且各乡树艺异宜，旱潦异势，淳漓异习，某乡有无他匪，某乡有无盗贼，吏役之言，不足为据，博采周谘，唯士是赖。"② 在通常情况下，"地方官到任以后的第一件事，是拜访绅士，联欢绅士，要求地方绅士的支持"。否则，地方官往往被绅士们合伙告掉，或者经由同乡京官用弹劾的方式把他罢免或调职。③ 因而清代知县莅任首先就要懂得与绅士相处的诀窍："交以道，接以礼，固不可权势相加。"④

"绅权主要基于国家权力对基层社会的低度渗透和绅士自身所占据的资源优势及基层社会所需。"⑤ 绅权在政治、军事、司法、经济生活、精神生活等各个方面，成为国家末端政权统治的补充，绅士在基层社会与州县官之间起着中介和桥梁的作用。曾在福建做过知县的姚莹，以其亲身经历总结出为官（为县官）之要，"州县虽曰亲民，而仁信未孚，愚众岂能尽晓？官之贤否，取于绅士之论。……愚民不知畏官，惟畏若辈，莫不听其驱使。苟失驭之，则上下之情不通。官虽惠民而民不知，民或甚冤抑而官不能察。此前人之所以多败也。诚能折节降礼，待以诚信，使众绅士咸知感服，则所至敢于出见。绅士信官，民信绅士，如此则上下通而政令可行矣"⑥。

州县官与绅士共同管理基层社会事务：地方官处理地方事务总是一再向绅士们咨询、求教以及寻求协助；作为地方的代言人，绅士常常说服政府接受他们的看法。⑦ 因此，"政府统治的活动可以区分为两类：一

① 王先明：《近代绅士》，天津人民出版社 1997 年版，第 287 页。
② 汪辉祖：《学治臆学·礼士》，辽宁教育出版社 1998 年版，第 49 页。
③ 吴晗：《论绅权》，参见《皇权与绅权》，上海观察出版社 1948 年版，第 50 页。
④ 王凤生：《绅士》，参见《牧令书》卷 2。
⑤ 郝秉键：《试论绅权》，《清史研究》1997 年第 2 期，第 26 页。
⑥ 姚莹：《覆方本府求言札子》，参见贺长龄辑《清经世文编》卷 23，吏政九，第 577 页。
⑦ 张仲礼：《中国绅士》，上海社会科学院出版社 1991 年版，第 58 页。

类是往下只到地方县一级官员的正规官僚机构的活动，另一类是由各地缙绅之家进行领导和施加影响的非正规的网状系统的活动"①。"与地方政府所具有的正式权力相比，他们属于非正式的权力"，州县官与绅士"两个集团相互依存，又各自以不同的方式行使着自己的权力。两种形式的权力相互作用，形成了二者既协调合作又相互矛盾的关系格局"②。

"在地方政府与绅士之间有一个传统的职能分工"，州县官的职责"除了维护治安这一首要职责以外，最重要的是征税和司法"。"另外那些职责，因并不影响'考成'，如果不是有意忽视的话，州县官一般只以很少的精力去应付。"③"乡绅的意义和功能，似可以从本地官民的媒介者这一点来寻求。也就是说，乡绅是经营宗族、行会等传统性自治生活民众的统帅者即代表，在作为下意上达的导管的同时，又以官方代理的资格努力使上意下达，甚至进而协助其行政，担任'治安维持，民食确保，排难解纷，官民联络，善举劝业，移风易俗'等的职务。"④地方自治事务如善堂、积谷、修路、造桥、兴学、教化之类的事情，一般由绅士担任。属于非常事务的，如办乡团、救灾、赈济、丈量土地、举办捐税一类，也非由绅士领导不可。

但官绅之间也存在深刻的矛盾。绅权作为非正式的权力力量，常常扩张到官府难以接受的程度，这首先体现在赋税方面。因为绅士可用免除以田为基础的所有徭役，所以，他们总是设法"非分"多免滥免。有的绅士包揽赋税的实际征收，侵吞税款。如黄六鸿多次谈到"有劣衿某者以本社民粮百余斤，悉为包揽，饱之欲壑者二十余年，历任不敢过问，里社徒受追比"，黄六鸿"补东光时，有劣衿某，平日把持衙门，包揽赋税"⑤。其次，在司法领域，绅士们"凭藉门第，倚恃护符，包揽钱粮，起灭词讼，出入衙门"⑥，甚至私设公堂和私藏刑具。绅士也是乡里社会

---

① 费正清编：《剑桥中国晚清史》（上卷），中国社会科学出版社1994年版，第25页。
② 瞿同祖：《清代地方政府》，法律出版社2003年版，第282页。
③ 同上书，第31—32页。
④ 重田德：《乡绅支配的成立与结构》，高士明译《日本学者研究中国史论著选译》第2卷，中华书局1993年版，第200页。
⑤ 黄六鸿：《福惠全书》卷4，第65页。
⑥ 田文镜、李卫奉敕撰：《钦颁州县事宜》，参见《政书集成》第十辑，中州古籍出版社1996年版，第68页。

民事纠纷的仲裁人，"由绅士解决的争端大大多于知县处理的"①。这在很大程度上剥夺了州县官的司法权。并且，为了地方的利益，绅士们可以结成势力，有效地抵制政府权力的推行，争夺对基层社会的控制权。

统治者所期待的绅士的角色，是既"不干预公事，把持官府"，又"上可以济国家法令之所不及，下可以辅官长思虑之所不周"②。在清王朝实行的保甲制中，试图把绅士作为社会控制的对象，而不是听任其成为社会控制的主体。雍正时规定"凡绅衿之家，一体编次，听保甲长稽查，如不入编次者，照脱户律治罪"③。这一政策是"欲藉保甲长之权力压制绅权，免得士绅在地方上权势过大"④。为了削减绅士阶层对乡村社会的控制力量，清王朝"曾反复尝试过将民众的所有阶层纳入这一制度，包括地方绅士，他们也要和平民一道登记。可是，各级十进制单位的首领们却是平民。这一制度的一个特征显然是企图提供一种平衡力量，以制约绅士在地方社会中早已存在的重要影响"⑤。

"作为一个社会权威力量，绅士在社区中的领袖地位很难被皇权轻易地剥夺，尽管在极端冲突的时期皇权可以凭借兵威大规模地摧抑绅士的力量。但社会生活的正常组织，社会秩序的正常维系，又只能依恃于绅士的力量。"⑥"士绅作为老百姓与政府之间的媒介，是构成地方政府必不可少的一部分。"⑦正是绅士在官民之间上下沟通，并形成一种良性互动关系，在一定程度上维持了传统国家与社会的整合。

最后，绅士是基层社会中宗族组织的领导者和管理者。

林济认为，长江中游宗族组织结构有三个特征，即地缘与血缘的紧密结合、家庭—亲房—房分—宗族的基本结构形式，宗族组织具有较强的稳固性与凝聚力、低级士绅成为宗族组织的主导力量。伴随长江中游乡村宗族组织化的完成，低级乡绅及士子士人与宗族有着密切的结合，

---

① 张仲礼：《中国绅士》，上海社会科学院出版社 1991 年版，第 66 页。

② 《绅衿论》，《申报》同治十一年五月一日。

③ 《清朝文献通考》卷 25，职役五，商务印书馆 1936 年版，第 5073 页。

④ 萧公权：《19 世纪之中国乡村》，参见王先明《近代绅士》，第 98 页。

⑤ 孔飞力：《中华帝国晚期的叛乱及其敌人》，第 27 页。

⑥ 王先明：《中国近代社会文化史论》，人民出版社 2000 年版，第 23 页。

⑦ 周荣德：《中国社会的阶层与流动——一个社区中士绅身份的研究》，学林出版社 2000 年版，第 9 页。

乡村宗族形成严格的血缘宗法伦理关系，他们力行倡导儒家的血缘伦理道德行为，倡导亲房宗族内的小农家庭互助救济，热衷于宗族公益组织建设，更热衷于强化血缘亲族互助救济功能，他们在乡村宗族社会具有较强的号召力和影响力，许多户长、族长多是由低级士绅担任，成为乡村宗族社会的实际管理者。低级乡绅及士子士人以祠堂家法、宗谱族规等约束族人，又可以有各种宗族公产收益等网络族人，牢牢控制着乡村宗族，他们具有强大的动员组织能力，能够在很短时间内以宗族为基础组织团练。① 所以，以血缘关系与地缘关系为纽带的族团也成为两湖团练的一个重要组成部分。许多团练章程规定，凡聚族而居的地区，一律举族为团。基层团练大多以宗族为单位，大姓望族独立举办团练，成立族团。如永顺县的"团练规略"规定："各村之内，不拘十家、八家，总以衡宇相依者联为一牌，再以牌内声息相通者联为一团，团有长"② 在蓝山县，至咸丰四年"时邑四境俱已立团，大姓各自为一团"③；溆浦县"咸丰三年，邑土匪成群劫掠，经四门村团及严姓望乡团、大湾丁姓、匡姓团先后搜捕擒剿，境内稍安"④；醴陵刘荣，"太平军起，莠民乘机蠢动，官吏莫之问。荣朝立拘族无赖某，绳以家法。县中巨族，闻而效之"，兴办团练。潘思宽，"咸丰时，太平军攻长沙，游骑犯境"，他就以宗族为基础，"严团练，条族约，设游坛法"，"一家有警，以次随发，境赖以安"⑤。而乡团也大多以宗族为基础，以大族为主干，"邻近小族，即附入大族，一体遵办"，"大族合出若干名，小族合出若干名，就其团之远近，勇之多少，设立团练总几名，其中或十人或十余人设一练长，编立清册，各存各乡，以便查核"⑥，乡团实际上也是由大姓望族所控制。

　　这些团练大多推行宗族组织和保甲合一政策，"以保甲为经，宗法为纬，一经一纬，参稽互考"⑦，以达到"以一族之父兄治一族之子弟，以

---

① 林济：《长江中游宗族社会及其变迁》，中国社会科学出版社 1999 年版，第 16—17 页。
② 同治《永顺县志》卷 4，赋役志·团练规略。
③ 民国《蓝山县图志》卷 7，事纪中。
④ 民国《溆浦县志》卷 12，武备志·团练。
⑤ 民国《醴陵县志》卷 8，人物传四。
⑥ 同治《湘乡县志》卷 5，兵防志·团练。
⑦ 《复宗法议》，参见冯桂芬《显志堂稿》卷 11。

一方之良民办一方之匪徒，匪类去则良善安生，乃所以为团"① 的目的。因此，团练实际上是由一个或多个宗族的族人为团勇的宗族武装组织，其组织和管理也是借助宗族血缘伦理法则来实现的。如团练组织要求族长、户首对本族子弟的言行负责，"如有不服团练及子弟有为匪不法情事……惟户首是问"；若有本户子弟"抗不赴援、赴练及捏情规避者，罪父兄。"②

由于此时乡村宗族已经具备了比较发达的族权组织形式和血缘宗法伦理关系，相厉行保甲、组织团练离不开族权组织形式与血缘宗法伦理关系，编查户口，厉行保甲已经成为宗族绅士的责任，厉行保甲往往被称之为练族。所以，团练重在"练族练团"。如在团练最为发达的湘乡县，以练族为练团的基础，练族与练团并举。咸丰二年（1852 年），"知县朱孙诒甫至，即令举行保甲，并令练族练团，互相保护"。并会同绅士酌议条规，规定③：

> 一、团内并无公费。应议定团长、练长，同族都应议定族长、房长。传谕各家，每人自制号褂一件，器械一件，早晚在家自行操演，一遇贼警，由团长、练长、族长、房长带赴有事之家，协力救援，平日无事，各安本业。至各该长每月必须会议一次，讲明族规、团规，传谕族众、团众慎重遵守，如牵抄、如私宰、如赌博、如酗酒斗殴、如窝贼行窃，若何办理，俱宜公持正，毫无私见。有应办者，公同禀办。如有不法匪徒恃强不服，本团本族难以约束者，即合各团各族以共治之，必使人人向化，方是团练之意。其团长、族长会议，不过预备茶饭，所费有限。若团内本有公费，或有殷实之家捐资办理者，尽可随时随地令族众、团众设局操演技艺。

> 一、各都即将都正保甲之名报县，以便派充。

> 一、各都保正速传各族，无论大族小族，俱令公举族首、房长，速行报县，以便给札委办。

---

① 《足本曾文正公全集》批牍卷 1，第 1200 页。
② 同治《湘乡县志》卷 5，兵防志·团练。
③ 同上。

一、团练无分大小，俱令先练族，后练团。

一、团练现奉谕旨饬令举行，各族户首俱宜克期从事，务使族众、团众皆能有勇知方，庶几匪徒不敢犯境。如有不服团练，即着户首会同都团公同禀究，倘敢徇庇，惟户首是问。

一、都正保甲专司稽查，如各都有团练不力或为匪不法，即行禀究。如不禀究，定将不力之都正保甲从严惩治。

咸丰九年，湘乡县知县在"谕族首练族"中再次强调："照得贼氛伊迩，练族为要。仰各姓族首房长等速即练族，清查户丁，约束族众，守法认真，联团互相守助。"①

在宁乡，士绅刘典等人奉文举办团练，其练团实际也就是练族，"挨户练户，认真联结，二人为长，具每族谕良莠以闻，由清族而清团，内奸自无所容矣"②。在湘阴县邰河青聚众反官府，团绅邰玉峰纠合族人执邰河青前往县府惩处，县官蔡某遂"檄各团绅传谕各族捕治首乱者"，邰姓又拘捕族人邰虹彩送县法办③。

湖北武昌县（今鄂州市）的团练章程规定："以乡团为经，族团为纬。乡团则本县八乡编为八团，每团各举公正廉能、素有乡望者一人为团总，三四人为团佐；每里举一人为团正，数人为团副；余则每十人立一什长，每五十人立一队长；街有街长，村有村长，堡有堡长，甲有甲长，小街附于正街，小村附于大村；甲长、堡长即以团副兼充之，递相统率。族团则合族立一户长，各房立一房长。族团仍统于乡团，而皆受节制于印官。务使长知勇之强弱，勇知长之号令，体统相维，彼此相识，不致临期错乱，难于调遣。"④

绅士通过创办族团的方式使绅权与族权融为一体，强化了对基层社会的管理，也强化了绅士在乡村管理中的主体作用，在维护地方秩序、协助和配合官府镇压农民起义中发挥了重要作用。

---

① 同治《湘乡县志》卷5，兵防志·团练。
② 同治《续修宁乡县志》卷23，职官五，兵防·团练。
③ 同治《湘阴县志》卷28，兵事。
④ 皮明庥等编：《出自敌对营垒的太平天国资料——曾国藩幕僚鄂城王家壁文稿辑录》，第65页。

而且这些团练均注重对团丁实行封建道德和伦理观念的思想教育工作。江忠源办团练之初，很重视对团勇进行"孝义"思想教育，"每月朔，会乡村子弟剀切譬晓，俾知亲亲长长之义，阴以兵法部勒其众，数月，一乡肃然。"① 湘乡团练条规里面就明确规定："今举行团练应令团总团长团正训练之余，所凡拜跪之仪，坐立之节，称谓之情析晓谕，使其惕然动容，庶足以化其桀骜之习，而生忠顺之心，至其孝亲敬长，睦族和邻，矜孤恤寡，尊老怜贫，排难解纷，靖争息讼，有无相通，患难相救，亦在乎随时指点而已。"②

正因为宗族组织以血缘关系为纽带，以宗祠、族规、族长等一套组织系统来规范、管理族众；通过族田义庄等公产来赈济贫苦的族人；以祭祀、族谱、族训等手段来教化子弟，对家族内部实行有效的管理，从而使宗族组织在控制基层社会方面发挥着基础性作用。在社会动荡时期，乡村控制体系在实际运作中就出现了政权、族权、绅权共同作用、相互交融共同管理乡村社会的局面。

第二节　同光时期保甲团练的整顿与加强

一　整顿保甲

同光时期，清政府不断发布整顿保甲和团练的上谕。

1865 年，太平天国刚被镇压，清政府针对"近年州县等官往往履任逾年，未曾编查乡甲，或仅于城厢造册，虚应故事。甚至以无赖游民充当甲长，非但不能戢暴，而且多事扰民"。即通令各直省督抚府尹整顿保甲制度，"讲求旧章，认真办理"，"并于考核牧令之时，明示劝惩，随时举劾，……从严参责"③。其后又不断发布这类命令，要求各地整顿和加强保甲。见于记载的就达十几个省区。一些过去未办过保甲的地区，也开始举办。在那些人口流动频繁、客民数量较多的地区，强化保甲则同限制人口流动相结合，以加强对客民的户籍管理和人身控制。

---

① 附录《江忠烈公行状》，参见《江忠烈公遗集》，台湾华文书局 1983 年版，第 253 页。
② 朱孙诒：《团练事宜》，台湾文海出版社 1991 年版，第 54—55 页。
③ 《清穆宗实录》卷 140，同治四年五月庚申，中华书局 1985 年版，第 315 页。

光绪三年（1877 年）八月，"办理保甲为地方要务，并著地方官实力举行"①。

光绪四年（1878 年）二月，"著各直省督抚提镇分别严饬各属，按照保甲章程将户口开明，令保甲长随时详报"②。

光绪十三年（1887 年），有人奏称，各省保甲废弛，请饬整顿。上谕称："保甲为弭盗良法……著各直省督抚，严饬所属将保甲事宜，认真办理。立法固期尽善，尤在实力奉行，务令各州县随时亲查，绝不假手吏役，庶有稽查之实，而无滋扰之弊。地方官以此辨民之良莠，各上司即以此课吏之勤惰，上下实心，期收实效，不得仅以造册申报敷衍塞责，用副朝廷戢暴安良、实事求是之意。"③

光绪二十四年（1898 年）六月上谕："近日各省裁汰营勇，保卫地方，全在严查保甲以辅兵力之不足。各省办理保甲章程非不详备，迭经谕令从严稽查，率皆视为具文，并未将现在情形详悉复奏，殊属因循废弛。自此次申谕之后，各该督抚务当严饬地方官于保甲一事实力举行，以期民情固结，奸宄无从匿迹。仍将整顿办法先行切实具奏，以副朕绥靖闾阎至意。"④

上述上谕既有针对全国各直省而发的，也有针对湖北湖南两省的具体情况而发布的。例如，同治十年十二月十四日清廷上谕："湖南地方紧要，会匪散勇在在堪虞……即著李瀚章王文韶督饬省局官绅将保甲事宜认真经理，仿照十家联牌法，饬定各州县一体实力举行，选派廉正绅耆挨户稽查。"⑤

光绪三年（1877 年）九月，清廷"命李瀚章、李庆翱分饬楚、豫交界各州县清查保甲，整顿团练，以防'捻匪''复行勾结滋事'"⑥。

光绪四年（1878 年），常德府各地有马三将军及马元等人聚众起事。十月，在龙山（今汉寿）县属八面山，有杨大朗等聚众起事。巴陵（今

①　朱寿朋：《光绪朝东华录》，中华书局 1958 年版，总第 472 页。

②　同上书，总第 555 页。

③　同上书，总第 2232 页。

④　同上书，总第 4196 页。

⑤　《奏办湖南全省保甲章程》，清光绪十四年（1888 年），浏邑团防局刻本。

⑥　章开沅主编：《清通鉴 同治朝 光绪朝 宣统朝 4》，岳麓书社 2000 年版，第 366 页。

岳阳）发生魏康民等人暴动事件，湘阴戒严。十二月，永绥厅、益阳县属境，会党起事；平江张元复聚众起事；慈利四都发生饥民暴动，饥民抢劫署衙，知县韩殿荣捕杀多人，才把暴动平息下去。十二月二日，清廷谕令湖广总督"李瀚章、邵亨豫严饬地方官清查保甲，整顿捕务，即将著名会首严密查拿惩办"①。

光绪五年（1879年），以湖北应城县黄滩团地方，有哥老会制造号票，勾结游民，潜谋滋事，清廷"命李瀚章、潘霨随时督饬文武各员严查保甲，整顿团练，认真缉捕"②。

根据清廷的要求，两湖地区各级地方政府加强了对保甲的整顿，并制定和完善了保甲章程。

同治年间，巡抚刘崐在湖南巡抚任内（1867—1871年）颁发保甲章程十条，要求各州县"造册籍""查户口""编保甲""慎稽查""严巡诘"等。③

光绪十一年（1885年），卞宝第还湖南巡抚任后，他认为湖南一省"为害闾阎者，厥有三端：乡连里接，类多聚族而居，安分守法者，固不乏人，亦多不肖之徒，好勇斗狠，暴戾恣睢，乡里侧目。或强伐山树，或硬夺蹊牛，或捏造中凭重利盘剥，或横争水利，冒认坟山。往往结为党类，一呼则千百成群，持械而约期互斗。迨至酿成命案，妄买顶凶，冀逃法网，究之至官研鞫，真伪立分。即有畏罪远扬，一经调营兜捕，勒限捆送，无不拘拿缧绁，骈首市曹，此械斗之风其害一也。又自咸同用兵以来，湘勇之名最着，有事则各省来湘招募，事平则遣撤回南。……亦有在营既久，染习颇深，游手好闲，不耐耕作，小则流为盗窃，甚或拜会结盟，踪迹诡秘，官吏苦难周知。性情剽悍，团保不敢过问。遇有少年流荡，气味相投，受其煽惑，无恶不为。……此散勇之患，其害二也。又……私行传教，煽惑乡民，徒侣成群，邪说流播，妇女倍受其愚蒙，缙绅亦乐为称道，衣冠埽地，闺阃贻羞。是直斋匪之流，尤属大干例禁。此吃斋之教，其害三也"。他认为对此三害"欲清源杜弊，实非整顿保甲

---

① 章开沅主编：《清通鉴 同治朝 光绪朝 宣统朝4》，岳麓书社2000年版，第387页。
② 同上书，第408页。
③ 同治《安化县志》卷16，经政·团练。

不可"①。特别是针对"湖南近日会匪结盟放飘，到处勾结，兼以各路裁撤湘军络绎不绝，易滋事端"的情形，提出"亟宜整顿保甲，以靖地方"。"为此拟定简明章程，随札颁发合行札饬，为此札仰该府、厅、牧立即严饬所属，克日选派公正绅士，将后开各条实力举行，毋得仍蹈积习，视为具文。"② 其《续定保甲章程八条》云："编查保甲。如有会匪党羽及为盗贼者，责令团保户族按名捆送，或势难捆送者，即密禀地方官登时督同拿获。如知情不报，即按律连坐，其有愚民被诱自愿缴飘悔罪者，准团保户族等出具连名互保甘结，倘妄保匪类，一经查出，将结保之人一并坐罪。""拿获会匪头目，赏钱一百串，指获匪首有据者，赏钱五十串，在会悔过指获匪首者，一体给赏，至省城善后局给领。劫案首犯赏钱一百串，从犯一名赏钱五十串，其有指报劫盗因而获犯者减半给领，寻常贼盗酌量给赏。"

光绪十二年（1886 年），湖北巡抚谭钧培"责令各府实力督办"，汉阳府与武昌府"均拟定章程，行令各州县一体举办"。

光绪十九年（1893 年）汉阳府和汉阳县"颁发章程，力行保甲"，厘定保甲章程 12 条，要求"各员绅务当实力奉行，认真举办"③。湖广总督张之洞要求"分饬（汉）川沔（阳）黄（陂）孝（感）各州县查照章程，认真举行"④。为使"人人易晓，事实可行"，汉阳府和汉阳县又"将条约中择尤举要"，"计开章程"8 条。

关于这一时期的保甲章程，我们可以同治末年《湖南全省保甲章程》和湖北汉黄德道道员武震面制定保甲章程十八条为例，了解其概况和特点。

同治末年，湖南省制定了《湖南全省保甲章程》⑤，其内容如下：

第一，划分地段，择选总首。

---

① 《札饬各府州厅整顿保甲慎选族正族副》，参见卞宝第《抚湘公牍》卷 1，清光绪十五年（1889 年）湖南刻本，第 53—55 页。

② 《札饬各属续定保甲章程》，参见卞宝第《抚湘公牍》卷 1，清光绪十五年（1889 年）湖南刻本。

③ 黄德道纂：《汉阳府保甲录》卷下，光绪十八年保甲总局刻本，第 11—19 页。

④ 黄德道纂：《汉阳府保甲录》卷上，光绪十八年保甲总局刻本，第 4 页。

⑤ 《奏办湖南全省保甲章程》，清光绪十四年（1888 年），浏邑团防局刻本。

规定：各厅州县城乡地段，在城或分铺分坊，在乡或分里分甲分图分社。地段起止，各有界限。须先统计城乡地界，各有若干段。即于每段地境之内，择选公正廉明、众所信服之绅耆数人，举为总首，优以礼貌，专以责成。所举得人，指臂有助，自无不办之事。至各该地保等，随同奔走，该地方官仍须酌给钱文，以为备办草册纸笔之资，无使赔累，致有借口派费之弊。

第二，分牌填牌，十家联保。

要求以十户作为一牌，立一牌首。择明白晓事、有功名、有家计者充之。间有一户同住数家者，各以户论，或一户共住，将及十家，或过十家，即可编作一牌。查有房主同居，即以房主为牌首，若无房主同居，或房方系妇女或只身，即择其丁口多、家计稍足者为牌首。又如有人烟稀少之处，不足十家，即就该处数家编为一牌。又或编至末牌，所剩奇零有五六户，即另编作一牌，只三四户，则与前牌均分，作为两牌。编法应自一牌递至十牌二三十牌，由近及远，依次顺编，不得错乱，无论绅民军商之家，均应遵照定例，一体编联。遇有山尖岭角，单居独户，即于就近牌内附编，不准遗漏。

分牌既定，每户应填门牌一张。首载该户家长姓名、年岁、籍贯，所住或城或乡，或铺何里，系何地名，作何生理，或教书，或自读，或力田，或佣工，或开某店，或帮某店，或绿营派何职，或衙署当何役，或服官何省，或居家守业，或曾募充勇丁，或向习何技艺。有无功名，或现任，或候补，或生监，或科甲，或捐职，或保举。有无田业，有者，或自业，或佃或典，所住或系自屋，或佃或典。所有户内丁口，除家长已于牌首立名不计外，即就现在家者，分别男女，载明大小各若干口（十二岁以为小）。如尚有未在家者，或即本身，或系伯叔兄弟子侄某名，现往何处教读，何处佣工，何处贸易，何处办公，何省服官游幕，何营带勇当勇，均须一一查明填注。既将大小丁口开明，则其家之贫富，亦应查明开载。如赤贫之家既无产业又不能自食其力，是为下次户；又有虽无产业，尚能自食其力，是为又次户；又有稍有赀本，勉营贸易，稍有产业，勉资事畜，是为中次户；若不次之户，产业多，资本足，不原开载者，即不必开载之。

门牌填定后，即著十家互相联保。如有一家为匪，准九家首告，倘敢徇隐，一并连坐，其联保不另取结，即以清册所开同牌为凭。如相连并居之家，有各家不肯联保之人，或系开设客寓、饭店、烟馆、茶馆、戏班寓所，或系煤厂、窑厂、铁厂、木厂，以及山边水涯、棚居小户，或系寺观庵庙，即于所给门牌该户之上载以待查二字；间有一家私庙，看守有人，又有地方公庙，住持有人，如果邻里信心，愿与联保，即不必载以待查字样；又或流娼土妓之家，或曾犯窃、窝赌、行凶有案，可其人只身赤贫，不知根底，或其人素行不端，众所共知，惟尚无犯案实据可指。此次清查，正为此辈而设，应即按名指拿，以凭严办。姑宽既往，许以自新，即于所给门牌该户之上，载以自新二字。凡十家一牌，应将待查自新等户，摘出计算，惟户虽摘出，居系待查自新之户，应即分属左右邻牌，责成邻牌首及邻牌各户，互相查察；又或有居家小户及小贸营生之家，间当寄寓外来客商，迹有可疑，亦应责成该首及同牌各户妥为稽查。如查有不法情事，着即随时商知总首，分别处置禀办，不可疏懈。

第三，填缴循环册。

联保后，还要填十家牌一张，将联牌十户姓名依次填载，并将待查自新等户姓名附载于内，交牌首收存，以便稽查。然后备循环正册各一本，又备循环另册各一本，照所填各户门牌，从第一牌至第二三十牌，依次一样填于正册之内，惟待查自新等户，摘出汇载另册。亦照所给门牌一样填注，并须载明某铺某里第几牌内，或待查或自新某户，依次递写，庶便稽查。

牌册填好后，即将所填循环正册另册各二本，并门牌十家牌各张，汇交总首，送官用印。官将循册各一本，留署备查。其门牌十家牌随交带回，转给各户，张贴门首，不得毁坏遗失。其环册各一本，即交总首收存，嘱令随时按册稽查，如有户口增减迁移，随时告知牌首，转告总首。即将牌册某项之旁一同添注涂改，定于每季三六九腊等月之初，该总首等，出具并无会匪切结。并将添改之原领环册各一本，缴存官署，随时将原存署内之循册各一本，查照更改，换交总首收存。门牌有因风雨毁失者，随时存记，俟换册时，即换补之，以后有应更改之户，陆续更改，俟过三个月换册之时，再将循册缴官，复将环册领回，悉如前法。其各户门牌，均已于改册之时，一同改注悬挂，不必缴换。计阅两年之久，牌册涂改已多，应即换造一次。至大市镇地方，增减迁移较多，须定一年一换。查各处地方，莫不设有地保，该地方官赴乡之时，即传该地保问明所管烟户，共有若干，如有百户，即备空白正册百页（每页计可填写两户），空白另册约四十页，空白册牌百张，又余牌约四十张，空白十家牌十张。随请所选举总首绅耆诸人，谕令按照百户，分作每十家一牌，转交牌首，每牌给正册十页，另册约四页，门牌十张。又余牌约四张，十家牌一张，令其将本牌人户，遵照章程填注清楚，填完汇交总首，总首合十牌之册，挨次分订循环正册各一本，又挨次分订循环另册各一本，再为逐细分查，如有错漏，即时更正。计自发册至缮完日，不过一旬之久，一牌写则各牌俱写，一里完则一邑俱完，此填造牌册至便至速之法也。又发册换册之期，该地方官务必当面亲手收发，切勿胥役勒掯，致劳守候为要。循环册缴齐后，各厅州县即饬书吏，速将城乡所缴正册另册，依次填写各一分，申送省局，以后每至年终，换册既齐，仍照填正册另册各一，并汇出并无会匪总结一纸，同赍以备查核。

　　第四，严清查，重赏罚。

　　清查之法，不嫌周密。除十家取具联保外，如有聚族而居者，应即责成该族公正族长，出具族内并无为匪切结。或一村聚处，虽非同宗，实可共信，应即责成该村公正绅耆，出具村内并无为匪切结，各结只于初次查办时取具存案，每俟年终，换结一次，不必按季饬取，以免烦琐。至于寺观庵庙本属方外，地方绅民固可就近查察。应并札饬僧纲道纪，随时约束稽查，如有为匪许即禀究。倘敢徇隐，一并究办。该僧纲道纪，仍按季每于三六九腊待月之初，出具切结，申送地方官存案，省城则并送总局查核。又如客寓、饭店、烟馆、茶馆、戏班、寓所、市镇之人，往来无常，又如煤窑木铁各厂，与脚夫码头，人多杂聚，以及山边水涯，棚居小户，迁移不定，应各另立一簿，逐日派人稽查，并责令该店主、厂主、夫头、地保，各于每月尽日，出具切结，呈送地方官存案，省城则并送总局查核。再查盗贼匪徒，每藉烟馆以为潜踪讬足之地，该各厅州县地方大小口岸，现有烟馆，应有妥人的保，取具如有容留匪类，愿与连坐甘结，方准开设，如无保结，即不准开。自此次清查之后，不准再添一家，如有犯事封闭，及无本歇业，不准复开。他如乞丐之流，市镇最多，乡里亦有宵小匪类，往往混杂于中，均应责成地保，随时查察。

本境穷民，自能认识。如有外来可疑之人，许即分别驱逐禀究。其市镇稍大地方，应为择一栖身之所，立丐头为管束，人给腰牌一面，更便稽查。又如水次船只，现有水师地面，已由水师编查。所有小河小港，水师未及编查之处，应即择立船头，责令编查每船，给以门牌悬挂船舱，取具五船互保切结。其鱼船小划，每难信心，应即编号给牌，设立号簿，出记所往，归询自来，夜泊定所，不许错乱。至有苗瑶杂处地方，或与民人一例照章编联，或仍应由该管土司头目，自行稽查约束，该地方官察量行之。又有深山旷野，绝少人烟，此等处所，最易藏奸，应责成该地总首、附近绅民、地保，密为查察。如有外来可疑之人，时聚时散，许即随时密禀，以凭拿究。总之，清查一事，欲求不扰，则在严禁需索，欲求有益，则在不时访拿。该各牧令，果于此处少肯尽心，自不至徒以一纸牌册，办成具文。

清查既密，赏罚宜明。该各绅耆及地保等，如能实办举行，无错无漏，地方官应即分别奖励。再能稽查得实觉察不轨会匪，尤应分别禀请保奖。倘有不知自爱，藉名武断，图报私嫌，干预词讼，需索地方，甚至容隐奸宄，得贿包庇，一经访察得实，除斥退外，定即照例治罪。该各地方官果能认真办理，匪戢民安，或予记功，或予迁秩。倘竟置若罔闻，或仍以具文了事，又或滥用匪人，致滋扰累，定即详请分别撤参不贷。①

对以上各条，要求"凡各厅州县地方官，务即遵照，自备夫马饭食，轻车简从，亲赴所管城乡，督同绅耆，认真办理，切不可徒委书吏地保，听以虚文塞责"，并规定该各厅州县，"奉文之后，统限三个月，一律办妥"②。

光绪十二年（1886年），湖北汉黄德道道员武震面对"汉镇水陆交冲，仕商云集，寄籍多而土著少，户口实繁，迁移靡定，清查良非易易。故虽设立保甲局已历数年，不过填写门牌敷衍了事，既未能联吾民为一气，将何以除强暴而安善良"。"加以奸诈者类耗吾民之资财，游荡之徒

① 《奏办湖南全省保甲章程》，清光绪十四年（1888年），浏邑团防局刻本。
② 同上。

坏吾民之风气，人心日流于涣散，习俗遂任其浇漓。"于是，制定保甲章程①，其主要内容如下：

第一，设分局，编水甲。

汉镇分仁义礼智四坊，向在地方适中之沈家庙设立保甲总局。今于居仁由义两坊，各设一分局，大智循礼两坊较宽，每坊设两分局，即在就近善堂设立，无须另派司事局丁，以节经费。又新河外地面旷野，人烟稠密，去街较远，巡察难周，亦添设一分局。

埠头客货各船到埠，即有附近划船装货物，该船向各分各埠停泊。此次应查明某埠头停泊某划船，传案一体具结编号，责成水保正不时稽查。省城亦时有划船过江，装载客货，该船户等虽隶江夏，与此间码头夫水保正均相熟谂，应概责令加意严查，以期周密。又租界地方华洋杂处，所有剥货划船在洋场工部局挂号，所装洋货居多，亦仍在埠头揽装生意。查此等剥船向泊米厂以下地方，应由管码头县差举该帮之为首者，自行联络稽查，不行容留匪类。再由洋街委员就近在工部局查开船户姓名籍贯号次，开单送局，俾杜影射。其租界外华商茶栈装茶各船，春夏间茶市旺时为数甚多，亦应专案具结，责令水保正随时稽查，不准疏漏。又有湖南四川装货来汉回空船只，未经受雇，资本耗尽，无帮口船行可归，饥寒所迫，每有通匪作奸等事，流为逋逃之薮，及应加意严查，以杜匪踪。若久驻河干，至于累月经年，则不得以尚未装货为词令，寻出坡上熟识铺户或帮首具保，一律发给门牌，随时由巡河委员抽查人数是否相符，有无藏匪情事，倘无人具保，不准逗留。

第二，遴局绅，举百长。

每一分局一正一副，月给薪资。正者宿局，清查循环簿册结，并补换门牌等件，按十日报送总局一次。副者会同坊员查写门牌户口，无论本镇土著、外来流寓、官绅士庶，一律编查，不准徇情脱漏一户，亦不得刻意扰民。其门牌应随时按户清查，周而复始，并不时留心察访，仍按十日将所察访之事报知总局，倘实有形迹可疑者，会同坊员登时查办。每年分作四季，每季由总局汇报一次，不准间断疏懈，该绅等务各和衷廉洁。凡十家中公举老成公正者为十长，百家又推择百长。督同十长于

---

① 黄德道纂：《汉阳府保甲录》卷下，光绪十八年保甲总局刻本，第1—10页。

各牌内自相联络稽查，如有迁移生故，随时报局换给门牌。

第三，严清查，辨莠民。

包括：其一，清房舍。庵观寺院多有闲房，除本庙诸色人等编给门牌另立清册外，其外来游方僧尼道士，遇有形迹可疑，为匪不法者，立即禀局分别查办驱逐。若混留滋事，住持治罪，仍惟僧纲道纪是问。此外，河街及后路小巷一切空屋，并各街间有搬移民房无人居住，恐有匪徒匿迹。该业主不时亲到查看，如业主远居不能照管，即将匙锁托邻居戚友代存，或送局中以便启闭履勘，以昭详慎。

其二，查栖流。汉镇有等无赖游民，或年老贫妇，每以破屋一椽栖居，流丐名曰江湖店，藏垢纳污莫此为甚。各坊地保甲头务各日夜清理，随时报局驱逐。讯实果系匪类，严行究办。报信人经员绅查实，亦立给重赏。如有挟嫌捏诬需索扰累，查出反坐。又有穷民乞丐，或搭棚楼栖，或沿街托钵往来靡定，情本可怜，类亦丛杂，该管地保甲头并丐头，查明年岁来历，是否残疾，有无子女，人数若干，按月赴局报知。如有新来乞丐及已经远去者，亦随时报局。倘有行踪诡秘不安本分之徒，分别惩逐，不得少有遗漏，更不得索钱容留，违即重惩。

其三，清烟馆。汉镇大小烟馆林立，去冬禁绝顶替挪移，诸户已皆勒令闭歇。现在省城设立戒烟局，剀切诚谕，此间事同一律，应再随时加意稽查，并劝令逐渐收歇，改贸正业，庶多年恶习可期革除。

其四，清河街。沿江沿河一带已经严立栅栏以限内外。河街地面极长，人烟稠密，故于新河特立一局，添设委员，遴择绅士，以司稽查。仍派防勇每夜上下巡查弹压，与河下巡炮各船相为呼应，以其周密。

其五，清河路。外江不便泊船，内河泊船甚伙，上自硚口下至龙王庙，所设巡船四艘，各分地段认真盘查。沿河来往船只，由该巡河委员督同水保正河快随时盘诘，遇有匪船扣留禀报。二更后遇有灯光人语之舟，实属形迹可疑，即当确询来踪去路，不得含混虚衍，亦不得轻举妄动，藉端滋扰。加以所设炮船轮流梭巡，相辅而行。至于船只至埠，向分帮次，或为官船民船商船客船，该船均有船行可稽；货船货或堆栈，有货主栈户可保，均责成帮首及各船行货栈一体设立循环簿，核实编查送局。

其六，严夜渡。有一种无业穷民划船，多系汉川天门沔阳等处人氏逃荒来此，每在汉镇各河口划渡谋生，亦易藏奸而情殊可悯，驱之不可。日间准其划渡，夜间勿许移泊掉动，违者重惩。夜行渡船由局发给白旗一面，询明船户姓名籍贯，编号填注旗内，并大书夜渡二字，以示区别，每码头不过二三只。如无旗帜之船寅夜走动，恐系匪舟，归巡炮船查诘，不得含混敷衍。

其七，查劣户。娼楼妓馆，藏匪最易，然亦可藉以查匪。遇有形迹仓皇、面目凶横者，准其密报局中，登时察拿。倘敢射利容隐，别经发觉，与匪同罪。

其八，辨莠民。蚁媒、囤户、窃盗、窝家、讼棍、赌痞，流毒地方，最堪痛恨。其不敢举发者虑其挟仇报复，今既编立门牌，须即密报局中查拿，决不声张指明，仍优予奖赏。

第四，慎防守，杜乱萌。

汉镇西北两面于同治三年建设堡垣，计袤长一千九百九十二丈有奇，西自硚口玉带门起，东至大江边通济门止，共设六城门。去年派员常川驻守，分带巡役会营稽查，情形较为周密。惟土垱缺口系通后湖水道，寒天水涸则为陆路，虽于客冬添置木栅，设有委员，以司启闭而严稽查。至夏秋水涨则栅废不用，黄孝船只往来进口极多，既未便填塞缺口，使船只改泊城外受风浪之险；而任其进出，散漫无稽，殊非慎重之道。今于内面沿湖一带筑高堤塍，添建栅栏，严其启闭。日间船只照常往来，夜间停泊栅外，舟人不准起坡，即前河沿岸除有房屋外，隙地巷口亦各添栅照办，并饬该船帮首严申禁令，出具如有藏匪不法，愿甘治罪切结。所有水涨进口船只，即责成土垱查城委员，设簿编号，稽查送局，以昭核实。

后湖河滨空地间，有打拳使棍，名曰打厂子。此等好勇斗狠之流，难保无巨匪要犯溷迹其中，此次定章严行禁止，如有匪类立即拿究。

妇女入庙烧香演会大干例禁。此次定章之后，一概禁止。有犯罪坐家长夫男，并将庵观封锁。又有扮演花鼓木头影戏，摆设西洋镜诱人子弟，大坏风气，各坊保正巡役准将人具一并拿送惩办。

各街添建栅栏，定期启闭，点燃牌灯，彻夜明亮，夜间遇有窃盗火警，由各栅更夫巡役鸣锣相应，合镇声势可期联络。

第五，戒徇隐，严责成。

一家藏匪，邻右密报，局中查究，并不指明报信之人，免其仇复；或徇隐不报，与匪同罪，惟百长十长是问。间有匪踪诡秘，邻右未及觉察，则不拘何人，均可赴局禀报，经员绅查实，酌予优赏，以示鼓励，务使无处可以藏匪，斯为尽善。倘系挟私捏诬，从重究惩。

汉镇客栈车行饭店，除已取具连环保结，不准容留匪类，并设立循环簿，逐日送查，不准疏懈外。又有山货一行，来往皆肩挑担负，三五成群，或十数人数十人不等，其中良莠不齐，易于藏奸。此外如打铜踩布金箔篓子各作坊，大小木作坊，泥水石作土工成衣等匠役，及水陆码头夫役，平时皆各为一帮，若辈恃其人众往滋事。此次编查保甲，传同各帮首事及行头匠头夫头至案，概行取具保结，责成各自弹压稽查。倘有匪人溷迹滋事，随时禀报严惩。违则惟该帮首行主匠头夫头等是问。

章程还对烟民门牌式、方外门牌式、百家牌式、十家牌式、五日报单式、十日报单式、月报单式、五日水汛报单式、具领门牌式、四季复查门条式等做了详细的规定，并给出了具体的样式和图表，以便人们照此操作。

二　整顿团练

1. 整顿原因

太平天国的失败并没有使团练组织从根本上消亡。由于内忧外患危机未能根本消除，团练作为一种控制基层社会及维护地方秩序的工具而一直维系到清末乃至民国前期。其间每每遇到地方动乱或外患刺激，团练又往往会被官方强调而得以复兴。

同光时期，清廷不断下令整顿保甲团练，一则是由于社会动荡不安。两湖地区社会动乱急速加剧，匪患成为最为严重的社会问题。湘省"自江南大功告成之后，遣散兵勇以数十万计，多系犷悍久战之士，不能敛手归农"[1]。70年代，左宗棠遣还湖南的勇丁又达数十万众。这些兵勇，"从军既久，习于游惰"，被遣散回来后，"近则物力日艰，虽终岁勤劳，恒虞冻馁"。导致"又人浮于地，而游民且日多"[2]。连奕诉也称："湖南

---

[1]　刘崐：《湖南饷源匮竭恳赐协拨折》（同治九年九月），参见《刘中丞奏稿》卷7，第982页。

[2]　傅熊湘：《醴陵乡土志》，1926年印。

自军兴以来，各路召募勇丁，该省之人为多。战阵之余，辄以拜盟结党为事。迨承平遣散后，悍成性，又无恒产，复勾结各处土棍，连成死党，因有哥弟会名色。散则混作良民，聚则仍成股匪。"① 两湖籍营勇，主导了长江沿岸乃至其他地区哥老会的发展，有学者估计，在哥老会骨干中，两湖籍占了 51.5%，而湖南、湖北籍比率各占 36.1% 和 15.4%。② 鄂西北、东南地区，一方面是两湖兵勇回籍的主要通道，另一方面哥老会滋事案也在这些地方频繁发生。在湖北的黄梅、广济、武穴、龙坪、郧西等地，频频发生哥老会逼索钱粮，"武汉五方杂处，拜会结盟，无县不有"③。

这些卸甲归田的兵勇人数众多，成为统治者心腹之患。他们"随地放飘，分立山堂香水名色"④，并将势力渗透到僻壤乡村。同治十年（1871 年）三月，湖南巡抚刘崐奏称：在湖南农村，"始而乡愚误为煽惑，狼狈相依；继则良儒亦被恫喝，勉从避患"。哥老会还"必于青黄不接谷价昂贵之时，诱合贫民，乘机蠢动"⑤。曾国藩则说："哥老会匪滋事，潭、醴、攸、衡等处皆已被扰，顷闻官军搜剿获胜，……惟此辈勾结牢固，蔓延日广，难得不乘间窃发，殊深隐虑。"⑥ 王文韶（时署湖南藩司）写道："湘省人心浮动，戈（哥）老会匪到处皆有，虽旋起旋灭，而隐患未除，正不能稍涉大意也！"⑦ 如衡州地区，"往来行贾尤伙，五方杂处，无赖丛集。而衡、清县境，东北接衡岳，西连湘乡、邵阳，皆丛山深林，藏匿奸徒，形迹诡秘。以丛集之匪徒，诱未尝学问之民庶，则教案相寻而起，实为无形之隐患"⑧。

事实上，两湖地区哥老会，不仅人数激增，迅速蔓延，遍及各地，而且掀起了此伏彼起的起事活动。湖广总督张之洞说："自咸丰初年军兴以来，湘民释耒从戎，转战各省，湘军几遍寰区。迨军务肃清，纷纷遣

---

① 参见庄吉发《清代天地会源流考》，台北故宫博物院 1981 年版，第 139 页。
② 王继平主编：《曾国藩研究》第 2 辑，湘潭大学出版社 2007 年版，第 317—318 页。
③ 《清德宗实录》卷 170，光绪九年九月丙午，第 372 页。
④ 刘崐：《扑灭益阳、龙阳会匪并跟踪搜剿折》，参见《刘中丞奏稿》卷 8，第 25 页。
⑤ 同上。
⑥ 江世荣：《曾国藩未刊信稿》，中华书局 1959 年版，第 29 页。
⑦ 《王文韶日记》，同治九年五月十七日，中华书局 1989 年版，第 203 页。
⑧ 汪叔子、张求会编：《陈宝箴集》（中），中华书局 2003 年版，第 1403 页。

撤归农。从军既久，习于游惰，又兼家无恒业，遂不肯复安耕凿，每踵军营积习，结拜弟兄，谬立山堂名号，刊发布票，伪造歌谣，煽诱愚蒙，肆转行强劫，甚至啸聚思乱，乘机揭竿滋事"①。从同治六年起，哥老会便在湖南不断滋事，虽然地方官府严加捉捕，但"会匪愈办乃愈党其多"。同治八年（1869 年）二月，江湖会（哥老会）首赖荣甫率六七百人径扑湘乡县城，并欲"直下湘潭"，以犯省垣；同治九年（1870 年）五月，江湖会首邱志儒等约期先抢浏阳县城，烧署劫狱，次抢防局枪炮，以犯省垣长沙；同年九月，湘潭哥老会焚掠县局朱亭地方，旋放火焚烧县丞衙署后屋，并以湘乡、攸县、衡山三县交界之凤凰山莲花寨为据点，麇集成员数千；十月，道州哥老会又"至该州署毁监劫犯"；同治十年（1871 年），湖南哥老会再度大规模集结，先后攻破益阳、龙阳县城，湖南巡抚刘崐调动四五千人部队，才将这次暴动镇压下去。② 在湖北，同治九年（1870 年）七月，哥老会首杨竹客率众攻扑宣恩县城；同治十三年（1874 年）三月，郧西江湖会首、已革武生刘荣生率数十会众起事。这一时期，湖广地区的哥老会掀起了连续不断的反抗。光绪五年（1879 年）保靖廖成才起事，六年凤凰石老华（苗民）起事，九年平江方惠映起事，十三年安乡谈敬臣起事，十六年澧州廖星阶起事，十七年溆浦舒海棠起事，十八年临湘汪殿臣起事，等等。③ 据有关资料统计，从同治三年到光绪十八年，为清史与地方志载明的湘境哥老会大小起义有 47 次；其他"隐见无常，其风至今未息"④ 者更是不可胜数。他们竖旗纠党，突入衙署，烧毁县署，给清朝统治秩序以沉重打击。

因此，统治者希望"兴办民团，系为安靖人心、弭盗贼，并恐痞徒、游民遇有洋人游，藉端滋事，思为防患未然"⑤。"相保相助，人自为卫，农即为兵，寇来则修我戈矛，寇去则入此室处，无调发支给之扰，无跋

---

① 故宫清代档案：《宫中朱批奏折·农民运动类·秘密结社项》第 696 卷，光绪十八年七月二十三日。

② 以上哥老会在湖南的起事，主要材料源自《刘中丞奏稿》卷 6、卷 7、卷 8。

③ 刘泱泱：《近代湖南社会变迁》，湖南人民出版社 1998 年版，第 275 页。

④ 民国《澧县县志》卷 10。

⑤ 《陈宝箴集》（中），第 1405—1406 页。

跋转徙之烦，以治匪而不劳，以辅兵所不逮"①。

二则是由于团保的废弛。地方官吏敷衍其事，"举行保甲卒无其效"，许多州县"不过奉文造册，潦草塞责"。如湖北东湖县"盗案甚多，……然亦由乡内团保废弛，户口不清，遂致匪徒混迹，肆无忌惮"②。醴陵县"清末团防徒有虚名，每值知县巡行检阅，临时佣乡井游氓充数，枪械为马刀鸟枪木槊之类，故作伪尤易"③。桂东县"近年保甲无稽查之责，乡团乏董事之绅，以致奸宄潜踪、匪徒结党，深为可虑"④。

2. 整顿措施

同治三年（1864 年），湖南巡抚恽世临发布《谕举团练查保甲以制游勇示》，要求地方官绅士庶勉力奉行。他认为"现在金陵克复，东南各省渐就肃清。惟各营凯撤、勇丁纷纷回籍，随营游勇亦多相率归来，三五成群乘机劫抢之事必所不免，亟应整顿团练，以卫地方"。因为"游勇去来无定，聚散无常，非如大股逆贼，可以先期探明，预图趋避，是其为害，视贼匪尤为难防，独有实力办团足以制之，使不敢逞"。而办团之法"从前具有章程。总宜深明守望友助之谊，互相保卫，乃为有利无弊。选派团总，务择廉明公正，堪以服众之人。平日严查保甲，不令面生可疑者在境停留。有事则团众齐集，毋得托故不到。游勇滋事，至多不过数十百人，断不能敌合团之力，此不必练习技艺、糜费钱米而自有成效可观者也。至游勇如敢拒捕，准团众格杀勿论"⑤。

巡抚刘崐认为："军兴十余年，湖南兵勇遍布各省，……各营勇丁多半裁撤回籍，犷悍之性已属难驯。"因此，"今欲定湖南，当以办匪为要务，而欲办匪之得其法，当以办团得人为要务"⑥。他在湖南巡抚任内（1867—1871 年）重视办理保甲团练，认为"保甲之事，宜与团练相辅而行"。同治六年，他"饬各州县练团，下遍查保甲章程"⑦。同治九年

① 民国《醴陵县志》，载《政治志·团防》。
② 《三邑治略》卷 3，文告，《整顿保甲告示稿》，第 8 页。
③ 民国《醴陵县志》，《政治志·团防》。
④ 汪叔子、张求会编：《陈宝箴集》（中），中华书局 2003 年版，第 1401 页。
⑤ 同治《长沙县志》卷 20，政迹二。
⑥ 《请饬在籍大员帮办团防折》，参见刘崐《刘中丞奏稿》卷 2。
⑦ 同治《安化县志》卷 16，经政·团练。

六月，"湘乡县会匪赖荣甫等乘荒滋事"，刘崐"派兵督同该县绅团擒斩首要各犯，并饬妥筹团练经费，照旧举行，复令各属州县一律办团，实力辑匪"。"入夏以来，米价日昂，贫民籴食弥艰，游痞因之禁谷出境，藉端拦抢。""兹各该州县整饬团练，严密查拿，或弭乱于未萌，或戢患于初起，歼除匪党，安定人心，练勇查奸尚有成效。"①

同治五年，宁乡县"邑绅刘典……奎奉文办团，挨户练勇，认真联结，每族谕二人为长，具良莠以闻，由清族而清团，内奸自无所容矣"。"丁卯（1867年）四月，湘乡会匪曾广八等起事，旋伏诛。我邑及潭湘又办团练，募勇五百名……各县肃清撤勇，乡团未弛。"②

巴陵县在咸丰年间办理团练，"其后贼虽渐远，官中犹屡申团练之令，期以消外侮而清内奸，至今名寄不废"③。

"永明地当贼冲，距行省复千余里，历年皆恃团练以防以战。同治改元后，四境无虞，而团练之名存而不废，且城乡犹不时举办，以震宵小。殆与保甲相辅而行，亦时势所使然也。县团创办之始，就十七都四瑶分立名目，至今仍之。"④

在安化县，同治十年四月，"哥匪犯益阳、龙阳，邑戒严。知县余坚照旧章团练，查点团丁，谕绅士设局筹款，相地防堵，经邑绅督练勇于一都敷溪、归化乡、大福坪设卡守御，贼不入境"⑤。

光绪十六年，醴陵县"举办团练"⑥，并制定团练章程四条，对团练分列等第、筹办经费、按期操演和酌定赏罚作了规定，团练的职责"无事则专司稽察，禁烟馆以杜窝容，禁赌以清盗贼，皆团中应办之事。有事则以鸣锣为号，团总吹竹筒以聚众，务须闻声皆集，各持军械，一团有事，则邻团响应，互相准备，互相防守"⑦。

光绪二十五年，祁阳县"练城乡团勇"⑧。

①　《整饬团练并拨款挤济民食折》，同治九年六月，参见刘崐《刘中丞奏稿》卷6。
②　同治《续修宁乡县志》卷23，职官五·兵防。
③　光绪《巴陵县志》卷19，政典志七·武备上。
④　光绪《永明县志》卷32，武备志·团练。
⑤　同治《安化县志》卷16，经政·团练。
⑥　民国《醴陵县志》，大事记，第18页。
⑦　民国《醴陵县志》，政治志·团防，第66页。
⑧　民国《祁阳县志》卷3，事略记。

3. 特点

同光时期办团的特点，我们可以从湖广总督张之洞在光绪二十五年（1899 年）的《奏拟团保并行酌筹有益无弊办法大要》一折来分析。他提出了八条办法：

> 一曰保甲为本。查保甲之法，乃安民诘奸之善政，行之自古，十年以前，前任督抚臣屡经遵旨通饬遵办，定有详细章程。惟各州县应办之事，如钱粮词讼缉捕堤工等类，非止一端，其于保甲事宜未能专心贯注，且必须经费，必须随时按户清查，又防衙胥地保藉此扰民，以故据禀报则举行，考实效则殊少。大率省会较易，州县较难，武昌省城及汉阳府、汉口镇三处，筹有专项，设有专局，派有多员稽核，尚属认真。沙市、宜昌保甲已未见有实效，至此外各府州县，则疏密勤惰，常无一定，惟视州县何如，此时欲加整顿，似无须另定章程，惟有严饬查照旧章，实力举行，考其成效，其盗案易破，窃案稀少，会匪不能萌芽者，即是保甲认真之功，若盗贼滋多，会匪窃发者，即是保甲废弛之咎，以此考课较为有实济而无纷扰。二曰官督绅团。城内有官弁兵役，只办保甲，毋庸团练，且城内人多油滑，团亦无用。每县四乡，酌分数团，每团设正副团首各一人，以端正殷实读书有功名者充之。每五十人设一练长，以通习武事安静朴实者充之。由该乡公举，地方官选定，札委统归地方官管束，不准以劣绅豪霸滥充。亦毋庸以大绅充当，以杜一县数官，恃符挠法之弊，专管查奸御匪等事，不准干预地方词讼事件，练丁有犯，只可送官究治，不准私设公堂，擅自刑责。即盗匪亦不准私刑拷讯，至湖北各县，多有堤工，向有本地公举绅董经理，此项团首，不准强揽堤垸工程，亦不准率团寻仇械斗，违者黜革严办。三曰量力练丁。拟令大县练团丁三百名，中县二百名，小县一百名，最狭小瘠苦之州县免练。以全省六十八州县计之，除最苦十余县外，可共练团丁一万余人，四乡分练，数十村合为一团，其团丁择系本籍，年在二十四以下，身材健壮，性情朴实无过犯者充之，其城内油滑游民，家居脚夫水手，无业乞丐，概不准充，造册详载年貌亲属执业，送官点验，不合格者另选，其什伍部勒，略仿营制，一县

团丁或分为三五队，或分为两三队，由该官绅体查情形酌办。每三日在本乡操练一次，每一月团首校阅一次，每三个月通县各团订地合操一次，由地方官考阅，正腊三伏农忙免操。四曰自筹经费。团丁平日不给口粮，操练日酌给饭银，其愿自备口粮在团练公所领用器械操练者，听团首校阅日、地方官合操日，酌给奖赏，所需器械，惟刀矛自备，其枪炮弹药，禀官备价，赴省领给，操毕即存储团首公所，不准私带回家。所有操练饭食奖赏枪炮器械旗帜号衣聘募教习一切杂项之费，俱由绅民自筹，禀官批定办理。官阅操日，于该团自备饭食盘费外，由官自行酌给奖赏。五曰清查会匪。近来各州县会匪甚多，到处开立山堂，散放票布，句人入会，谋为不轨，责成团首等认真稽查，查获送官究办，惟须确有证据，不得妄拏无辜，其形迹可疑者，即行驱逐出境，并随时晓谕本团本保居民不可入会，如有误买票布者，责令缴票，汇送地方官，其窝藏盗贼之户，一体确查举报。六曰清弭教案。近日湖北风气动辄造谣聚众，攻毁教堂，拟查照总理衙门议准左都御史裕德条奏通行章程，责成团保绅董，每日于团丁牌长中，择派妥慎者三五人，轮流在于教堂附近巡查，遇有争端，立即解散，教士出外游历，亦由该团丁牌长妥为防护，并责令团首保董，将谕旨中外和睦之大义，及传教说书送诊育婴等事，均系朝廷准行之条约，谣传教堂荒诞残忍之谬说，随时详细讲说，务使穷乡僻壤家喻户晓，民教相安，不生枝节，免致扰及良善，上累国家。如该绅等保护得力，即查照奏案分别寻常劳绩请奖，如防护不力，甚至煽众闹教，核其案内情节，查照奏案惩处。七曰团保相辅。一县团丁有限，团首无多，所有大小乡村，一律查清保甲，每村设立保董一人，择其端谨有身家有体面者充之，刁健地痞不准滥充，专管编核户口，稽察匪党，查禁窝户，劝导愚民等事，地方官亦以礼相待，其寻常催征句摄公事，仍用向设之保正办理，其一村不满三十家者，附入邻近之保董经管，于本村要隘高处，设一瞭望更棚，若一村盗匪窃发，立即放枪鸣锣，或就寺庙鸣锣，远近递传，各村保甲合力四面截拿，团首练长等即率团丁追击，以期必获。八曰酌定劝惩。此次绅富如有能钦遵懿旨，捐助团练经费者，地方官禀明奏请奖叙，银数较少不敷请奖者，由该地方官酌给花红扁额，如办团获匪确有成效者，拟请将团首奏请奖给虚衔封典，其次者由督抚酌给功牌顶戴，该州县办团得力者，酌给外奖，如团首保董敛费滋弊生事，扰民纵容匪徒，亦即分别惩徵，地方官办团不力团甲废弛者，随时惩处。总之团练一事，其力只能戢内匪，若责以械猛艺精，折冲御侮，则臣实不敢为此铺张欺饰之辞。若团保相辅责以清会匪，弭教案，则尚是力所能为，当饬令各就本地情形，分别迅速举办，纵未能周密尽善，亦必须办有规模，保甲勒限两个月禀报，团练勒限四个月禀报，果能内匪不作，外衅不生，其益处已非浅鲜。至渔团一节，湖北外江内湖虽有渔划，散渔畸零，择便觅食，往来无定，每一划或一两人，或四五人，老弱妇女即在其中，与沿海之大帮巨艇者不同，碍难练成渔团，致滋纷扰，惟有责成水师及团保随时酌量妥为稽查，以杜盗匪潜匿之弊。①

从上述奏折可以看出，与以前的甲团练相比较，同光时期的团练在组织结构、基本职责、经费筹集等方面都是基本相同的。但也有不同的特点，表现在两个方面：

其一，清廷进一步加强了对团练的控制，企图利用官方在农村的基层行政体系保甲的作用与官督绅办的原则，来控制团练。保甲制度是清王朝赖以控制基层社会的行政手段，对王朝的统治具有象征意义。要对付日益严重的盗匪问题，必须依靠地方士绅举办团练。而士绅办团，性质属于民间自卫，只有得到官方认可才具有合法性。因此，鉴于咸丰时期团练势力扩张的教训，张之洞提出"保甲为本"、"团保相辅"和"官督绅团"的措施，湖南规定"宜改保卫局为奏办通省团练保卫总局，即以现设之保卫局为总局，凡各府、厅、州、县城乡之保甲、团练、保卫均隶焉"②，以加强对团练的控制。张之洞要求正副团首"以端正殷实读书有功名者充之。……由该乡公举，地方官选定，札委统归地方官管束，不准以劣绅豪霸滥充。亦毋庸以大绅充当，以杜一县数官，恃符挠法之弊，专管查奸御匪等事，不准干预地方词讼事件，练丁有犯，只可送官

---

① 《清朝续文献通考》卷216，兵十五，团练，第9631—9632页。
② 《湖南通省开办团练章程》，《湘报》第四十号，中华书局影印，第158页。

究治，不准私设公堂，擅自刑责"。在湖南"其团正、团副，皆不与词讼，不履公堂。旧者得人则仍之，否则易之。如团内一时无可选充者，则以邻团团正、副兼之，毋循毋滥"①。"非有德望素著之绅耆为之总，不能举办；非有才能出众之绅士为之副，不能赞成。"②

　　例如，恩施团练武装兴起于清同治元年（1862 年）。各地团练兴起后，逐渐被当地豪强地主控制，因久无战事，他们就挟团胡作非为，互相残杀，争夺势力范围，其强大者一跃而成为团阀，拥团称雄，以致控制地方政权。光绪中叶，清廷下令整顿，湖北省府亦饬令各地团练到县府登记造册，以约束其行为。不料团阀又借名宗派，愈演愈烈。清政府不得已，遂下令禁办团练，恩施各地团练自此瓦解③。所以清朝一再要求办团，"必须选择贤能之地方官督率绅民认真妥办，守望既可相助，而权亦不至归诸民间"④。

　　爱德华·麦科德在《清末湖南的团练和地方军事化》一文中指出，湖南在 19 世纪中叶以后大部分时间内地方军事化的水准很低是一致的。地方志中有关团练活动资料的贫乏并非是记录欠缺的原因，实际上是团练活动全面下降的结果。"湖南湘西的《溆浦县志》，在介绍其有关晚清团练的零星活动时，清楚地记载着只有当发生匪患和大恐慌时，地方武装才组织起来，而一旦秩序恢复，这些地方武装又被解散了。"⑤

　　其二，在发挥团练原有的"清查会匪"功能的同时，又提出了"清弭教案"。"责成团保绅董，每日于团丁牌长中，择派妥慎者三五人，轮流在于教堂附近巡查，遇有争端，立即解散，教士出外游历，亦由该团丁牌长妥为防护。"湖南团练章程则规定："至洋人传教、通商、游历，皆载在条约，奉旨允行，务各父诫其子、兄诫其弟，毋得妄生猜忌，布散浮言。彼以礼来，我以礼待，免致滋生事故、贻累地方。虑深操微者，

①　《汤聘珍赍呈公议拟就团练章程禀批》，参见《陈宝箴集》（中），中华书局 2003 年版，第 1407 页。

②　汪叔子、张求会编：《陈宝箴集》（中），中华书局 2003 年版，第 1405 页。

③　湖北省恩施市地方志编纂委员会编：《恩施市志》，武汉工业大学出版社 1996 年版，第 170 页。

④　《皇朝掌故汇编》（内编）卷 53，兵政七·保甲团练附，第 4158 页。

⑤　［美］爱德华·麦科德：《清末湖南的团练和地方军事化》，《湖南师大学报》1989 年第 3 期。

谅其喻之。"① 这也是这一时期民教冲突的体现。

"查湖南民团自军务肃清以来，久已有名无实，若非及时整顿，则团且无存，又何联络之有？"② 正是因为保甲团练的时废时兴，清末新政时期，清廷开始兴办警察以维护社会治安。

第三节　州县警政的兴办

到清朝末年，清朝旧有的地方治安机构已基本趋于瘫痪。迫于各地日益高涨的群众运动的打击，清政府不得不改弦更张，试图通过借鉴西方的警察制度，建立起一套新的地方治安体系，以欺苟延残喘，维持飘摇欲坠的清政权。"传统秩序，或有驻防之绿营、八旗负责，或有保甲、团练负责；前者由官设，后者由绅领，但两者皆因时日变迁而废弛，八旗、绿营无法振作，保甲、团练亦多有名无实。维系社会治安，势在另谋出路，仿效西洋警察制度甚属自然。"③

一　湖南保卫局

"中国有警察，湖南最早"④，称湖南保卫局。陈宝箴述其创办原委云：

"上年（1897 年）法人谔尔福坚欲入城，几肇大衅。英人苏理文亦然。因思上海、天津商埠肃然不扰，皆由设有巡捕。曾游欧美洲者，多言外国政治均以设巡捕为根本，与周礼司救司市同义。湘省向设保甲总局，委道府正佐各员及大小城绅数十人合同办理，而统于臬司，岁糜金钱三万余串，久成虚设，痞匪盗贼充斥市廛，现在西人往来络绎，倘被激成巨衅，必致贻误大局，乃与署臬司黄遵宪议仿欧洲法，设创巡捕。"⑤

设立保卫局是黄遵宪的创意。黄遵宪入湘为官以后，陈宝箴多次与

---

① 《汤聘珍赍呈公议拟就团练章程禀批》，参见《陈宝箴集》（中），中华书局 2003 年版，第 1407 页。

② 《湘报》第六十一号，参见《公议湖南团练章程》，第 241 页。

③ 张朋园：《湖南现代化的早期进展（1860—1916）》，岳麓书社 2002 年版，第 205 页。

④ 同上。

⑤ 《陈抚台来电》，参见苑书义等《张之洞全集》卷 226，第 7662 页。

其议及社会治安问题，"以省城内外，户口繁盛，盗贼滋多，痞徒滋事，不免扰害。上年窃盗案多至百余起，破获无几。而保甲团防局力不足以弹压，事亦随而废弛，非扫除而更张之不足以挽积习而卫民生"①。于是，黄遵宪主张仿照西法，设立警察制度，得到陈宝箴的赞同。

光绪二十四年六月初九日（1898 年 7 月 27 日），陈宝箴札饬将保甲团防局裁撤，改办保卫局，委按察使黄遵宪为总办，总司其事。

保卫局组织系统分为总局、分局、小分局三级机构。《湖南保卫局章程》规定，于长沙城中央设总局 1 所，城中分设东西南北分局 4 所，城外设分局 1 所，共分局 5 所，每分局辖小分局 6 所，共有小分局 30 所。每分局设局长 1 人，以同知通判担任，副局长 1 人，以绅商担任。每小分局设理事委员 1 人，以佐贰杂职担任，理事委绅 1 人，以绅商担任。每小分局均设巡查长 1 名，巡查吏 2 人，巡查 14 名，小分局 30 所，共设巡查420 名。②

关于保卫局的职能，《湖南保卫局章程》规定："本局职事在去民害、卫民生、检非违、索罪犯。"③《湖南保卫总局巡查职事章程》规定，保卫局具体负责捕拿杀人放火、打架斗殴、强盗窃盗、小窃掏摸、奸拐诱逃、当街赌博者，负责招领失物、救护疾病、保护残疾、老幼、妇女和远方过客，归送醉人、疯疡人和迷失道路人等，还可接受地方人民申诉，调解地方人民矛盾等。④ 有学者总结为四项职权：预防犯罪、缉捕盗贼、维护公益以及编查户口、管理街道、司法审判。⑤

当时保卫总局把清查户籍作为"第一要义"。户籍清查由各分局就管辖区域划分地段分别进行，并按各局管界各自编定门牌号数。户籍登记首先要载明户长姓名、年龄、籍贯和职业，如系工、商业户、寺观庙寺、烟馆、客栈、饭店等，还应将伙计、雇工、僧道、馆主、栈主及有无眷属同住，依式填报清楚。其中客栈、饭店容留的客人须按日登记，具报

---

① 《枭辕批示》，《湘报》第 3 号。
② 《湖南保卫局章程》，《湘报》第 7 号。
③ 同上。
④ 《湖南保卫总局巡查职事章程》，《湘报》第 127 号。
⑤ 韩延龙主编：《中国近代警察制度》，中国人民公安大学出版社 1993 年版，第 41—45页。

分局。对于来往人多繁杂的寺观、姻馆和客栈，另行开列门牌号数，由巡查长饬知巡查吏随时前往侦探，值班巡查若发现形迹可疑者出入上列处所，也可径直入内盘查。至于辖境内有所谓"流荡无赖之家"、"诡秘可疑之人"和"窝聚无定之户"，均编为"另户"，允许巡查随时稽查。清查户籍时，如有住户不愿遵办，经劝告仍不进行者，也要编为"另户"，日后该户发生被盗、斗殴等事故，保卫局概不过问，同时，巡查长、巡查吏和巡查无须持"局票"即可随时入室查问，该户敢于抗拒，则由分局拘传审究。户籍清查恕年于春二月、秋八月进行两次，由小分局汇造清册，上报分局并转早总局汇存备案。①

此外，在保卫总局之下附设五处迁善所，收留"游荡滋事"的失业人员和羁管各分局审实定案、罪情较轻的人犯，责令学习工艺，充当劳役。他们制作的物品作为商品出售，盈余按比例提成留给各人，俟出所后作为谋生资本。每所收留失业人员和羁管人犯的数额均以四十名为限，如学有成绩、改过自新可以释放出所，如被羁管者不服管束，滋生事端，轻者勒作苦役，重者发送府县监收押。②

保卫局的创设填补了保甲组织破坏以后在基层社会留下的权力空间，替代了保甲组织的许多职能，在维持社会治安和户籍管理方面收到了较好的成效，"各局一律开办，城厢内外，人心贴然，已有成效可观"③。光绪三十一年六月，端方出任湖南巡抚，筹办警察，曾追述过保卫局的情形："湘省自前抚臣陈宝箴略参西国规制，于省城地方试办保卫局，一时盗贼敛迹，闾阎乂安，嗣后陈宝箴去官，渐形废弛，仍沿保甲旧名。"④

湖南保卫局是在原保甲局的基础上成立的，但其功能与保甲局有很大不同。首先，为了规范保卫局的各项事务，黄遵宪在遍考西方各国警政制度并结合当地实情的基础上，经过反复酝酿和修改，制定颁布了《湖南保卫局章程》《迁善所章程》《湖南保卫总局巡查职事章程》《湖

---

① 《湖南保卫局清查户籍章程》，《湘报》第 146 号。
② 《湖南迁善所章程》，《湘报》第 7、8 号。
③ 《本省公牍》，《湘报》第 120 号。
④ 《筹办湖南警察情形折》，参见《端忠敏公奏稿》卷 5，1918 年版铅印本，第 33 页。

南保卫局清理街道章程》《湖南保卫分局员绅职事章程》《保卫总局清查户籍章程》等一系列规章制度，对保卫局的机构、职责、权限、人事、纪律等方面作了详尽的规定。这些章程的制定和颁布，表明保卫局的警务工作已具有了近代特点。其次，保卫局在一定程度上分享了传统县衙的行政司法权。除"其户婚，田土，争讼之事本局不得过问"，保卫局对于那些直接危害社会治安的案件拥有司法审判权。再次，保卫局增加了一些传统权力控制机构所没有的职能。如对城市街道交通、卫生的管理，对街道卫生、交通的维护等。最后，保卫局的附属机构迁善所具有收容所和劳教所双重功能，注重培养收容和劳教人员自力更生的能力。

保卫局巡警与旧时差役有本质区别。湖南保卫局共设巡查400余名。对巡查的资格，《湖南保卫总局巡查职事章程》作出了严格的规定："凡充当巡查，一须年在二十岁以上，四十岁以下者；二须读书识字、粗通文理者；三须身体强壮、能耐劳苦者；四须性质和平、不尚血气者。"所有巡查须"自觅保人，证明其实系身家清白并无犯案不法之事方准充当"。对巡查人员的执勤纪律，《巡查职事章程》也有明确规定。比如，巡查时必须穿戴统一服装鞋帽，而其他时间不得穿用；巡查执勤时不准吸烟、露坐、聚饮或与街市人等闲谈；不得擅自闯入居民家中。如因公务进入，必须持有"局票"，等等。以上规定，表明保卫局的巡警已大不同于旧时差役，而与近代警察相类似。

湖南保卫局初步具备了近代警察机构的规模和特点：形成了一套相对独立和较严密的组织系统，各级组织和个人有较专一和明确的分工，配备了一批经过挑选和训练的工作人员，制定了一系列必要的办事规章制度。这是它有别于旧式的保甲组织，而初具近代警察机构规模的重要标志。

但是，它在某些方面又和后来的警察机构有所不同，最显著的有两点：其一，保卫局不是完全的官方机构，而是官绅商合办的组织。《湖南保卫局章程》第一条明文规定，"此局名为保卫局，实为官绅商合办之局"。当然，官方在其中居于主导地位。其二，保卫局混司法与行政为一体。它既是维持社会治安的机构，同时又拥有审判权，可以直接审讯和处断因违反该局禁令、罪犯徒流的案件。①

黄遵宪曾设想将保卫局机构推及各府、州、县，最后推及乡村，但随着"百日维新"的失败，湖南保卫局也被清廷降旨裁撤，归并于湖南保甲总局，只存在 3 个月。

二　清末新政时期的两湖警察

1. 警察机构和学校的设立

1901 年清政府推行"新政"，引进近代司法制度，在全国创办警政。1905 年清政府设立巡警部（后改为民政部），作为管理全国警政建设的中央机构。各省纷纷废除保甲，办理警政，建立巡警机构。光绪三十四年（1908 年），宪政编查馆和资政院共同拟定了《逐年筹备事宜清单》，要求各省于宣统元年在各厅州县设立巡警，限一年内粗具规模。次年，即宣统二年"一律完备"。根据这个精神，全国各府厅州县一哄而起，到清亡为止，除少数边远省份外，各省纷纷报告已设置完竣。

就两湖地区而言，光绪二十八年（1902 年）六月，湖广总督张之洞撤保甲总局，设武昌警察总局。就武昌城内原有之保甲团丁改组而成，设警察局于阅马厂演武厅。总局下城内设东、西、南、北、中 5 个局，城外设东、西、水、陆 4 个局。武昌警察总局开办之初，先募练警察有步军 550 名、马军 30 名、清道夫 202 名。光绪二十九年（1903 年）十月，汉口改保甲局为清道局，分为居仁、由义、循礼、大智、花楼、河街六局，汉口襄河（汉水）水师改编为水上警察。光绪三十年（1904 年）八月，又改清道局为警察局。汉阳于光绪三十年十月在府城隍庙设警察局，下分建中东坊、建中西坊、东阳坊、西阳坊、上崇信坊、下崇信坊、上鹦鹉洲等七区。

光绪三十三年（1907 年）五月，清廷颁定直省官制，下令裁撤各地名称不一的巡警总局，改设巡警道，划一地方警政建设。同年，湖北巡警道设立，是为一省警政的最高主管机关，直接受湖广总督节制，间受中央民政部门监督，其下"分为行政、司法、文牍、会计四科，共附十

---

①　中国社会科学院法学研究所法制史研究室编：《中国警察制度简论》，群众出版社 1985 年版，第 302—303 页。

三股，每科设正副科长各一人，每股设股长一或二三人，视其事繁简而定"①。巡警道成立后，武昌警察总局改隶巡警道并更名为湖北警务公所，所内分科办事，设总务、行政、司法、卫生四科，科下设股。公所城外设上局、下局，各辖 3 个区局；城内设前局、后局、中局，各辖 3 个区局，总计 15 个区局。

湖南保卫局改保甲局之后，光绪二十八年（1902 年）湖南保甲总局与湖南团练总局合并，改为湖南保甲团练总局。光绪二十九年（1903 年）六月，将湖南保甲团练总局改为湖南省城警务总局，管理省城及全省警务。这是湖南官办警察机构的开端。全省各府城、直隶州城亦先后开始试办警察，改保甲局为警务局。部分厅、州、县改保甲分局为警务分局（或称警察局、巡警局）。湖南省城警务总局先后制定颁发了《湖南全省警务章程》和《湖南全部巡警服务规则》等规章制度，对全省各级警务机构的编制、职责、赏罚、经费、礼式、服装及办事细则等都作了具体规定。

根据清政府统一全国地方警察机构管理的指令，光绪三十四年（1908 年）三月二十三日，湖南巡抚岑春蓂上奏清廷核准，撤销湖南省警务总局，设置湖南巡警道，专管全省巡警、消防、户籍、营缮、卫生事务。为加强水上治安管理，于同年七月在省城长沙水陆洲专门设立了湖南省内河水警总局，隶属湖南巡警道。并在湘潭、醴陵、湘乡、安化、沅江、南州（今南县）、龙阳（今汉寿）、武陵（今常德）、巴陵（今岳阳）、华容、澧县、安乡等地分汛设防，共有 5 个分防处，负责管理水上船舶、船民及港口、码头的治安秩序。

湖南州县警察机构也纷纷设立。

光绪二十九年（1903 年），湖南部分州县改保甲分局为警务分局。光绪三十二年（1906 年）底，全省有 51 个州县设置了警务分局。警务分局设分局长 1 名，由州、县知事充任，掌理局务；设副分局长、稽查、庶务员、教务员兼教习、稿书、骑马警兵伍长、司法警兵伍长各 1 名；设骑马警兵、司法警兵、守卫警兵、杂役各 4 名。另设拘留所，置所长 1 名，看守警兵部长 1 名，看守警兵 8—10 名；救灾教练所，置所长 1 名，

---

① 《各省内务汇志》，《东方杂志》第 5 年第 4 期，第 265 页。

教习 1 名，救灾队警兵 30—50 名；警钟楼，置瞭望警兵伍长 1 名，瞭望警兵 4 名。

县辖市镇乡村设警兵分防处，由警务分局直接管理，承担维护地方治安的责任。市镇警兵分防处按户口繁简设置，乡村按保甲区域两保设一警兵分防处。警兵分防处设处长兼教习 1 名，由警务分局指派官吏充任，管理一方警务；副处长兼教习 1 名，由本地官绅兼充，负责教练警兵，督率警兵执行勤务；警兵部长 1 名，负责考察警兵勤惰，巡查岗哨；警兵伍长 2—4 名，负责探查案件，缉捕罪犯；警兵 12—20 名，杂役 3 名，清道夫 2 名。

光绪三十四年（1908 年）开始，湖南各府（除省城长沙府外）警务局各州、县警务分局相继改为巡警局。巡警局设警务长 1 人，掌管全局警务工作。警务长下设书记、庶务等员，辅助警务长办理警政事宜。巡警局按区域划分警区，设置区官、巡官、巡长和巡警，同时设置巡警教练所、拘留所及消防队。巡警教练所，专职训练警兵警官；拘留所设看守长 1 名，看守巡警 2—5 名，专管在押罪犯；消防队设队长 1 名，队兵 10—30 名，负责扑救火灾。①

为学习警务，培养警政教育师资和高级警政专才，1902 年，武昌警察总局创设之初，张之洞即选派弁目 20 名赴日本学习警政。1904 年起，又续派补用知县廷启、补用盐知事石源及文武员弁 47 名赴日本警视厅及警察学校学习警察法规。

1903 年，张之洞饬令梁鼎芬等在武昌阅马场设立警察学堂，派日本警察学校毕业生、留学归国生充任教习。1905 年，警察学堂改建讲堂斋舍，扩充学额，仿日本选募巡警之法，招募身家清白、文理明通者入堂学习。学堂分甲、乙、丙、丁四班，每班 100 名，聘日本高等警政教习 3 名，教授警察应用学科，定期两年半毕业。1907 年，警察学堂毕业生共 302 人，一律派赴武汉三镇各局见习，3 个月期满后，一律委任职务。这批毕业警生，成为后来武汉地区警界的中坚力量，对于提高过去以旧官僚、旧军队及清道夫等组成的警察系统的素质起了重要作用。1908 年，湖北警察学堂改为湖北省高等巡警学堂，培训全省各地警官，造就高级

---

① 《湖南省志》第 6 卷，政法志，第 32—34 页。

警政人才。该学堂以巡警道冯启钧为监督，每年招收 100 人，设两个班，省城 50 人为甲班，各州县 50 人为乙班。①

湖广总督陈夔龙奏称："溯湖北举办警政始自光绪二十八年，其时新募警勇，率多不谙警章；因先派警务学生赴日本学习警察，二十九年回国，三十年复选派文武员弁四十七员赴日本人警视厅学习一年，旋改入警察学校，三十三年毕业回国。又于三十二年春考选候补正佐各官，三十一员入省城警察学堂学习，定两年毕业。至三十年冬，省城警察学堂甲、乙、丙、丁四班一律毕业。计先后派赴日本毕业回国者凡两次，本省官班及学生毕业者凡两次，均经分别录用。因议扩充办法，先就毕业各生中选赴各属，以为先导。上年派荆州、襄阳两府学生，本年续派汉阳、德安、安陆、宜昌、施南、郧阳各府及荆门州、鹤峰厅各处学生，并补派武昌、黄州两府学生，计大县二人，中小县一人；通商大埠及华洋杂处之区，如荆州之沙市，光化之老河口，襄阳之樊城暨宜昌府等处，加派五六人、三四人不等，见已一律派竣。"②

光绪二十九年（1903 年）初，湖南巡抚赵尔巽派留学生到日本学习警务。光绪三十年（1904 年），端方则设警察学校一所，以日本习警务毕业回国的学生担任教习。③ 第一批速成班 150 名，3 月毕业，分派各州县任用。第二批为 300 人，一年毕业，亦分发州县任用，地方警务得以改进。另有 3 年长期养成的警察人员 120 人，其文理通顺，则为各地警务的领导者。截至宣统元年十月，共有警察人员 700 名毕业。④ 端方还"筹款建设宽敞堂舍操场，招选文理通顺之人分班授课，学期由短而加长，学课由渐而加深，人数由少而加多，逐次推广，凡卒业者皆有实行之责任，俾知警察实非贱役，而实为治理之本原。行之日久，庶几改良社会，有移风易俗之机"⑤。

同时饬令各府、厅、州、县仿办警察学堂，以训练警士和警兵。

如宣统二年（1910 年），咸丰县"开办巡警教练所，另招良家子弟

---

① 皮明庥主编：《近代武汉城市史》，中国社会科学出版社 1993 年版，第 96—98 页。

② 《清朝续文献通考》卷 120，职官六，第 8802 页。

③ 《各省内务汇志》，《东方杂志》第 2 年第 12 期，第 230 页。

④ 端方：《筹办警察情形折》，《端忠敏公奏稿》卷 5，第 34 页。

⑤ 同上。

入所学习，即有省派警员，更添聘本县之谙习教务者教之，以一学期毕业"①。同年，"钟祥知县张树森乃开办巡警教练所招生，肄业一年毕业"②。

2. 两湖州县警政的发展概况

湖北继省城开办警察后，从光绪三十年（1904 年）到宣统二年（1910 年），警察制度推及全省。宣统二年，湖北咨议局议长汤化龙称："筹办厅州县巡警，是筹备清单所定本年应办的，厅州县巡警，本年清单所载应一律成立。"③ 湖北 69 个厅、州、县，共设总局 5 个，专局 63 个，分局 69 个，守望所 230 处。配备职员 503 人募练巡警 7668 人。总局总办由知府兼任，专局警务长由知县兼任，分局管理员由典史、把总兼任。④

例如光绪三十一年（1905 年），施南府来凤县首办警察，县城设立巡警专局，知县兼警务长，在百福司设警察分局。至宣统二年县城有巡警 74 名，百福司有巡警 20 名。光绪三十四年十月，恩施县设立巡警专局，局址在城内大十字街元通寺，分设守望所 10 处。警务长由知县兼任，管理员由典史兼充。始配巡警 26 名，至宣统二年增至 72 名。是年，恩施县举办巡警教练所，训练巡警 40 名。宣统元年十月，利川县设巡警专局，专局置警务长 1 名，知县兼充。初有巡官 3 名，警务生 2 名，巡警 14 名，至宣统二年，巡警增至 112 名。建始、宣恩、巴东 3 县均于宣统二年四月改巡警教练所为巡警专局，其员额建始 30 名，宣恩 30 名，巴东 30 名。鹤峰直隶厅于宣统元年十一月将城内裁缺守备署改为巡警教练所，有巡警 10 名。⑤ 巴东县还定警察职责有八：一驱摊棚，二洁街道，三重卫生，四迁菜摊，五查户口，六封烟馆，七禁赌博，八设消防。⑥

光绪三十三年（1907 年），湖北省警察学堂将日本和本省毕业生派一部分到黄州府各州县，大县 2 人，小县 1 人，担任教务，创办警政。府设

---

① 民国《咸丰县志》卷 5，武备志·警察。

② 民国《钟祥县志》卷 6，民政·警察。

③ 吴剑杰主编：《湖北咨议局文献资料汇编》，武汉大学出版社 1991 年版，第 408 页。

④ 《湖北省志·司法》，湖北人民出版社 1998 年版，第 9 页。

⑤ 湖北省恩施土家族苗族自治州地方志编纂委员会编：《恩施州志》卷 17，湖北人民出版社 1998 年版，第 687 页。

⑥ 湖北省巴东县地方志编纂委员会编纂：《巴东县志》卷 16，司法，湖北科技出版社 1993 年版，第 394 页。

巡警总局，总局总办由知府兼任；县设巡警专局，专局警务长由知县兼任。巡警名额不等，由各地依繁僻、贫富而定。宣统元年（1909 年），黄州府下辖的黄冈、黄安、麻城、罗田、蕲水、广济、黄梅各州县和武穴镇都设有巡警专局。设守望所 50 余处，有警官百余人，巡警千余人。①

　　宣统二年（1910 年），监利县始设巡警局，知县刘延坦兼任警务长。同年 3 月，设巡警教练所于朱家河，编制附县巡警局，经费由县巡警局统一拨给。其时，全县有巡警 272 名，其中，县城 24 名，朱河 32 名，其他 4 乡 216 名（属临时集合巡警）。②

　　宣统元年（1909 年）5 月 15 日，兴国州（阳新县）建立巡警局，维护地方安宁，查禁鸦片，侦缉盗窃案件。巡警局设警务长 1 名（知州兼），巡长 1 名，巡警 10 名，火夫 1 名，另有随办生（上级派来管理巡警人员）1 名。巡警分日夜班轮巡，日间 2 班，每班 4 人；夜间 4 班，每班 2 人。巡长月薪 5 串文，巡警 4 串 400 文，火夫 3 串文，随办生 15 串文。年薪火支销 804 串文，杂项支销 100 余串文，卫生行政及开办费支销 95 串文。巡警经费始由城内铺户认捐，后由州之中、南、北 3 局局绅会同办理。巡警服装概遵部式，帽靴衣裤全套。衣裤，冬系细布，夏系夏布，均青色；袖章挽黄线，巡长两道，巡警一道；肩章蓝底细字，标明"兴国州巡警"字样；帽系青布洋式。③

　　宣统元年（1909 年），湖北"据各厅、州、县禀告，已具规模者计五十一厅、州、县，其设立巡警在一百名以上者六县，八十名以上者四县，六十名以上者三县，五十名以上者三县，四十名以上者四县，三十名以上者五县，二十名以上者十一县，十名以上者五县；其余十八厅、县甫经筹设，尚未具报"④。

　　湖南府厅州县举办警察情形，据端方在光绪三十一年（1905 年）称，

---

　　① 湖北省黄冈市地方志编纂委员会编：《黄冈市志》卷 23，司法，崇文书局 2004 年版，第 1195 页。

　　② 湖北省监利县志编纂委员会编：《监利县志》卷 18，政权，湖北人民出版社 1994 年版，第 513 页。

　　③ 湖北省阳新县地方志编纂委员会编：《阳新县志》，司法，新华出版社 1993 年版，第 571—572 页。

　　④ 《清朝续文献通考》卷 120，职官六，第 8802 页。

"四月中旬各属禀报开办，按册而稽，已无遗漏"①。

据宣统二年（1910 年）《湖南各府厅州县现办警务事实统计表》记载：全省 13 个府、州除长沙设置警务公所外，其余 12 个府、州均设巡警局。全省 75 个厅、州、县亦设立巡警局，共划分警区 152 个、巡警岗位 974 个，有警务长 75 名，区官 82 名，巡官 125 名，巡长 220 名，巡警 2971 名；设置拘留所 75 所，有看守巡警 308 名；消防队 56 个，有队兵 678 名；有清道夫 260 名。

按照宣统三年（1911 年）二月十五日湖南巡警道颁发的《湖南各厅州县警务章程》规定：巡警名额在 100 名以上者为一等局，70 名以上者为二等局，50 名以上者为三等局，30 名以上者为四等局。全省列为一等局的有湘潭、益阳、衡阳、清泉（今衡南县）、武陵、巴陵等 6 县；列为二等局的有湘阴、邵阳、零陵、浏阳、湘乡、耒阳、祁阳、平江、醴陵、攸县、衡山、道州（今道县）、武冈州、桃源、龙阳、沅陵、芷江、郴州、桂阳（今汝城县）、澧州（今澧县）、靖州、新化、南州厅等 23 个厅、州、县；列为三等局的有宁乡、安化、茶陵、新宁、临湘、华容、黔阳、麻阳、永兴、宜章、兴宁（今资兴市）、桂东、会同、石门、溆浦、宁远、永顺、永定（今大庸市永定区）、慈利、安乡、安福（今临澧县）、永明（今江永县）、东安、沅江、泸溪、常宁、辰溪、桂阳州（今桂阳县）等 23 个厅、州、县；列为四等局的有鄮县、新田、城步、通道、绥宁、蓝山、江华、龙山、安仁、保靖、桑植、临武、嘉禾、乾州厅（今吉首市）、凤凰厅、永绥厅（今花垣县）、晃州厅（今新晃县）、古丈坪厅等 18 个厅、州、县。②

湖南"州县方面的警务，……大州县及沿湖区域较有成绩。截至宣统三年（1911 年），大城如湘潭、益阳、武陵、衡阳、清泉等地，警务尚属可观。小城如澧县之津市、会同之洪江、湘潭之株洲，亦稍具规模。合计共 17 城镇有警察之设立。大城有 60 至 100 名，小城则 10 至 30 名"③。

① 端方：《筹办警察情形折》，参见《端忠敏公奏稿》卷 5，第 34 页。

② 湖南省地方志编纂委员会编：《湖南省志》第 6 卷，政法志，湖南出版社 1997 年版，第 34—35 页。

③ 张朋园：《湖南现代化的早期进展（1860—1916）》，岳麓书社 2002 年版，第 209 页。

由于政治的腐败，官吏的颟顸，警政的创办也存在许多问题。

首先是警政经费困难。清末，地方警察经费向来不列入中央财政的预算之内，均由各级地方当局自行筹措，经费来源不一，千差万别。当时有人曾作过评论，比较全面地反映出这些问题："查各州县留款筹划之法，或系保甲旧费，或系商铺捐输；或系按亩摊派，或系各项杂捐，率皆目前支应，究非常年的款。既无的款，则筹法混杂，则弊窦丛生。如各处警款之由乡董管理者，每至发饷之际由董事临时摊派，任意开支，开支过多，势必弥缝，弥缝则中饱，难免摊派不齐，势必赔垫……"①

其次是警察素质差。一些地方的警察建设，"开办虽非虚名，而循覆难言实效"，有名无实。"现在各省府厅州县及乡镇地方举办警察，有循保甲之规制而变其名者；有以团营、巡勇、乡勇改者；有以绿兵改者；有以乡镇原有之巡夫人等改者。力求实际，故不乏人，而粉饰因循，亦在所不免。"② 宣统二年（1910 年）十月二十日，湖南巡警道桂龄在向清政府的奏折中称：厅、州、县的警察机构"规模粗具，易于扩充者十之二三，因陋就简、敷衍塞责者十之六七，甚至徒有其名，未经举办者亦所在多有。"有的地方"无识之绅民，陋于见闻，狃于积习，更相率贱视警察，注重团访，地方官被其要求，不得不曲徇其情。遂至将原有警费分办团防者有之，又或将警政暂停，专注团防者亦有之，种种支离，莫可究诘"。

由于清末警察直接脱胎于清朝旧的军事保安组织，"其所用警役或抽取团丁，或借拨营勇，又或驱市人而为之"③，例如，咸丰县在宣统元年（1909 年）创办警察时，"知县徐培招本县游民及散役十人充学习警察"④。钟祥县"所用警察纯系招募乡勇"⑤。这就不可避免地保留了大量旧军队的习气和作风，"虽已变警察之名，仍未尽革保甲之习"⑥。绝大多

---

① 《宣化县巡警教练所整顿警务条陈》，《直隶警察杂志》第 11 期，参见《中国近代警察制度》，第 215—216 页。

② 《光绪大清新法令》第 9 册，民政·巡警。

③ 端方：《筹办警察情形折》，参见《端忠敏公奏稿》卷 5，第 34 页。

④ 民国《咸丰县志》卷 5，武备志·警察。

⑤ 民国《钟祥县志》卷 6，民政·警察。

⑥ 端方：《整顿警察折》，参见《端忠敏公奏稿》卷 4，第 22 页。

数巡警素质低劣，目不识丁，高级警察多是由原政府官僚担任，至于一般巡警则流品复杂，虽然有经警务学堂或巡警教练所培训者，但所学时间很短，距警察标准还有相当的距离，相当部分人对"警察"的内涵一无所知，以致笑话百出，令人捧腹。湖北巡警道全兴曾说："巡警队中绝少在学毕业之人，非以游勇改充，即由游民召募……巡士无真知，对长官而举左手，闻之令人失笑，即此细故可例其余。"①

光绪三十二年（1906年），湖南善化县生员叶芳曾上书徐世昌密陈湖南警政之弊端。他说："湖南省城警察虽经各大宪维持，稍行条理。然警员则多吸洋烟，警兵则多招无赖……湖南风气素称固闭，若外国来湘传教者则日多一日，虽经地方官妥为保护，而小民无知，乡曲仍有滋事之案。现在办理警务各员绅不但无一通译者，即研究公法约章者亦绝少。故一遇教案，非过于抗拒即央之将就。此皆由外交、警务全未讲求……湖南警察并未置一路灯，亦未派一侦探。不但偏僻街衢夜间绝无一警兵巡逻，甚或大街闹市，日间亦少警兵综影。是亦省城命案窃盗迭出，而警察均莫知措手。命案最近最大者如去腊英巡捕恺利被凶徒枪毙于城中之东牌楼，警察竟任凶犯从容出城，逃至浏阳。窃案之最近者如白鹤巷内之富训里魏宅被贼洞穿墙壁，又凤仪园内窃贼上屋及撬门等"②。

3. 两湖州县警察的职能

根据清政府规定：巡警道应就所治地方设立警务公所，……公所分设四课如下：

一、总务课：掌公所总汇之事，凡承办机要，议订章程，考核属员，分配官警，编存文牍，收发，经费，统计，报告及巡警学堂各事项皆属之。

二、行政课：掌行政警察、高等警察、国际警察之事，凡整饬风俗，保护治安，调查户口、籍贯，稽核道路、工程及消防警察各事项皆属之。

三、司法课：掌司法警察之事，凡预审，探访，督捕，拘押及处理违警罪各事项皆属之。

---

① 《全兴致部尚书信》，中国第一历史档案馆馆藏，参见韩延龙主编《中国近代警察制度》，第176页。

② 《叶芳禀呈》，中国第一历史档案馆馆藏，参见韩延龙主编《中国近代警察制度》，第138—139页。

四、卫生课：掌卫生警察之事，凡清道，防疫，检查食物、屠宰，考验医务、医科及官立医院各事项皆属之。①

湖北警务公所设总务、行政、司法、卫生四科，其职权不仅包括在马路和街道站岗巡逻，管理刑事案件和有关户口、婚姻、土地、债务一类的民事案件，举凡修筑道路，改善市街等有关交通、卫生、市政的土木工程事务等都在其管辖权内，是警察、司法和市政的混合性综合机构。

施南府各县警务主要职能是：清洁街道，注重卫生，检查户籍，查封烟馆，查禁赌博，设立消防等。② 巴东县定警务职责有八：一驱摊棚，二洁街道，三重卫生，四迁菜摊，五查户口，六封烟馆，七禁赌博，八设消防。③

湖南警务公所下设总务、行政、司法、卫生四课及巡警教练所。总务课掌理机要、编制、经费、统计及教育训练等事宜；行政课掌理治安、户口、消防等事宜；司法课掌理查访案件、预审罪犯、看押犯人等事宜；卫生课掌理清洁市容、检查食物、防疫疾病等事宜；巡警教练所专管警兵训练。同年，所内增设清查街市公所，负责清洁街道，整顿市容。宣统元年（1909年）增设拘留所和消防所。

总之，清代警察的管理职能，除了保卫治安、调查户口、消防管理、探访案件、拘捕和预审人犯、处理违警案件以外，还负责整饬风俗、稽查道路和桥梁工程建设、卫生防疫、检查食物、屠宰考验、医院管理、药品检查、清洁街道、整顿市容等事宜。

4. 清末两湖建立警察机构的影响

尽管晚清警察建设方面存在诸多不足，如地方警政极为落后，警员素质低下，缺乏基本法律常识等，但两湖地区开办成绩好的州县，能使"盗窃屏迹"。例如1910年，兴国州陶知州整顿警务，巡警增至140名，地方治安好转。州城向年每届苎麻上市，窃案层出。5月上旬，巡捕捕获惯盗陶大元，缴铜角8封，赃物多件，送警务长严办，顾本年苎麻上市时，呈报窃案者甚少。其时烟禁甚严，各巡警秘密侦查幽僻之地，缉捕

---

① 《大清法规大全·吏政部》卷21上，第15页。
② 湖北省恩施土家族苗族自治州地方志编纂委员会编：《恩施州志》卷17，第287页。
③ 湖北省巴东县志编纂委员会编：《巴东县志》卷16，第394页。

密卖烟馆 4 户，予以严惩，一时烟馆绝迹。①

清末警察机构的建立是中国传统政治结构革新更嬗的结果。它的出现表明基层社会旧式的保甲、捕快制度已经难以适应社会发展的需要，"今中国各省奸民布满市廛，或名青皮，或名光棍……此辈不耕而食，不织而衣，游手好闲，毫无恒业，挟其欺饰伎俩，横行市肆之间……皆因内地城乡无巡捕往来弹压……盖不肖绅士往往为之维护，差役更互通一气……而于巡差、捕役竟至绝无其人，迨有盗劫等案事先不能预防，事后但悬赏格出花红，耗费既多，仍难破案……而差役之弊积重难返"②。正是鉴于旧式治安体系的积弊，巡警制的设立就成为大势所趋。

而警察机构建立后，改变了清政府虽然也较重视对社会治安的管理和进行社会控制，但缺乏专门化、专业化的机构司其职的现状，使得州县治安管理日渐正规化、系统化。而且新式警察职能较广，他们力图改良社会，整顿秩序，在破除迷信、戒烟戒赌、设立厂所、解决游民、加强城市环境卫生及公共事业管理等社会问题上都进行了有益探索。因此新式警察的创建具有典型的历史意义，它标志着传统治安体系的瓦解和新式行政、司法制度的确立。既适应了中国社会内部变革的要求，又符合了西方先进政治文明的导向。它同传统的捕快、保甲有根本区别，其职责更加广泛，并趋向专业化，从根本上改变了中国古代沿袭的军警不分，差役、保甲混杂的局面，更加符合社会发展的潮流。③ 无论是对中国近代化的历史进程还是对中国近代政治文明的建设都起到了积极作用。清末新政时期创办的近代警政，是传统社会走向近代化的一个重要内容。

---

① 湖北省阳新县地方志编纂委员会编：《阳新县志》，司法，新华出版社 1993 年版，第 571—572 页。

② 夏东元：《郑观应集》（上册），上海人民出版社 1982 年版，第 512—513 页。

③ 王先明、张海荣：《论清末警察与直隶、京师等地的社会文化变迁》，《河北师范大学学报》2005 年第 1 期，第 147 页。

第五章

两湖地区的水灾与水利兴修

第一节　晚清两湖地区的洪涝灾害

"治理自然灾害成为地方政府的一项不可逃避的职责。"[①] 湖北境内有江汉二水，南濒洞庭，又有清江、涢水荆河、沮漳河、唐白河、堵河等大小支流数十条；梁子、斧头、张渡、长湖、洪湖等大小湖泊数百个，向有泽国之称。全省滨江州县二十四，滨汉州县一十六，江汉堤防长达三千余里，濒湖低洼的垸子田广泛分布[②]。湖南省位于长江中游荆江以南，境内降水丰沛，河湖众多，湘、资、沅、澧四水连接境内大小五千余条河流，合入洞庭，北汇长江，古称"三湘七泽之地"。因此，丰富的水资源在为两湖农业发展提供便利的同时，水利又常变化为水患、水灾。其在晚清时期的水灾概况如表5—1和表5—2所示。

表5—1　　　　　　　　道光至宣统湖北洪涝灾害统计表

各朝年号	统治年数	有洪涝记载年数	平均年次	被灾州县	年均被灾州县
道光	30	30	1	325	10.8
咸丰	11	8	1.38	68	8.5
同治	13	13	1	122	9.4
光绪	34	28	1.21	212	7.6

---

① 瞿同祖：《清代地方政府》，第267—268页。

② 民国《湖北通志》卷41，"堤防"、"图说"等云当时状况。

续表

各朝年号	统治年数	有洪涝记载年数	平均年次	被灾州县	年均被灾州县
宣统	3	3	1	9	3
合计	91	82	1.12	736	7.8

资料来源：《湖北通志》及有关各府县志、《湖北省近五百年气候历史资料》、《长江水利略》等。参见张建民《清代湖北的洪涝灾害》，《江汉论坛》1984年第10期，第64页。

表5—2　　　　　　　　　晚清湖南主要受水灾州县年次统计表

地区	安乡	华容	沅江	武陵	澧州	龙阳	巴陵	湘阴	临湘
年次	69	66	66	64	64	61	60	60	53
地区	益阳	桃源	南洲	长沙	邵阳	湘潭	浏阳	沅陵	湘乡
年次	50	18	12	12	12	12	11	10	10

资料来源：根据《湖南自然灾害年表》、各县县志及档案资料统计。参见杨鹏程《清朝后期湖南水灾研究》，《湖南工程学院学报》2004年第3期，第36页。

从表5—1、表5—2可以看出，两湖地区洪水非常频繁，不少州县几乎"无岁不水"、"无年不灾"。而有关方志记载各地屡苦水患的不绝于书。沔阳州，"沔郡地洼水钟，汉经其北，江经其南，无岁不受水患"[1]；监利，"田畴常虞水患"[2]；湖南洞庭湖周围的州县，"滨临河湖，地处低洼，俱系频年被淹积欠之区"，"各灾民糊口无资，栖身无所，情形极其困苦，且多纷纷外出觅食"[3]，几乎年年"被水成灾"。武陵、龙阳二县，"皆滨江，自古苦水患"[4]，洪水每至，往往造成"沅流直涌长堤决，坏屋冲田骇浪高，出地蛟龙杂风雨，沸天人鬼共呼号"[5]的悲惨景象。

在了解了两湖地区总体情形后，关于两湖地区受洪涝灾害时的具体情况，下面分别以1869年、1870年、1906年和1909年为例，来看水灾

---

① 童承叙：《与宋巡抚论灾荒书》，光绪《沔阳州志》卷11，艺文志·书。
② 光绪《荆州府志》卷5，地理志五·风俗。
③ 中国第一历史档案馆藏：《录副档》，道光二十九年湖南巡抚赵炳言折，参见李文海等《近代中国灾荒纪年》，湖南教育出版社1990年版，第92页。
④ 嘉庆《常德府志》卷11，赋役志·堤防。
⑤ 《水灾纪事》，同治《武陵县志》卷48，艺文志。

的严重状况和造成的巨大损失。

同治八年（1869 年）七月，巡抚刘崐奏："窃本年入春以来，阴雨较多。五月后雨势更大，连旬不息。以致辰州府属之沅陵、辰溪、溆浦，常德府属之武陵、桃源、沅江、龙阳，岳州府属之巴陵、临湘、华容，长沙府属之湘阴、湘潭、浏阳、益阳、醴陵、澧州与所属之安乡等州县。或因山溪陡涨，田禾间被水冲，或系濒临大湖，围障悉归淹没。据各该州县先后禀报前来。……其被水较重之湘阴、益阳、龙阳、武陵、溆浦等县，目前虽可勉强支持，而补种业已失时，房屋不无倒塌。将来水退复业，仍不能不筹画安辑之资。至安乡、华容、沅江等县，地势本极洼下，四境概系水乡。历次被灾，民力十分拮据。本年江湖并涨，被淹较往岁尤宽。幸居民各有渔舟单船，暂行栖止，丁口未至损伤。惟房屋及牲畜农器，大半漂没，情形最为困。"① 各地受灾具体情况，据《湖南通志》载："二月朔日，平江、兴宁、江华雨雹。……四月，……攸（县）蛟出大水。……长沙大风拔木，连日大雨（原注：城中水深数尺，墙屋多圮，街巷捕鱼）。浏阳大雨，地震山裂（原注：一时洪流暴涌，漂没田庐人畜无数）。邵阳龙山蛟出（原注：㵲江水涨二丈余，村落圮毁无算）。沅陵大水（原注：蛟出者亡，舒溪山崩，一村民居尽覆没。）醴陵、平江大水。五月，邵阳、新化大饥。……六月，……武冈淫雨，有虎患。麻阳、保靖大饥。靖州饥疫。七月……溆浦大水（原注：金波桥圮，堤岸多溃决，被灾五十余乡）。"② 《坦园日记》5 月（四月）记长沙情形云："大雨，……河水暴涨，城内沟渎之水无所注，垫溢满街，深及腰踝。有临街结网者，有被水冲毙者，真奇变哉！"③ 《郭嵩焘日记》于 9 月（八月）间记："通计一年之内，昼夜见星日者不逾三十日，亦天变之至奇者矣。……省城领账（赈）灾民，已增至五万人，而雨势未已，甚为忧之。"④

湖北夏秋多雨，其灾情据 10 月 8 日（九月初四）上谕称："（湖广总

---

① 《刘中丞奏稿》，参见中国水利水电科学研究院水利史研究室编《再续行水金鉴·长江卷1》，湖北人民出版社 2004 年版，第 411—412 页。

② 卞宝第等：《湖南通志》卷 244，上海古籍出版社 1990 年版，第 5145 页。

③ 杨恩寿：《坦园日记》，上海古籍出版社 1983 年版，第 317 页。

④ 《郭嵩焘日记》卷 2，湖南人民出版社 1981 年版，第 557 页。

督）李鸿章等奏，湖北被水成灾较重，请饬部拨款，以济工赈要需一折。本年湖北武汉等属地方，夏秋多雨，又值湘水下注、川水、襄水并涨，堤垸漫溃，田庐被淹，业据该督抚奏拨军需善后项下钱二万五千串，并于省仓提拨谷石，以资赈恤。"① 湖北巡抚郭柏荫的有关传记中，对是年灾情有较具体之描述："时夏秋多雨，湖湘之水下注，武汉各属堤垸溃决，田庐尽淹。柏荫遴员分带钱米，往沔阳、嘉鱼、黄梅、孝感四州县分别赈恤，武昌、监利、广济三县酌量安抚。嗣以节届秋分，水仍未退，因疏言：鄂省武昌、汉阳、黄州、安陆、荆州等府属州县，非滨临江汉，即附近湖河，或修长堤以为保障，或筑子垸以固田庐，无如地势低洼，频苦水潦。本年雨旸失时，又值湖南大水，建瓴而下，川水、襄水同时并涨，以致堤垸多溃，田禾沉没，庐舍被淹，小民荡析离居，殊堪悯恻。业拨款备谷，委员分散各邑暂作急抚，一面在武汉城外搭盖草棚，分设粥厂，陆续拨用官捐银两，又动碾谷六千石，安置外来灾民栖止就食，并分饬被水各州县设法平粜，立粥厂以济饥黎。满拟水退迅速补种杂粮草疏，稍资湖口，讵节逾秋分，水仍未退，补种失时，小民欲归无所，待哺情殷。臣查业已成灾约十州县，若俟水落勘齐，再行核办，势必缓不济急，且转瞬秋尽冬来，饥寒交迫，难保不群聚为匪。"② 《湖北通志》载："三月，公安淫雨无麦。夏，江夏、黄冈、罗田、黄梅、武昌、沔阳大雨水，襄河荆江两岸堤多溃；潜江、汉川大水。秋，麻城大疫。……是冬，沔阳大饥。"③ 据同治八年十二月十五日（1870 年 1 月 16 日）上谕，湖北全省被水地方包括武昌、黄梅、沔阳、嘉鱼、监利、广济、汉阳、汉川、咸宁、蒲圻、黄陂、孝感、黄冈、蕲水、钟祥、京山、潜江、天门、云梦、应城、江陵、公安、石首、松滋、枝江、荆门、江夏、兴国、大冶、蕲州三十州县。④

　　第二年，即同治九年（1870 年），湖南饥荒甚重，主要原因是夏季发生较大水灾。《湖南通志》有具体记载："湖北襄水陡涨，横贯荆河，遏

　① 《清穆宗实录》卷 26，同治八年九月壬申，中华书局 1987 年版，第 688 页。

　② 王钟翰点校：《清史列传》卷 55，参见《郭柏荫传》，中华书局 1987 年版，第 4332 页。

　③ 张仲炘等：《湖北通志》卷 76，上海古籍出版社 1990 年版，第 1936 页。

　④ 《清穆宗实录》卷 272，同治八年十二月辛亥，中华书局 1987 年版，第 778 页。

阻川水东下，长江上游之水（荆川诸水），倒灌入湘，直奔洞庭。适逢连日大雨，每天水涨数尺，安乡、华容地势极低，水从堤头漫过，田禾都被淹没。湘阴、龙阳堤垸溃数十余围，大部稻田被淹。临湘、沅江、武陵、益阳等县，被水受灾情形广都较往年为重"①。7月，巡抚刘崐奏：六月初"湖北襄水横贯荆河，遏阻川水东下。荆川诸水倒灌入湘，湖河因以并涨。复值大雨连宵达旦，逐日水涨四五六尺不等。致澧州所属之安乡，岳州府属之临湘、华容，常德府属之沅江、龙阳、武陵，长沙府属之湘阴、益阳被水，情形较之去岁尤重。安乡、华容素称泽国，地极低洼。水从堤头漫过，田禾悉被淹没，官署民房亦遭漫浸，该县等皆系乘舟办理公事。龙阳、湘阴田多滨水，专恃堤垸护防。亦因水高于堤，被冲漫溃。湘阴六十余围，龙阳数十余障，田均被淹。临湘、沅江、武陵、益阳，或冲淹十余村障，或漫溃数十围洲，或漾没数十余垸。民情殊为困苦，惟较安乡等县略轻。各该县无岁不水，无水不灾。今年水涨虽属稍迟，而抢获早谷不过十中一二。获存之谷，间亦为水漂流。民力拮据不堪，房屋亦多倒塌。"②《坦园日记》记长沙情形称："（五月）初二日，雨，竟日未止。米价大长，每石五竿有奇，真奇荒也。……初十日，大雨竟日，米价日昂，官府不闻平粜之举，亦可怪也。"③《郭嵩焘日记》6月（五月）间记湘阴情形称："一雨三年，此何天也，而吾一家之为雨累乃尤惨酷。……即吾一身推之天下，亿万生民之命为所残戕者，可胜计哉。"并兼叙长沙情形云："谷涌腾贵，而雨势不已，省城熟米已至五千六百，历古所未有。"7月26日（六月二十八日），又推而论及湘江下游、洞庭周围地区情形："雨，阴晦。数日热不可耐，度天必变，而闻大水更甚于去年，值晴霁时而省河水日有增加，濒湖一带可知，时事殆不复可问矣。"④

本年湖北大雨时行，三十余州县水大水成灾。《湖北通志》记："春三月，潜江大雨雹，如鸡卵，压坏夹洲、牛埠两垸麦苗三千余亩。逾旬

---

①　卞宝第等：《湖南通志》卷1，上海古籍出版社1990年版，第105页。

②　《刘中丞奏稿》，参见《再续行水金鉴·长江卷1》，湖北人民出版社2004年版，第424—425页。

③　杨恩寿：《坦园日记》，上海古籍出版社1983年版，第353、354页。

④　《郭嵩焘日记》卷2，湖南人民出版社1981年版，第597、599、607页。

大风毁屋拔木，湖波陡立三尺许。夏，江汉并溢，武昌、潜江、钟祥、汉川、黄冈、江陵、枝江、松滋、公安均大水；公安官署民房倒塌几尽；潜江堤垸溃决数处。秋，黄冈水入清源门；江陵大疫，民多暴死。冬，沔阳大饥。"① 夏间之水灾，8月29日（八月初三）上谕叙述稍详："本年夏间，湖北大雨时行，江水陡涨。五月间，汉水又发，以致宜昌郡城内外，概被淹没。荆州南岸公安地方，被淹最重，此外松滋、石首、监利、嘉鱼、咸宁、蒲圻；江夏、汉阳、黄梅及钟祥、荆门、京山、潜江、天门、沔阳、汉川、黄陂、孝感、云梦、应城各州县，均因各堤漫溃，田亩淹没，人民迁徙，殊深轸念。"② 《清史稿》亦载，7月（六月）间，"宜城汉水溢，公安、枝江大水入城，漂没民舍殆尽；归州江水暴溢，黄冈，黄州大水"③。翁同龢于9月5日（八月十日）之日记中亦称："今日湖北荆、施等处大水成灾。"④ 其中，宜昌灾情最重。宜昌府知府方大湜的有关传记中，均有"九年夏大雨，江水暴发"，"难民避高阜，绝食两日"⑤ 之记载。1871年1月25日（同治九年十二月初五）上谕，湖北全省被水地方包括公安、沔阳、黄梅、监利、广济、江夏、咸宁、嘉鱼、蒲圻、汉阳、黄陂、孝感、黄冈、蕲水、钟祥、京山、潜江、天门、云梦、应城、江陵、石首、松滋、枝江、荆门、蕲州、武昌、兴国、大冶、汉川三十州县，暨武昌、沔阳二卫。⑥

　　光绪三十二年（1906年）春夏间湖南连降暴雨，恰与长江洪峰相遇，洞庭湖及四水排泄不畅，发生大水灾。户部据湖南巡抚庞鸿书电奏湘省被水成灾，云：此次大水，"自三月下旬，省城及南路各属，阴雨连绵，昼夜不止。至四月初旬，复大雨滂沱，各处山水齐发，潇湘二水，在永州合流，势极泛滥。故永属之零陵、祁阳二县，城外房屋，均被水淹。幸地处上游，二三日即退。衡州、长沙两府，当湘流之冲，复有郴桂茶

① 张仲炘等：《湖北通志》卷76，上海古籍出版社1990年版，第1936页。

② 《清穆宗实录》卷288，同治九年八月丁酉，中华书局1987年版，第979页。

③ 赵尔巽：《清史稿》卷40，灾异一，第1555页。

④ 《翁同龢日记》第2册，中华书局1989年版，第560页。

⑤ 《清史列传》卷77，《方大湜传》，第6357页；《清史稿》卷479，《方大湜传》，第13082页。

⑥ 《清穆宗实录》卷299，同治九年十二月丙寅，中华书局1987年版，第1139页。

陵湘乡各小河之水汇之，尤极奔涌。以致衡阳、清泉、衡山、湘潭、长沙、善化各县，被淹之处甚多，为时亦久。夹湘两岸田园庐舍，均被淹没。遇救得生之人，俱风栖露宿，惨不可言。长沙会垣及衡州郡城、衡山、湘潭两县城，并沿河厘卡市镇均被淹灌，倒塌公私房屋，冲失谷米货物，不知凡几。醴陵县之西乡渌口市一带，居衡山之下，湘潭之上，滨河田亩市镇，亦被淹没。第不及衡湘各邑灾区之广。由省城而下，河道较宽，故下游之宁乡、湘阴两县，近水低田，虽经被淹，而水势稍缓，被灾不似上游各县之重"①。此次所受损害，"衡、永、长、常四府沿河两岸，田亩飘荡无余，死者三、四万人，浮尸蔽江，受灾者三四十万人，皆冻馁交侵，乞食四方"②。仅就长沙一府情形而言，据 5 月 15 日（四月二十二日）《时报》载："长沙水势渐退，惟淫雨仍缠绵不绝，止时甚少。此次所受损害若干，因消息阻滞，一时未调查明确。该处宽三百里、长六百里一带之禾田中，水势高十五尺，淹毙人不下三万，情状惨酷，令人不堪寓目。"③ 当时，被水地方，民穷食艰，饥民抢米事件不断发生，"平江、湘阴、长沙、浏阳一带尤甚。平江林姓方储米减粜，抢掠一空；湘阴易姓连日被掠二次；其长乐地方抢案已数十起，无一拿获；长沙、浏阳乡中稍有积储之家，匪徒十百成群，持械勒粜，杂投瓦砾，不敢计较。"④

　　湖北省水灾情况亦颇重。7 月 24 日（六月初四），湖广总督张之洞奏称："入夏以后，南水既未消落，川水又复盛涨，荆州所属沿河之江陵、监利、枝江、松滋、石首、公安等县近水田地悉数被淹。五月中旬，襄水复涨，下游水势既大，不能畅泄，愈积愈高，致将潜江之西湾、八百弓、棉条湾等处堤塍先后漫溃，并带淹江陵、监利、沔阳各垸。汉川之五德、白鱼等垸堤亦复先后冲决。刻下一片汪洋，田禾尽没，积水均深丈余，秋收万无可望。同时钟祥县之马山；麻城县之东义洲等八区均各

---

　　① 中国水利水电科学研究院水利史研究室编：《再续行水金鉴·长江卷 2》，湖北人民出版社 2004 年版，第 755 页。

　　② 湖南历史考古研究所编：《湖南自然灾害年表》，湖南人民出版社 1961 年版，第 106 页。

　　③ 李文治：《中国近代农业史资料》第 1 辑，第 731 页。

　　④ 中国第一历史档案馆、北京师范大学历史系选编：《辛亥革命前十年民变档案史料》上册，中华书局 1985 年版，第 401—402 页。

起蚊水，冲损居民房屋，并有淹毙人畜之事。施南府属之宣恩县高罗地方亦复山水大发，所过地方田地悉为沙积，垦复为难。其他被水州县饥民抢米，请发米粮平粜之呈禀络绎不绝。"① 岁末，张之洞又奏："入夏以来，江、汉、湘三水迭次盛涨，江、皖下游亦苦水患，壅阻不消，愈积愈高，以致被淹之处既广且久。"② 水灾之外，部分地区则遭旱灾。据1907 年 1 月 29 日（十二月十六日）上谕，湖北本年被水被旱地方包括江夏、咸宁、嘉鱼、夏口、汉阳、汉川、黄陂、孝感、沔阳、黄冈、蕲水、麻城、罗田、蕲州、黄梅、广济、钟祥、京山、潜江、天门、应城、江陵、公安、石首、监利、松滋、枝江、荆门二十八厅州县。③

宣统元年（1909 年），湖南澧水上游山洪暴发与长江洪峰相遇发生大水。据湖南巡抚岑春蓂 10 月 27 日（九月十四日）奏称：

"湖南本年五月间上游永顺等府淫雨兼旬，山洪暴发，建瓴直下，致永定、慈利、石门、安福等县沿河一带田庐均被冲毁。维时湖北荆江之水亦一同泛涨，将公安县属之陡护堤冲溃四百余丈，江水直趋洞庭，澧州、安乡县首当其冲，堤垸十溃八九。又值沅、酉、资、澧诸水并涨，同时入湖，滨湖之南洲、华容、武陵、龙阳、沅江各厅县围堤亦多漫溃，田禾概遭淹没。被灾之重，为近年所未有。……统计各处灾民不下百余万人，嗷嗷待哺，非赈不能存活。澧州、安乡县、南洲厅情形最重。……澧州、安乡等属地势稍高各垸，间有涸复，补种杂粮，又因荆江续涨秋水，从陡护堤溃口灌入，以致复被淹没现在灾区涸出田亩能补种春麦者，须俟来年麦熟方能得食，为日甚长。其低洼沮洳之地，必俟水退培筑堤埝始能翻犁垦种。"④

《湖南省志》载："1909 年 6 月中旬，沅、澧二水同时并涨，洞庭湖水位剧升，滨湖区域如华容、南洲、安乡、澧州、安福、常德、龙阳、沅江、益阳、岳州、临湘等县，均罹巨灾，水势至 8 月下旬仍未消退，'实较光绪三十二年衡、永、长各府属受灾情形为重'；而与此同时，长

①　《录副档》，光绪三十二年六月初四张之洞折。
②　《录副档》，光绪三十二年十二月初八张之洞折。
③　《清德宗实录》卷 568，光绪三十二年十二月戊寅，第 517 页。
④　李文海等：《近代中国灾荒纪年》，湖南教育出版社 1990 年版，第 756 页。

沙、宝庆、衡州等地，则又'雨旸不时，半遭虫旱'。这样，就使全省大部分地区皆陷饥馑，流离转徙于各地的饥民达数十万之多。他们多'靠剥树皮、挖草根，勉强过活'，到'树皮草根剥挖都尽'，便纷纷流向长沙等大城市行乞求生，'妇女无处行乞，母子相抱而哭，或将三五岁幼孩忍心抛弃，幼孩饿极，辄取街上粪渣食之。'至于卖儿鬻女之事，更为常见。其价：小儿七八岁的仅三四文，青年妇子亦不过一二万文，甚至不及一万。"[1]

湖北省在连续五年遭受水灾之后，1909年灾情较往年更为严重。湖广总督陈夔龙奏称："本年五月间，大雨连旬，昼夜如注，上下游各属，水势增涨不休。于是川江溃堤，而公安、石首先罹其患；襄河溃口，而江陵、监利、沔阳、汉川、天门、潜江同被其灾。夏口则江汉横流，孝感则江湖并涨，应城则蛟水暴发，黄冈则风水交乘。其余枝江、松滋、黄梅、蕲水、蕲州、嘉鱼、汉阳、黄陂等处，大都毗连灾区，同遭波及。……此次水患延袤六府一州，虽其轻重不一，而被淹之广，实为多年所未有。"[2] 7月9日（五月二十二日）《民呼报》载文云："鄂省近因雨水过多，江水暴涨，地势低洼之处，大半已成泽国。米价飞涨，小民生计维艰情形，已志本报。讵自本月十五、六、七三日，雨势更大，有如高屋建瓴，昼夜毋或少息。武昌芝麻岭、大都司巷、吴家巷、抚院街及横街头，水陆街、玉带街一带，汉口关道署前厅署内，水深尺许，无一处可以涉足。……其余如横陉、福建庵、千圣庵一带，均已高搭水阁，老幼悉寝处其上。……所最难堪者，汉口后城外济生堂一带，地势最下，刻已水深一二尺、三四尺不等。该处居民尽是蓬户，约计万余家之多，皆系各轮搬货小工，铁路运土车工，以及无业贫民，既无地可以迁徙，又难以高搭水阁，惟有终日淹没水中，听天由命而已。"[3] 7月23日、24日（六月初七、初八），该报又连续报道云："鄂省各属，凡滨临江河湖港者，无不淹没，秋收业已绝望，灾区甚广，饥

---

① 湖南省志编纂委员会编：《湖南省志》第一卷，湖南近百年大事纪述，湖南人民出版社1959年版，第273页。

② 陈夔龙：《庸庵尚书奏议》卷12。

③ 马鸿谟编：《民呼、民吁、民立报选辑》（一），河南人民出版社1982年版，第172—173页。

民不计其数。""湖北沔阳州被水,灾区甚广,人民荡析流离,到处乞食。其不能外出者,傍居堤上,或攀登树巅。哭泣之声,与水声相应,更觉令人伤心。"①7月11日(五月二十四日)《时报》亦载:"二十二日据荆紫关电称,昨夜至午,河水陡涨一丈六尺,坏船百数十号,冲倒民房及淹毙人口难以数计,大雨未霁,水势尚增无已。"②8月5日(六月二十日)上谕转述湖广总督陈夔龙电奏云:"荆州属之公安、石首、江陵,汉阳属之沔阳,灾情最重,饥民荡析离居,惨不忍睹。余如汉阳属之夏口厅、汉川、孝感、安陆属之天门、潜江;荆州属之监利,德安属之应城,黄州属之黄冈等处,及枝江、松滋、黄梅、蕲水、蕲州、嘉鱼、汉阳、黄陂等处,亦多被淹。"③湖北人民在深重的灾难面前,流离失所,求食无门,不得不聚众请求官府救济。1910年3月13日(二月初三)《大公报》专文报道湖北饥民聚众大闹县署情形:"去腊各属被灾饥民,来武汉就食者十四万余人,年底经官商施舍米粥,再加以军队极力弹压,始免滋扰。讵今年汉阳县粥厂遽尔停止,诸饥民求食不得,遂聚集男妇老幼数千人,于元宵节晚来九钟,蜂拥至县署,团团围闹,时县令张振声,见势甚汹汹,当将署门紧闭,立用电话飞请镇协两署迅派军队弹压,幸即解散。"据1910年1月29日(十二月十九日)上谕,此次湖北全省受灾地区,包括江夏、咸宁、嘉鱼、蒲圻、夏口、汉阳、汉川、黄陂、孝感、沔阳、黄冈、蕲水、罗田、黄梅、广济、钟祥、京山、潜江、天门、应城、江陵、公安、石首、监利、松滋、枝江、荆门、兴国、大冶、蕲州三十厅州县。④

而洪涝灾害频发的地区以湖北沔阳和湖南安乡最为典型,"左挹洞庭、右接兰澧"的安乡县,在咸丰二年(1852年)藕池溃口后,"每当春夏之交,巴蜀水涨,泛滥县境,一片汪洋;桑田沧海,民众波臣"⑤。

---

① 《民呼、民吁、民立报选辑》(一),第212、216页。
② 武汉大学历史系:《辛亥革命在湖北史料选辑》,湖北人民出版社1981年版,第257页。
③ 《宣统政纪》卷16,沈云龙主编:《近代中国史料丛刊三编》第18辑,台湾文海出版社1986年版,第301页。
④ 《宣统政纪》卷28,沈云龙主编:《近代中国史料丛刊三编》第18辑,台湾文海出版社1986年版,第500页。
⑤ 民国《安乡县志》卷2,山川。

县内"唯黄山附近未遭淹没，余皆堤垸溃决，厥难修复；而低冈阜岭，亦桑田沧海，万劫不复。老弱转沟壑，壮者散四方，死绝逃亡，县几不县"① 没有逃亡的居民，"贫苦难堪，鱼樵生活，以船为家"②。安乡县几乎遇水即灾，无年不灾。兹列各年水灾灾况如次：

道光二十年（1840 年）：大水。

道光二十一年（1841 年）：大水。

道光二十二年（1842 年）：大水。

道光二十三年（1843 年）：大水。

道光二十四年（1844 年）："夏大水，各垸失收。"

道光二十六年（1846 年）：大水。

道光二十八年（1848 年）：大水，"各垸失收"，"饥民拣食"。虎渡河冲开三汊垴，形成安乡自治局河。

道光二十九年（1849 年）："春久雨"，"夏大水"，"官民各垸三十七处、湖田六十余处，皆溢"，"饿殍无数"。

道光三十年（1850 年）：大水，实惠等官民垸皆溃。

咸丰元年（1851 年）：六月江水暴涨，堤垸尽溃。

咸丰二年（1852 年）：荆江藕池决口，洪水淹没安乡堤垸。

咸丰三年（1853 年）：大水。

咸丰四年（1854 年）：大水。

咸丰五年（1855 年）：大水。

咸丰七年（1857 年）：大水。

咸丰九年（1859 年）：夏，大雨、大水，"堤垸尽溃"。

咸丰十年（1860 年）：江水大涨，"高于堤二三尺"。县城内"通舟，常平仓谷漂流"。

咸丰十一年（1861 年）：大水，"成灾十分者计官垸、民垸、湖田共八十一处"。

同治元年（1862 年）：秋，大水，"晚禾失收"。

同治三年（1864 年）：夏大水。

---

① 民国《安乡县志》卷 12，田赋。

② 民国《安乡县志》卷 16，风俗。

同治四年（1865 年）："闰五月大水。"

同治五年（1866 年）：夏大水，"官垸、民垸均溢"。

同治六年（1867 年）：大水，"垸溃，十月犹未涸"。

同治八年（1869 年）："春夏多雨"，"六七月大水"，溃垸。

同治九年（1870 年）：荆江松滋溃口，安乡县境"洪水横流"，"唯黄山附近康保团、保和团、邹家厂、井字岗（黄山岗）、汤家岗数处未遭漂没"，"死绝逃亡，县几不县"。

同治十年（1871 年）：大水。

同治十一年（1872 年）：大水。

同治十二年（1873 年）：大水，松滋口再溃。

同治十三年（1874 年）：水。

光绪元年（1875 年）：水。

光绪四年（1878 年）："夏六月，大水成灾。"

光绪五年（1879 年）：水，"湖田垸溃"。

光绪六年（1880 年）：水。

光绪七年（1881 年）：低田被淹。

光绪八年（1882 年）：水。

光绪九年（1883 年）：大水。

光绪十年（1884 年）：水，"低田被淹"。

光绪十一年（1885 年）：水。

光绪十二年（1886 年）：水。

光绪十三年（1887 年）：大水。

光绪十五年（1889 年）：水，"湖田洲土半遭淹没"。

光绪十六年（1890 年）：大水。

光绪十八年（1892 年）：大水，"垸溃半（数）"。

光绪十九年（1893 年）：水。

光绪二十一年（1895 年）：大水。

光绪二十二年（1896 年）：春淫雨，七月大水淹黄谷。

光绪二十七年（1901 年）："夏五月大水，堤垸决"。

光绪三十年（1904 年）：垸田被淹。

光绪三十一年（1905 年）："夏六月大水决垸。"

光绪三十二年（1906年）："夏五月大水，堤垸决。"

光绪三十三年（1907年）："秋八月大水，晚禾无收。"

光绪三十四年（1908年）："夏五月大水漫堤"，溃垸。

宣统元年（1909年）："夏大水，堤垸尽决"，"人畜随波而下者十余日不绝"，灾民"千百为群，络绎于道，死亡枕籍"。

宣统二年（1910年）："五月大水溃垸"。灾民"剥食树皮草根"，"食谷壳食观音土者哽咽腹胀毙命"。

宣统三年（1911年）："五六月，大雨兼旬，大水，垸尽溃。"①

由记载可知，晚清72年间，安乡遭受水灾的年份高达56年次，约占79%。所以民谣称"洞庭湖，泛白光，十年倒有九年荒"毫不夸张。

湖北沔阳无论在受灾次数还是灾情程度方面都非常突出，"天门沔阳州，十年九不收"，就是对这一地区的写照。其各年水灾情况如下：

咸丰元年（1851年）春，恒雨；夏，潜江泽口堤溃，沔阳大水。

七年秋，大水，子贝渊堤溃。

八年四月，大雨，城中水深数尺，大部农田受涝。

九年夏，大水，东荆河堤溃，杨五垸等141垸被淹。

十年，潜江泽口堤溃，沔阳大水。

十一年夏，襄、南二水并涨，六合等156垸漫浸。

同治元年（1862年）八月，监利杨林关堤溃，沔南水灾。

二年，潜江高家拐堤决，沔阳大水。

三年，境内汉堤杜家台堤溃，监利东荆河预备堤溃，沔阳水灾。

四年，监利杨林关溃，冲断潘坝部堤，朱麻、通城破垸成河。

五年夏，江提之三总、九总、十三总皆溃，民多流亡。

六年八月，汉水骤涨，潜江朱家湾堤溃，沔阳大水。

八年夏，江堤乌林、八总、李家埠头，汉堤欧家湾、白家脑、马骨垸并溃，全境受灾。

九年夏，江汉并溢，宏恩江堤溃，蜂口以下诸垸尽淹。

十一年，潜江深河潭堤溃，沔阳水灾。

光绪元年（1875年）潜江东岳庙堤溃，沔阳被淹。

①　安乡县志编纂委员会编：《安乡县志》，新华出版社1994年版，第101—102页。

二年秋，汉堤新淤垸溃。

四年夏秋，淫雨，大水，江汉堤并溃。

九年，大水，麻思等155官垸成灾六分。

十年、十一年，西南方大水。

十二年夏，大水。

十三年，江堤溃于大木林，汉堤溃于禹王宫，沔东大水；东荆河江陵鞠家滩堤溃，洪水灌塞州河，滨河数百垸渍水难消，民多逃亡。

十四年六月，江陵鞠家滩复决，冲溃沔阳陶横堤。长江宏恩堤溃。

十七年七月，汉右潭洲堤溃，沔西北受灾。

二十七年，东荆河刘家沟堤溃。

二十五年，夏秋两汛，江襄并涨，周老湖等88官垸田地掘被淹没。

三十四年六月，潜江汉堤袁家月漫决，江、荆、潜、监、沔五邑受灾。东荆河右堤金家渡砖刂翻溃致灾。

宣统元年（1909年）五月，汉江肖家嘴溃。

二年六月，新筑之九合垸堤因潜江东荆河溃口带决，州河两岸，排湖一带40余垸被淹；汉堤高严泗垸新挽月堤漫溃；东荆河圆通庵亦溃，西北大水。

三年六月，潜江保安寺决口，带淹沔阳西部。七月二十九日，新堤镇下游八里之楚屯垸漫溃。[①]

第二节　兴修水利

从上述两湖地区水灾频发和损害严重的情形可知，晚清时期，两湖地区水问题乃农业开发、发展的核心，两湖地区农业的垦殖扩展与水利建设是相辅而行的，防水更是性命攸关，根本所在。特别是"滨临江汉各州，每遇汛涨，动辄泛滥"[②]，"堤工为粮田民命所系"，成为最重要的

---

① 仙桃市地方志编纂委员会编：《沔阳县志》，华中师范大学出版社1989年版，第77—78页。

② 《曾忠襄公奏议》，参见《再续行水金鉴·长江卷1》，湖北人民出版社2004年版，第394—395页。

水利设施。检阅有关州县方志，这类记载随处可见。如监利"邑前江后汉，东洞庭，北沱沔……平原巨薮，犹恃诸堤以为固"①。又如石首："三乡湖港咸与洞庭相通，洞庭水溢则下地化为波涛，上地悉为侵蚀矣。江湖相凑，弥望一色，其不为波臣者有几?"② 还有汉阳、汉川："汉阳……水居其半。当夏秋之际，重湖千顷，晶淼无垠，不独秧针麦浪尽委波臣，而室家飘摇，鸿雁之哀，无岁或免。"③ "滔滔江汉，汉川当其委流。自昔称泽薮焉，洎乎水落土见，垦为阡陌，则因其地之高下，筑堤防以障之……"④

一代名臣陈宏谋曾这样总结湖北道："湖北襟江带湖，民田庐舍，多在水乡，全仗堤塍坚固，方免水到为灾。历查从前岁之丰欠，皆由堤塍之修废。"⑤

因此，水利工程的兴修就成为政府与乡村社会共同关心的问题。

上述安乡和沔阳受灾年份就有堤坝被冲垮，再以潜江为例，看看光绪宣统年间，水灾冲毁堤防情况。潜江"水、旱灾害，尤以洪灾最多，危害最大，有'十年淹九水''十种九不收'的传说"。

光绪元年（1875年），东荆河左岸监利县杨子垸易宅旁堤溃，本县团湖等垸被淹。八月，东荆河左岸东岳庙堤溃百余丈，县境部分及沔阳县全部受灾；坨埠垸深河潭堤溃，当年修复，翌年又溃。江陵县高家渊堤溃，本县西南部被淹。汉江左岸钟祥县四工、六工堤溃，京山县唐心口堤溃，襄北大水。

光绪二年（1876年），东荆河左岸监利县砂矶头堤溃，本县团湖等垸被淹。

光绪三年（1877年）七月，汉江右岸曹家洪土地溃决数十丈，口门处冲毁房屋二十八栋。汉江两岸、东荆河左岸堤溃三处。

光绪四年（1878年），五月大水，汉江右岸杨湖垸吴家改口、义丰垸千华庵、沙窝垸骑马堤，东荆河左岸深河潭、丁家月（县河右岸堤）直

---

① 康熙《监利县志》卷1，山川。
② 同治《石首县志》卷1，堤防。
③ 乾隆《汉阳县志》卷7，堤防。
④ 同治《汉川县志》卷9，堤防。
⑤ 陈宏谋：《培远堂偶存稿》卷25。

西垸、边江垸等堤俱溃。六月，汉江左岸张港白骨塔堤溃，襄北大水。

　　光绪六年（1880 年），汉江左岸高家拐堤溃，襄北大水。

　　光绪七年（1881 年）六月，芦茯河右岸杨家滩堤、茉莉湾堤溃，西湖、水兴、朱麻二百余垸被淹。

　　光绪八年（1882 年）九月三日，汉江左岸钟祥县林家湾堤溃，襄北受灾。

　　光绪九年（1883 年）六月，汉江左岸京山县张壁口堤溃，襄北尽淹。八、九月，汉江涨水又淹。

　　光绪十一年（1885 年），东荆河左岸花土地被外滩堤倒口冲溃十余丈，刘家月堤溃；东荆河右岸邓家月堤溃五十丈。

　　光绪十二年（1886 年），汉江左岸隗家洲堤溃二百丈。

　　光绪十三年（1887 年），东荆河右岸王家月堤溃三十丈。东荆河左岸花土地、鞠家滩、许家月堤俱溃。

　　光绪十四年（1888 年）八月十五日，东荆河右岸熊家河堤溃口近百丈。

　　光绪十五年（1889 年）六月四日，汉江左岸隗家洲堤溃，次日钟祥县张家湾、八形头、刘公底、张公庙堤相继溃口。九月初七，水复至，襄北大水。

　　光绪十六年（1890 年），东荆河左岸佛堂庙堤溃数十丈。

　　光绪十七年（1891 年），汉江左岸邱家拐堤溃，襄北诸县受灾。东荆河右岸舒家榨堤，郑家月堤俱溃。

　　光绪十八年（1892 年），汉江左岸新泗港堤，泽（策）口堤溃二百余丈。东荆河左岸花土地堤溃，樊家窑堤溃。

　　光绪十九年（1893 年）六月，汉江左岸钟祥县陈洪口堤溃，一天冲开两个口门；潜江县邱家拐堤溃。

　　光绪二十年（1894 年），钟祥县徐家河堤溃五口近四百丈。京山县唐心口、杨堤湾、鲍家咀，天门县韩家潭、刘家潭堤俱溃。东荆河右岸樊家湾堤溃。

　　光绪二十一年（1895 年），钟祥县大王庙、贺刘台，京山县罗汉寺，本县吴家湾、狗腿子湾、泗港堤俱溃。荆门县田家湾堤溃。东荆河左岸彭家月堤翻到溃。江陵县中襄河堤溃。

　　光绪二十二年（1896 年）七月二十七日，京山县唐心口堤溃，钟祥县堤溃口未筑，襄北大水。江陵县中襄河堤复溃。

光绪二十三年（1897 年），京山县唐心口堤溃口未筑，连淹三年。

光绪二十四年（1898 年），汉江右岸袁家月堤溃。东荆河右岸龚家湾堤溃。

光绪二十五年（1899 年）七月十三日，东荆河右岸龚家湾堤复溃，新河口堤溃，东荆河右岸石家窑挖口放水溃，李家月堤溃。

光绪二十六年（1900 年），东荆河左岸双河口堤溃百余丈。

光绪二十八年（1902 年），汉江右岸孙家潭堤溃。东荆河左岸许家月堤溃，关木岭堤溃。五月八日，东荆河右岸大慈阁堤溃近百丈（先挽的太平月堤冲开），周家湾堤溃。

光绪二十九年（1903 年）五月十八日，东荆河右岸大慈阁堤溃。

光绪三十年（1904 年）五月八日，东荆河右岸中台堤脱坡溃。

光绪三十一年（1905 年），东荆河右岸中台堤溃，马颈项堤溃。东荆河左岸筛子脑堤溃。

光绪三十二年（1906 年）六月，汉江右岸隗家湾堤溃。东荆河右岸隗家湾堤溃；棉条湾堤退挽后，老堤崩溃，将新堤冲倒。东荆河左岸独佛庵堤溃。

光绪三十三年（1907 年），汉江左岸罗汉寺堤溃。东荆河右岸棉条湾堤堵挽未成漫溃；东荆河左岸马家月堤、乐家台堤俱溃。

光绪三十四年（1908 年）六月二十九日，汉江右岸袁家月堤溃。东荆河右岸棉条湾堤堵挽未成溃；东荆河左岸剅堤月堤溃。

宣统元年（1909 年），汉江右岸沙洋李公堤溃，蚌湖张家湾潭堤溃。

宣统二年（1910 年），沙洋白骨塔堤溃。五月二十日，东荆河左岸枯树湾堤溃、关木岭堤、蔡土地堤两处挖口放水淤田，马家拐堤溃；双河口堤、天井剅堤俱溃。

宣统三年（1911 年），汉江右岸沙洋李公堤绪口未竣，襄水陡涨，五月十二日又连降大雨，新筑堤溃。六月，保安寺堤溃；同月十二日，东荆河右岸汪家剅堤溃。七月，东荆河左岸双河口堤溃。①

---

① 《潜江水利志》编纂委员会编：《潜江水利志》，中国水利水电出版社 1997 年版，第84—86 页。

从上述记载可以看出，在光宣 37 年里，除了光绪十年（1884 年）和光绪二十七（1901 年）年没有溃堤的记载外，年年淹水，年年决堤。因此，兴修水利和维护水利设施的确对当地农业生产和人民生命财产安全具有重大意义。正如同治十一年（1872 年）版《监利县志》所记载的：监利是个好地方，"粳稻连云，桑麻蔽野，其饶沃可数倍旁邑"，"民勤耕织，士崇儒术"，但"宰监利，不难于治民，而难于治堤"。历来在监利做官的，第一件要考虑的也是最难的就是修堤防险。对两湖地区其他州县同样如此。

一　修堤

晚清两湖地区的堤防建设主要是维修、加固或重建已有堤防，也有创筑的。

如均州保均堤在城东门外，起自北郭，下讫东南隅，约长二里许，废修不知几何年。堤石皆崩塌河中，其丈尺广袤不可考。今冬今水涸时，基石犹挺峙显露，去城约二丈。咸丰二年，知州殷序之于城东北隅修筑石堤一段，长三十四丈，阔三丈，高一丈五尺，以捍江流。今尚存。①

咸丰四年（1854 年），龙阳县知县李昌瑞履险勘堤。谕令顶险之东西塘堤脑修建石矶，堤身椎筑三沙。②

同治七年（1868 年），汉阳县县令王庭桢以蛤蟆矶低于江堤，堤身易伤，复加石六层以护之，计高五尺有奇。③

同治八年（1869 年），"武昌县知县张炅请款，以工代赈，修补黄柏山堤。由袁家径起，下抵樊口，计四十里。又筑堤之在县西水三里者，为碛矶湖堤。在永二里者为罗湖堤、张北湖堤、彭北湖堤。在县东洪三里者，为杨叶洲堤、加桨陇堤、黄丝陇堤、余家陇堤、龚家陇堤、赵家陇堤、吴家陇堤、曹家陇堤、严家畈堤、枫树隆堤、王家堤、军堤、刘家陇堤、龙王庙堤、杨花岭堤、军田菁堤、锣鼓神棋堤、琵琶湖堤、新

---

① 《续辑均州志》，参见《再续行水金鉴·长江卷 1》，湖北人民出版社 2004 年版，第 344 页。

② 《龙阳县志》，参见《再续行水金鉴·长江卷 1》，湖北人民出版社 2004 年版，第 347 页。

③ 《续辑汉阳县志》，参见《再续行水金鉴·长江卷 1》，湖北人民出版社 2004 年版，第 408 页。

港湖堤。又筑五丈港堤，在县东五里。又筑水泾堤，在县东二十里。夏月江溢，水自茨菰港入瑟琶洲，直冲西洼，因筑堤障之。又建蟠龙矶闸，在县东关外。又建五丈口闸，以防江涨，在县东五里"①。

《监利县志》记载同治八年（1869年），"监利县涂家埠、北六坵等处堤溃，发帑修复。以工代赈，新挽堤塍共长九百六十七丈五尺"。同治九年（1870年）"监利县六月邹码头、引港、螺山等处堤溃。邑令林瑞枝请帑以工代赈，并劝殷户捐助，修复三处，挽筑新堤共长七百七十三丈"②。如见表5—3所示。

表5—3　　《黄梅县志》和《广济县志》中有关知县修堤的记载

时间	知县	修筑概况	资料来源
道光二十八年 （1848年）	金崇城	黄梅县，水愈大，杨、刘二口，溃千余丈，是岁甚荒。知县金崇城详请，以工代赈，于二口溃处，新建堤千余丈	《黄梅县志》，载《再续行水金鉴·长江卷1》，第315页
道光三十年 （1850年）	鲍开运	禀借阌款数万金修堤。是届工程，第沙上加堤，未掘沙取土，堤亦内移一二里，至此情形大变	《黄梅县志》，载《再续行水金鉴·长江卷1》，第332页
咸丰十年 （1860）	覃瀚元	黄梅县自是年至同治五年，阖县照粮摊费，知县覃瀚元连挽月堤五次	《黄梅县志》，载《再续行水金鉴·长江卷1》，第362页
同治六年 （1867年）	多寿	自正港口至董家口，又挽月堤一道，至此情形愈一大变	《黄梅县志》，载《再续行水金鉴·长江卷1》，第404页
同治八年 （1869年）	杨应桓	派费筑沿江堤，即外堤杨家口溃口，于内复挽月帮护	《黄梅县志》，载《再续行水金鉴·长江卷1》，第420页
同治九年 （1870年）	覃瀚元	请款万余金，从杨家口四号起至董家口抵宿松堤止，建修新堤。堤脚内移三四里，至此情形变易极矣	《黄梅县志》，载《再续行水金鉴·长江卷1》，第426页

---

① 《武昌县志》，参见《再续行水金鉴·长江卷1》，湖北人民出版社2004年版，第419—420页。

② 《再续行水金鉴·长江卷1》，湖北人民出版社2004年版，第418、426页。

续表

时间	知县	修筑概况	资料来源
道光二十八年（1848 年）	福昌阿	窝坡堤决，知县福昌阿，请筑堤，并赈饥民，冬，堤成	《广济县志》，载《再续行水金鉴·长江卷1》，第 314 页
同治元年（1862 年）	方大湜	广济县盘塘新堤七百余丈，久渐圮塌。知县方大湜捐俸倡修石堤三百二十余丈，余皆加高培厚。并创建修防所于武穴镇，刊列条例，以备岁修	《广济县志》，载《再续行水金鉴·长江卷1》，第 371 页
同治八年（1869 年）	艾佐龙	县被水各属应赈户口以及应修堤工，由司酌拨工赈银二千两。知县艾佐龙分给各棚，并修砌中庙、汪家二棚石工	《广济县志》，载《再续行水金鉴·长江卷1》，第 420 页
同治九年（1870 年）	刘宗元	窝坡、宝赛同时溃口，直长共二百余丈。知县刘宗元筹费兴修，十月兴工，次年三月堤成，并谕各棚补栽芦草	《广济县志》，载《再续行水金鉴·长江卷1》，第 426 页

还有以知县姓氏命名所建指堤的。如同治五年重修的《宜城县志》记载："咸丰三年（1853 年）七月，汉水大涨，决护城堤，溃城垣 105 丈，圮小南门城楼，沿街居民死者数千，漂没稼禾无算，损失极为惨重。"此次洪水之后，因兵灾匪患、无力修补，护城堤逐渐颓圮。直至同治九年（1870 年），知县陆佑勤决定沿汉江修筑堤防。光绪《宜城县续志》卷上《建置志》堤防"陆公堤"条云：

沿汉东西两岸，西自卧虎岩至龙王洲，长七十余里，计 6 万余丈，高一丈至三丈不等，厚一丈六尺。又自龙王洲至葛藤湾，长二十余里，高厚如之。东自古河口至万杨洲，长十五里，高厚如西岸。同治九年县令陆佑勤兴筑，十年完工。

陆佑勤修筑汉江堤，兴利而除害，民众将此堤称为"陆公堤"。至此，宜城汉江堤防初具规模，三段总长达 105 里。

宜城境内在光绪年间还修筑了木渠沟堤和蛮河堤，木渠沟堤由陆佑勤修，自苏湖桥至黄家沟口十余里。1878 年（光绪四年），县令杨均兴修蛮河堤，同年付维祜接任。光绪六年刘秉懿接替继续完成堤工。①

又如，光绪四年（1878 年），潜江沱中垸王宅前、孙宅后堤外滩崩
挫，"知县史致谟督绅唐道显、董治军等内挽月堤一道，计长三百三十一
丈五尺"。翌年，又由史致谟督绅首鲁希绅等，修筑郑浦垸边江堤，称为
史公堤。光绪《潜江县续志》卷 10《堤防志》录《史公碑记》云：

潜江为泽国久矣，而吾黄、郑、官、沱四垸又受害尤亟。自同治九
年以来，水患频仍，仅恃丁家月堤以为捍蔽，累遭倾圮，连年修筑，费
用不赀。去岁夏间，又复为沼。干辅史公规度地势，克期兴工……

光绪《光化县志》卷 2《堤防》记载："（道光）二十五年，知县海
顺复自恩湛门内万福街及竹排厂作石堤以障之，时号为'海公堤'。"胡
公堤，"在邑（西）[东]南十五里，罗汉寺后。地旧有堤，道光十二年
水冲坏，居民输工修筑。同治六年秋大水，又溃。县令胡启爵督工重修，
士人即以名堤。邑贡生卢正衡有记勒石"。

对于修堤不力、造成漫溢溃缺、被水受灾的州县官也受到处罚。

如道光二十一年（1841 年），"湖南武陵县知县阮文藻，请筑私堤，
轻率更张，难保无所贿朦，敛□分肥情弊，必应严行根究。阮文藻著即
撤任，交该抚转饬该管道府，彻底严查。如有前项前弊，即行参办"②。
"湖北江陵县知县蔡聘珍，前因赔修虎渡汛支堤，完工未久，复行漫溃，
经该督奏参：部谦革职留任，勒限修复。兹据奏称：该员于被参后，既
不赶紧抢堵，以致口门刷宽，勘估丈尺银数，又复草率浮滥，实属昏庸
不职。蔡聘珍著即革任，所有该工应赔银九千余两，仍勒令缴出归工。"③

咸丰元年（1851 年）三月癸丑（二十六日）谕：龚裕奏请将疏防堤
工、延不修复之知县交部议处一折。湖北前署江陵县事姜国祺，于堤塍
要工，既未能竭力抢护。迨经漫缺成口，又不设法赶筑断流。以致缺口
刷宽，多费工资。转图委卸，实属玩泄。着即交部议处，勒令赔修。④

同年闰八月乙未（十二日）谕：程矞采、龚裕奏，民堤漫缺，请将

---

① 《宜城文史资料》第 4 辑，水利专辑，1993 年版，第 473 页。

② 《再续行水金鉴·长江卷 1》，湖北人民出版社 2004 年版，第 267 页。

③ 同上书，第 269 页。

④ 《清文宗实录》卷 30，咸丰元年三月癸丑，中华书局 1987 年版，第 423—424 页。

抢护不力各员交部议处一折。湖北公安、江陵、监利、石首四县民堤，于本年六月初间，均有被水漫溢，致成缺口处所。该管各员，抢护不力，咎实难辞。署公安县试用知县刘德纪、江陵县知县俞昌烈、监利县知县彭凤池、代办石首县事石首县县丞黄履元，着一并交部照例议处。①

光绪九年（1883 年）九月丁未（三十日），署湖广总督卞宝第等奏：安陆府知府李庆霖、知县沈星标玩忽堤工，请交部议处。县丞张福银督工草率，拟定斩监候。均下部议。②

"理论上讲，疏浚河道、维修堤坝以便利百姓灌溉，是州县官的职责。"③ 为此，同治八年（1869 年），湖北省还制定地方官岁修抢险考成章程，规定④：

> 嗣后凡遇岁修工程，概于九月秋汛之后，责令地方官轻骑减从，周诣通堤，确切查勘。何处当冲，何处陡险，或须加高培厚，或宜挽月帮修。核实估计，筹集经费，即行鸠工兴修。一面将勘定土段丈尺、夫工细数、筹办情形、开工日期、督修官绅姓名，详细禀报。限于次年三月以前，一律报竣。如有视为故常，并不实力督催，以致汛水已临，尚未完工者，即将印官暂行撤任。专管堤工汛员，亦先详记大过。一面委员代理印官事务，仍责令承修之印汛各员，专驻工次，迅将未竣各工，立予修复。如果抢修完固，水已涸后通堤无恙，仍予回任供职。若因汛水涨发，工未完竣，或已完工而办理草率，以致所修堤段溃决成口。应分别溃口之大小、受害之轻重，或奏请摘顶、或奏参革职，仍令戴罪驻堤协修。果能克期蒇事，予限一年，所修堤段并无溃决，始准开复，实缺者并予回任。其有因地方政务殷繁，工程浩大，由省委员前往督修者，则委员之责成，与地方官并重。委员无任可撤，即行从事记过停委。在地方官之应回任者，委员准另销过候委，余亦如前议办理。

① 《清文宗实录》卷41，咸丰元年八月乙未，中华书局1987年版，第569页。
② 《清德宗实录》卷171，光绪九年九月丁未，中华书局1987年版，第384页。
③ 瞿同祖：《清代地方政府》，法律出版社2003年版，第261页。
④ 《再续行水金鉴·长江卷1》，湖北人民出版社2004年版，第416—417页。

至于抢险一事，应于汛水盛涨之时，先行亲驻堤所，督同汛员暨堤长圩业人等，多备守水器具，毋分雨夜，认真巡防。遇有险要处所，立即设法抢护，毋任汕刷漫溢。如因防护不力，致有溃决，即将地方官及分防堤段之员，查系工程草率，堤段冲溃，即行照例详参。如实系工程坚固，水漫堤顶致溃，亦予详请记过。仍视工程之难易，酌量勒限修复。若逾限而工程尚不及半，或未完工者，即详请分别严参。仍令驻工协修，以观后效。再有堤之地方官及委办堤工之员，如能于岁修工程依限报竣。迨至汛水盛涨，又能认真防护通堤各工，三汛均获安澜。即由本管知府将修防出力各衔名开列，候补者从优酌给外奖，实缺者酌调优缺一次。如有在任三年，于本境堤工按时修防，通堤并无溃决情事，亦即由府详请专案奏奖。再在工承修之首士，亦有经手之责，应由地方官随时考其勤惰，予以赏罚。

堤防如此重要，那么，州县官是如何修堤的呢？下面以《襄堤成案》所载天门知县邵世恩修堤资料为例，来看堤工的修筑。

天门乃"楚泽国也。景（陵）之为邑，西接石城下流，泛滥不测，谓之西水；东南接荆沔江介，横溢为害甚巨，谓之南水；中流为大河，地卑流迅为患一；河面上阔下束，吐泄不及，为患二。疏瀹排决莫可措手，唯有堵筑一法用为永例耳……历云杜东南接景、潜、沔，一望平衍，每至骤涨，河身高出茆屋，居民仗堤以为命"①。

既然"居民仗堤以为命"，那么天门县境内堤段丈尺界址及险要情况如何呢？知县邵世恩进行了较为详细的调查，并在光绪十六年（1890 年）七月初六日通禀中云②：

> 查卑县境内，寸节皆堤。……其关系重要者计有三处。以襄河堤为最重，护城堤次之，牛蹄支河堤又次之。……北岸襄堤为本邑

---

①　康熙《景陵县志》卷 4，《堤防》。

②　《天门知县邵遵查境内堤段丈尺界址及修防事宜通禀》，参见《再续行水金鉴·长江卷 2》，第 665—668 页。

暨下游云应黄孝川沔各州县田庐藩篱。其险工向以岳口为最。而上游老观等垸，下游黄沙等垸，亦系壁立数里，陡削堪虞，均为历年来夙称险要之区。南岸襄堤为本邑暨潜沔各境藩篱。如牙旺马家中洲等垸，亦向多险工。近年岳口街堤建修砖石各矶口，以因堤身，而支急湍。危殆情形，较前略松。然每值汛涨之时，矶急水怒，河声如吼，其险要依然未改。老观黄沙等垸，本年因民力艰困，各在赈款内津贴帮修，以顾目前。将来筹有巨款，总须各挽月堤，方能持久。南岸牙旺等垸，去冬虽曾照章培修，将来亦尚须大举，庶克一劳永逸。至于襄堤规制，向以面宽二丈，高二丈五尺为率。奈河底逐年淤高，非加高不能抵御。且襄流挟沙奔走，滩岸移徙靡常。其堤段顶冲处所，尤非加厚不可。是以近年襄堤经逐岁培修后，大率高至三丈以外，并有面宽至五六丈者。设遇汛涨之时，平工迅变险工，更须急起直追，漏夜赶办。此襄河堤最为吃重之情形也。护城堤……平时堵御山水，绰然有余。若上游襄堤有失，大溜建瓴下注，当之辄靡，往往不守。近年节次培修，并于顶冲处加修砖石各矶，防守较有把握。迭经钟京潜各邑溃堤，襄河内灌，均获保全，是其明征。然回忆洪流汇注之时，以斗大孤城，悬于百十里巨浸之中。合城安危全侍一线单堤。八面环攻，稍纵即逝。迄今痛定思痛，尚觉心悸。此护城堤攸关紧要之情形也。牛蹄支河……从前频年溃决，民不聊生。嗣于口门内建方石矶二座，俾急流之入者暂缓。于是两岸之堤渐生外滩，堤脚乃固。近更口门淤浅，平时水行中流，细同溪港。惟伏秋大汛时，汉水分引内注，其浩瀚奔腾，亦与正流无异。是以该河堤工，只须冬令岁修，盛涨防护，而历年未出新险，未动大工。良由两岸滩宽，久未移走所致。

堤防的管理和经费筹集的大概情形又是怎样的呢？

向来襄河堤以县丞为汛官，支河堤以巡检为汛官，护城堤以典史为汛官。近年因水患日亟，兼顾难周。复经卑职禀请前藩宪暨宪台，添派诸工之佐杂二员，帮同修防，以期周密。其平时岁修章程，每垸各以圩长总其成，以约头分其任。圩约名数，各视垸之大小。

以垸内田多者不论绅民轮流派充。每届霜降后，由圩长量工大小，计亩派夫。大约每田二三亩，派夫一名，签记应修之处，责令挑培。由汛官督率修筑，春令验收。并无年例土费，岁修存款。遇有险要大工，则禀由印官勘估督修，遴绅设局，酌量按亩按粮起夫起费。本垸不足，则于受益邻垸分别等差，派令协帮。如工巨费繁，民力实有未逮，则禀请量拨公款津贴，以免工废半途。事竣局撤，并不常设，亦无邻邑协修之事。此外惟岳口矶碛，地险工艰，经卑职于光绪六年，禀请在该镇百货内每钱一串买卖各捐钱一文，药土倍之。款存矶碛局，派绅经理其出入账目，移委县丞就近稽查，按月榜示。每年收数以贸易衰旺为差。大约在二千串上下，专供该镇矶碛修防之用。又光绪十年经卑职禀请在征收钱粮官吏办公盈余项下，除缓征坐支漕项不计外。每征解银一两，提钱四十文。所提钱文，以征数多寡为差。大约每年在一千串上下，为津贴汛委员夫马，及防险时添置器物，犒赏夫役之需。

从上文可看出，天门堤防的管理体制较为完备，知县→佐贰杂职→圩长→约头→民夫层层负责，其修堤费用为自筹，或按亩起夫，或按粮起费，各垸之间存在协帮，只有在重大工程时才有拨款。修堤形式是官督民修。

具体到水漫堤溃后，州县官又是如何修堤的呢？可以以光绪四年八月二十一日《天门县知县邵世恩筹修岳口溃堤通禀》和九月十八日《委员李辅、天门县知县邵世恩会勘岳口溃堤通禀》的记述来看其过程。

本年六七月间，襄水陡涨。并因襄河南岸潜江所属之吴家改口及大小泽口等处，概被筑塞，水无消路。导致七月初七日早，天门县岳家口之迎思寺前街堤漫溃一口。"凡在下游各围垸及沔阳、汉川所属地方，悉被带淹。汪洋一片，四望无涯。小民荡析离居，苦难言状。"灾情发生后，邵世恩即往查勘，"并谕饬该镇本客各帮绅富熊纪云、李启元等，邀集街乡绅富，筹商禀办。一面并将卑职办理大致情形，通禀宪鉴在案。发禀后，卑职旋即轻骑减从，复往该镇就近督办"。

首要任务"不得不赶紧筹费修复"溃口。应办工程共计五端："塞筑溃口""新修矶碛""拆修旧碛""添建新矶""加帮堤街"。"以上五项，共原估钱九万四千余串。加以开局之后，委员薪水、首士辛工、书役饭食以及购料川资，并置备器具、刷印券票纸张，与一切米炭油烛等项杂用，约共需钱十万串之谱。此卑职世恩会同杨县丞，督令该处绅耆原估之数也。卑职等旋于十五、十六、十七等日，会同周历履勘，逐一估计。均与原估数目不相上下。"由于受灾之后，民力困苦，"不得不于无可删减之中，力求删减"，"比原估可省钱三万三千余串。加以一切局用，亦非钱六万七千串不办"①。

工程既巨，需费自多，怎样筹措这笔费用呢？"晚清时期湖北堤防经费以多种方式筹集，或朝廷拨款，或地方出资，或商绅筹集，或计亩分摊，或收捐，或贷款等"②。从下面记载中可看出，天门地堤防的修筑，主要是官督民修方式，经费主要来自民间。据邵世恩云："兹卑职首先捐廉五百串，以为之倡。一面会同卑县县丞杨光杰，遍邀街乡本客各帮绅富，齐集公所，剀切开导，公同妥议。街市之费，以捐殷户抽房租为宗。乡间之费，以按亩摊派为主。并酌定下等各户，概免派捐。其余殷户行铺分为上中两等。而两等之中，又各分三等。该镇向有质当两家，自难与别项铺户并论，应入上上。此外各殷户行铺，自上中至中下五等。输捐之数，依次酌量递减。各该绅富，尚知顾全大局，好义急公，俱各踊跃乐从。当即发给印簿，令各自行书捐。一面并饬乡间绅耆，各自回乡清查田亩，造具细册，呈候核定派费。现在合而计之，乐输、亩费、房租三项尽力罗掘，约可集费四万余串。"还差三万多串，由于乡民困苦万分，"实已搜罗殆尽，无可设法。若再责以就地筹劝，民力实有不适"。"加之时已深秋，该灾民等不独栖身无屋，即日食寒衣，亦皆无措。满目嗷鸿，不忍闻见。若非国家经费有常，早当请款抚恤。""而该处溃口，必须刻日竣工，俾乡民可赶种菜麦，以免春荒。即矶硪撑帮等工，亦宜趁冬令晴霁之时，一律完竣，庶免春雨停工之虑。"因此恳请"将来开工时，或在附近之沙洋厘局，或在别项善后闲款中"，借拨钱款，以济急需。"一俟房租亩费收齐，即由卑职世恩先行缴还一半借项。其余一半，

---

① 《委员李锵、天门县知县邵世恩会勘岳口溃堤通禀》，参见《再续行水金鉴·长江卷2》，第517页。

② 《湖北省志·水利》，第19页。

于来秋棉花成熟后，再行抽厘归款。"

对于天门县堤防的修筑，由于经费的欠缺，每次只能修修补补，头痛医头，脚痛医脚，不能彻底根治，邵世恩也深感担心："近年每当夏令，上游来源日旺，川江倒灌亦日甚。水滞沙停，河身因日垫日高。沙性又去来无定，工程遂夷险顿殊。若遇新险骤生，迫不容缓。其工费均须就地罗掘，临时补苴，每拟于险要各处，多修月堤，让地于水，以资久远。总因民力艰难，未能大举。当此公款文细，更不敢动额上请。言念及此，尤深惶悚"①。

更让邵世恩所担心的是州县之间上下游和左右岸的矛盾问题，这是非本县所能解决的。天门地势"形低如釜，全赖上游各段堤塍，以为屏藩"②。"潜江县之吴家改口今岁与卑县之岳家口街堤同时并溃，现闻该县士民等费复筑。……但该县所属之大小泽口，实为消泄襄水故道。数百年来，未有人敢议塞……乃近年该县与沔邑乡民，竟敢不顾壑邻之害，先后恃强全行霸塞。……以致襄水偶涨，无路可消，即有横决之患。本年南北两岸，先后溃口被多。而南岸各州县之水患，较之两口未塞以前，势更加甚。以后该县士民若仍不将已塞之大小泽口疏塞，而又复修吴家改口。则襄河北岸，非独卑县之岳家口一处受害靡底，将上自钟、京各邑，下而卑县县城，与下游之汉川、汉阳等县，不数年而俱为泽国。而南岸田亩之受益，亦仍毫无把握。"③

事实上，晚清两湖地区由于垸田的发展，暴露了许多问题，诸如湖面急剧缩小使水患增加，因泄水河道开塞和泄水闸的兴建问题而引起的上下游、左右岸、官垸与私垸、此地与彼地的矛盾和纠纷是屡见不鲜的。

例如荆江两岸湖北和湖南两省对于江水分流穴口的开塞以及洞庭湖区围垦问题的争论可以说是由来已久，众所周知。1852 年藕池冲溃后，荆江横冲而南，湖北的石首、公安、江陵、松滋四县，湖南的益阳、巴陵、华容、安乡、临湘、澧州等州县，同受其灾，其中常德府是属的武

---

① 《天门知县邵遵查境内堤段丈尺界址及修防事宜通禀》，参见《再续行水金鉴·长江卷2》，第667—668页。

② 《再续行水金鉴·长江卷1》，第471页。

③ 《天门县知县邵世恩筹修岳口溃堤通禀》，参见《再续行水金鉴·长江卷2》，第513页。

陵、龙阳、沅江受害最重，这就造成了湖南、湖北两省的堵疏相争。在汉江中下游，围绕着沿岸诸河口的开塞问题亦屡屡发生矛盾，引起争端。钟祥、荆门等州县地居上游，主张多开支河泄洪分流，以减轻本境内汉江干堤的洪水压力，避免溃决而淹没本地，同时可减省堤垸修防费用。相反，地处下游的天门、潜江、沔阳、汉川诸州县则因地势低洼，加上围垸众多，水无所蓄且排泄困难，愿望恰恰与钟祥、荆门相对立，多以堵筑分流河口为请，终成互不相让之势。在这个过程中，主开口者不堵筑溃堤，不惜水注天门，漫京山，溃淹汉川、应城、潜江、孝感、云梦诸州县。主堵塞者则因噎废食，不顾干堤安危而盲目反对分流。由于双方各自昧于大局，致使溃口不能及时堵复，支河得不到必要疏浚，给堤垸修防和农业生产造成了严重损失。有学者统计，自道光二十四年至民国二年（1844—1913 年），以沔阳为代表的主堵派（汉江南面的江陵、潜江、监利和沔阳）与以天门为代表的主疏派（汉江北面的天门和汉川），为泽口、吴家改口的疏与堵的问题，南北构讼达十三起。① 还有武昌县樊口建坝之争。至于州县境内垸围之间、围垸之内村庄之间的纠纷更是常见，如湖南龙阳县永逸、大兴两障间的矛盾，沔阳大兴上下垸、澧州蓝家上下垸之间的矛盾，天门龚新垸与狮河两岸堤垸、便河垸与文家垸之纠纷等等，不胜枚举。②

　　上下游、左右岸、上下垸之间的开塞争执、盗决偷筑纠纷乃至大规模械斗，命案迭出，其实"均属标症，而病源实由渍水无消各存壑邻所致"③。沔阳柴林河的疏浚就是在堵与疏之争下进行的。

二　修河——以柴林河为例

1. 缘起

道光十九年（1839 年），监利县子贝渊堤决口后，柴林河淤浅。于是，南岸 700 余垸与北岸 900 余垸之间历年因堵口与疏河争论纷纭。"查

---

①　鲁西奇、潘晟：《汉水中下游河道变迁与堤防》，武汉大学出版社 2004 年版，第83 页。

②　张建民：《清代两湖堤垸水利经营研究》，《中国经济史研究》1990 年第 4 期，第76—77页。

③　李铸：《牧沔纪略》卷下。

监利沔阳河道纷歧，而总汇上游荆门江陵，潜江及监利、沔阳两邑五州县湖河诸水，下泄新滩口沌口。出则仅恃柴林河一道。自道光十九年子贝渊堤溃口，各水由溃口合并，直趋洪湖，柴林河遂致淤浅，溃口一经堵筑，南岸七百余垸尚有洪湖消纳。北岸九百余垸，水无出路。故两岸之民，历年争斗不休。"① 李翱《牧沔纪略》载有沔阳与监利之间为子贝渊堤的修筑与否展开长期争夺战的事件。监利居上游，沔阳处下游。故后者主张修筑子贝渊堤，不开柴林河，监利则相反。沔阳绅首范学儒受贿钱 1600 串，暗许监利人偷挖掘子贝渊堤泄水，不想事情败露，遭到同事攻击。于是他"率人将偷挖者数十人均致死于洪湖，由是监沔如冰炭水火，虽至亲至戚，亦同为仇敌"。光绪七年（1881 年）秋冬时节，"闻监利、沔阳统民彼此各招游勇立成营，时常开仗，二比死者以千计。游勇恃其出死力，好淫骚扰，肆行无忌"。

这里的排水问题，早在嘉庆十三年（1808 年）汪志伊出任湖广总督时，即曾着力加以解决。当时曾动员 10 余州县的力量，耗资数十万，动用民夫数以万计，于监利福田寺及沔阳新堤各建一闸，前者消江、潜、监之水入洪湖，后者同消洪湖之水入江，并限每年农历九月开闸以泄积潦，次年元月关闭以防江水倒灌。工成后，"沿湖农田获益甚巨"②。

但是，汪志伊治理积潦取得的成效仅仅维持了 30 余年，因各县盲目围垦，"与水争地"，使汪志伊所建工程效益大为降低，排涝问题更因南北两岸的利害冲突得不到妥善解决，愈演愈烈，时而北岸挖堤而南岸受淹，时而南岸堵口而北岸遭殃。"查监利县子贝渊堤，自光绪二年溃口修筑。其下游之柴林河道，因经费不敷，致未疏浚深通，北岸常遭溃淹。欲图挖口，南岸不允，因而迭次争斗"③。"光绪元年至五年（1875—1879年），内荆河北垸农民苦水难消，强掘子贝渊堤，向洪湖消溃水。南掘北堵，南北械斗五年，仅光绪五年的子贝渊堤堵掘之战，阵亡千人。双打

---

① 光绪八年《湖广总督涂宗瀛查复子贝渊挖口情形，筹议疏河建闸疏》，参见《再续行水金鉴·长江卷 2》，第 580—581 页。

② 黎沛虹、李可可：《长江治水》，湖北教育出版社 2004 年版，第 357 页。

③ 光绪八年《湖广总督涂宗瀛查复子贝渊挖口情形，筹议疏河建闸疏》，参见《再续行水金鉴·长江卷 2》，第 579 页。

上诉到巡抚，数年无法结案。"① 光绪八年六月，江陵知县吴耀斗组织人力强行扒开子贝渊堤，导致"北岸水退尺余，南岸水涨四尺余，附近渊堤之瞿家湾等二十六垸被淹。维时偏值霪雨兼旬，江汉并涨，水由新滩等口倒灌而入，致将监北沔南八十余官垸陆续淹没"。于是南北两岸形成严重械斗，惊动了朝廷。朝廷下令湖广总督涂宗瀛调查处理，涂调查后认为"今既官为挖堤，自应疏浚柴林河道，以消夏秋泛涨之水，并在渊堤挖口处，添建启闭石闸一座，并修复新堤龙王庙闸，以泄冬春积涝之水"。朝廷同意"为民生水利起见，所请动拨公项银十四万两，准其如数拨用"②，用于建闸和疏浚柴林河河道。

适逢李𬭤出任沔阳知州，由其主管疏浚柴林河之事。

2. 措施

李𬭤在正式接任前，即奉命"亲往履勘"，他于光绪八年（1882年）"雇带弓丈于十五日启程"，"遍历确勘"之后，写了《通禀查勘应疏柴林河并宜建闸稿》，将查勘子贝渊河道闸座应否疏建处分别开具，提出了如下七条建议：

（1）"姚家废垸不宜购也"。认为"该垸地势较子贝渊高四尺有奇，若以之建闸消水，不及子贝渊十分之四，南岸故所乐从，而北岸尚有六分之水无从消泄，终难免其争端，若以之开河纳水归湖，与子贝渊无异，且省费用，北岸亦所深愿。而南岸数百垸为数州县，众水所归，难免淹溃，将来讼端必有甚于子贝渊者"。

（2）"冯姓河不宜开也"。"除土方无多，……及购田迁坟建阴闸，非二十万不可。况有万全十三垸环绕，皆河水，无出路。"

（3）"邓家口、杨家嘴、蔡家河、挖沟子不宜疏也"。认为这几处"消泄固易，倒灌亦易。费钱添害，反逆民情"。

（4）"子贝渊闸宜建也"。"建闸必在子贝渊者，官湖大垸居北岸，下游最低之处喻阁老堤正对子贝渊，挖口可以一放而干。其闸必建启闭之闸，何也？南岸早稻以四五六三个月为要紧之时，晚稻以七八九三个

---

① 洪湖市地方志编纂委员会编：《洪湖县志》，武汉大学出版社1992年版，第61页。
② 光绪八年《湖广总督涂宗瀛查复子贝渊挖口情形，筹议疏河建闸疏》，参见《再续行水金鉴·长江卷2》，第581—582页。

月为要紧之时。其时闸已闭，无损于南，在北岸冬春开闸，所有夏秋未
尽之水均已消放殆尽，来年夏秋泛涨有河消行，而垸内雨水无多，尚可
容积，且可备干旱亦无损于北。"

（5）"新堤龙王庙闸宜修也"。"子贝渊添一石闸消北岸之水入洪湖，
修复龙王庙废闸消洪湖水出大江。"

（6）"柴林河宜疏挖也"。"北岸名为受五州县来水，实则……共有
九州县之水，惟有柴林河一道消路，故此河虽冬令亦难全涸。……惟疏
柴林河可以化官民之偏见，息南北之争端，全两岸之民赋。"

（7）"工程宜分以专责成也"①。

在上宪确定由李辀负责疏浚柴林河之后，他又拟定"河工应办事宜
酌议数条"开呈：

> 一议工程宜分段分则也。自子贝渊起至小港新开河止，计长九
> 十二里，分为十二段，以地支十二分号，一段六里，二段六里，三
> 段五里，四段五里，五段五里，六段五里，七段五里，八段五里，
> 九段十里，十段十里，十一段十五里，十二段十五里。每段分为数
> 十则，按则发给夫头。十二分局各派小委一员，首士三人，勇丁
> 四名。

> 一议薪水工食宜有定章也。小委一员，薪水油烛纸张随丁火食
> 一切，每月五十串；首士一人，薪水火食一切，每月十二串，勇丁
> 一名，工食每月三串文。

> 一议夫棚预为代办也。向来夫棚原归夫头先支工价自办。此次
> 工程浩大，必须万夫，每棚夫头所领散夫不过二三十人，而夫棚必
> 在四五百间。搭棚皮篾条木非七八千根莫能敷用，所用芦席不下二
> 万块。若发钱听其自备，恐一时购办不及必至误事。议先派采办预
> 备，照原价发给夫头，各按名发给搭棚及置备器具等项钱三百文。

> 一议土价宜从宽也。平时工小用夫无多，时日甚宽不难于成，
> 故可从严。此次工程用夫甚多，若照平时议价，人夫必难于踊跃，
> 况时日甚迫，难免误事，故不可不从宽议也。

---

① 李辀：《牧沔纪略》卷上，第4—9页。

一议土价宜先定榜示也。使夫头人人得知必能获利，又可免闻营一切之费，谁不乐于从事，则人夫易集不难有成。

一议发钱宜有定限也。凡夫头通病，夫头带一二十人到工，开手支搭棚置器具钱。不二三日，又要支火食，绝无休息。究之，将钱发交半用半寄回，应须火食尚在近边各铺赊用。若不发给散夫，本无火食；若发，已长支大半，稍为扣发，即中途逃跑，工无着落。此次工大人众，若无一定章，则纷纷多事。惟有按夫按日，不论天气晴雨，每人每日发钱五十文，五日一发。余俟工竣找数，晴多雨少则夫头散夫必获大利，即雨多晴少，夫头散大均无所损，不过公上所吃明亏，况土价优，亦断不至所支过于土价也。

一议河工总局专管分段分则，估计土方，榜示土价，如何开挖土方，如何安顿督催工程一切等事。至发钱，一切责成各分局委员。凡遇发钱之事，先赴收支所领取编号空白挥条，其应领钱之人，由各分局先给小折一个。如遇领钱之时，先将折子书盖图记，然后填写空白条一纸，领钱之人将折并挥赴收支所，将挥缴销，折子呈验盖戳，将钱仍发交领钱之人，庶杜冒领之弊。平时委员与局绅按日查察各棚人数，计挑土工程，两岸土方如何安顿，如有抗违不遵指示者听其责惩。

一河工总局须添一小委员，以便备办应用之物听一切杂差。其薪水与分局同。凡支取银钱必须总办加盖图记，方准持取。如机器购来，无须另派委员，用于何段即归该段委员带管。①

《湖北通志》载，建闸疏河各工程，于光绪八年九月兴修，至光绪九年四月告竣。

疏浚柴林河河道，修建新旧闸工，使南北各垸利益均沾，矛盾才暂告缓和。但到光绪十三年（1888年），"子贝渊地当洪湖上游，由此泄水，居高临下，势若建瓴，南岸滨湖田亩受患过多，是以该处建朝天闸之议（光绪十年，湖广总督卞宝第和湖北巡抚彭祖贤奏明，监利子贝渊堤前建启闭闸，未能畅消北岸渍水。现拟于原开口处，添建朝天石闸一

---

① 李翰：《牧沔纪略》卷上，第28—30页。

座,俾资宣泄,而杜争端。——作者注),在北岸虽视为消水捷径,而南岸则始终畏害梗阻。以致频年搆衅,缠讼无休",矛盾一直无法得到根本解决,于是,本年四月,湖广总督裕禄请开疏冯姓等河以资宣泄疏。

这些冲突表明了水利问题的普遍性和严重性,而盲目地、过度地围垦是导致水利问题产生的重要原因。我们看到众多纠纷的起因在于"渍水无消",壅邻之举在所难免。晚清频繁、严重的水利冲突不仅仅影响着堤垸修防等水利建设,而且也成为州县行政必须面对和认真处理的一个严重的社会问题。

三 禁止绅士营私舞弊

一般来说,绅士对水利问题极为关心,并视此为己任。地方志中有无数记载可表明绅士在修路造桥,开河筑堤和兴修水利等公共工程中,活动极为频繁,大量地方事务的实际管理都掌握在诸绅士手中。许多工程常常是由绅士筹款的,或是用他们的私财,或是从当地居民中征募。[①]

在两湖地区的水利工程如堤、垸等的新筑和补修过程中,其工程的建议、乡村言论的提醒以及向上的传达,甚至于上下官府之间的协调、劳动力与工程费用的获得、工程的推行与监督诸问题,士绅都占有重要地位。所谓地方官员修筑的工程,据碑记等资料显示,其中有许多在事前或修筑过程中受到过绅士的协助。绅士显然成为官员兴修水利工程的得力助用,许多官员把艰难的工程委任给绅耆监督完成,也有许多绅士自己捐资募众修筑堤垸,更多的则是利用自己的影响力,建议官府,号召民众,组织工程的兴修。[②]

例如,同治二年(1863年)宜城绅士毛虎文、毛豹文修建土城闸。修建时,没有水工,就自己设计、监工,筑坝所得块石、白灰、高价收买。开渠占用他人土地,有不愿按市价出售者,使用铜钱铺地高价收买,所用人工出钱雇请。渠线经过出岗,需开3—5米深,一里多长的挖方。当地老人不许开挖,说这里是风水宝地,有一条龙脉,弦断了要降灾祸。

---

① 张仲礼:《中国绅士》,第59—62页。

② 杨国安:《明清两湖地区基层组织与乡村社会研究》,武汉大学出版社2004年版,第300页。

后经协商，毛家在当地灵庙摆香案，杀猪宰羊，祭天祭地，请求神灵保佑。经过数年兴工，终于筑起一道长 20 米、宽 2 米的砌石滚水坝，建成一座引水用。自此，北水流入南湖，使不毛之地的荒湖变成了水田。毛家的庄田由杂粮改种水稻，附近的农户也用此水灌溉，闸口以下的平畈成为当时有名的大米产地。① 同治七年（1868 年），夏口县绅耆韩家盈、罗光富等，积资创修长丰堤。堤在汉口西北六里，周长约四十里，高一丈至四五尺不等。建有上下二闸，以资蓄泄。②

我们在认可绅士在水利工程中积极作用的同时，也必须注意到其种种营私舞弊、欺压贫苦的行为。例如咸丰八年（1858 年）《荆宜施道庄受棋饬襄堤改归江陵县办理示》指出："襄堤改归设局，公举局首监修，积久弊生。每届一二地棍，混充渔利，飞灾吓诈，草率完工等情。""嗣后襄堤修防事宜，改由江陵县一手经理。所派土费，该保甲按十日一次鸣锣催输。该绅民粮户应出土费，务各及早赴局自行完纳结券。如有刁抗，由县拿究追缴。""永远不准举派绅士保充局首，亦不许假手胥役浮派滋弊。"③ 因此，限制地方绅士在兴修水利中的种种弊端也是州县行政必须解决的一个问题。

下面以沔阳州为例，看绅士在兴修水利中的危害及知州李辀所采取的措施。

沔阳周围七百余里，官垸四百有一，计田四百零六万五千三百七十三亩二，内分私垸一千四百一十二垸。沔阳水乡，四乡绝无山地，均系围垸，以围垸为经界。南有江堤九十九里三分，御江水为门户，西有芦洑河吴家改口支河穿入，为心腹之患。有江汉之水冲击堤防以为外患，有湖潴之水不能消泄以为内患，内外二患妇孺均知。所御江汉二水之堤如有溃决，阖州即成泽国，人民离散苦不堪言。

李辀到沔未接印之前，即往襄河查勘两岸堤塍，考求已修未修工程。工在二千内外者，非六七千之费莫能举此。且两岸堤从古至今非不岁岁加修，而堤面不满五尺高，遇水涨处处漫堤。且内外均无脚，以岁修取

---

① 《宜城文史资料》第 4 辑，水利专辑，第 361 页。
② 《夏口县志》，参见《再续行水金鉴·长江卷 1》，第 408 页。
③ 《荆州万城堤志》，参见《再续行水金鉴·长江卷 1》，第 354 页。

堤下之土堆于堤上，遇天雨仍然洗下流去。到沔城次日，即带同工书弓手，亲往北乡查勘。发现仙镇查勘襄河南北两岸堤塍，异常矮小单薄，险工林立，其堤高不过丈余，宽不过五六尺，并有残缺，低矮面宽仅三四尺。不堪御水之处，壁立岈峭，岌岌可危。其余各处堤工大都类此。询悉非不年年岁修，而其费尽为首士圩长所侵蚀浪费。后勘至大石垸应内帮十三广，以功核计，不过二千之内，见绅禀非六七千不可。恩隆垸去年所修十一广，以土方计之不足二千之数，查已费六千有奇。筹万竿之费，上堤者不过二三千而已，视为固常，全不为怪。李翰查悉情形后，殊堪浩叹。

造成这种状况的根源在哪里呢？李翰认为责任在于首士、局绅等绅士。

"充当首士者，一可获利肥其身家，二有权势鱼肉乡愚，三可藉办公事通官之声气。凡当首士者，乡愚以显贵视之。得贵而富亦随之，故人充首士唯恐其不得。于是有闾充恋充因而搆讼，所谓地蝗虫是也。不仅藉水利堤防以为利，凡地方无论何项公事，概可于中作祟。每垸之中，入学者曰邑爷，纳粟者曰新爷，报老者曰耆老，亦自如衣顶，读过书者曰先生。一垸必有此等数人为害，专蚀堤工之利，名之曰局绅。然沔阳四百零一官垸，内包千四百十二民垸，而为地方之害者，不下六七千人。皆与城内绅士联为一气，狼狈相依，蚕食乡民，愚弄官长，是其长技。官若假以颜色，任其所为，以饱其欲，则面谀以为好官，送以匾伞而固结之；官如稍拂其意，则诽谤四出，或捏造上控以为挟制，此乃沔阳地方之病源也。"[1]

而绅士办理堤工之弊不可胜言，其害更不可胜言。绅士办堤，始则具禀言堤塍最关民生性命，词甚迫切。及至骗得谕帖，派费告示到手，则任意求利于己。而工程不过稍为敷衍，又无事后报销，官亦不为之深究。则胆势愈大而行止愈横，竟有诛不胜诛之势。且官谕一人或数人专办，而专办必至罗至垸内刁绅劣棍以为羽翼爪牙，免其控告，又可大作威福，凌虐乡愚。如是垸有万亩之田任意删改，经得数次删，则与原征亩册大相径庭。而册内有名可派费者，皆垸内数未充当首士贫困无势无力

---

①　李翰：《牧沔纪略》卷下，第 24 页。

之小民。所取之费而在局，各给薪水局用，听其浪费，已不敷其侵蚀。浪用而堤又不能不修，于是取堤下之土松浮盖面，谓之修堤。不独不能御水，经数次雨洗，土即纷崩而下，堤坝仍旧矮小单薄，反谓此次修堤尚有亏累若干。以为下年收费地步。"已当者恋充，未当者阘充，因而生出许多讼案。或与邻垸有争端，必倡言于众，非构讼求其必胜，后患甚深。如是群起兴讼，讼愈长获利愈厚。小民之脂膏几何，总难遂其欲壑。若有拂其意，必以他事倾其身家，竟使小民只知畏绅而不畏官，盖由谕绅办理堤工垸事之流弊以至于此也。"①

更有不肖之辈，图充首士借以获利，或捏名自举，或诡串混举，一经谕饬承充，任意浮派工费，以饱欲壑。所有自分田亩瞒费不出，并包揽亲友堤费，苦累业民。于是众心不服，或借此抗费者有之，或因缴费未见归工而以首士侵蚀具控者有之。在该首事巧词饰非，大都以阻挠抗工等情具诉，缠讼不休，弊窦丛生，控案叠起。

由于堤工首士由州谕饬督修，而专管水利汛员及承充垸长圩头委总，因有绅领办，遂不认真查催，以致工程多有草率偷减，堤塍日单，险工日出。如此情形万不能不改章，于是李辀制定了《改办堤工岁修大修章程》。总的改革办法是概不用绅士承办，改归汛官督催，免设堤局。具体改革措施包括以下三个方面：

其一，设官分职，各负其责。

沔阳州虽设有州官以治之，然数百里人民社稷政务殷繁，堤工固为繁要，不免有鞭长莫及之虞。且江汉二堤相驻二百数十里，非即日即时所能至。每遇江汉并涨，难免顾此失彼。因此添设新堤州同，专治江堤，因堤过长，又添锅底湾巡检分任其责。添设仙镇州判专治汉堤，其内面民堤因难兼顾，又添沙湖巡检分司。然防险岁修非派夫集费不为功，如是将堤内受益各垸分作五汛，近州城一百一十八垸归州官自管，州同管一百零九垸，州判管九十八垸，锅底湾巡检管三十三垸，沙湖巡检管四十三垸，而防险岁修各有专司分责。如此，堤各有专责，垸各有派分，州官督四汛，每遇秋冬行文于四汛。汛官有堤差，各传各圩长，圩长传委总，委总通知业民，或派夫或派费，分段承修。如有抗夫抗费者，归

① 李辀：《牧沔纪略》卷下，第 32 页。

汛官传责。其不听汛官管束，备文送州传案究办。

其二，制定办理岁修章程。

其办理岁修章程规定，由汛官带同工房将应修之堤分广计土方，按取土远近，每广须土方若干，尾总须土方若干，并将田亩细册移详到州，由本州核定土价石价，每亩应派夫费若干，以九成到工，由花户以工抵费。余一成内分五厘，归汛官作为夫马及书差饭食，一厘归州工书作为纸笔饭食，余四厘归圩长委总作为催夫催费饭食。榜示饬令圩长责成委总，承领照修。垸内业民其有不原承领者，饬令圩长委总另招土夫承领，以亩费收付土价。工竣先报汛官，验收后移详到州，由本州亲履验收。李辀强调此现办岁修章程，业经通禀饬令，永远遵行在案。

其三，规定大功以及石闸等工办法。

李辀认为，大功以及石闸等工，非业民所能以工抵费者，势不能不设局收费。其设局章程，只有州城新堤仙镇大市近官之处，便于官督。否则另请委员督收，方可设立。其余无官督收者，概不准设立。凡收费必用征收钱粮亩册，不得用各垸弊改之册，方昭平允。收条必由官发给，用印如券票之式者，以彰信实而杜私收、欺隐一切之弊。明定限期，过期以抗费论发差传案究追。庶得钱归实用，费不虚糜。至于首士，无论岁修大修，皆系垸内有业之人，原为自己身家之计，何须议给薪水。如此，则怀利营私图侵蚀浪费之人自去，而正直无私急公好义之人自来。岁修由汛官择谕监工，有大工由知州择谕分派专司。

对于上述《改办堤工岁修大修章程》，李辀要求出示晓谕，让阖州各垸军民人等一体知悉，毋得视为泛常。如有刁棍把持阻挠煽惑，定即拘案严惩不贷。①

---

① 李辀：《牧沔纪略》卷下，第34—35页。

第六章

20 世纪初的两湖州县行政改革

　　20 世纪初，清政府颁行了若干州县的行政改革措施，既包括裁汰
胥吏和差役、设置佐治各官、改革对州县官的考核制度和任用制度、
设立初级审判厅等属于传统性整治吏治的分散措施，也包括对州县行
政进行整体性改革，以克服唐宋以后县级行政建制中存在的行政组织
和机制不健全等根本性缺陷。改革的基本思路：一是"官治"，即国
家派官设治，包括扩充和健全州县国家行政；建立乡镇一级国家政
权，以将地方社会各种经济、社会、文化事务的兴办和管理纳入国家
行政的轨道。二是"自治"，即在国家行政之外，或在国家行政的基
本框架内另建一个相对独立的"以本地人、本地财办本地事"的行政
系统。这些蕴涵着近代县制萌芽的措施因清政府的垮台而大多没来得
及广泛实行，清政府试图将"官治"与"自治"融为一体的州县乡
镇体制的设想也没有能够实现，但中国县制的近代化改革由此拉开
帷幕。

第一节　清末新政时州县行政改革

一　裁汰胥吏和差役

　　清代胥吏和差役虽非国家职官，名义上没有决定任何事务的权力，
只是为官员服务，但作为政府机构的重要组成部分，却是政府职能的实
际执行者，"为政所必不可少"，是国家机器运转的重要环节。正如袁枚
在《答门生王礼圻问作令书》中所言："夫治民者州县之职也。然治民不

自民始，胥吏者官民交接之枢纽也。"① 州县衙门使用大量胥吏和差役主要是因为州县官独任制、官员回避制和任期制度、科举选官制度以及官员的尸位素餐等原因造成。而清代以例治天下政策和文牍主义的严重，是书吏以文档谋利弄权的条件。②

胥吏和差役以谋取私利为目的，舞文弄档，挟例弄权，操纵政务，地方上一切钱粮出纳、文移迟速、刑狱大小、赋役高下等 "通省之事，在其掌握"③，以至于 "每有事，州县曰可，吏曰不可，斯不可矣；推而上之，卿贰督抚曰可，部吏曰不可，斯不可矣；……天子曰可，部吏曰不可，其不可者亦半焉"④。固有清朝 "与胥吏共天下" 的说法。他们使 "铨选可疾可滞，处分可轻可重，财赋可侵可蚀，典礼可举可废，人命可出可入，讼狱可上可下，工程可增可减。使费既赢，则援案以准之，求贷不遂，则援案以驳之，人人惴恐而不能指其非"⑤。

对于州县胥吏制度的弊病，有清一代人们指责甚多。张之洞在 1901 年的《遵旨变法谨拟整顿中法十二条折》中就提出 "去书吏"、"去差役"。他在谈到书吏、差役的危害时说："兵燹以后，鱼鳞册多已无存，催征底册，皆在书吏之手。缓欠飞洒，弊混极多，把持州县，盘剥乡民，税契一项，包揽隐匿，官无如何。"⑥ 而 "差役之为民害，各省皆同，必乡里无赖始充此业。传案之株连，过堂之勒索，看管之陵虐，并相验之科派，缉捕之淫掳，白役之助虐，其害不可殚述。民见差役，无有不疾首蹙额，视如虎狼蛇蝎者"⑦。

光绪年间曾任湖北道员的武震在谈到汉阳差役时就说：

---

① 袁枚：《答门生王礼圻问作令书》，参见贺长龄辑《清经世文编》卷 21，吏政七·守令上，中华书局 1992 年版，第 523 页。

② 刘彦波：《清代书吏以文档谋利弄权原因探析》，《档案学研究》2007 年第 2 期，第 14—15 页。

③ 陈宏谋：《分发在官法戒录檄》卷 20。

④ 郑观应：《盛世危言》，王贻梁评注，中州古籍出版社 1998 年版，第 208 页。

⑤ 朱寿朋：《光绪朝东华录》，中华书局 1958 年版，总第 4662 页。

⑥ 张之洞：《遵旨变法谨拟整顿中法十二条折》，参见苑书义等《张之洞全集》卷 53，第 1412—1413 页。

⑦ 同上书，第 1414 页。

州县差役之设，原以供差传之役，劝奔走之劳也。民间涉讼之件，必由其传唤带讯。于是票传有费，投到有费，送案之迟速，刑杖之轻重，递为此辈吓诈之权，而无恶不作。然使其稍知忌惮，犹不至大害闾阎。本道自来此邦，即闻有"能见阎王，不见汉阳"谚语。若辈本乏良善，汉阳差役尤为凶恶，故有此谚。屡饬该县从严惩治，亦据屡禀重惩多名，而恶风未改，大抵积弊已深，骤难绝其根株。①

在湖南"州县衙门一举动，不得不假手差役。如解饷、递犯，一有疏失，处分綦重，平时约束稍严，即不免舞弊纵放，有意倾陷。解役罪名，不过徒遣，且往往中途逃回，安然无事，而地方官签差考成，即系于若辈之手，此虽挟制一端，而已有防不胜防之虑。"对他们"平日驭之略严，遇事掣肘，呼应不灵，更属常态"。而且还设计报复管束严厉的州县官。例如，湖南候补知县沈锡周任湘潭时，"察知该县快役弊窦多端，把持最甚，到任严加整顿，不稍宽假。各役私怀怨恨，无可报复，遂暗中勾串匪徒，于初更时窜伏城内，即在县署之前连劫钱店两家。迨沈令闻风出署查拿，各匪徒登舟远遁，差役相率观望，并不上紧捕缉，任听比追，杳无影响。沈令虽察知隐情，终无从廉得实据，例限已迫，破案无期，若非前宪卞洞悉原委，曲予矜全，奏请调任，沈令即难免严谴"②。

湖南臬司李经羲在《请严禁白役诈索扰害详稿》中描述了差役的种种危害并提出了限制和驾驭措施③：

照得州县为亲民这官，凡民间户婚、田土、命盗，无论大小事件，皆须赴诉；国家抚字、催科各大政，亦皆责之于州县。故朝廷命官分职，惟州县为最重；而设立粮、捕、壮、皂各役额数，亦惟州县为最多，诚以催收钱粮、缉捕凶盗、传唤被证、递解饷犯，事

---

① 《赐庆堂文稿》，《招告示》，宣统七年刻本，第5页，参见张守常辑《中国近世谣谚》，北京出版社1998年版，第846页。
② 李经羲：《再陈差役积弊请切实严办详稿》，参见《陈宝箴集》（中），第1432页。
③ 李经羲：《请严禁白役诈索扰害详稿》，参见《陈宝箴集》（中），第1425—1430页。

繁责重，在在需人。乃行之既久，弊窦丛生。内班之下，复有外班；正役之后，尤多白役。签票一行，爪牙四出，任其攫噬，莫可如何。

本司访闻湘中繁缺州县，差役动辄二三千名；即至简州县，亦不下八九百名。正额之外，余额数倍之；余额之外，白役更数十倍之。名目繁多，有增无减。匪独卯册未载姓名，本官未见面貌，即各班总役，亦并不能尽识其人。无非辗转援引，群相招揽，藏垢纳污，无所不有。甚至游棍、罪犯、窃盗、会匪，亦皆改换名籍，溷杂其中，始则藉为逋逃之薮，继则肆其盘踞之能，蕴毒腹心，最为隐患。

且其营求至易，来去自由。但得交识一散役，稍以财物为饵，便可引认师徒，央求带领，挂名当差。之后，为之刺探外事，设计生财，摆弄吓诈，矜能献巧。头役非党羽为助，无以张鹰犬之势，又深喜若辈指纵利便，可以坐致供纳，遂觉狼狈相依，情同父子。见官则甘言帮衬，犯事则挺身庇全，即受官府刑答，亦不肯据实供指，诚恐相因致败，私约互为容隐。平日各分朋党，彼此忌嫉亦深，一遇当官究诘，无敢以片言攻讦者，否则不为同类所容，竟起而仇报之。以是群小争趋，甘为比匪，日积日众，流弊难名。

马快蠡贼，坐地分赃，收取月规，到处皆是。私刑拷供，教攀诈赃，种种凶恶，尤堪发指。地方官因失察故，纵处分过重，率皆明知故昧，不敢举发；即被人控告，亦不得不曲为掩盖。若辈窥破机关，恃以无恐，凶胆日张，欲焰日炽，外则勾连讼棍，内则串通门丁，声势固结，咸以蹈法为惯技，一若"堂上三尺之律，实赖我辈行之，岂有圈套极熟，而反不能自脱"者也。他如抽取赌费，包庇娼寮，恐吓诬诈，藉端扰累，又其余事，更难枚举。

长、善两县，差多而疲，窃案鲜有破获，带案每致拖延，而遇事生风，挑衅架讼，机械百出，能事悉见。湘潭差厅，公项极足，赌酒征歌，每月必有数次，平居淫纵如此，临事凶虐可知。最可异者，衡、清两县差役，私设有"三义堂"名目，置买田产，踪迹极为诡秘。遇有孤身过客，以及无知乡愚，担携银钱服物，往往凭空指为窃盗，恣意拷索。或设计诱入密室，暗进迷茶；或串通盗船水贼，为之递线窝赃。倾陷良懦，不可胜计。间有被害之人，赴官呈告仡追，率以无从查缉，一拖了事。西路各州县差役，入会通匪者尤多，密探官署消息，随时泄递风声，魁目倚为奥援，要案无从拿办。甚至一署之中，宅门以外，无不在会者，官亦相率颟顸，置而不究。此种情形，言之骇听。

州县衙门，政务殷繁，一举一动，不得不驱使差役。递犯、护饷、探差、值宿各事，皆属苦役，藉口赔累。地方出有劫案，上司指拿要犯，事机吃紧，平日未募线勇，仓猝无从措手，非望差役出力，不能依限捕获。故平时概从宽假，转藉讼词案件，作为调剂之需。每出一票，即非要案，亦有六名、八名之多，所差者大约总头两名，其余皆系散役。

所谓总头者，人在衙门伺听公事，引带控案，票虽坐差，多不亲去，率遣散差带领白役前往，一票八差，而白役之随行者，往往不止一倍。一至乡间，恣意骚扰，先索供应，次讲差费，稍不遂意，即毁室碎器，锁带妇孺，本人如或避匿，又从而牵及户邻，必令惊扰不安，饱填欲壑而后已。凡票上有名之家，勒索既遍，空票回销，迫奉催传，又复前往，所到之处，十室九空。

间有被扰不堪，激动地邻公忿，口角争闹，辄即毁票装伤，回县捏诉，谓其"倚众殴抗"，禀请加派差勇，同往协拿。官或不察，为其所愚，则率领徒党汹汹而往，擅作威福，其锋更不可当。柔懦乡愚，见官惟差言是听，往往忍气吞声，不敢与较。

即有强黠者赴官控告，衙门内外，丁役通同一气，或揞戳不盖，或搁禀不投，必使控诉无门，废然而返。无奥援者，动以威喝使散；通声气者，暗中挽人劝和。迫至喝不能散，和不能解，呈控到官者，不过十之一二。奉谕查究，则差头必为多方掩饰，设计解免。官稍明白而严厉者，提案责惩，始则环跪邀恩，继则危言要挟。甚至纷纷具禀告假，名曰"散班"；相率不领签票，号为"顿板子"。必使官为所制，不敢穷追而始已。

但属差役，无不奸诈。物以类聚，针芥易投。凡地方不安本分，游手狡猾痞徒，觅食无所，皆图挂名差役。未为差役，犹虑被控拘拿；既充白役，有名可借，便可凭空生事，任意作恶，求其安静，必不可得。若遇拿办要匪，则又畏缩不前，百十成群，亦无所用。故论者谓："州县添一挂名之白役，即地方多一害人之蛇蝎。"若不设法禁革，从重惩办，贻害闾阎，殊非浅鲜。惟是相沿已久，积弊甚深，非严定规条，实力整顿，断不能挽回锢习，祛除巨害。

李经羲所采取的限制和驾驭差役措施包括：第一，明定差役人数，严防白役和顶替。他要求各州县申明定约，依据其辖境之宽窄、缺分之繁简、词讼之多寡、民情之强弱，将署内原有总、散、白役严加挑选，酌留若干名，明定数目，立为限制，此外不准添一挂名白役。其剔去者，立即将姓名、籍贯开注明白，刊印告示，遍贴通衢，使城乡一律知晓。对于留任者，另立清册。点名时，各给盖印腰牌一面，时刻悬挂在身，如在外生事，不及将本人扭送者，准将腰牌扣留呈验，官即按牌追究。签差传案，须出腰牌为验，如腰牌与票内姓名不符，即为顶替，准将腰牌扣留，指名呈控。并将剔存各役开明保荐、年貌、身材、姓名、籍贯，列书木榜，终年悬挂头门外间，一览了然。其有因事革役者，随时于榜内开除补载。该榜或一月一更，或一季一换。为防止官革而私不革、易官仍复朦充的现象发生，李经羲要求用照相留影之法，将其面相照出，存署备查，永杜朦充。并标明劣迹，拓印数张，悬挂于头门、城隍庙及县属著名市镇，使众目共睹，皆识其人。甚至还可在该犯面刺"蠹役"二字，使其不敢肆为蒙混。第二，限制传票人数，严防差役舞弊，严惩舞弊差役。规定：嗣后酌定词讼案件，每票不得逾四名；命盗重案，签差至多亦不得过六名、八名。凡派差赴乡传案，预先从严约束，不准乘轿带担、行李累累，违者重惩革退。要求以后差票，务将差名并所传人数，一一于票内亲注明晰，出示晓谕。如差役赴乡传案人数与票不符，原、被即不必接待，倘敢倚强滋事，准其投团捆送，立予究治。对于白役诈赃之案，轻必予以监禁，重则照例遣戍，若诬陷良民，凶恶昭著，屡犯不悛者，竟可立毙杖下，无所用其姑息。各班差役，如敢纠众要挟，准将倡首恶差拿获讯明，禀请就地正法，其余从场各役，亦分别情节轻重，监禁枷杖，发交户族领回管束，永远不准复充。

针对胥吏的种种危害，虽然清政府对他们任用和管理制定了一套严密制度，即所谓选吏有据，受役有期，考察有法，入仕有阶。[①] 但这些措施并未能阻止胥吏的为非作歹，"然防之虽密，惩之不严，仍属无济于事"[②]。

清代州县差役制度之弊，第一在于人员杂劣，多游手好闲、地痞无赖之流；第二在于额外滥充的白役、"黑役"、"散役"人数众多；第三在于没有合法收入来源；第四在于社会地位卑贱。"后世流品，莫贱于吏，至于今日而等于奴隶矣。"然而，清代胥吏作为实际承担州县行政职能的人员，却权势熏天，"后世权势，又莫贵于吏，至今日而驾于公卿矣"[③]。胥吏虽然卑劣，但他们所实际承担的职能却为州县行政所必不可少，这是一种十分悖论的现象。显然，这四种弊病的产生，归根结底是由于差役未被正式纳入国家行政人员的管理系统。而这也成为 20 世纪初改革州县差役制度的方向。

1901 年"新政"刚一开始，清政府就发布了裁汰胥吏和差役的上谕[④]：

> 近因整顿部务，特谕各部院堂官督饬司员清厘案卷，躬亲办事，将从前蠹吏尽行裁汰，以除积弊。惟闻各省院司书吏亦多与部吏勾通，其府州县衙门书吏，又往往勾通省吏，舞文弄法，朋比为奸，若非大加整顿，不能弊绝风清。至差役索扰，尤为地方之害。其上司之承差，则藉公需索州县；州县之差役，更百般扰害闾阎，甚至一县白役多至数百余名，种种弊端，亟应一律革除。著各该督抚通饬所属，将例行档案一并清厘，妥定章程，仿照部章，删繁就简。嗣后无论大小衙门，事必躬亲，书吏专供缮写，不准假以事权，严禁把持积压、串通牟利诸弊。其各衙门额设书吏均分别裁汰，差役尤当痛加裁革，以期除弊安民，毋得因循徇庇。

---

① 嵇璜：《清朝文献通考》卷 21，职役一，商务印书馆 1935 年版，第 5054 页。

② 李经羲：《请严禁白役诈索扰害详稿》，参见《陈宝箴集》（中），中华书局 2005 年版，第 1429 页。

③ 冯桂芬：《易吏胥议》，参见盛康辑《皇朝经世文编续编》卷 28，吏政十一·吏胥，第 2927 页。

④ 朱寿朋：《光绪朝东华录》，中华书局 1958 年版，总第 4669 页。

　　这道上谕要求裁汰州县书吏，但也看到书吏在州县行政中承担着依照律例处理某些具体行政事务的职能，其弊端的革除绝非简单裁汰可以解决。因此上谕承认州县衙署还需要保留"专供缮写"的人员，同时要求删简州县办事章程，要求州县官躬亲政事，试图以此来作为裁汰书吏后某些行政职能缺位的补救措施。但实际上，让"独任制"的州县官兼理以往由各书吏承办的繁杂行政事务是不现实的。至 1907 年清政府在《各省官制通则》中规定各州县设置"佐治各官"，以及 1913 年北洋政府在《划一现行各县地方行政官厅组织令》中规定各县公署设置科层机构，这一问题才在理论上得到解决。

　　关于差役问题，这道上谕只是命令"痛加裁革"，而对于差役裁革后其所承担的行政外勤工作由谁来承担，则没有提出任何补救措施。

　　光绪三十三年二月，清廷又发布上谕，在提出驱逐白役，酌留正役的同时，要求通过兴办警察来代替差役，其上谕云[①]：

　　　　伏查州县差役扰害闾阎，最为政界之玷。盖自唐宋以降，公私记载，屡有指斥，论治者莫不深恶痛疾。思所以去之，而痼疾相仍，莫能改辙。……州县官以一身兼司法行政，举凡催科、听讼、缉捕、递解等事，仍不得不藉差役以供使令，一时实有未能尽裁之势。原夫差役之设，本所以效奔走，而又限以定额。律以峻法，防范不为不周。无如法久则玩，弊不胜防，苟非扫除更张，不足以起沉痼。此时警察之实力未充，自治之良规有待，再四审度，惟有坚明约束，以祛太甚之弊，逐渐裁减，以植廓清之基。既非强州县以所难，即不容因仍于旧习。现拟责令各州县确查不在卯之白役，概行驱逐；察验在卯之正役，分别酌留。榜示姓名年貌，以杜雇替，酌给办公薪饭，以免滋扰。并参照民事刑事诉讼法，定原被申诉之条，严远近拘传达之限。分曲直以定讼费，设书记以录供状。革班馆以惩私押。一切讼牍，严饬随到随讯随结，不准稍有耽延。一面速筹经费，将警察事宜实力整顿，设法推广，俟有成效。再将旧有差役一律

① 朱寿朋：《光绪朝东华录》，中华书局 1958 年版，总第 5647—5648 页。

裁撤。

上谕要求督抚"妥议章程","严饬各属速办警察，将所有差役人等分别裁撤"。

光绪三十三年四月，清政府明确下令裁汰州县"民壮捕役"，而以"增给饷薪"和经过训练的巡警来替代其职能，才算是找到了解决这一问题的办法。其上谕云[1]：

> 窃维内治之整饬，首以安民去蠹为先，警政之推行，贵有因时制宜之计。……查州县原有民壮捕役等项，每县额设不过百名，工食至微，而白役之数多且逾千，平日于缉捕盗贼递送公文，全无实际，惟日以生事扰民为业，小民一讼之扰累，一票之诛求，虽有循良，亦为蒙蔽，荼毒靡穷，实生民之蟊贼。又查冲繁州县，间有招募团练勇丁者，其饷项或借诸公款，或出于捐廉，或摊之商捐地捐，虽捕盗较为得力，而控驭多有失宜，自非一以警察齐之，深堪滋流弊而糜饷款。总之各省民壮捕役乡勇等……只以习惯沉痼，时至今日，势不得不议更张……府厅州县，查明民壮捕役等项，额设若干，工食若干，旧有练勇人数若干，筹给饷项若干，详报臣部。一面严饬酌量裁汰，改设巡警，增给饷薪，各设警务传习所一所，更番训练，以应急需。自此次裁汰改练之后，各该地方官不得徒饰虚文，藉词搪塞。

但差役扰民问题，一直到清朝灭亡也没解决好。宣统年间湖南巡抚杨文鼎奏称[2]：

> 查州县衙门，差役最为民害，各省皆然。而湖南常德府县差役之多而且横，尤所罕见。前经饬据该府禀称，府差有五百余人，县差卯册有名者千余人，散差白役不知凡几，实堪骇异。常德地方无

---

① 朱寿朋：《光绪朝东华录》，中华书局1958年版，总第5663—5664页。
② 《清朝续文献通考》卷28，职役二，商务印书馆1936年版，第7804—7805页。

论如何繁要，断不能容如许差役。臣详加访察，始知该差役广招徒党，流毒蔓延。每遇控案，票役率其徒党十余人下乡，择肥而噬，择懦而欺，亲族均受扰累。倘控案拖延日久，则差费日钜，必致倾家荡产而后已。此外，如藉端敲诈，遇事讹索，指不胜屈。间阎受害莫可控诉。盖各衙门差役本无工资，役食极微，此辈不耕而食，不织而衣，钱从何来？无非剥削小民之膏血。当兹立宪时代，岂容有此等蠹役害民之事！即经严札该府县认真禁革，实力整顿，如该差役胆敢聚众挟制滋闹，即禀请就地惩办，以期雷厉风行，除恶务尽。兹据署常德府知府谭承元查覆府差，酌留七十二名，武陵县差酌留一百二十名，其余一概裁革。所有散役白役全行驱逐，示谕城乡周知，如有不法差役仍敢率党下乡滋扰，准各团总捆送，尽法惩治。至常德府属之桃源、龙阳、沅江三县，差役亦复不少。今亦酌定桃源准留九十名，龙阳准留八十名，沅江准留七十名，余均概行革除。责成各该地方官随时稽查，严加约束，有犯必惩，力袪积弊。臣思差役为害恐不仅常德一府。应饬藩臬两司通行各属。一律照此办理。但能为地方除一分疾苦。即为小民培一分元气。而最要者则尤在本管官之得力与否，如各州县不能加意防范，纵差肆扰，即予从严参劾决不姑宽。

宣统元年，湖北咨议局也提出了《实行裁汰书役案》，其内容为①：

甲、裁汰书吏之方法
一、书吏名称之改更及资格之限定
厅州县衙门稿书应改名为稿生，以生监或毕业学生充之；清书改名写生，雇读书安分之书手充之。
一、稿生之薪水　应由各厅州县就地筹款，酌定薪水，详请督部堂核定施行。
乙、裁汰差役之方法
一、限定名额　由各厅州县量其地繁简，就原有名额差役分别

---

①　吴剑杰主编：《湖北咨议局文献资料汇编》，武汉大学出版社 1991 年版，第 283 页。

裁汰，大率繁缺不得过百二十名，中缺不得过八十名，简缺不得过六十名。

一、裁去散役白役　由各厅州县于定额之外，实力裁去一切散役、白役。

一、严禁滥冒更名之弊　责成各厅州县实力清厘。

一、确定工食　就厅州县原有差役工食，分别酌量各地情形确定数目，详请督部堂核定施行。

丙、裁汰之年限　应以宣统二年为限

丁、裁汰后书吏之生计

一、书吏裁汰后，其文理明顺者仍可当写生，其余听其自谋生计。

一、差役裁汰后应酌给工食，俾另谋生计。

戊、裁汰后之赏罚　自经裁汰之后，所有办事人等其奉公谨慎确著勤劳者，由该地方官择优奖励，若违背规则贻误要公者，即由各地方官分别严予惩罚。

差役不能完全裁撤的原因，一方面是因为经费有限，不能招募大量警察来代替，另一方面是清末社会动荡，民变很多，需要差役，再加上处于过渡时期，不可能马上全部裁撤。

二　设置佐治各官

1907年清政府颁布了《各省官制通则》（以下简称《通则》），对州县衙署组织的改革作出了建设性设计。关于州县自身行政改革的主要内容就是在各基层政区设置由国家任命的职能性官员。《通则》规定，在各直隶州、直隶厅和各州县设立佐治各官，分掌事务包括：一、警务长一员，掌理该州厅县消防、户籍、巡警、营缮及卫生事宜。二、视学员一员，掌理该州厅县教育事宜。三、劝业员一员，掌理该州厅县农工商务及交通事宜。四、典狱员一员，掌理该州厅县监狱事宜。五、主计员一员，掌理该州厅县收税事宜。上述佐治官员"如因地小事简，不必备设者，得以一人兼任二职。但警务长及视学员，不得以他员兼任，亦不得兼任他职"。在设立以上佐治官员的同时，《通则》规定"将从前各直隶州、直隶厅及各州县所设佐贰杂职，应即一律裁撤，酌量改用"。

这些改革措施在两湖地区得到了推行。例如，巴东县在光绪二十七年四月，新委劝学员、视学员、典狱员各1人。光绪三十三年正月，置劝学所，设总董1人，劝学员1—2人。设承审员1人，佐理民刑案件。宣统二年（1910年）四月，设巡警局，置警务长、巡官各1人。①

江夏县知县李曾麟，定于宣统二年十月初一成立审判厅，"县署附设审判见习所即行撤去，从此司法独立"，县署"旧有吏户礼兵刑工六科房，书吏及皂壮快捕四班差役均须裁撤，妥筹办法，改设三科，一曰内务科，二曰赋税科，三曰警务科。查从前六科书吏共一百六十名，拟择留束身自爱者八十名，四班差役有卯册者共二百名，拟考取精壮者一百，未列卯册者不准私用。一面会同议董事会筹办四乡巡警，广设乡村半日学塾，以便教育普"②。

湖北咨议局议员还提出了"各府厅州县科房改为公所"议案，要求分科办公。"旧例府厅州县科房沿用部制，以吏、户、礼、兵、刑、工分科，或另有户粮房，承发房及新加学务房、新改房诸名色，科目既繁，房书自众，权限复不分明，按之新政尤多虚设。拟遵照新制改为四科：（一）刑事科（凡人命奸盗事之关于刑律者属之）；（二）民事科（凡田土婚姻钱债契约事之关于民律者属之）；（三）财政科（凡征收报解申领及关于度量衡之事属之）；（四）庶务科（凡内务行政若学堂巡警之类属之，其他关于祭祀典礼诸务亦附焉。因上数者，一则另有办事机关，各专其责，一则相沿旧制无重要关系事类似繁而文牍实简，故可以一科兼之）。至军政一科，绿营既尽裁撤，地无驻防之兵，驿站势在必裁，且已改由劝业道管辖，未尽事宜亦宜并入庶务科办理，不必另设专科。"并规定了各科科生名额。③

这种裁撤佐贰而设立佐治各官的改革，可以使得州县行政组织趋于合理化，具有明显的现代性质。

---

① 《巴东县志》卷14，政权，湖北科技出版社1993年版，第342页。

② 《首县筹办宪政手续》，《申报》1910年9月2日。

③ 吴剑杰主编：《湖北咨议局文献资料汇编》，武汉大学出版社1991年版，第398—399页。

第一，设置作为国家正式职官的佐治各官，意味着正印官独任制得到改变。

清代的州县官称"正印官"，对整个州县行政负全责。此外部分州县虽置有州同、州判、县丞、主簿等佐贰，但都不属于以正印官为首的州县行政系统，不参与主体性行政，这种制度，有人称之为州县官的"独任制"或"一人政府"。以知州、知县为首的主干行政系统实际上是由幕友、家丁、房吏、差役组成的，但就其身份而言却并非国家职官或正式行政人员。在这些人中，幕友系州县官的私人聘用人员，家丁（长随）也系州县官个人所雇募，甚至系其亲戚。六房胥吏之中，各房典吏按制度任期五年，任满后须经州县官考察合格方能连任，但实际上大多靠行贿"营求得之"；一般书办则由本房典吏进退。实际上典吏也好，一般书办也好，往往"父以是传子，兄以是传弟"，世代"封建"，"窟穴"于州县，基本属于盘踞地方的黑恶势力。至于差役，其身份既非官也非吏，而是"民"，即如《续文献通考》所说："以民供事于官为役"。由于这四类实际上在行使秘书、机要、职能机构、政务警察、治安巡警等州县行政职能的人员，均非正式的国家行政人员，全都不被正式纳入国家行政人员的管理系统，因此不仅受不到近代意义上的民主监督，且受不到来自国家制度的行政监督。他们在州县行政运作中大权在握，却可以不负责任，胡作非为而有恃无恐。于是，在"正印官"独任制下行政系统得不到科层化整合，州县官"视衙门为传舍"，房吏、差役等"视官长为过客"，便构成了清代州县行政的根本性问题。解决上述州县行政体制整合问题的根本出路，是改变"正印官"独任制，在其下设置正式的职能机构和人员，由其承担各种行政职能。

而官制改革所设的佐治各官，不同于由州县官个人聘用的幕僚，属于按一定程序正式任命的国家官员。关于佐治各官的选任，《通则》规定："各州县佐治员缺，由司道各就本科考取国文通畅、科学谙习人员（凡佐贰等官，举人、五贡及中学以上毕业生，均可与考），详请督抚委用。视学、劝学二员，并可参用本地士绅，由州县采访舆论，举其贤能端正者，一律详请与考委用，仍分咨各部存案。其考取委用详细章程，由考察政治官会同各部议订通行。"① 佐治各官的任用程序为限定资格、司道考录、督抚委任、各部备案，这种任用程序决定了他们不仅要对州县官负责，更重要的是要对国家负责。其作为国家正式官职的性质十分明显。

第二，佐治各官同以往游离于州县主干行政系统之外的佐贰不同，他们属于州县行政中的职能性官员，这意味着过去处于割裂状态的州县行政得到了整合。

第三，佐治官员的职能不再仅仅局限于收税、听讼，而是包括教育、实业，这意味着传统州县行政主要履行政治统治职能而很少履行社会职能的情况开始得到改变。②

总之，佐治各官既不同于虽处州县主干行政系统之内但却不属于国家职官的幕友、胥吏，也不同于虽属国家职官但却处于州县主干行政系统之外的佐贰。佐治各官的特点在于，他们一方面由司道考录、督抚委任并报部备案，属于国家正式职官；另一方面作为职能性官员又隶属于正印官。这样，正印官独任制以及与此相联系的任用幕友和胥吏办理州县行政事务的做法就被否定，州县衙署组织开始具有科层化特点，使过去处于割据状态的州县行政得到了整合，而且佐治各官的职能不再仅仅局限于收税、听讼，还包括教育、实业，这意味着开始改变传统州县行政主要履行行政统治职能而很少履行社会职能的情形开始改变。

三　改革州县官的考核制度和任用制度

清代对州县官每三年进行的"大计"为"四格"、"六法"。"四格"是对文官定等议叙的主要标准，"六法"是对文官的处分标准。"四格"即守、才、政、年。守，即操守；才，即才干、才能；政，则指政绩、成绩和工作态度；年，指年龄、年轮，实即指体能精力。概括起来，大致就是品行的好坏，能力的高低，政绩的大小和体力的强弱。考核评级

---

① 故宫博物院明清档案部：《清末筹备立宪档案史料》上册，中华书局 1979 年版，第509—510 页。

② 魏光奇：《官治与自治——20 世纪上半期的中国县制》，商务印书馆 2004 年版，第 82页。

分为卓异、供职两等。"六法",即"不谨、罢软无为、浮躁、才力不及、年老、有疾"。考核主要是针对办理地丁杂税和狱讼等事务方面,或流于形式,或过于烦苛。1904 年清政府颁布了考核评议州县官的新标准,注重与强调任内的各项实际政绩:考核项目不只是以往刑名钱谷,增加了教育、种植、工艺、巡警等内容,要求兴利除害,在地方治理和建设方面有所作为。其上谕说①:

> 中国官民隔绝,痼习已深,颇闻各州县官多有深居简出,玩视民瘼,一切公事漫不经意,以致幕友官亲蒙蔽用事,家丁胥吏狼狈为奸;公款则舞弊浮收,刑案则拖累凌虐,种种鱼肉,为害无穷,……嗣后责成各督抚,考查州县必以为守俱优,下无苛扰,听断明允,缉捕勤能,为地方兴利除害,于学校农工诸要政悉心经划,教养兼资,方为克尽阙职。著自本年为始,年终该督抚将各州县胪列衔名、年岁、籍贯清单,注明何年何月日补署到任,经征钱粮完欠分数,及有无命盗各案,词讼已结未结若干起,监禁羁押各若干名,均令据实开报。其寻常公罪处分,准予宽免,不准讳饰。任内兴建学堂几所,种植、公益、巡警诸要政是否举办,一并分别优劣,开列简明事实,不准出笼统宽泛考语。奏到后著交政务处详加查核,分起具奏,请旨劝惩。并著将各省奏单刊入官报,与众共知,以通下情而伸公论。……各该督抚务当破除情面,查吏安民,切实遵办,用副朝廷力挽颓风勤恤民隐之至意。

这一改革举措,规定在既往三年一度的大计之外,新增州县官的年度考核,缩短了考核周期,尤其是不再沿用历经九朝,延续 250 年之久的"四格"标准,注重与强调官员任内的各项实际政绩;考核项目也超越了既往刑名钱谷的单一内容,增加了教育、种植、工艺、巡警等四项新政执行情况的考察,并要求每项内容量化统计上报。这一被称为州县事实考核的新制度,是清代官吏考核制度的重大改革。

为使这一励精图治的新制度更臻完备,在其后的推行过程中,清政

---

① 朱寿朋:《光绪朝东华录》,中华书局 1958 年版,第 5193—5194 页。

府不断进行调整补充。光绪三十一年十二月（1906 年 1 月 20 日），政务处又制定了考核州县事实的五项条款，其主要内容为：（1）开报宜核实。由政务处统一制订表格样式，各省依表格所列的项目，按已办未办如实填报。（2）咨报宜按限。统一规定每年年终考核，于次年三月至五月为止汇总上报，不得任意延缓。（3）前后任政绩应界限分明。"以前任所办之事，归功现任，殊失情理之平。嗣后开报时，必须声明某项原有若干，该县到任后添办某项若干，成效若何，以清眉目。"（4）优次等级宜有一定标准和限制。"学堂当以开设处所，学生人数最多者为上，次多者为中，最少者为下。警察工艺种植当以办有成效者为上，已经开办者为中，不办者为下。命盗词讼，当以全无或全结者为上，未结不及二成者为中，逾二成者为下。"（5）州县宜久任。要求各督抚慎选僚属，不得随意更调，以改变州县官不能久任的现状。此外，政务处还将考核划分为最优等、优等、平等、次等四个等级，并对晋升或撤参依据作了详细规定。①"至此，每年一度的考核州县事实这一考绩制的重大改革，在考核时间、对象与内容、评价标准与等级、考核后的晋职与撤任等方面，均已形成较为完整的定章，落实了规范的制度性内容和要求。"②

清代州县官的铨选有一套严密、烦琐的制度，其整体结构是：任命权在中央，而选任权则分属于吏部和督抚，实行部选缺（部选）与题调缺（外补）的分配制度。而吏部与督抚之间的这种权力分配，则是通过对州县官缺位进行类别划分实现的。清代对于各省全部州县官缺视其缺分繁简不同而将之划为题缺、调缺、留缺和选缺等四类。题缺、调缺缺出，由督抚拣选该省符合资格的实缺官员和分发、候补人员，奏请补用；选缺缺出，由吏部铨选任用；选缺官员升、调本省题、调各缺，其所遗之缺也归督抚题补，称留缺。州县官因丁忧、休致、请假、升调、处分等原因出缺，无论何种缺位，在正式补授的"实缺"人员到任前，均由督抚委任人员暂时署理，称"委署"；州县官因丁忧、病故等原因突然去职，其督抚委署人员到任前，可由本官所隶道、府暂时委员代理，称"委代"。在这种制度下，督抚对于州县官的任用，虽然拥有很大权力，

_____

① 朱寿朋：《光绪朝东华录》，中华书局 1958 年版，第 5463—5464 页。

② 关晓红：《清末州县考绩制度的演变》，《清史研究》2005 年第 3 期，第 17 页。

但这种权力也受到严格限制。这种限制主要在于：州县官任职须具备一定资格；督抚题补实缺州县官，其人选必须限于合格人员范围之内，还必须通过吏部的资格审查。清制，散州和直隶州知州，一般不以初次任职者除授，而由现任官员升任、调任、转任；知县则大部分由进士、举人、贡生、吏员和捐纳人员除授，少部分由符合资历的佐贰升任。督抚"委署"州县官，虽然无须事先咨吏部审查资格（这与题补、题调实缺官员不同），但也须遵守皇帝颁行和吏部奏准的有关规定，这些规定包括：不得委任佐杂署理，以示郑重；不得委用其本管道府和本府同知、通判署理，以防止作弊；不准委令相隔窎远之员兼署，以免影响政务；不得将实缺州县官委署其他缺位；等等。为了防止督抚滥用"委署"权以规避吏部对于州县官的资格审查，清廷对于督抚"委署"各省州县官定有额限，不得突破；对于署理人员的任期也有规定，不得逾限。清代关于州县官任职制度的各种规定，经常受到来自各省督抚方面的破坏，而清咸同以后尤为严重，州县官任职制度已陷于紊乱，表现在：其一，督抚千方百计破坏州县官任用定制。其方式主要包括以下四个方面：（1）经吏部铨选委任的实缺州县官，掣签后带缺出京，本应直接赴任，但各省督抚往往将之留省而不令到任，而自行委署其他人员长期鸠占鹊巢。（2）以委署代替正式题补、调补，并任意更调实缺州县官长期署理他职。（3）侵蚀部选缺的委署权。（4）破坏关于州县官任用资格的规定。其二，州县官委署与补用漫无章程，钻营奔竞，贿赂公行。其三，滥开捐例、滥行保举导致州县官任用出现诸多问题。①

　　新政开始后，随着一系列制度改革的推行，州县官选任制度也随之发生变革。这种变化主要表现为：通过学习考试以定去留；变通回避之制，准州县官近省取用；停止部选。② 其中一个重要改革是光绪三十四年（1908年）停止部选，由此结束了部选与外补并存的选官结构。

　　清廷于1908年发布上谕，宣布改革州县官任命制度。上谕说③：

---

① 魏光奇：《晚清州县官任职制度的紊乱》，《河北学刊》2008年第2期，第76—79页。
② 刘伟：《清末州县官选任制度的变革》，《社会科学》2009年第5期，第141—147页。
③ 《大清法规大全》吏政部，卷首，谕旨，台湾考正出版社1972年影印本。

国家根本惟在民生，养民教民，州县最为重要。凡抚字催科、听断缉捕，悉萃于牧令之身，一邑数十万生灵于斯托命。加以各项新政待举，备极繁难，非才力优长，素经历练，不足以副是任。（然而吏部铨选）仅以班次资格为定衡，大失量能授官之本意。迩来保举捐纳冗滥甚多，治理民情多未明达，检查法律，亦不能通解。即系正途出身，于吏治亦尚乏体验，岂能措置裕如？此等人员专凭年资入选同旦任事，大率听命幕友，纵容丁胥，百弊丛生，小民深受其害。闻各省选缺州县，骤应外任，不谙吏事者十居七八，……及到官偾事，虽加撤参，地方元气已伤，其为害于国计民生者甚巨。

因此上谕命令：停止州县官吏部铨选，将符合参选资格的人员全部分发各省，另编为"改选班"，候补选缺。不久后颁布的《州县改选章程》进一步规定，今后"改选班"人员也同其他候补班次的人员一样，初次任职时必须先行经过一定时期的试署，"俟试署果能称职，再奏请补授。如不称职，即撤回作为过班，另以其次之员如前递署"①。这是中国县级行政官员任命制度的重要变更，州县官题调缺与选缺的界限就不复存在，选缺州县官由吏部铨选任用的制度被彻底废除，凡州县官出缺，其继任者均由督抚委署题调。州县官部分由中央直接任命的制度至此终结，全部改为由各省任命试署，而报部批准，实际任命权在各省。

清末新政时期，清廷还通过学习考试以定州县官去留。

清代州县官无论正途、杂途出身，均缺乏行政知识的专门学习，其经吏部铨选而就任选缺的人员，实践经验亦无之。分发各省人员，在候补期间有时由督抚委以临时差事或到出缺州县短期试署，虽然可以借资锻炼，但也无所谓专业知识的学习。试用、候补制也一直存在并一定程度地发挥着作用，成为培训、历练和考核非实缺官员的一种重要方式。但是，晚清以降，特别是咸丰朝军兴以后，分省或留省的试用、候补人员大增。由于署缺、差委机会十分有限，候补官员一般是按资轮署，以一年为限。而且地方大员还有酌委之权，超擢用人。又由于地方大员事务繁忙，一般也无暇顾及，甚至每月几次的衙参制也几成具文。所以，

―――――――――――

① 《大清法规大全》吏政部，卷4，选补，台湾考正出版社1972年影印本。

在一般情况下，多数候补官员处于长期的"赋闲"状态。此外，清制候补州县由各省首府负责管理，后者有时也组织他们学习，但学习内容陈旧，不过朝廷律例而已。

清末新政时期不断推出的制度改革也促使州县官选任制度必须随之变革。其中最直接的是科举制度废除，一方面切断了州县官的正途来源，另一方面也切断了"学"与"入仕"的制度联系。而新学制的确立和新政的推行又带来了许多新的问题。清政府推行奖励新学人员的政策，对高等学堂毕业生和办学出力人员奖励州县实缺，使一部分新学人员得以进入州县官行列。与此同时，还需对原来拥有功名之人安排出路。这些都扩大了选拔州县官的来源。同时，清末州县官考绩制度改革也使州县官选任标准发生变化。光绪三十三年，宪政编查馆奏定以实事为标准的新的州县官考绩法，并且把"卓异"即最优等人员定为"遇缺即补"，表明选拔州县官从注重资历出身转向注重能力与实绩。这种变化也直接冲击到原有的首重资历的铨选制度，一方面继续扩大了州县官的来源，流品混杂、仕途壅滞的矛盾进一步加深；另一方面选官的标准向注重能力与实绩方面转化，又需要建立一定的机制予以选拔。① 清末新政时，针对候补州县官大多缺乏行政知识的问题，清政府在改革州县官任命制度的同时还着手建立相关的学习培训制度，而学习内容包括各种近代性质的行政知识。

其实新政开始实施前，晚清部分地方督抚就有设馆课吏的举措。湖南在吴大澂任巡抚时（1892—1895 年）就曾开设课吏馆，专课在省候补各员。1898 年戊戌变法期间，时任巡抚陈宝箴拟对原有课吏馆进行改良，认为吏治之弊，在于无学，开设学校、农工、工程、刑名、缉捕、交涉等六类课程②，招候补官员入馆学习。

1902 年初，督办政务大臣奕劻上疏整顿吏治，鉴于各省候补人员拥挤不堪，"专以逢迎奔竞为能，而真才反多沉滞"，建议以"课吏为鉴别人才之方"。要求各省设立课吏馆，"于在馆应课各员随时考察，严行甄别。其才识较优者，量加委任，以示奖励，其学久无功者，分别勒限学

---

① 刘伟：《清末州县官选任制度的变革》，《社会科学》2009 年第 5 期，第 142 页。

② 《改定湖南课吏馆章程》，参见《陈宝箴集》（中），中华书局 2003 年版，第 1186 页。

习，不堪造就者，咨回原籍"，各省每半年就办理情形具奏一次，"不得稍涉瞻徇，仍蹈从前积习，庶人才可得，政事毕举"①。当年正月十七日，清政府诏令各省设立课吏馆，其办理原则一如奕劻所请。各省课吏馆乃陆续开设，成为当时整顿吏治的主要措施。

1902 年，清廷令各省设课吏馆。学界一般将课吏馆视为对候补官员进行考核和教育的场所，但还要看到，考核和教育中无不蕴涵甄别任用的目的。这一年，朝廷先后下了三道有关谕旨。这年正月的谕旨强调，各省课吏馆"自应一体通行考核人才，视其才识，察其品行，其贤者量加委任，不必尽拘资格，其不堪造就者即据实参劾，咨回原籍，统限半年具奏一次"②。四月又下谕旨："自道府以至州县，凡初到省，必躬亲面试。其鄙俚轻浮者，即令咨回原籍，其尚勘造就者，均令入课吏馆讲习政治法律一切居官之要，随时酌予差委……即选授实缺之捐纳保举各员，亦应一律考试查看，分别办理。"③ 十一月，又发布上谕："即用知县签分到省，亦必入各省课吏馆学习，由该省督抚按时考核，择其优者立予叙补。"④ 连续的谕旨，明确提出对正途人员的考验之法和对候补人员的考试之法。根据编查馆的解释，"考试第试之以言，而考验必验之以事"⑤。考验的标准是"才识"和"品行"，考试则区分等级，按等进行差委和淘汰。可见以课吏馆"开官智"的目的，是通过考试、考验对候补和选补州县官进行甄别分流和任用。⑥

因各省的候补人员以州县官为主，所以许多省课吏馆的课程也主要是针对州县官而设计。

例如，1902 年，张之洞在湖北设立了勤成学堂和仕学院，作为行政官员的训练所和预备处。勤成学堂对学员不定年限与名额，学习亦不分科目，仅购置中西政治、技术、实业书籍，供给因年长而不能进

① 《奏请整顿吏治疏》，《申报》1902 年 3 月 10 日。
② 《吏治文牍辑要·江宁开设课吏馆致各处咨文》，参见邓实辑《光绪癸卯年政艺丛书》内政通纪卷 3，《中国近代史料丛刊续编》第 28 辑，台湾文海出版社 1983 年版，第 23 页。
③ 朱寿朋：《光绪朝东华录》，中华书局 1958 年版，第 4863 页。
④ 同上书，第 4960 页。
⑤ 同上书，第 5817 页。
⑥ 刘伟：《清末州县官选任制度的变革》，《社会科学》2009 年第 5 期，第 142 页。

入新式学堂的生员阅读和讨论；但委派官员分期课试，对优者给予奖励。

从 1902 年至 1905 年，张之洞每年花费银两万两，为在职和候补官员开办仕学院。仕学院中设中学 4 门，即理化、法律、财政、兵事。但因没有名额和强迫学习的规定，官员和候补官员均无兴趣。1905 年 3 月，张之洞公布《仕学院大纲章程》，规定学额，取府、厅、州、县 50 人，佐杂 100 人，须品行端正、文理明顺、身体健康、无嗜好且年龄在 35 岁以下，给予薪水待遇，课程改为法律、地理、财政、格致、图算、武备、交涉、文牍、方言（外语）9 门，一律必修，且每日有讲授和自修，与学堂相同；又宣布"'将官场中骄惰、油滑、纵侠、巧诈等习气洗涤净尽'，不受教者撤学、记过、停委；学制正科 3 年，简易科毕业考试，成绩优异者优先委派要差，不合格者不准委差。于是无论在职或候补官员，始比较热心向学求知"①。

从 1903 年起，张之洞还鼓励职官出国游历和游学。1904 年，有仕学院学员 20 人与候补人员 10 人赴日留学。1905 年张之洞又派新补实缺州县 12 人赴日考察。1906 年，他又要求两湖新补州县自费赴日考察 6 个月，或赴欧美考察 9—12 个月。

从 1905 年开始，各省遵旨纷纷把课吏馆改成法政学堂。较之课吏馆，法政学堂采用学堂办学模式，有较为系统的课程，其中特设别科与讲习科以培训、选拔官员。光绪三十三年宪政编查馆奏定切实考验外官章程六条，进一步强调，除正途出身及本系高等以上学堂学生及历任重要差使各员外，凡捐纳保举两项之道府同通州县以及佐杂各员，"无论月选分发到省，一律俱入法政学堂"②。这样，法政学堂实际具有了两种功能：一是培养法政人才；二是通过考试甄别分流候补人员。宪政编查馆还为此专文分辨学部章程与该馆章程的不同："学部定章为造就人才而设，故官绅皆可招考……本馆定章为澄叙官方而设，凡有月选分发各官俱应一律入学。"③ 此后各省遵旨相继举办。清廷还规定，州县官的吏部铨选停

---

① 罗福惠：《湖北通史·晚清卷》，华中师范大学出版社 1999 年版，第 207—208 页。
② 刘锦藻：《清朝续文献通考》卷 92，选举九，商务印书馆 1936 年版，第 8519 页。
③ 《政治官报》686 号，第 15 页。

止后，凡"改选班"人员分发到省后，"督抚率同三司，量其才性，试以吏事，或派入政法学堂，分门肄业，并须勤加考察，除有差人员随时接见外，其余各员每两个月必须传见一次，三司按月传见一次，详细考询其才识学业，能否造就，有无进益。如有糊涂谬劣、不通文理，或沾染嗜好，或年力就衰等情，均即咨回原籍，扣除本班"①。

在州县行政改革中，还设立初级审判厅，司法与行政系统相分离。具体内容见第三章。

第二节　两湖州县地方自治的举办

一　清政府地方自治政策的主要内容

清末的地方自治活动，分为两个阶段。1908年以前，为政府试办阶段。由于部分地区在政治变革的潮流和地方自治思潮的影响下，由绅商自发倡办或由官府督导试办的阶段。1908年以后，是在清政府的统筹规划之下，作为预备立宪的基础工作，全面推行的阶段。

维新运动期间，湖南建立了南学会与保卫局，成为中国最早具有近代意义的地方自治组织。

南学会筹议于1897年冬，而正式成立于1898年2月，是年10月被取缔。南学会的宗旨是"专以开浚知识，恢张能力，拓充公益为主义"，"欲将一切规制及兴利除弊诸事讲求"，以"通民隐，兴民业，卫民生"。南学会的重要活动方式之一就是讨论地方兴革事件，在地方风俗、利病、兵马、钱粮、厘金、矿务、法律、刑狱等方面提出改革方案，经总会讨论后禀请巡抚批准实行。这可以说是在酝酿实行地方自治。梁启超曾云，南学会是"全省新政之命脉，虽名为学会，时为地方议会之规模"②。皮锡瑞也说："实是议院，而不便明言，故以讲学为名。"③它除在省会长沙成立总会外，还曾试图在湖南各府厅州县普遍建立分会。

1898年成立的湖南警政机构保卫局，也具有一定地方自治的性质。

---

① 《大清法规大全》吏政部，卷首，谕旨。
② 中国史学会主编：《戊戌变法》（一），神州国光社1953年版，第300页。
③ 汤志均：《康有为政论集》（上），中华书局1981年版，第216页。

湖南保卫局与传统的"官治"不同，实行官绅合办，其总局、分局和小分局的首领人员，全都既有国家行政官员，又有地方士绅。如总局设总办一人，由司道担任（初办时由按察使黄遵宪担任），其下由官员担任的职务还有会办一人，负责文书和审案的委员四人。另外，总局还设由绅士担任的会办一人，另有绅士二人辅助其工作，负责各种具体事务；此外还有由地方士绅担任的"议员"十余人。参与保卫局事务的绅士均由推举产生，甚至参与保卫局事务的官员，也不是自上而下任命，而是由各官员自下而上推举。保卫局的议员实际上组成了它的决策机构，《湖南保卫局章程》规定："一切章程由议员议定，禀请抚宪核准，交局中照行。其抚宪批驳不行者，应由议员再议，或抚宪拟办之事，亦饬交议定禀行。"其议事规则和程序，"以本局总办主席，凡议事均以人数多寡定事之从违。凡议定之后，必须遵行，苟有不善，可以随时商请再议"[1]。这样一种组织机构和动作规则，同清末预备立宪中推行的地方自治，基本相同。南学会和保卫局尽管其昙花一现，但却为清末地方自治的推行做出了有益的探索。

1908 年，宪政编查馆拟定了九年预备立宪"逐年筹备事宜清单"，对地方自治的实施步骤作了统筹规划。清单规定：第一年（1908 年）颁布城镇乡地方自治章程；第二年（1909 年）筹办城镇乡地方自治，设立自治研究所，颁布厅州县地方自治章程；第三年（1910 年）续办城镇乡地方自治，筹办厅州县地方自治；第四年（1911 年）续办城镇乡地方自治和厅州县地方自治；第五年（1912 年）城镇乡地方自治，限年内粗具规模，续办厅州县地方自治；第六年（1913 年）城镇乡地方自治一律成立，厅州县地方自治，限年内粗具规模；第七年（1914 年）厅州县地方自治一律成立[2]。按照这样的筹备计划，在清政府的催促下，很多省区都忙于建立自治机构，完成逐年的筹备事宜。

1909 年 1 月 18 日，清政府正式颁布由民政部拟定、宪政编查馆核议

---

① 韩延龙、苏亦工等：《中国近代警察史》（上），社会科学文献出版社 2000 年版，第 38 页。

② 《逐年筹备事宜清单》，参见《清末筹备立宪档案史料》上册，中华书局 1979 年版，第 61—67 页。

的《城镇乡地方自治章程》和《城镇乡地方自治选举章程》。1910年2月又颁布《府厅州县地方自治章程》和《府厅州县议事会议员选举章程》等有关地方自治的法律性文件。由于清政府把地方自治作为预备立宪的一个重要内容，认为"地方自治为立宪之根本，城镇乡又为自治之初基，诚非首先开办不可"。因此下令各督抚，"饬各属地方官选择正绅，按照此次所定章程将城镇乡自治各事宜，宜迅即筹办，实力奉行，不准稍有延误"①。这就促使了地方自治机构的建立。至此，地方自治制度初具规模。这标志着自治的县制改革方案正式推出。

清末的地方自治分为两级，城镇乡自治为下级自治，限五年内初具规模；府厅州县自治为上级自治，限七年内一律成立。自治组织方面，城镇设立议事会和董事会，乡设议事会和乡董。其基本制度是：

在州县之下建立乡镇一级行政。在州县划分基层政区，治所城厢地方称"城"，其余市、镇、村、庄、屯、集等，人口在5万以上者称"镇"，人口不满5万者称"乡"。各城、镇、乡设立自治议决机构议事会，其议员由合格选民互选产生；各议事会设议长1名，副议长1名，由议员互选产生。城、镇设立自治执行机构董事会，由总董1名、董事1—3名、名誉董事4—12名组成。其总董由议事会选举正、陪各1名，呈由本州县行政长官核准任用；名誉董事由议事会选举产生。各乡设自治执行人员乡董、乡佐各1名，由议事会选举产生，呈请本州县行政长官核准任用。城、镇董事会成员和乡董、乡佐均不得由议事会员兼任。②

据《城镇乡地方自治章程》规定，城镇乡议事会具有以下权能：（1）议事会应行议决本城镇乡自治规约，议事会议决事件，由议长、副议长呈报该管地方官查核后，移交城镇董事会或乡董，按章执行；（2）议事会应行议决本城镇乡自治经费岁出入预决算，及自治经费的筹集、处理方法；（3）议事会负责选举城镇董事会职员或乡董乡佐，监察其执行事务、检阅其各项文牍和收支账目等；（4）议事会遇地方官有咨询事件应胪陈所见，随时申复，对于地方行政与自治事项有关系备件，

---

① 《宣统政纪》卷5，沈云龙主编：《近代中国史料丛刊三编》第18辑，台湾文海出版社1986年版，第22—23页。

② 《清末筹备立宪档案史料》下册，中华书局1979年版，第731—735页。

得条陈所见，呈候地方官核办；（5）董事会于议事会议决事件，视为逾越权限，或违背律例章程，或妨碍公益者，得声明缘由，交议事会复议，若议事会坚持不改，得移交府厅州县议事会公断。[①] 以上诸项权能使得各级议事会与行政机关处于相对独立的地位，具有一定的地方立法和行政监督等权。

各城镇除议事会外，另还有董事会。董事会的主要职权，有如下几项：（1）议事会议员选举及其议事之准备；（2）执行议事会议决各事；（3）办理律例章程规定之事，或地方官示谕、委任办理各事；（4）议决各事之具体执行方法。不难看出，董事会是具体执行办事机构。

关于地方自治范围，《城镇乡地方自治章程》规定："一、本城镇乡之学务：中小学堂、蒙养院、教育会、劝学所、宣讲所、图书馆、阅报社，其他关于本城镇乡学务之事；二、本城镇乡之行政管理：清洁道路、蠲除污秽、施医药局、医院医学堂、公园、戒烟会，其他关于本城镇乡卫生之事；三、本城镇乡之道路工程：改正道路、修缮道路、建筑桥梁、疏通沟渠、建筑公用房屋、路灯，其他关于本城镇乡卫生之事；四、本城镇乡之工商务：改良种植牧畜及渔业、工艺厂、工业学堂、劝工厂、改良工艺、整理商业、开设市场、防护青苗、筹办水利、整理田地，其他关于本城镇乡农工商务之事；五、本城镇乡之善举：救贫事业、恤嫠、保节、育婴、施衣、放粥、义仓积谷、贫民工艺、救生会、救火会、救荒、义棺义冢、保存古迹，其他关于本城镇乡善举之事；六、本城镇乡之公共营业：电车、电灯、自来水，其他关于本城镇乡公共营业之事；七、因办理本条各款筹集款项等事；八、其他因本地方习惯，向归绅董办理，无弊端之各事。"[②] 以上内容虽无行政立法权和监督行政权，但范围比较广泛，包括地方文教、卫生管理权，农工商务管理权，民政管理权，市政建设权，地方税收权和公用事业的管理权。

在州县建立自治行政机制。各州县设立议事会作为自治议决机构，其议员由以城、镇、乡为基础的选区选举产生；议事会设议长1名，副议长1名，由议员互选产生。各州县设立参事会作为常务议决机构，参

---

① 《清末筹备立宪档案史料》下册，中华书局 1979 年版，第 732—733 页。

② 同上书，第 728—729 页。

事员由议员互选产生，会长由州县行政长官兼任。以州县行政长官作为
自治执行机制的首领，并由他任用自治委员若干名办理各种自治事宜。
议事会的职权为：本府厅州县自治经费的岁出入预算、决算、筹集方法、
处理方法，城镇乡议事会应议决而不能议决的事件或依据法令属于其权
限之内的事件。参事会以该府厅州县长官为会长，其职权为：（1）议决
议事会议决事件的执行方法及次序；（2）议决议事会委托代议事件；
（3）议决府厅州县长官交代议事会议决的事件；（4）审查州县长官提交
议事会的议案；（5）议决本府厅州县全体诉讼及其和解事件；（6）公断、
和解城镇乡自治权限争议事件；（7）议决其他权限内事件。这表明参事
会只是作为补助议决机关，辅助议事会工作。州县公署作为执行机关，
其职权为：（1）执行州县议事会议决的事件；（2）向参事会提交议案；
（3）掌管一切公牍文件；（4）依法办理其他权限内事件。同时，按照定
章，州县自治事务包括：地方公益事务及以法律或命令委任自治机关办
理的国家或地方行政事务。可见，议事会和参事会为议决机关，州县公
署为执行机关。[①]

清末各级地方自治制度具有以下特点：

第一，地方自治团体的产生，具有民主选举的意义。如城镇乡议事
会议员，由本城镇乡选民互选任之，任期二年，每年改选半数；议长、
副议长由议员以无记名法互选，任期二年，任满改选。董事会董事经议
事会从选民中推定，呈报地方官核准；总董由议事会从选民中推选二人，
呈报地方官择定一人任之。总董和董事任期二年，任满改选，得以连选
连任。此种选举方式，体现了以地方之人办地方之事的自治精神。

第二，各级地方自治机关具有相对独立的职任权限。这些职任权限，
使各级议事会与行政机关处于相对独立的地位，具有地方议会的某种
职能。

第三，各级地方自治机关均受政府监督，以自治辅佐官治。[②]

为了"讲习自治章程，造就自治职员"，以为将来实习地方自治之

---

① 徐秀丽：《中国近代乡村自治法规选编》，中华书局 2004 年版，第 32—34 页。

② 章开沅、罗福惠：《比较中的审视：中国早期现代化研究》，浙江人民出版社 1993 年版，第 374—375 页。

用，清政府又于 1909 年 5 月 5 日颁布《自治研究所章程》，谕令各省于省城及府厅州县分别设立自治研究所，以造就具有法政知识、参政素质较高的有用人才。章程规定，各省省城及各府厅州县各设一所。各省省城自治研究所遵照逐年筹备事宜清单统于宣统元年内成立，各府厅州县自治研究所应俟省城第一届听讲员毕业后，即行派赴各地，一律成立。省城自治研究所应由自治筹办处遴派通晓法政人员充任讲员，府厅州县自治研究所讲员即以听讲毕业员分别派充。省城自治研究所学员应由各府厅州县遴派本地士绅按届送所听讲，每属每届至少 2 人；各府厅州县研究所学员应就该管境内，分别城镇乡区域，遴选本区士绅次第入所听讲，以每区有听讲员为度。

自治研究所 8 个月为一期，主要讲授如下八项科目：（1）奏定宪法纲要；（2）法学通论；（3）现行法制大意；（4）咨议局章程及选举章程；（5）城镇乡地方自治章程及选举章程；（6）调查户口章程；（7）其他奏定有关自治及选举各项法律章程；（8）自治筹办处所定各项筹办方法等。

同时还规定，各省自治研究所除官设各所作为模范外，其各地方士绅自愿照章设立者，均可呈明该管官府批准照办，惟其所长应由该所公举通晓法政、品学优裕士绅一员，呈请自治筹办处核派，此前各地方先已设立者亦同样办理。此外，还将"城镇乡应办自治各事，演为白话，刊布宣讲，以资劝导"。这就为地方自治做好了干部和思想的准备。①

各级地方自治章程颁布后，各省开始奉章筹办，主要包括以下内容：（1）设立地方自治筹办处，从事调查、选举事宜；（2）开办自治研究所，培养、训练自治人才；（3）建立地方自治公所，选举各级议事会、董事会等自治团体和自治职员，建立地方自治公所。至宣统二年，多数省城开办了一期或二期地方自治研究所，为各级地方自治的举办建立了一支相当可观的干部队伍。至宣统三年，各省依章相继完成调查选举工作，次第成立各级自治公所。其中城自治公所 1000 余属，府厅州县自治公所

---

① 《自治研究所章程》，参见《清末筹备立宪档案史料》下册，中华书局 1979 年版，第746—747 页。

也大部成立。①

二　两湖地区城镇乡地方自治的举办

1. 设立自治研究所，培养自治人才

光绪三十四年（1908 年），湖广总督陈夔龙到任后，在《自治研究所章程》颁布前，就开始在湖北培养自治人才。他认为地方自治"事属创办，当以造就自治人才为根本要义"，"惟其时自治专章尚未准民政部奏定颁发，于法政学堂附设自治研究班，分饬各属选送士绅来省入学。又由该局（全省地方自治局）设立武（昌）、汉（阳）公民养成所，为试办自治之预备"。4 月 20 日自治研究班正式开学，"计先后取定正取269 名；又另取备取 15 名，以备临时传补。自治一事，关系全省公益，其有未经申送而来处递禀请考者，复酌取 27 名，作为旁听生。所列讲授课目，均遵照馆章第五条所开各项作为主课，并酌加财政学、经济学、各国自治大要数门为补助课，分别派员教授"。"鄂省自治研究所至是始告成立。"

"至该所扩充办法，自当查照馆章，俟第一届研究士绅毕业，即派赴各厅、州、县办理自治研究所，统限宣统二年二月以前一律设立。其各属士绅自愿照章设立者，在省城由自治筹办处察核，详请备案；在各厅、州、县由该管官察核批准，申报该处备案。又凡各属士民未能分入各该研究所者，则由该处发行校外讲义，并督饬各员编辑地方自治浅说，分发各厅、州、县，即以研究卒业各士绅，担任分途讲演。盖以各属分设研究所，佐省设研究所之不及，又以校外讲义分途讲演，助各属分设研究所之未逮，将使全省士民无一不涵泳濡育于自治之中"②。1909 年 5 月，湖北"为养成全省地方自治人才之本"，按照"定额 300 名，由各厅州县考送，大县 5 人，中小县 4 人"的原则，来自治研究所学习。

湖南省由自治筹办处设自治研究所，"定明研习八个月为毕业之期，檄饬各厅州县，遴选品学较优、富于经验、素有乡望之士绅，申送考选，其名额视各该属区域之广狭，人口之多寡，别为上中下三类，分定数目，

---

① 马小泉：《清末地方自治运动论纲》，《史学月刊》1993 年第 5 期，第 56 页。

② 陈夔龙：《庸庵尚书奏议》卷 11，宣统三年铅印本。

条列资格，令其依限选送"。"先后两次考录合格士绅 217 名"①。

除省城外，各厅州县亦设有自治研究所，地方士绅亦可经地方官批准后按章设立自治研究分所。例如"当时武汉地区除官立的全省自治研究所外，立宪派设立了湖北地方自治研究总会、夏口自治研究会、筹办地方自治会以及汉口同志会附设的宪政研究所，其中如夏口自治研究会招收学员百余人，分为早晚两班，具有一定的规模。到 1910 年初，全省肄业于自治研究会所的'已及千人'"②。湖北在宣统三年三月，"合之各属官立、公立各研究所自治学员，共计有 4300 余人"③。

湖南湘潭县制定了《湘潭县选举研究所章程》，其内容为 10 个方面："一课目：解说咨议局章程（详说议员之责任及权利）、解说选举章程（详说投票开票之方法）；二时间：每日午前九时起午后二时止；三期限：每班不限久暂总以了解选举章程毫无疑议为止；四名额：每班不拘多少随到随讲；五资格：凡热心地方公益有选举权者皆可到所听议；六场所：附设在城内地方自治局；七日期：自闰月初十起至四月十日止，如须延长临时酌议；八招待：本所但备茶水，不寄宿不留餐不取费；九演说：各人入所研究之后归到乡间，务宜随时随地演讲，俾人通晓；十问答：四乡僻远之处遇有事故不能亲到本所听讲者可用信函质问，随到随答。"④

湖南各属学员人数共 2189 人⑤学员毕业后，即各赴本籍设所传习讲演，从而可以广开风气，以推动自治顺利进行。⑥

2. 建立地方自治机关和自治团体，筹办自治事宜

湖北于光绪三十四年（1908 年）二月遵旨建立"全省地方自治局"，以布政使为总办，道员为坐办，首府及首县为正副提调，自治局下设编制、调查、文牍、总务四科附设调查员研究所和自治研究班，又由自治局设立武汉公民养成所和调查员养成所，为武昌、汉阳两府试办自治之

---

① 《遵设自治研究所情形》，参见《清末筹备立宪档案史料》下册，中华书局 1979 年版，第 749 页。

② 郭莹：《清末武汉地区的地方自治》，《湖北大学学报》1985 年第 6 期，第 63 页。

③ 《清末筹备立宪档案史料》下册，中华书局 1979 年版，第 817 页。

④ 《申报》宣统元年三月十五日。

⑤ 马小泉：《国家与社会：清末地方自治与宪政改革》，河南大学出版社 2001 年版，第 148 页。

⑥ 《政治官报》宣统元年闰二月十九日，第 518 号。

预备。①

　　湖北举办地方自治次第，则遵照民政部筹备清单，分别繁盛、中等各城镇，附城偏僻各乡，分年筹办。如江夏、夏口、汉阳、沙市、宜昌 5 处为最繁盛城镇，由自治筹办处详准试办模范自治，拣派自治研究所毕业学员充各该地方自治公所总理员，随同地方官筹备议事董事各会选举事宜。复以武汉三属尤为全省领袖，观瞻所系，先导尤资。其余各届将选民数目分为甲乙两级，划定区域，实地调查，按照自治筹办处所定议事董事各会顺序清单，"克日举办，不得弛懈"②。据湖广总督瑞澂 1910 年 10 月奏报，已有汉阳、天门、远安等 15 州县设立自治公所、城议事会、董事会；有江夏、兴国、孝感等 22 厅州县设立议事会，但董事会尚在筹备之中；有樊城等 11 个城市提前设立自治公所。③ 其余州县或因区域划分未决，或因人口调查未果，设立较迟。但至 1911 年内，各州县议事会、董事会均已成立。镇自治会成立者计有江陵县之沙市、京山县之永兴、天门县之乾驿等 15 处，乡自治会成立者则有崇阳、麻城、蕲水、石首 4 县所属之 24 乡。此外，自治筹办处详请限令各属于宣统三年闰六月（1911 年 8 月）间，将各镇乡自治会一体办竣，"似不难计日程功"④。

　　比如宣统二年，麻城县知县张锦云任内召集全县士绅会议，划分邑境为 11 个自治区，分别照会负责士绅举办调查户口及选举事宜。各自治区定期进行县议事会议员的选举，宣统三年八月，成立县议事会，同时成立参事会。县议事会有议员 36 名，计城厢 3 名、阎河市 5 名、黄市乡 2 名、夫子河乡 4 名、白杲乡 3 名、中驿市 3 名、宋埠市 5 名、歧亭乡 2 名、顺河集乡 3 名、乘马岗乡 3 名、虎头关乡 3 名，互选屈开埏、江化龙为正、副议长。参事会有参事 7 名。其中城厢 2 名，黄市、白杲、宋埠、歧亭、乘马岗各 1 名。参事会参事由议员互选，凡议员被选为参事者，为保证各区议员数字的平衡，所遗缺额，即以其本区原选举中的次多票者递补如表 6—1 所示。⑤

————————

① 皮明麻等：《辛亥武昌首义史事志》，陕西师范大学出版社 1986 年版，第 23—24 页。

② 《政治官报》宣统二年三月二十日，第 896 号。

③ 《清末筹备立宪档案史料》下册，中华书局 1979 年版，第 785 页。

④ 同上书，第 817 页。

⑤ 《麻城县志》，政权，红旗出版社 1993 年版，第 264 页。

表 6—1 　　　　　　　　　　麻城市、乡议事会人数及成立时间

乡市名	议事机关人数	执行机关人数				原小区组合数	成立时间
		总董事	董事	名誉董事乡佐	乡佐		
城厢	20	1	2	4		12	宣统二年
阎河市	20	1	1	4		20	宣统二年
黄市乡	18		1		1	8	宣统二年
夫子河乡	14		1		1	8	宣统二年
白杲乡	12		1		1	14	宣统二年
中驿市	20	1	1		1	12	宣统二年
宋埠市	21	1	2	4		12	宣统二年
歧亭乡	12		1		1	6	宣统二年
顺河集乡	16		1		1	8	宣统二年
乘马岗乡	16		1		1	8	宣统二年
虎头关乡	16		1		1	8	宣统二年
莲湖乡	10		1		1	9	民国二年
共计	195	4	14	16	8	125	

资料来源：麻城市地方志编纂委员会《麻城县志》，政权，红旗出版社 1993 年版，第 265 页。

自治区划定后，乡、市成立自治公所，由乡、理乡、市政务组成。市议事会和它的执行机关董事会共同管理市、乡政务。

汉口商人也成立了名称不一的基层自治团体，有的叫自治会，有的称公益会。尽管名称不一，但均"以地方自治为宗旨，以救火、卫生、演说为入手办法"，并开展其他许多自治活动。[①] 到 1911 年 4 月，"汉口组成各团联合会，由各地段保安会、消防会所组成（系以商人为主体的组织），负责消防和维持社会治安"[②]。

---

① 中国人民政治协商会议湖北省暨武汉市委员会等编：《武昌起义档案资料选编》上卷，湖北人民出版社 1981 年版，第 251 页。

② 皮明庥等：《辛亥武昌首义史事志》，陕西师范大学出版社 1986 年版，第 72 页。

按照清政府的预计，地方自治至宣统六年全国一律完成。湖北省咨议局根据"民智尚非锢塞，各厅州县无分繁盛、中等、偏僻，各城自治会皆能提前成立，足见部章分年续办不适合于湖北人民之程度"。提出"划一筹办厅州县地方自治缩短成立年限案"①。并根据"湖北各厅州县远近不一，章文迟速，斯有参差"。所以"以最远者为准绳"，制定了"厅州县自治缩限成立定期进行表"，要求"按时课事"。所有调查、选举以及议事会的成立都在宣统三年完成。②

经此多种训练和宣传，到宣统三年（1911 年）全省各县均已成立自治公所、议事会和董事会。③ 全省合计选出议事会议员 1331 人，董事会职员 431 人。④

地方自治筹备期间，各州县还举办了筹定应用经费，调查户口区域，清理公款公产，改良固有团体，以及举办宣讲所白话报等事项。

湖南各属情况不一，办理有先有后。其地方自治办理情形，系于宣统元年设立地方自治筹办处，拟定办理期限，限令各属于城镇乡地方遵设自治公所，调查各城镇乡区域、户口及选民资格。⑤ 1910 年，湖南发生灾乱，其指定繁盛城镇并省城两首县议董各会奏请展缓成立。⑥ 及 1911 年上半年，指定之繁盛城如长沙、善化、湘潭、武陵 4 县议董事会均已成立。洪江为指定之繁盛镇，据调查人口不满 5 万，照章应改为乡。中等城如澧州、靖州、桂阳州、衡阳、清泉、巴陵、零陵等 7 州县，其余各城如醴陵、浏阳、安化等 29 厅州县，议董各会均已具报成立，其他各属亦在督催赶办。⑦ 按湖南地方自治筹备处的规定："繁盛城镇各自治会，限于宣统三年五月成立，中等城镇及各城自治会限于宣统三年闰六月成立，其余各镇乡自治会，限于宣统三年十一月一律成立。至于厅州县地

---

①　吴剑杰主编：《湖北咨议局文献资料汇编》，武汉大学出版社 1991 年版，第 613 页。

②　同上书，第 622—623 页。

③　杨汉鹰：《湖北地方政府的近代化历程》，《江汉论坛》1995 年第 4 期，第 58—59 页。

④　《湖北省志·政权》，湖北人民出版社 1996 年版，第 82 页。

⑤　《政治官报》宣统二年四月十五日，第 920 号。

⑥　《政治官报》宣统三年三月二十八日，第 1251 号。

⑦　《内阁官报》宣统三年八月二十三日，第 52 号。

方自治事宜……限于宣统四年五月，厅州县各自治会一律成立。"① 大约到了 1912 年，各属自治机关已略具雏形。②

湖南议案研究会还就地方自治、财政、教育、实业和交通等问题进行讨论研究。关于地方自治提出四个方面的问题："（甲）筹集地方各自治经费，如地方固有之公共产业及向来为公益事月捐岁捐各款，今此可以因仍者或无以上各项新筹款项，必取不扰闾阎而实能集事务，乞调查确切，著为论说；（乙）地方固有之团体，如积谷义学育婴救火施医修路等向来已有之义举，其利弊若何？今此归入自治范围，可否因仍？抑须大加改良？（丙）自治应以何项为先，如教育、农工商业、卫生、交通、慈善事业等皆在自治范围之内，乞各抒意见，对于全省今日自治应以何者为尤急？对于一地方今日自治应以何者为尤急？（丁）警察如地方向有之保甲缉捕，公共更役，以及栽种畜牧，各乡禁约，今此可否利用？又如关于卫生、森林、矿业、保安各类特别之警察，今此当以何者为先？"③

各城镇乡及厅州县地方自治机关成立后，即按照各自自治范围开始运转。

如善化县知县邢芸渠"择定城乡内外分区调查员"，并将"姓名地址出示晓谕"，要求"居民人等凡遇调查员来家，务必将何项职衔、何项生业照实说明，慎勿以调查人口为抽丁，调查加赀为抽税"④。又如湘乡县，1910 年 9—11 月，全县划分为上、中、下三里及各都坊等自治区域，各基层单位分别召开绅民会议，成立地方自治会，订立自治规则；同时，选举绅员，建立自治会的办事机关。里为"公务总局"，都、市称为"公务分局"。都以下区、庙，由各都分局统辖。总局设局干事员（即局绅）、警务长、会计员、书记员各一人。各都、市分局设干事员（即都总）及"议绅"等若干员组成总局会议。总局、分局的议事、办事人员人员皆由绅士担任，统称为"绅员"，主要管辖公共学务、社仓、善会等事务。光

---

① 湖南官修：《湖南地主自治筹办处第三次报告书》，宣统排印，湖南省社会科学院图书馆藏。

② 《自治协赞会呈民政司请拨旬报经费文并批》，《自治旬报》中华民国二年三月十一日发行，湖南省图书馆藏。

③ 《申报》宣统元年六月十八日。

④ 《申报》宣统元年二月十五日。

绪三十四年十月（1908年12月）成立了选举事务调查所。宣统二年（1910年），湘乡县成立了一个自治筹办公所，上、中、下三里设自治筹办分所，以各团防局长为分董。各里总局以原都坊之界为基础，进行析并，然后进行户口调查。宣统三年（1911年）春，湘乡所管辖的1县城、9镇、14乡，全部设立了自治公所。①

当然，两湖地区各厅州县地方自治及城镇乡地方自治尽管取得了一定的成效，但还远未走上正轨，这主要财政短绌、民众文化教育水平低下、举办时间短以及社会动员的不足和官府的严密控制等原因造成的。尤其是一些地方官绅把持自治机关，因利图便，他们或借开办地方自治之机增捐加赋，或借官府势力鱼肉乡里，造成地方自治"利未形而害已著"②。例如湖北"郧县地瘠民贫，公产绝少，现在筹办自治经费无出，该县邱令炳煊拟抽收牛羊皮漆出产物捐款，以充城镇乡自治经费"③。更有安陆县因筹办地方自治需款，"开办婚书捐以资济用"要求"婚嫁之家，临时均须赴县报名纳捐，男捐钱四百，女捐钱二百"，"如匿不缴捐，即照强迫教育子弟不入学例，罪其父母"④，引起民众的普遍不满，闹出了不少风潮，影响了地方自治的顺利进行。

3. 地方自治的特点及对州县行政的影响

地方自治如何实行，《浙江潮》在《警告我乡人》一文中提出的基本设想是："（一）就各地方固有之绅士，联合成一自治体；（二）自治体宜分议决与执行二机关；（三）分任机关之事者，由绅士中互相投票公举；（四）机关议事必以多数为可决；（五）机关之职员悉为名誉职。"并从学理上分析了自治与官治的关系，认为"自治云者，对乎官治而言。近世之国家，其行政之机关，大别为二：一曰官府，二曰自治体。官府为国家直接之行政机关，以直接维持国权为目的，如外交、军事、财政之类，皆官府所司之政务也。自治体为国家间接之行政机关，以地方之

---

① 刘秉勋、谷庆凡：《湘乡县议会和自治活动史话》，《湘乡文史资料》1991年总第6辑，第108—113页。

② 《通饬委员查复邵阳县职员曾蓝青等上控自治所董破坏宪政情形文》，参见湖南官修《湖南地方自治筹办处第三次报告书》，宣统排印，湖南省社会科学院图书馆藏。

③ 《郧县筹办自治之特捐》，《申报》宣统二年十二月八日。

④ 《安陆令禀办婚书捐被斥》，《申报》宣统三年一月二十一日。

人治地方之事，而间接以达国家之行政目的，如教育、警察及凡关乎地方人民之安宁幸福之事皆是也。直接之行政名曰官治，间接之行政名曰自治。……自治之制，盖所以补官治之不足，而与官治相辅而行……自治之精神，在以国家之公务为地方生存之目的，而以地方之力行之。故自治体者，由地方而言则为地方之行政机关，由国家而言则仍为国家行政机关之一部分也。……自治体云者，以国家公共之事务视为地方固有之事务，而施行公共团体是也①。

当清末地方自治谋求建立近代化州县和乡镇行政体制时，就面临"官治"与"自治"两种选择。所谓"官治"，就是由国家派官设治，一方面扩充和健全州县国家行政，另一方面建立乡镇一级国家行政，从而将地方社会各种经济、文化、社会事务的兴办和管理纳入统一的国家行政。所谓"自治"，就是"以本地人、本地财"办理各种地方社会事务。而清政府选择了"官治"与"自治"相结合的县乡制度设计，即："以官治统率自治"，"以自治补官治之不足"，融官治与自治为一体。

清朝颁布地方自治章程的核心精神，是各级地方自治机关均受政府监督，以自治辅佐官治。就是说，自治不可摆脱官治而自立。《城镇乡地方自治章程》明确规定，"地方自治专以办地方公益事宜，辅佐官治为主"。按照定章，由"地方共选合格绅民，受地方官监督办理"②。地方自治不仅应以辅佐官治为指归，而且要受政府的严格监督和控制。"城镇乡自治职，各以该管地方官监督之。"该管地方官有权查其有无违背定章，令其报告办事成绩，征其预算、决算表册，随时亲往检查。甚至地方官有申请督抚"解散城镇乡议事会城镇乡董事会及撤销自治职员之权"③。《府厅州县地方自治章程》规定："府厅州县长官对于议事会及参事会之议决事件，有交令复议及撤销之权。"取消议事会议决自治规约的职权，规定"凡规则均须经府厅州县长官申请督抚核准，或咨民政部等衙门核准，然后施行"。同时规定，该管督抚对于自治预算有减削之权，

① 攻法子：《警告我乡人》，《浙江潮》第 2 期；《辛亥革命前十年间时论选集》第 1 卷下册，生活·读书·新知三联书店 1960 年版，第 479—502 页。
② 《清末筹备立宪档案史料》下册，中华书局 1979 年版，第 728 页。
③ 同上书，第 739—740 页。

对于应行核准事件除批驳外，更有改正之权；"督抚遇有不得已情节，得咨请民政部解散府厅州县议事会"①。

其基本特点是：第一，将教育、卫生、道路交通、实业、慈善救济、公共事业、地方财务划为自治事务，其他如国家赋税、司法、警政等划为"官治"（即国家行政）事务。第二，设立民选的州县一级地方自治议决机构——议事会和参事会。第三，在州县以下创建乡镇一级地方自治行政：选举产生城、镇、乡议事会，作为自治议决机构；城、镇董事会和乡董、乡佐，作为城、镇、乡自治执行机构。第四，改造州县公署，使之身兼官治机构和自治执行机构的双重性质：知州、知县一方面作为州县国家行政首领，由国家任命；另一方面又作为地方自治系统的首领，担任州县参事会会长；州县公署一方面作为国家行政机关，办理属于"官职权内的事件"；另一方面作为地方自治的执行机关，执行议、参两会的决议。第五，为适应州县公署身兼官治机构和自治执行机构的双重身份要求，州县公署增置警务长、视学员、劝业员、典狱员和主计员等职能官员，改变其在传统官治下主要履行赋税、司法等政治统治职能而没有社会建设职能的状况。②

清末府厅州县和城镇乡实现地方自治的改革，虽然由于清政府的灭亡而没有全部完成，但也从根本上改变了原有的州县政治治理模式。

首先，将一部分原来州县行政长官无法包容的而与民生关系密切的地方事务交给各级自治团体去做，而各级自治团体无论议事会还是董事会皆由选民选举产生。虽然清政府规定，各级自治团体要受行政长官监督，但也规定，行政长官必须执行议事会和参事会议决的事件。行政长官如认为有问题，可交令复议，或令其撤销，或呈请督抚核办。而议事会和参事会如不服，也可呈请督抚或行政审判衙门处理。二者构成了互相制衡的关系。这打破了传统社会地方官独断专行、一统天下的行政体制，使地方自治机关职员得以分享官吏的一部分权力。同时，知县的身份发生了变化，已拥有了双重身份，身兼二任。一方面作为国家的一个

----

① 《政治官报》宣统元年正月初八日，第825号。

② 魏光奇：《官治与自治：中国近代的县乡行政体制》，《中国改革》2002年第11期，第62—63页。

官吏，管理国家行政事务；另一方面作为地方自治执行机关的领导，又参与管理地方自治事务，这表明，中国传统的州县行政体制已经开始发生变化，向近代行政体制迈进了一步。

其次，通过地方自治团体，使行政权力延伸到了县以下。城、镇设议事会、董事会，乡设议事会和乡董。议事会议决本自治范围内应行兴革事宜，董事会为执行机关，他们的职责均为执行议事会决议。而各级自治团体的自治范围，包括学务、卫生、道路工程、农工商务、善举、筹集款项等事。这就扭转了过去县以下"民治"太弱而由乡族社会自行处理地方事务的弊端。将州县以下基层社会的管理纳入法制化的轨道，从而初步形成了基层社会管理的"民治"模式。①

最后，清末地方自治的实验，为地方绅商进行政治参与提供了合法性途径，从而改变了传统地方事务由绅士等民间团体举办而可能出现的随意性及其他一些弊端。此前，地方士绅虽是中国地方社会的重要角色，是沟通民众与官府的桥梁，但他们在清朝地方政府中从无真正有影响性的、受尊重的地位，其影响主要诉诸非正式的、经常是非法的渠道。正如有人所说中国之可称为自治机关者，"所谓绅士而已"。但是绅士"有自然人之资格，而无法人之资格。故集多数之绅士，有时亦为地方自治之代表，而不能一完全之自治体"。而且，因为缺乏必要的监督和制衡机制，使得他们在"兴一新事，行一新法"时，"往往互相推诿，相率而不敢为创"，甚至"借地方之公事，以便一己之私图"②。

地方自治机构则体现了对地方绅商的能力和影响的承认。议事会、董事会成立后，使绅商阶层与地方官吏一起来管理本县地方基层事务。当时推行地方自治时，清政府明确要求各省督抚"饬所属地方官选择正绅，按照此次所定章程，将城镇乡自治各事宜，迅即筹办，实力奉行"。实行"以本乡之人办本乡之事"、"使地方人任地方之事"或"以本地之绅民，集本地之款项，图本地之公益"。从而使地方自治成为乡绅之治，

---

① 刘伟：《晚清督抚政治——中央与地方关系研究》，湖北教育出版社 2003 年版，第209—210 页。

② 攻法子：《警告我乡人》，《浙江潮》第 2 期；《辛亥革命前十年间时论选集》第 1 卷下册，生活·读书·新知三联书店 1960 年版，第 502 页。

"各省办理地方自治，地方委其责于州县，州县委其责于乡绅"，相当一批绅士进入各级自治公所、议事会和董事会。"至局所分设，委绅充任"，从而使相当一批士绅直接进入地方行政部门，或者充当了地方政府佐治员。在清政府公布的城镇乡地方自治章程，规定城镇乡的学务、卫生、道路、水利、农工、商务、慈善、公共事业，自治经费的征收使用，以及据各地的习惯委诸绅董的事项，都属于自治范围，基本囊括了近代一般地方行政的基本内容，属于职能全面的区乡一级行政。据对湖北各县城议事会、董事会职员出身的统计，议事会中士绅所占比例为 70.48%，董事会中士绅为 65.43%①，因此，清末县以下的基层行政组织已完全被绅士控制，教育、实业、卫生、道路土木工程、慈善救济、公共营业、其他公共事务以及地方财务等地方自治事务，都由绅士决议和主持经营。

由此，还出现州县官与地方绅士争权现象。例如宣统二年，出现汉川官绅交争财政权。"汉川县举办学堂、警察自治各项，经费均就地抽收杂捐济用，其出入向归绅士管理，自何令蔚绅任汉川县，以其弊实滋多，乃提归内署经管。现何令行将卸篆，绅界中之李顺松等，又思夺还权利"，乃在藩署具控"何令于地方捐杂各款，把持收付，甚至假新政名目动支浮销"。藩司认为，"地方公款，凡非行政经费之属，大都经手之责委诸绅董监督之权，寄之州县，官绅同负责任，即彼此可以稽查，何至交相诟病"。并饬新任汉川知县确实查明具复。② 甚至还出现了自治侵夺官治的现象。如湖北建始县自治公所议事董事两会成立后，议长刘德标本"每日到公所收受词讼，明侵官权，凡原被告就理者，均须纳讼费钱一千一百文。县令章庆柏迷信佛教，素性清净无为，刻又禀求交卸，愈不问事"。新任县令又没到任，"故自治公所遂若专为治民刑事设矣，其公所房屋系就某行辕改建，东西辕门上悬横匾云'抚绥一邑，表率八乡'。邑人咸谓该县新添一知县。并闻刘亏空学务公款一千余金，振款四百串，人畏其势无敢过问者"③。

① 苏云峰：《中国现代化区域研究：湖北省》，台湾"中央"研究院近代史所 1987 年版，第 283 页。

② 《汉川官绅变争财政权》，《申报》宣统二年五月十五日。

③ 《自治侵夺官汉之怪象》，《申报》宣统二年九月五日。

　　总之，士绅本来就是地方势力的代表，清政府在推行地方自治时，允许和要求绅士以组织化、制度化的形式参与地方政治，主导地方教育、实业、财务和其他公共事务，使得绅士不仅可以涉足于地方社会的经济和文化领域，而且可以进一步涉足其政治领域，这就在法律上明确了绅士的地位和作用，绅士由非正式权力变为正式权力，由州县官和基层社会的中介和桥梁变为与州县官平起平坐，使士绅从体制外走向体制内。这样，在清代长期处于分散状态、各自以私人身份倡办公共事务、协助州县官处理地方事务的绅士，在各类地方自治性组织中连为一体，实现了组织化。因此，清末至北洋政府时期，绅士通过结成（或进入）公共权力网络而实现的组织化，使得他们可以在一县范围之内采取步调一致的行动，可以通过系统的组织、机构和成文的法令、决议，强制性地贯彻自己的意志，分享了上自总督下至州县长官手中的权力，打破了他们独裁专断的统治体制。这是过去散居各乡的旧士绅们所做不到的。正因为如此，绅权在这一时期急剧膨胀，成为了国家组织之外的另一极社会权力。

结　语

社会变迁下的晚清州县行政

在中国传统社会，自秦汉建立中央集权体制以来，历朝历代正规官僚体系的设置到（州）县一级就终止了，因而（州）县政府就成为中国古代最基层的行政组织，（州）县长期担负着基层政权的职能。作为最基层的行政长官，（州）县官因而有"亲民之官"或"父母官"的称谓。可以说，19 世纪中叶之前，在发展相对缓慢的中国农业社会，尽管不时发生社会动荡和灾荒，但它总是能自我调适，在经历周期性的社会震荡后，重新恢复社会的稳定与繁荣，而（州）县政府也一直承揽着关系国计民生的一切具体事务，其行政职能具有稳定性。

但是，鸦片战争之后，面对欧风美雨的冲击和洗礼，近代中国自晚清即开始呈现出"三千年来未有之变局"，成为中国传统社会向近现代社会转型变迁的重要历史时期。所谓社会变迁，"是由一个旧的安定、和谐而整合的社会，转变到一个新的安定、和谐而整合的社会的过程。一个旧的安定、和谐而整合的社会，处于平衡状态，遇到内外环境的挑战（譬如人口增加，使既有的生产不能满足人民生活的需要；譬如均富、平等、自由观念的传入或产生，使人要改变现状），社会产生改变，由一种改变产生一连串的改变，由于改变太多，产生社会的紧张与混乱，然后有一种新的方法稳定了改变后的社会秩序，变成一个新的安定、和谐而整合的社会这个新社会，又处于平衡状态。这种从一个旧社会改变到一个新社会的过程，就是社会变迁"①。晚清中国社会的变迁，体现于政治、

---

① 张玉法：《近代中国社会变迁（1860—1916）》，《社会科学战线》2003 年第 1 期，第 224 页。

经济、思想、文化、教育、军事、习俗等方方面面，几乎称得上是各种发展与变迁处处均有反映。晚清州县行政正是在这一大背景下运作的，因此州县行政在继续承担传统事务的同时，面临着许多新的矛盾和挑战，出现了许多变化。

这些变化首先来自外力的冲击。鸦片战争后，清政府被迫宣布解除对基督教传播的禁令，教堂分布在乡土社会的各个角落，其密度之大，数量之多，的确令人瞠目结舌。教会势力的迅速发展，由社会的表层深入到穷乡僻壤，引起了乡土社会秩序的极大混乱和不安。教案频发逐渐成为中国近代一个严重的社会问题。而且传教士在各国公使的支持下，向地方政府和乡村政治系统发起挑战，企图分享上至总督巡抚下至府州县乃至绅士、族长、保甲长等管理民众的权力和特权，传教士与教民的行为跨越了绅士的权威系统，使他们丧失了乡里楷模和仲裁纠纷的地位。而且在传教士的带动下，教民也争相仿效"妄自尊大""藐视官长"，甚至冲闯官府、咆哮公堂，这当然会引起官绅民的强烈反感。州县行政要处理好官绅民教间的关系，显然是非常难办的问题。

同时，随着社会的变迁，中国自身内部的矛盾和冲突加剧，使得晚清州县施政环境也发生了很大变化。

其一，人均耕地面积的减少。从总体上看，中国历代王朝"全盛时期"的县大体数目是：汉朝1180个，隋朝1255个，唐朝1235个，宋朝1230个，元朝1115个，明朝1385个，清朝1360个。因此在汉朝末年，县总数一直保持在一千多个，一个县官管辖5万人，而到清末却要管辖30万人。[①]"湖北的耕地面积，咸丰以后，不但没有增加，反而有减少的趋势。"[②] 耕地面积的百分比从咸丰元年（1851年）的22.6%降到光绪二十六年（1900年）的19.3%，人均耕地面积随之下降。[③] 由于天灾人祸，据历年收成统计（1821—1911年），湖北全省平均收成在50%到70%之

---

①　施坚雅主编：《中华帝国晚期的城市》，叶光庭等译，陈桥驿校，中华书局2000年版，第19页。

②　苏云峰：《中国现代化的区域研究——湖北省》，台北"中央"研究院近代史研究所专刊（41）1987年版，第23页。

③　苏云峰：《中国现代化的区域研究——湖北省》，第33页。

间。故产米已不足以维持本省的消费，必须食用其他杂粮与依赖进口。①
湖南的情形稍好一些，但人均耕地面积也从乾隆三十一年（1766 年）的
5.6 亩，降到同治十二年（1873 年）的 3.1 亩，到 1913 年又降到
2.4 亩。②

其二，苛捐杂税多如牛毛。晚清时期，两湖当局为了改善财政困境，
设立了名目繁多的苛捐杂税，以至于"无物不捐"。咸丰年间，湖南各地
"一年四季桥（轿）马纷纷沿乡征粮，每逢粮少者，银一两勒钱七八千十
千不等，粮多者勒钱五六千不等，带取抽封造册纸笔税契喜钱及茶油茶
叶杂费，不饱不放"③。到了宣统三年（1911 年），全省杂税杂捐收入合
计为白银 183 万余两，占当年财政权入的 22.41%。其中：各项附加 77
万余两，杂捐万余两，其他 25 万余两。至于各道、府、州、县的杂税杂
捐，则更加繁多歧出，不可数计了。④ 在湖北，宣统元年咨议局第一次常
年报告书说："国家税之普及人民者，为契税、钱漕两大宗，征取既广，
弊混滋多。地方官之任意浮征，书吏之借端苛索，湖北六十九厅州县如
出一辙。现在新政繁兴，在在需款，凡所为取于吾民者，方有加无已；
而吾民于必负担之外，更受无名扰累。"⑤

其三，社会动荡不安。苛捐杂税、天灾人祸，已将人民群众逼向无
法生存的境地。为求生存，两湖各地饥民抗粮、抢米、聚众求赈的事件
层出不穷。会党起义此起彼伏，"从 19 世纪 60 年代至 90 年代，湘省大大
小小哥老会起事大约有 50 次左右。这些起事发生在全省的各个地方，一
县数起或数县一起的起事相关史料均有明确的记载"⑥。在湖北，20 世纪
初叶，湖北的会党起事，见诸报刊的有 1904 年的襄阳县府与宜城县的
"游勇肇乱"，及该地的"刀会"应和；1906 年光化县老河口会首柯了
凡、孙老幺起事；1906 年罗田张正金发动的会党起事；1906 年张正金联
络麻城会首李仕英、郑大鹏、胡巨成起事；1906 年张正金在霍山发动的

---

① 苏云峰：《中国现代化的区域研究——湖北省》，第 25 页。
② 张朋园：《湖南现代化的早期进展（1860—1916）》，岳麓书社 2002 年版，第 27 页。
③ 中国史学会编：《太平天国》（三），神州国光社 1952 年版，第 15 页。
④ 欧阳志高等：《湖南财政史》，中南工业大学出版社 1988 年版，第 50 页。
⑤ 吴剑杰主编：《湖北咨议局文献资料汇编》，武汉大学出版社 1991 年版，第 244 页。
⑥ 彭先国：《社会史视角下的近代湖湘文化》，岳麓书社 2006 年版，第 129—130 页。

会党起事；黄冈上巴河会党起事；通山县会首吴有元、吴松林以年荒"纠众倡乱"；随州大碑店红灯会起事；德安府双河集红灯会起事；1907年、1908年罗田、麻城、英山又相继有会党起事。① 加上两湖各州县民众的反洋教斗争，整个社会一直动荡不安。

　　而州县行政在依靠传统方式处理上述问题时，显得无能为力，暴露出诸多弊病。清代州县制度存在的主要问题在于行政组织和机制的不健全。其主要表现，第一在于州县主干行政系统不设职能性官员和机构，任用幕友、家丁、胥吏、差役等私人势力来承担州县行政的各种职能。作为私人势力，这些人身处国家行政人员管理制度之外，既不对地方社会负责，也不对国家制度负责，因而无法对之实行有效的资格审查和政绩考核，这必然导致州县行政人员素质低下，鱼龙混杂；加上这些人没有公职保障，不能从公共财务中取得合法薪饷和津贴，只是从作为"主人"的州县官个人手里得到薪酬，并在执行公务的过程中收取规费，这就必然导致州县行政的宗法化、人治化，必然导致贪污、受贿、勒索的合法化或半合法化，公务履行之正误与迟速，完全以牟利为转移。在这种情况下，不仅行政效率极大降低，吏治严重腐败，甚至还造成了社会经济的凋敝。第二在于国家在州县之下不设治，缺乏有效深入乡村社会的行政机制，依靠职役人员和绅士等地方人士办理地方公共事务。职役人员地位低下，缺乏办理国家行政事务所必需的素质和威信，国家也不保障他们的薪酬，不对他们进行常规的管理和监督。州县官府行政下乡，也不得不借助绅士和宗族，又容易造成绅权膨胀，武断乡曲的局面。至20世纪初当地方社会的近代化开始启动时，上述弊端更加显得不能适应时代要求。因此州县制度不可避免地出现了各方面的改革和演变。

　　20世纪初清政府推行"预备立宪"，在谋求克服传统州县制度的弊病、建立近代化的州县行政和乡镇体制时，实行"官治"和"自治"两种基本模式的结合，即："以官治统率自治"，"以自治补官治之不足"，融官治与自治为一体。所谓官治，就是坚持自上而下置官设治的传统体制，同时适应近代化需要，在州县公署增设教育、实业等新职能机构，

---

① 贺觉非、冯天瑜：《辛亥武昌首义史》，武汉大学出版社2006年版，第136—137页。

并建立乡镇一级国家行政。所谓自治，即"以本地人、本地财办本地事"，建立地方自治的区乡行政和州县行政。由于不久后清王朝在辛亥革命中覆亡，上述方案未能完全落实。但建立科层化的县乡行政，健全县乡行政组织，实现县乡行政的法治化、民主化，就构成后来中国州县制度改革和建设的主题。

参 考 文 献

一 官书、政书、档案

贾桢等奉敕撰：《清实录》（咸丰朝），中华书局 1987 年版。

宝鋆等奉敕撰：《清实录》（同治朝），中华书局 1987 年版。

世续等奉敕撰：《清实录》（光绪朝），中华书局 1987 年版。

《宣统政纪》，沈云龙主编：《近代中国史料丛刊三编》第 18 辑，台湾文海出版社 1986 年版。

王先谦：《东华续录》（咸丰朝），光绪甲午仲夏，上海积山书局石印本。

朱寿朋：《光绪朝东华录》，中华书局 1958 年版。

《清会典》（光绪朝），中华书局 1991 年影印本。

托津等：《钦定大清会典事例》（嘉庆朝），沈云龙主编：《近代中国史料丛刊三编》第 65 辑，台湾文海出版社 1991 年版。

昆冈编辑：《钦定大清会典事例》（光绪朝），中华书局 1991 年影印本。

《钦定吏部则例》，光绪十一年石印本。

文孚：《钦定六部处分则例》，沈云龙主编：《近代中国史料丛刊》第 34 辑，台湾文海出版社 1969 年版。

《大清法规大全》，政学社印行，台湾考正出版社 1972 年影印本。

赵尔巽：《清史稿》，中华书局 1977 年版。

嵇璜：《清朝文献通考》，商务印书馆 1935 年版，万有文库本。

刘锦藻：《清朝续文献通考》，商务印书馆 1936 年版，万有文库本。

《湖南省例成案》，中国社会科学院经济研究所藏（复制）本。

王钟翰点校：《清史列传》，中华书局 1987 年版。

王延熙、王树敏：《皇朝道咸同光奏议》，沈云龙主编：《近代中国史料丛刊》第 34 辑，台湾文海出版社 1969 年版。

贾桢等：《筹办夷务始末》（咸丰朝），故宫博物院 1930 年版。

宝鋆等：《筹办夷务始末》（同治朝），故宫博物院 1930 年版。

贺长龄：《清经世文编》，中华书局 1992 年版。

邵之棠：《皇朝经世文统编》，沈云龙主编：《近代中国史料丛刊续编》第
　72 辑，台湾文海出版社 1977 年版。

葛士浚：《皇朝经世文续编，沈云龙主编：《近代中国史料丛刊》第 75 辑，
　台湾文海出版社 1972 年版。

陈忠倚：《皇朝经世文三编》，沈云龙主编：《近代中国史料丛刊》第 76 辑，
　台湾文海出版社 1972 年版。

何良栋：《皇朝经世文四编》，沈云龙主编：《近代中国史料丛刊》第 77 辑，
　台湾文海出版社 1972 年版。

盛康：《皇朝经世文编续编》，沈云龙主编：《近代中国史料丛刊》第 84 辑，
　台湾文海出版社 1972 年版。

席裕福：《皇朝政典类纂》，沈云龙主编：《近代中国史料丛刊续编》第 90
　辑，台湾文海出版社 1982 年版。

宜今室主人编：《皇朝经济文新编》，沈云龙主编：《近代中国史料丛刊三
　编》第 29 辑，台湾文海出版社 1987 年版。

张寿镛：《皇朝掌故汇编内编》，沈云龙主编：《近代中国史料丛刊三编》
　第 13 辑，台湾文海出版社 1974 年版。

张寿镛：《皇朝掌故汇编外编》，沈云龙主编：《近代中国史料丛刊三编》
　第 14 辑，台湾文海出版社 1974 年版。

故宫博物院明清档案部：《清代档案史料丛编》，中华书局 1978 年以后陆
　续刊印。

故宫博物院明清档案部：《清末筹备立宪档案史料》（上、下册），中华书
　局 1979 年版。

台湾"中央"研究院近代史研究所编：《教务教案档》，1975—1981 年台
　湾"中央"研究院近代史研究所（台北）据钞本影印。

中国第一历史档案馆编：《清政府镇压太平天国档案史料》，社会科学文
　献出版社 1992 年版。

中国第一历史档案馆、北京师范大学历史系编选：《辛亥革命前十年间民
　变档案史料》，中华书局 1985 年版。

中国人民政治协商会议湖北省暨武汉市委员会等编：《武昌起义档案资料选编》，湖北人民出版社 1981 年版。

中国第一历史档案馆：《义和团运动档案史料》续编，中华书局 1990 年版。

中国第一历史档案馆、福建师范大学合编：《清末教案》，中华书局 2000 年版。

二　地方史志、文史资料

卞宝第等：光绪《湖南省志》，上海古籍出版社 1990 年版。

张仲炘、杨承禧：民国《湖北通志》，上海古籍出版社 1990 年版。

湖北省地方志编委会：《湖北省志：大事记》，湖北人民出版社 1990 年版。

湖北省地方志编委会：《湖北省志：经济综述》，湖北人民出版社 1992 年版。

湖北省地方志编委会：《湖北省志：民政》，湖北人民出版社 1994 年版。

湖北省地方志编委会：《湖北省志：政权》，湖北人民出版社 1993 年版。

湖北省地方志编委会：《湖北省志：宗教》，湖北人民出版社 1997 年版。

湖北省地方志编委会：《湖北省志：司法》，湖北人民出版社 1998 年版。

湖北省政协文史资料委员会：《湖北文史资料》，1978 年至 1996 年。

湖南省地方志编委会：《湖南省志：湖南近百年大事纪述》，湖南人民出版社 1959 年版。

湖南省地方志编委会：《湖南省志：水利》，中国文史出版社 1990 年版。

湖南省地方志编委会：《湖南省志：政务志》，湖南出版社 1993 年版。

湖南省地方志编委会：《湖南省志：政法志》，湖南出版社 1995 年版。

麻城县地方志编委会：《麻城县志》，红旗出版社 1993 年版。

阳新县地方志编委会：《阳新县志》，新华出版社 1993 年版。

巴东县地方志编委会：《巴东县志》，湖北科技出版社 1993 年版。

恩施州地方志编委会：《恩施州志》，湖北人民出版社 1998 年版。

黄冈市地方志编委会：《黄冈市志》，崇文书局 2004 年版。

仙桃市地方志编委会：《沔阳县志》，华中师范大学出版社 1989 年版。

安乡县志编委会：《安乡县志》，新华出版社 1994 年版。

《潜江水利志》，中国水利水电出版社1997年版。

《萍乡文史资料·萍乡哥老会起义》第10辑，1988年版。

《湘乡文史资料》第6辑（内部发行），1991年版。

《麻城文史资料》第1辑，1987年版。

《黄冈文史资料》第4辑，2001年版。

咸丰《应城县志》，清咸丰三年稿本。

咸丰《长乐县志》，清咸丰二年刻本。

同治《大冶县志》，清同治六年刻本。

同治《汉川县志》，清同治十二年刻本。

同治《续辑汉阳县志》，清同治七年刻本。

同治《襄阳县志》，清同治十三年刻本。

同治《石首县志》，清同治五年刻本。

同治《咸宁县志》，清同治五年刻本。

同治《广济县志》，清同治十一年刻本。

同治《黄陂县志》，清同治十年刻本。

同治《蒲圻县志》，清同治五年刻本。

同治《续修东湖县志》，清同治三年刻本。

同治《宜都县志》，清同治五年刻本。

同治《公安县志》，清同治十三年刻本。

同治《竹山县志》，清同治四年刻本。

同治《江夏县志》，清同治四年刻本。

同治《应山县志》，清同治十年刻本。

同治《当阳县志》，清同治五年刻本。

同治《竹溪县志》，清同治六年刻本。

同治《监利县志》，清同治十一年刻本。

同治《松滋县志》，清同治八年刻本。

同治《增修施南府志》，清同治十年刻本。

同治《宜昌府志》，清同治五年刻本。

同治《郧阳志》，清同治九年刻本。

同治《随州志》，清同治八年刻本。

同治《房县志》，清同治四年刻本。

同治《孝感县志》，清光绪八年刻本。

同治《湘乡县志》，清同治十三年刻本。

同治《醴陵县志》，清同治九年刻本。

同治《临湘县志》，清同治十一年刻本。

同治《攸县志》，清同治十年刻本。

同治《浏阳县志》，清同治十二年刻本。

同治《桂阳县志》，清同治六年刻本。

同治《石门县志》，清同治七年刻本。

同治《衡阳县志》，清同治十三年刻本。

同治《溆浦县志》，清同治八年刻本。

同治《长沙县志》，清同治十年刻本。

同治《桂阳直隶州志》，清同治七年本。

同治《永顺府志》，清同治十二年增刻乾隆本。

同治《茶陵州志》，清同治十年刻本。

光绪《应城县志》，清光绪八年蒲阳书院刻本。

光绪《沔阳州志》，清光绪二十年刻本。

光绪《德安府志》，清光绪十四年刻本。

光绪《兴国州志》，清光绪十五年富川书院刻本。

光绪《汉阳县识》，清光绪景贤书熟刻本。

光绪《麻城县志》，清光绪八年刻本。

光绪《续辑咸宁县志》，清光绪八年刻本。

光绪《蕲水县志》，清光绪六年刻本。

光绪《罗田县志》，清光绪二年刻本。

光绪《黄梅县志》，清光绪二年刻本。

光绪《蕲州志》，清光绪八年麟山书院刻本。

光绪《黄冈县志》，清光绪八年刻本。

光绪《京山县志》，清光绪八年刻本。

光绪《汉川图记征实》，清光绪二十年刻本。

光绪《利川县志》，清光绪三十年刻本。

光绪《黄州府志》，清光绪十年刻本。

光绪《续云梦县志略》，清光绪九年刻本。

光绪《湘潭县志》，清光绪十五年刻本。

光绪《湘阴县图志》，清光绪六年县志局刻本。

光绪《慈利县志》，清光绪二十二年刻本。

光绪《巴陵县志》，清光绪十七年刻本。

光绪《邵阳县乡土志》，清光绪三十三年刻本。

光绪《桃源县志》，清光绪十八年刻本。

光绪《靖州乡土志》，清光绪三十四刻本。

光绪《善化县志》，清光绪三年刻本。

民国《钟祥县志》民国二十五年铅印本。

民国《夏口县志》，民国九年刻本。

民国《咸丰县志》，民国三年铅印本

民国《麻城县志前编》，民国二十四年铅印本。

民国《醴陵县志》，民国三十七年醴陵县文献委员会铅印本。

民国《蓝山县图志》，民国二十一年刻本。

民国《溆浦县志》，民国十年活字本。

民国《慈利县志》，民国十二年铅印本。

民国《汝城县志》，民国二十一年铅印本。

民国《宁乡县志》，民国三十年铅印本。

三　文集、杂录、资料汇编等

张集馨：《道咸宦海见闻录》，中华书局1981年版。

崇彝：《道咸以来朝野杂记》，北京古籍出版社1982年版。

朱克敬：《瞑庵二识》，岳麓书社1983年版。

何刚德：《春明梦录》、《客座偶谈》，上海古籍书店1983年版。

陈夔龙：《梦蕉亭杂记》，上海古籍书店1983年版，据1925年刻本影印。

梁章钜、朱智：《枢垣记略》，中华书局1984年版

梅英杰等：《湘军人物年谱》，岳麓书社1987年版。

刘如玉：《勤慎堂自治官书》，沈云龙主编：《近代中国史料丛刊》第77
　　辑，台湾文海出版社1972年版。

《卞制军（颂臣）政书》，沈云龙主编：《近代中国史料丛刊》第20辑，
　　台湾文海出版社1968年版。

卞宝第：《抚湘公牍》，光绪十五年湖南刻本。

陈夔龙：《庸庵尚书奏议》，沈云龙主编：《近代中国史料丛刊》第 51 辑，台湾文献出版社 1970 年版。

恽世临：《恽中丞官书摘抄》，同治四年刻本。

杨坚点校：《郭嵩焘奏稿》，岳麓书社 1983 年版。

端方：《端忠敏公奏稿》，1918 年版铅印本。

张亮基：《张大司马奏稿》，台湾华文书局 1968 年版。

孙葆田等编：《毛尚书奏稿》，成文出版社 1969 年版。

刘崐：《刘中丞（韫斋）奏稿》，沈云龙主编：《近代中国史料丛刊》第 11 辑，台湾文海出版社 1967 年版。

李瀚章：《合肥李勤恪公政书》，沈云龙主编：《近代中国史料丛刊》第 15 辑，台湾文海出版社 1967 年版。

中山大学历史系：《林则徐集·奏稿》，中华书局 1985 年版。

骆秉章：《骆文忠公奏议（湘中稿）》，沈云龙主编：《近代中国史料丛刊》第 7 辑，台湾文海出版社 1966 年版。

屠仁守：《屠光禄疏稿》，民国十一年潜楼刻本。

张继煦：《张文襄公治鄂记》，湖北通志馆，1947 年。

汪士铎：《胡文忠公抚鄂记》，岳麓书社 1988 年版。

熊宾：《三邑治略》，光绪三十一年刻本。

黄六鸿：《福惠全书》，光绪十九年刻本。

方大湜：《平平言》，光绪十六年鄂省藩署刻本。

徐栋辑：《牧令书》，道光二十八年刻本。

许乃普辑：《宦海指南五种》，光绪十六年四川臬署刻本。

周询：《蜀海丛谈》，沈云龙主编：《近代中国史料丛刊》第 1 辑，台湾文海出版社 1966 年版。

杨恩寿：《坦园日记》，上海古籍出版社 1983 年版。

郭嵩焘：《郭嵩焘日记》，湖南人民出版社 1983 年版。

容闳：《西学东渐记》，岳麓书社 1985 年版。

王先谦：《葵园四种》，岳麓书社 1986 年版。

王闿运、郭振墉、宋德裳：《湘军志·湘军志平议·续湘军志》，岳麓书社 1983 年版。

李辀：《牧沔纪略》，湖南图书馆藏。

饶怀民编：《杨毓麟集》，岳麓书社 2001 年版。

王栻主编：《严复集》，中华书局 1986 年版。

《魏源集》，中华书局 1976 年版。

郑敦谨、曾国荃辑：《胡文忠公遗集》，沈云龙主编：《近代中国史料丛刊续
　　编》第 34 辑，台湾文海出版社 1983 年版。

《足本胡林翼全集》，上海大东书局 1936 年版。

江忠源：《江忠烈公遗集》，台湾华文书局 1983 年版。

汪叔子、张求会编：《陈宝箴集》，中华书局 2003 年版。

陈铮编：《黄遵宪全集》，中华书局 2005 年版。

蔡尚思等编：《谭嗣同全集》，生活·读书·新知三联书店 1954 年版。

《左宗棠全集》，岳麓书社 1987 年版。

《康有为全集》，上海古籍出版社 1987 年版。

《曾国藩全集》，岳麓书社 1994—1997 年版。

《足本曾文正公全集》，吉林人民出版社 1995 年版。

肖荣爵编：《曾忠襄公全集》，成文出版社 1969 年版。

苑书义等：《张之洞全集》，河北人民出版社 1997 年版。

《梁启超全集》，北京出版社 1999 年版。

李刚己：《教务纪略》，上海书店 1986 年版。

郑观应：《盛世危言》，中州古籍出版社 1998 年版。

冯桂芬：《校邠庐抗议》上海书店出版社 2002 年版。

徐明庭辑校：《武汉竹枝词》，湖北人民出版社 1982 年版。

黄德道纂：《汉阳府保甲录》，光绪十八年保甲总局刻本。

《奏办湖南全省保甲章程》，光绪十四年浏邑团防局刻本。

陈弢：《同治中兴京外奏议约编》，上海书店 1985 年影印本。

中国史学会主编：《义和团》，神州国光社 1951 年版。

中国史学会主编：《戊戌变法》，神州国光社 1953 年版。

中国史学会主编：《辛亥革命》，上海人民出版社 1957 年版。

中国史学会主编：《洋务运动》，上海人民出版社 1961 年版。

王铁崖：《中外旧约章汇编》，生活·读书·新知三联书店 1957 年版。

李文治：《中国近代农业史资料》第 1 辑，生活·读书·新知三联书店

1957 年版

章有义：《中国近代农业史资料》，生活·读书·新知三联书店 1957 年版。

孙毓棠：《中国近代工业史资料》第 1 辑，科学出版社 1957 年版。

汪敬虞：《中国近代工业史资料》第 2 辑，科学出版社 1957 年版。

彭泽益编：《中国近代手工业史资料》，生活·读书·新知三联书店 1957 年版。

姚贤镐：《中国近代贸易史资料》，中华书局 1962 年版。

戴逸、李文海主编：《清通鉴》，山西人民出版社 1999 年版。

徐珂：《清稗类钞》，中华书局 1984 年版。

章伯锋、荣孟源：《近代稗海》，四川人民出版社 1985—1988 年版。

吴剑杰主编：《湖北咨议局文献资料汇编》，武汉大学出版社 1991 年版。

杨奕青等编：《湖南地方志中的太平天国史料》，岳麓书社 1983 年版。

饶怀民、藤谷浩悦编：《长沙抢米风潮资料汇编》，岳麓书社 2001 年版。

皮明庥等编：《出自敌对营垒的太平天国资料——曾国藩幕僚鄂城王家壁文稿辑录》，湖北人民出版社 1986 年版。

皮明庥、冯天瑜等编：《武汉近代（辛亥革命前）经济史料》，武汉地方志编纂办公室。

武汉大学历史系：《辛亥革命在湖北史料选辑》，湖北人民出版社 1981 年版。

张枬、王忍之编：《辛亥革命前十年时论选集》，生活·读书·新知三联书店 1960、1963、1970 年版。

马鸿谟编：《民呼、民吁、民立报选辑》，河南人民出版社 1982 年版。

中国水利水电科学研究院水利史研究室编：《再续行水金鉴·长江卷》，湖北人民出版社 2004 年版。

林远村辑：《鄂省丁漕指掌》，清光绪元年（1875 年）刻本。

湖南历史考古研究所编：《湖南自然灾害年表》，湖南人民出版社 1961 年版。

徐秀丽：《中国近代乡村自治法规选编》，中华书局 2004 年版。

故宫博物院编：《清季教案史料》，北平故宫博物院 1948 年铅印。

《湖南地方自治筹备处第一次报告书》，复印本，湖南省图书馆藏。

《湖南地方自治筹备处第二次报告书》，复印本，湖南省图书馆藏。

《湖南地方自治筹备处第三次报告书》，湖南省社会科学院书馆藏。

四　报纸杂志

《东方杂志》《申报》《大公报》《万国公报》《湘报》《湖南官报》《湖北
　官报》《湖北地方自治研究会杂志》《湖南历史资料》《湖北文献》《近
　代史资料》。

五　今人论著

艾永明：《清朝文官制度》，商务印书馆 2003 年版。

柏桦：《明清州县官群体》，天津人民出版社 2003 年版。

柏桦：《明代州县政治体制研究》，中国社会科学出版社 2003 年版。

蔡少卿：《中国会党史研究》，中华书局 1987 年版。

蔡申之：《清代州县故事》，文海出版社 1970 年版。

陈锋、张笃勤主编：《张之洞与武汉早期现代化》，中国社会科学出版社
　2004 年版。

陈锋：《清代财政政策与货币政策研究》，武汉大学出版社 2008 年版。

程方：《中国县政概论》，商务印书馆 1939 年版。

陈茂同：《历代职官沿革史》，华东师范大学出版社 1988 年版。

陈茂同：《中国历代选官制度》，华东师范大学出版社 1994 年版。

陈旭麓：《近代中国的新陈代谢》，上海人民出版社 1992 年版。

陈钧等编：《湖北农业开发史》，中国文史出版社 1992 年版。

程燎原：《清末法政人的世界》，法律出版社 2003 年版。

丛翰象主编：《近代冀鲁豫乡村》，中国社会科学出版社 1995 年版。

邓正来编：《国家与市民社会：一种社会理论的研究路径》，中央编译出
　版社 1999 年版。

冯天瑜、何晓明、周积明：《中华文化史》，上海人民出版社 1997 年版。

樊百川：《清季的洋务新政》，上海书店出版社 2003 年版。

顾长声：《传教士与近代中国》，上海人民出版社 1981 年版。

高旺：《晚清中国的政治转型》，中国社会科学出版社 2003 年版。

古鸿廷：《清代官制研究》，台北五南图书出版有限公司 1999 年版。

龚胜生：《清代两湖农业地理》，华中师范大学出版社 1996 年版。

关文发、颜广文：《明朝政治制度研究》，中国社会科学出版社 1995 年版。

关晓红：《晚清学部研究》，广东教育出版社 2000 年版。

郭汉民：《中国近代史事探索》，湖南师范大学出版社 2004 年版。

郭松义、李新达：《中国政治制度通史》第 10 卷（清代），人民出版社 1996 年版。

郭松义、李新达、李尚英：《清朝典章制度》，吉林文史出版社 2001 年版。

侯宜杰：《二十世纪初政治改革风潮》，人民出版社 1993 年版。

贺觉非、冯天瑜：《辛亥武昌首义史》，武汉大学出版社 2006 年版。

何平：《清代赋税政策研究：1644—1840 年》，中国社会科学出版社 1998 年版。

何朝晖：《明代县政研究》，北京大学出版社 2006 年版。

胡大泽：《美国的中国近代史研究》，中国社会科学出版社 2004 年版。

黄惠贤、陈锋：《中国俸禄制度史》，武汉大学出版社 1996 年版。

贺跃夫：《晚清士绅与近代社会变迁》，广东人民出版社 1994 年版。

韩延龙、苏亦工等：《中国近代警察史》，中国人民公安大学出版社 1993 年版。

康沛竹：《灾荒与晚清政治》，北京大学出版社 2002 年版。

孔令纪：《中国历代官制》，齐鲁书社 1993 年版。

李治安、杜家骥：《中国古代官僚政治》，书目文献出版社 1993 年版。

李文治、江太新：《清代漕运》，中华书局 1995 年版。

李铁：《中国文官制度》，中国政法大学出版社 1989 年版。

李文海：《世纪之交的晚清社会》，中国人民大学出版社 1995 年版。

李文海等：《近代中国灾荒纪年》，湖南教育出版社 1990 年版。

李启成：《晚清各级审判厅研究》，北京大学出版社 2004 年版。

李乔：《清代官场图记》，中华书局 2005 年版。

李剑农：《中国近百年政治史》，复旦大学出版社 2002 年版。

李育民：《近代中国的条约制度》，湖南师范大学出版社 1995 年版。

刘伟：《晚清督抚政治——中央与地方关系研究》，湖北教育出版社 2003 年版。

刘泽华等：《专制权力与中国社会》，吉林文史出版社 1988 年版。

刘子扬：《清代地方官制考》，紫禁城出版社 1988 年版。

刘泱泱：《近代湖南社会变迁》，湖南人民出版社 1998 年版。

刘泱泱：《湖南通史》（近代卷），湖南出版社 1994 年版。

刘元：《晚清湖北教案研究——以官绅民为中心的考察》（1860—1911年），人民出版社 2014 年版。

林增平、范忠程主编：《湖南近现代史》，湖南师范大学出版社 1991年版。

林济：《长江中游宗族社会及其变迁——黄州个案研究（明清—1949年）》，中国社会科学出版社 1999 年版。

鲁西奇、潘晟：《汉水中下游河道变迁与堤》，武汉大学出版社 2004 年版。

里赞：《晚清州县诉讼中的审断问题：侧重四川南部县的实践》，法律出版社 2001 年版。

龙盛运：《湘军史稿》，四川人民出版社 1990 年版。

罗福惠：《湖北通史·晚清卷》，华中师范大学出版社 1999 年版。

罗福惠：《湖北近三百年学术文化》，武汉出版社 1994 年版。

罗玉东：《中国厘金史》，《中国金融经济史料丛编》第 1 辑，文海出版社。

廖从云：《中国历代县制考》，台湾中华书局 1969 年版。

马敏：《官商之间：社会剧变中的近代绅商》，华中师范大学出版社 2003年版。

马小泉：《清末地方自治与宪政改革》，河南大学出版社 2001 年版。

那思陆：《清代州县衙门审判制度》，中国政法大学出版社 2006 年版。

牛平汉主编：《清代政区沿革综表》，中国地图出版社 1990 年版。

欧阳志高等：《湖南财政史》，中南工业大学出版社 1988 年版。

彭泽益：《十九世纪后半期的中国财政与经济》，人民出版社 1983 年版。

彭雨新、张建民：《明清长江流域农业水利研究》，武汉大学出版社 1992年版。

彭先国：《湖南近代秘密社会研究》，岳麓书社 2001 年版。

彭先国：《社会史视角下的近代湖湘文化》，岳麓书社 2006 年版。

皮明庥：《太平天国在湖北的革命斗争》，湖北人民出版社 1977 年版。

皮明庥主编：《近代武汉城市史》，中国社会科学出版社 1993 年版。

钱穆：《中国历代政治得失》，生活·读书·新知三联书店 2001 年版。

乔志强：《辛亥革命前的 10 年》，山西人民出版社 1987 年版。

乔志强：《中国近代社会史》，人民出版社 1992 年版。

瞿同祖：《清代地方政府》，法律出版社 2003 年版。

任恒俊：《晚清官场规则研究》，海南出版社 2003 年版。

任放：《明清长江中游市镇经济研究》，武汉大学出版社 2003 年版。

宋亚平：《湖北地方政府与社会经济建设》，华中师范大学出版社 1995
　年版。

尚小明：《学人游幕与清代学术》，社会科学文献出版社 1999 年版。

苏云峰：《中国现代化的区域研究——湖北省》，台北"中央"研究院近
　代史研究所专刊（41）1987 年版。

申学锋：《晚清财政支出政策研究》，中国人民大学出版社 2006 年版。

孙荣、徐红：《行政学原理》，复旦大学出版社 2001 年版。

田伏隆：《湖南近 150 年史事日志（1840—1990）》，中国文史出版社 1993
　年版。

魏光奇：《官治与自治—20 世纪上半期的中国县制》，商务印书馆 2004
　年版。

魏光奇：《有法与无法——清代的州县制度及其运作》，商务印书馆 2010
　年版。

王德昭：《清代科举制度研究》，中华书局 1984 年版。

王亚南：《中国官僚政治研究》，中国社会科学出版社 1981 年版。

王继平：《晚清湖南史》，湖南人民出版社 2004 年版。

王继平：《近代中国与近代湖南》，湖南人民出版社 2007 年版。

王先明：《近代绅士——一个封建阶层的历史命运》，天津人民出版社
　1997 年版。

王先明：《中国近代社会文化史论》，人民出版社 2000 年版。

王日根：《明清民间社会的秩序》，岳麓书社 2003 年版。

王笛：《跨出封闭的世界——长江上游区域社会研究（1644—1911）》，中
　华书局 2001 年版。

王明伦选编：《反洋教书文揭贴选编》，齐鲁书社 1984 年版。

吴晗、费孝通：《皇权与绅权》，上海观察社 1948 年版。

文安：《晚清述闻》，中国文史出版社 2004 年版。

吴宗国主编：《中国古代官僚政治制度研究》，北京大学出版社 2004 年版。

吴剑杰：《辛亥革命在湖北》，湖北人民出版社 1981 年版

吴剑杰：《张之洞的升迁之路》，湖北人民出版社 2005 年版。

吴吉远：《清代地方政府的司法职能研究》，中国社会科学出版社 1998
年版。

吴琦：《漕运与中国社会》，华中师范大学出版社 1999 年版。

吴量恺主编：《清代湖北农业经济研究》，华中理工大学出版社 1995 年版。

闻钧天：《中国保甲制度》，民国丛书第四编，商务印书馆 1935 年版影
印本。

许大龄：《清代捐纳制度》，燕京学社 1950 年版。

肖宗志：《候补文官群体与晚清政治》，巴蜀书社 2007 年版。

谢俊美：《政治制度与近代中国》，上海人民出版社 2000 年第 2 版。

谢世诚：《晚清道光、咸丰、同治吏治研究》，南京师范大学出版社 1999
年版。

徐勇：《非均衡的中国政治：城市与乡村比较》，中国广播电视出版社
1992 年版。

徐炳宪：《清代知县职掌之研究》，私立东吴大学中国学术著作奖助委员
会丛书之七十，1974 年。

许涤新、吴承明主编：《中国资本主义发展史》，人民出版社 2003 年版。

许顺富：《湖南绅士与晚清政治变迁》，湖南人民出版社 2004 年版。

严昌洪主编：《经济发展与社会变迁国际学术研讨会论文集》，华中师范
大学出版社 2002 年版。

杨国安：《明清两湖地区基层组织与乡村社会研究》，武汉大学出版社
2004 年版。

杨世骥：《辛亥革命前后湖南史事》，湖南人民出版社 1982 年版。

杨树藩：《中国文官制度史》，台湾黎明文化事业股份有限公司 1982
年版。

袁良义：《清一条鞭法》，北京大学出版社 1995 年版。

阳信生：《湖南近代绅士阶层研究》，岳麓书社 2009 年版。

于建嵘：《岳村政治》，商务印书馆 2004 年版。

章开沅、林增平：《辛亥革命史》，人民出版社 1981 年版。

章开沅、罗福惠：《比较中的审视：中国早期现代化研究》，浙江人民出版社 1993 年版。

章开沅、马敏、朱英主编：《中国近代史上的官绅商学》，华中师范大学出版社 1997 年版。

章开沅、马敏、朱英主编：《中国近代民族资产阶级研究》，华中师范大学出版社 2000 年版。

张朋园：《湖南现代化的早期进展（1860—1916）》，岳麓书社 2002 年版。

张玉法：《清季的立宪团体》，台北"中央"研究院近代史所专刊（28）1971 年版。

张国雄：《明清时期的两湖移民》，陕西人民教育出版社 1995 年版。

张建民：《湖北通史·明清卷》，华中师范大学出版社 1999 年版。

张伟然：《湖南历史文化地理研究》，复旦大学出版社 1995 年版。

张伟然：《湖北历史文化地理研究》，湖北教育出版社 2000 年版。

张晋藩等：《中国政治制度史》，中国政法大学出版社 1987 年版。

张仲礼：《中国绅士》，上海社会科学院出版社 1991 年版。

张仲礼：《中国绅士的收入》，上海社会科学院出版社 2001 年版。

张德泽：《清代国家机关考略》，学苑出版社 2001 年版。

张研：《清代族田与基层社会结构》，中国人民大学出版社 1991 年版。

张研、牛冠杰：《19 世纪中期中国双重统治格局的演变》，中国人民大学出版社 2002 年版。

张帆：《"行政"史话》，商务印书馆 2007 年版。

张静：《基层政权——乡村制度诸问题》，浙江人民出版社 2000 年版。

张鸣：《乡村社会权力和文化结构的变迁（1903—1953）》，广西人民出版社 2001 年版。

张哲郎等：《吾土与吾民》，生活·读书·新知三联书店 1992 年版。

郑海麟：《黄遵宪与近代中国》，生活·读书·新知三联书店 1988 年版。

郑起东：《转型期的华北农村社会》，上海书店出版社 2004 年版。

赵晓华：《晚清讼狱制度的社会考察》，中国人民大学出版社 2001 年版。

郑学檬主编：《中国赋役制度史》，上海人民出版社 2000 年版。

赵秀玲：《中国乡里制度》，社会科学文献出版社 2002 年版。

赵树好：《教案与晚清社会》，中国文联出版社 2001 年版。

周积明、宋德金主编：《中国社会史论》，湖北教育出版社 2000 年版。

周育民、邵雍：《中国帮会史》，上海人民出版社 1993 年版。

周育民：《晚清财政与社会变迁》，上海人民出版社 2000 年版。

周志初：《晚清财政经济研究》，齐鲁书社 2002 年版。

周荣：《明清社会保障制度与两湖基层社会控制》，武汉大学出版社 2006 年版。

周荣德：《中国社会的阶层与流动——一个社区中士绅身份的研究》，上海学林出版社 2000 年版。

周保明：《清代地方吏役制度研究》，上海书店出版社 2009 年版。

朱英：《转型时期的社会与国家——以近代中国商会为主体的历史透视》，华中师范大学出版社 1997 年版。

朱英：《晚清经济政策与改革措施》，华中师范大学出版社 1996 年版。

［美］白凯：《长江下游地区的地租、赋税与农民的反抗斗争：1840—1950》，上海书店出版社 2005 年版。

［美］费正清：《剑桥中国晚清史》（上、下卷），中国社会科学出版社 1985 年版。

［美］杜赞奇：《文化、权力与国家：1910—1942 年的华北农村》，江苏人民出版社 1988 年版。

［美］孔飞力：《中华帝国晚期的叛乱及其敌人》，中国社会科学出版社 1990 年版。

［美］周锡瑞：《改良与革命——辛亥革命在两湖》，中华书局 1982 年版。

［美］王业键：《清代田赋刍论（1750—1911）》，人民出版社 2008 年版。

［美］吉尔伯特·罗兹曼主编：《中国的现代化》，江苏人民出版社 1988 年版。

［美］亨廷顿：《变动社会中的政治秩序》，上海译文出版社 1989 年版。

［美］费正清：《美国与中国》第 4 版，世界知识出版社 1999 年版。

［美］马士：《中华帝国对外关系史》，上海书局出版社 2000 年版。

［美］福尔索姆：《朋友·客人·同事》，中国社会科学出版社 2002 年版。

［美］曾小萍：《州县官的银两——18 世纪中国的合理化财政改革》，中国人民大学出版社 2005 年版。

［美］施坚雅：《中华帝国晚期的城市》，中华书局 2000 年版。

〔法〕魏丕信：《18 世纪中国的官僚制度与荒政》，江苏人民出版社 2003
　　年版。

〔法〕托克维尔：《旧制度与大革命》，商务印书馆 1997 年版。

〔德〕韦伯：《经济与社会》，商务印书馆 1998 年版。

〔日〕织田万：《清国行政法》，中国政法大学出版社 2003 年版。

〔美〕爱德华·麦科德：《清末湖南的团练和地方军事化》，《湖南师大学
　　报》1989 年第 3 期。

〔美〕罗威廉：《治水与清政府决策程序——樊口大坝之争》，《安徽史
　　学》1996 年第 3 期。

〔日〕重田德：《乡绅支配的成立与结构》，《日本学者研究中国史论著选
　　译》第 2 卷《专论》，中华书局 1993 年版。

Ho, Pingti, *The Ladder of Success in Imperrial China*: *Aspect of Social Mobibi-
　　ty*, *1368 - 1911*, Columbia University press, 1962.

Meribeth Cameron, *The Movememg in China 1898 - 1912*, New York: Octo-
　　gan Books. Inc. 1963.

Metzger T. A. , *The Internai Organization of Ch'ing Bureaucracy Legal*, *Nomi-
　　native and Communication Asect*, Harvard University Press, 1973.

Ssu. Teng, Jhon K. Fairbank, *China's Response to the west*: *A Bocumentary
　　1839 - 1923*, Harvard University Press, 1981.

毕建宏：《清代州县行政研究》，《中国史研究》1991 年第 3 期。

陈锋：《清代的钱粮征解与吏治》，《社会科学辑刊》1997 年第 3 期。

陈锋：《清代奏销制度与政策演变》，《历史研究》2000 年第 2 期。

陈锋：《20 世纪的晚清财政史研究》《近代史研究》2004 年第 1 期。

陈一容：《晚清文官考核述论》，《重庆三峡学院学报》2004 年第 2 期。

杜家骥：《清代官员选任制度述论》，《清史研究》1995 年第 2 期。

傅宗懋：《清代文官内升外补制度之研究》，《中国行政》1980 年第 5 期。

郭莹：《清末武汉地区的地方自治》，《湖北大学学报》1985 年第 6 期。

郭汉民：《太平天国与晚清吏治》，《历史研究》1993 年第 3 期。

官晓红：《清末州县考绩制度的演变》，《清史研究》2005 年第 3 期。

黄十庆：《清代的引见制度》，《历史档案》1988 年第 1 期。

贺跃夫：《晚清县以下基层行政官署与乡村社会控制》，《中山大学学报》

1995 年第 4 期。

华立：《清代保甲制度简论》，《清史研究集》第 6 辑。

李林：《清代的县官职掌与作用》，《辽宁大学学报》1986 年第 5 期。

李飞鹏《清代考绩制度之研究》，《大陆杂志》1980 年第 3 期。

罗福惠：《也评胡林翼抚鄂》，《中南民族大学学报》2006 年第 1 期。

罗福惠：《停滞社会的重重危机——主要从林则徐奏稿中发现前近代湖北的社会问题》，《江汉论坛》2001 年第 2 期。

刘伟：《同光年间州县官选任制度的嬗变》，《安徽史学》2010 年第 1 期。

刘伟：《清末州县官选任制度的变革》，《社会科学》2009 年第 5 期。

刘伟：《"停部选"与清末州县官选任制度改革》，《清史研究》2010 年第 1 期。

刘秀生：《清代县级机关中的人事管理》，《理论探讨》1990 年第 2 期。

刘鹏九等：《清代县官制度述论》，《清史研究》1995 年第 3 期。

刘梅生等：《清季文官制度改革述评》，《信阳师范学院学报》1994 年第 4 期。

刘迪香：《清末学堂选官制度述评》，《湘潭大学学报》1999 年第 2 期。

刘凤云《清代督抚与地方官的选用》，《清史研究》1996 年第 3 期。

马小泉：《清末地方自治运动论纲》，《史学月刊》1993 年第 5 期。

米镇波：《论咸丰朝地方团练的经济来源及影响》，《历史教学》1986 年第 12 期。

彭先国：《19 世纪中后期湘境哥老会研究》，《历史档案》2000 年第 3 期。

陆平舟：《官僚、幕友、胥吏：清代地方政府的三维体系》，《南开学报》2005 年第 5 期。

娜鹤雅：《清末"就地正法"操作程序之考察》，《清史研究》2008 年第 4 期。

邱捷：《同治、光绪年间广东首县的日常公务——从南海知县日记所见》，《近代史研究》2008 年第 4 期。

孙海泉：《论清代从里甲到保甲的演变》，《中国史研究》1994 年第 2 期。

吴仁安：《清代的州县官》，《历史教学》1986 年第 5 期。

魏光奇：《清代州县财政探析》，《首都师范大学学报》2000 年第 6 期、2001 年第 1 期。

魏光奇：《晚清的州县行政改革思潮与实践》，《清史研究》2003 年第 3 期。

魏光奇：《晚清州县官任职制度的紊乱》，《河北学刊》2008 年第 2 期。

吴善中：《哥老会在长江中下游的崛起》，《扬州大学学报》2001 年第 5 期。

王先明、常书红：《晚清保甲制的历史演变与乡村权力结构》，《史学月刊》2000 年第 5 期。

王先明：《晚清士绅基层社会地位的历史变动》，《历史研究》1996 年第 1 期。

王瑞成：《就地正法与清代刑事审判制度》，《近代史研究》2005 年第 2 期。

谢世诚：《湘军与晚清吏治》，《南京师范大学》1993 年第 2 期。

郑秦：《清代县制研究》，《清史研究》1996 年第 4 期。

郑大发：《太平天国时期的湖南团练》，《湖南师大学报》1986 年第 4 期。

郑亦芳：《清代团练的组织与功能》，《中国近代现代史论集》第 28 编下。

张建民：《清代两湖堤垸水利经营研究》，《中国经济史研究》1990 年第 4 期。

张家炎：《十年来两湖地区暨江汉平原明清经济史研究综述》，《中国史研究动态》1997 年第 1 期。

夏鼐：《太平天国前后长江各省之田赋问题》，《清华学报》第 10 卷第 2 期，1935 年 5 月。

萧致治、萧莉：《19 世纪的湖北教案》，《武汉大学学报》1998 年第 3 期。

朱东安：《关于清代的道和道员》，《近代史研究》1982 年第 4 期。

刘国习：《试论清末民初湖南的地方自治运动》，硕士学位论文，湖南师范大学，2003 年。

后　记

　　本书是在我的博士论文基础上修改而成的。本书的完成，得到了很多人的指导、关心和帮助，我十分感谢。首先，要感谢导师刘伟教授。2003 年，我有幸到华中师范大学中国近代史所攻读博士学位，师从刘伟教授。刘老师治学严谨，待人宽厚，对我的指导和影响是全方位的。博士学位论文的写作花费了导师宝贵的时间，倾注了导师大量的心血。导师的道德学问令我终身受益。其次，要感谢中国近代史所的老师们。近代史所充满了浓厚的学术研究氛围，在求学和论文的选题、写作和答辩期间，我得到了章开沅先生、罗福惠教授、严昌洪教授、朱英教授、马敏教授、彭南生教授、田彤教授、刘家峰教授、许小青教授和何卓恩教授等导师的教导，提升了学养，促进了学业。在求学和写作论文时，我还得到了许多师兄弟的指教和帮助，他们是曾成贵、徐方平、肖宗志、李严成、吕一群、洪振强、徐希军、余元启、王守谦、张书廷、袁咏红、买文兰、彭剑、董恩强等。在两次去湖南查资料时，得到了湖南师范大学历史文化学院柳春新教授和李传斌教授的热情帮助，对他们的帮助和关心深表感谢！

　　感谢湖北大学历史文化学院关心和支持我的老师和同事们，尤其是何晓明老师和郭莹老师。上世纪八十年代我在湖北大学本科学习时已得两位老师教诲，本书的写作和出版一直得到两位老师的鼓励、指导和关心。

　　感谢中国社会科学出版社的编审孔继萍女士为本书出版所付出的辛劳。

　　感谢家人的支持和鞭策。

　　本书的出版得到了湖北省社会科学基金和湖北省省级重点学科（中

国史）建设经费资助，在此也表示衷心的感谢。

　　本书即将付梓，我既感喜悦，更感忐忑。由于自己功力不足和懒散所致，论著中肯定存在不少疏漏和谬误之处，恳请方家批评赐教。

刘彦波

2017 年 5 月于武汉